JOHN KENNETH LESLIE

Chairman, Department of Spanish and Portuguese

Northwestern University

ADVISORY EDITOR TO DODD, MEAD & COMPANY

Literatura de la América hispánica

ANTOLOGÍA E HISTORIA

Tomo I

LA ÉPOCA COLONIAL Y LA INDEPENDENCIA (1492–1825)

Literatura de la América hispánica

ANTOLOGÍA E HISTORIA

TOMO I

La época colonial y
la independencia (1492-1825)

EDITED BY

FREDERICK S. STIMSON
NORTHWESTERN UNIVERSITY

RICARDO NAVAS-RUIZ
UNIVERSITY OF MASSACHUSETTS, BOSTON

Dodd, Mead & Company
NEW YORK   1971   TORONTO

ISBN 0-396-06282-2

LIBRARY OF CONGRESS CATALOG CARD NUMBER: 72-134323

PRINTED IN THE UNITED STATES OF AMERICA

PREFACIO

Esta antología e historia tiene por fin familiarizar al estudiante con la literatura hispánica del Nuevo Mundo. El primer volumen cubre un período que va de 1492 al tercer decenio del siglo XIX aproximadamente, esto es, desde el comienzo mismo de la literatura hispanoamericana, con Colón, hasta los poetas neoclásicos y el primer novelista, Fernández de Lizardi. Se abarcan, pues, más de tres siglos: el dieciséis, época de la Conquista y el Renacimiento; el diecisiete, la del barroco; el dieciocho, edad de la Ilustración y la razón; y el principio del diecinueve, que presencia la liberación de la mayor parte de las colonias americanas de España.

El libro, en general, está concebido para ser utilizado por diversos tipos de estudiante de acuerdo con su dominio del español. Aunque destinado fundamentalmente a cursos panorámicos de literatura hispanoamericana de nivel universitario subgraduado, puede también emplearse, dado lo extenso de su material histórico, como obra de base en clases graduadas especializadas. Cabe incluso adoptarlo en los cursos superiores de Enseñanza Media.

En las escuelas secundarias el profesor puede hacer hincapié en los textos más que en las introducciones, es decir, en la antología, no en la historia. Unas selecciones, por supuesto, son más difíciles que otras; pero esto no presupone que lo sean las más tempranas, las correspondientes al siglo XVI en el presente volumen. Aunque escritas en un español de rasgos arcaicos, el estilo es directo, la narración sencilla, con una sintaxis simple y un léxico no rebuscado. En algunos pasajes oscuros, como los que contienen palabras de significado anticuado, las abundantes notas resuelven rápidamente el problema y permiten avanzar en la lectura y comprensión.

En los cursos panorámicos normales este libro consigue varios objetivos. Por sus detalladas biografías e historia y análisis de los movimientos literarios, suple ventajosamente a los manuales de historia de la literatura hispanoamericana. Por sus numerosas notas

v

y el vocabulario, el estudiante no se verá obligado a recurrir a diversos diccionarios en busca del significado preciso.

Se sugiere que, en tales cursos, las escuelas con sistema trimestral usen un volumen de esta antología e historia en cada trimestre. Las escuelas con sistema semestral pueden emplear el primer volumen y parte del segundo, hasta el romanticismo, en el primer semestre; comenzar el segundo con el realismo y continuar con el tercer volumen dedicado al siglo XX.

Se expresa gratitud especial desde aquí al professor J. Kenneth Leslie, jefe del Departamento de español y portugués de Northwestern University, por las muchas horas que ha dedicado a la lectura del manuscrito y por sus preciosas sugerencias. Se dan las gracias también al Sr. William Oman y la Sra. Genia Graves, de Dodd, Mead, por sus valiosos consejos y directrices.

LOS EDITORES

Tabla de Materias

INTRODUCCIÓN

La época colonial

De las numerosas divisiones propuestas para organizar la historia de la literatura hispanoamericana, es la más sencilla y certera la que distingue tres grandes épocas: la Colonia (1492-1825), el Siglo XIX (1825-1916) y la Época Contemporánea. Cada una de ellas, en efecto, constituye una unidad perfectamente delimitada. La Colonia se extiende poco más de tres siglos. En este período, se realiza la incorporación de una parte de América a la cultura española, y a través de ella, a la cultura occidental. No es, artísticamente hablando, el momento más rico ni más interesante. Los supuestos son los de la metrópoli. Todo se hace en su ámbito. La hora es de receptividad e imitación.

El siglo XIX, desde la independencia al modernismo, es un violento proceso de abertura a las corrientes universales de la cultura, y a la vez, un acelerado esfuerzo por hallar la esencia, la personalidad del continente. Desde 1916, cuando Rubén Darío deja en su muerte una herencia de madurez y exigencia, la literatura hispanoamericana se ha dedicado a trabajar, con una conciencia propia, su parcela artística, a la par de otros pueblos entre los que ha encontrado lugar y admiración.

Este volumen está dedicado a la literatura colonial. Se inicia la etapa el mismo día en que Colón descubre las nuevas tierras: tras él, soldados, misioneros, hombres de letras, aventureros, científicos o, sencillamente, humildes gentes del pueblo, llevan a cabo la colosal empresa de conquistar y transformar un mundo. Termina en 1825, cuando Hispanoamérica rompe sus vínculos con España y se proclama libre. Se observan en ella cuatro fases diversas. El siglo XVI es el siglo de la conquista, que trae consigo las formas del Renacimiento. Durante el siglo XVII, se desarrolla la colonización y florece el barroco. En franca convivencia con este movimiento, que se prolonga aquí mucho más que en Europa, se introducen las ideas de la Ilustración a lo largo del siglo XVIII. Por fin, desde las últimas décadas de éste hasta 1825, se desenvuelve el neoclasicismo junto con la lucha por la independencia.

El estudio de una literatura debe ser, sin duda, fundamentalmente estético. La literatura es un arte, y como tal, su razón de existencia es la expresión de la belleza. No obstante, pueden sumarse otros puntos de vista, como los sociales e históricos, que favorecen y amplían su comprensión. En relación con la literatura hispano-americana, esta perspectiva se convierte en necesidad, porque una de sus características ha sido la atención al mundo circundante, el afán por dar testimonio de lo que ocurre alrededor. En ella, la obsesión por el entorno y sus problemas es tan importante como la creación estética.

Estas afirmaciones son especialmente verdaderas en el caso del período colonial. Es difícil trazar aquí límites rígidos a lo literario: muchas veces se le superponen aspectos varios sin que haya sido posible un deslinde. Por ejemplo, las *Cartas de relación,* de Hernán Cortés, suministran valiosos datos históricos sobre los aztecas y el fin de su imperio. Pero, por la riqueza de sus descripciones, por el análisis de los sentimientos, por las conversaciones fingidas entre Moctezuma y el Conquistador, semejan también una novela psicológica de miedos, rencores, tensión, entre dos formidables enemigos. Los *Comentarios reales,* del Inca Garcilaso de la Vega, son un tesoro para el conocimiento de los indios peruanos, como los arqueólogos han tenido ocasión de demostrar. Sin embargo, esta crónica ha sabido pintar, además, con altas calidades literarias, los sentimientos íntimos de un pueblo destruido, regido por virreyes con frecuencia insensibles y despóticos.

Se puede, pues, analizar esta literatura, no sólo como ejercicio estético, sino como un amplio camino hacia la comprensión de gentes y países. Se aprenden en ella sus modos de ser, sus reacciones, sus preocupaciones, mucho mejor quizá que en las áridas líneas de la historia o los tratados sociológicos, porque se ha puesto en ella más emoción y más sinceridad. Bien ha escrito cierto historiador, en relación a Norteamérica, estas palabras extensibles a todo el continente:

If a literature is the expression of the mind and emotions of a community, a record of its ideas, our definition of literary value must be broad enough to include not only artistic masterpieces but other documents which show what we as a people have and have not thought. . . . The only definition of literature fully useful for the student or historian of colonial writing is one which covers all the work in recognizable literary form which reveals intelligibly and competently the ideas and acts of the colonists.[1]

Conviene, no obstante, no perder nunca de vista que lo social, lo histórico, lo filosófico, son incluidos en la literatura como obras de arte dignas de estudio, sólo cuando han conseguido auténtica expresión estética.

Otro problema debe plantearse en torno a la literatura colonial: su carácter imitativo. Es cierto que, durante todos estos siglos, los escritores del Nuevo Mundo siguen las modas de la Madre Patria. A tal punto se llega que algunos, como el dramaturgo mexicano Juan Ruiz de Alarcón, se han incorporado definitivamente a su historia literaria. A pesar de ello, algunas señales específicas anuncian la futura personalidad: amor a lo nativo aquí, una nota de paisaje allá, un resentimiento disimulado, una protesta mesurada. Y, sobre el panorama gris de los imitadores, descuellan algunas cabezas egregias que han logrado frutos notables de mérito y originalidad: difícilmente se encontrará en España un cronista como Garcilaso de la Vega; La araucana, de Alonso de Ercilla, se convierte en obra clásica, alabada desde Lope de Vega a Voltaire; Sor Juana Inés de la Cruz suscita aun hoy día los comentarios de los críticos más famosos. En el fin del período, hombres como José María Heredia, José Joaquín Olmedo y Andrés Bello se elevan a las mismas o mayores alturas que sus compañeros del otro lado del mar. Estos rasgos propios han de ser estudiados especialmente con amoroso cuidado.

Por lo demás, no debe olvidarse que, desde el primer día del descubrimiento, los escritores sintieron la necesidad de modificar el idioma y la actitud mental que lo acompaña. Observaban realidades que no tenían expresión posible en español o que no correspondían en absoluto a los esquemas usuales del pensamiento europeo. Poco a poco, la lengua de Castilla se fue llenando de palabras exóticas como *cacao, canoa, maíz, puma, tabaco,* que se hicieron luego patrimonio común de conquistadores y vencidos. Poco a poco, también, fueron penetrando nuevas imágenes de las cosas como la grandeza de una naturaleza imponente, el esplendor de ciertas civilizaciones, la bondad de los habitantes.

[1] Kenneth B. Murdock, "The Colonial and Revolutionary Period," en *The Literature of the American People,* ed. Arthur Hobson Quinn (New York; Appleton-Century-Crofts, 1951), págs. 4-5.

La Conquista
y el Renacimiento

Cuando España descubre América en 1492, se debate internamente entre la herencia de la Edad Media y el nuevo espíritu del Renacimiento. Hay una sociedad feudal; se cultivan géneros como la crónica. Pero, al mismo tiempo, aparece el afán de conocimiento, la curiosidad intelectual, el amor a la cultura, el goce de la vida. Paulatinamente, el interés por el mundo clásico, la preocupación por el hombre, la idea de libertad y de ciencia van superponiéndose a la actitud religiosa, a la obsesión de la muerte, a los terrores supersticiosos. En esta encrucijada espiritual ocurre el Descubrimiento: España va a transmitir su propia mezcla de lo medieval y lo renacentista.

Las exploraciones de Cristóbal Colón se completan con las de otros muchos, contribuyendo al conocimiento total del mundo recién hallado. Vasco Núñez de Balboa llega al Pacífico en 1513; Juan Sebastián Elcano logra dar la primera vuelta al mundo en 1521; Francisco de Orellana desciende el Amazonas en 1542. Por otro lado, los españoles tienen que vencer la resistencia opuesta por los indios a su dominio: la conquista avanza paralela al descubrimiento. En 1519, Hernán Cortés derrota a los mexicanos; en 1531, Francisco Pizarro se apodera del Perú; en 1536, Pedro de Mendoza efectúa la primera fundación de Buenos Aires; Hurtado de Mendoza somete a los araucanos en 1556.

Tras el descubrimiento y la conquista, España inicia inmediatamente un proceso de colonización, que se desarrolla en varias direcciones. En primer lugar, se fundan ciudades, como la de Santo Domingo (1496), o se aprovechan y transforman las existentes, como México. En seguida se establecen escuelas. Y cuando las escuelas crecen, se convierten en universidades: en 1538, se crea en Santo Domingo la primera universidad de América. También la imprenta se introduce tempranamente, en 1535. Por su parte, los misioneros tratan de ganar a los indígenas para la fe y la cultura de Occidente, realizando un espléndido trabajo de conversión en el campo. Los franciscanos se establecen en la costa venezolana y, luego, en el interior, levantando poblados; los jesuitas conciben las *Reducciones* del Paraguay, modelo perfecto de colonización pacífica y justa.

El efecto del descubrimiento, conquista y colonización del Nuevo Mundo sobre la conciencia europea fue enorme. Desde el primer momento, América actúa en ella de modo decisivo, contribuyendo a cambiar el signo de sus ideas y costumbres. En España, el deseo de reglamentar la conquista lleva a codificar las justísimas y sabias *Leyes de Indias*. Los problemas suscitados son discutidos en plano filosófico y teológico por Francisco de Vitoria, que establece las primeras normas de derecho internacional. Las descripciones del indio como un ser inocente y puro dan lugar al mito del buen salvaje, de capital importancia en la literatura y aun en las concepciones sociales. Una serie de escritores van a situar la república ideal de Platón en América, entre ellos, Thomas More en su *Utopia* (1516).

La literatura de este siglo de conquista estuvo a cargo preferentemente, no de escritores profesionales, sino de los mismos autores de los hechos: misioneros y soldados. Así se cumplían admirablemente, aunque al acaso, los ideales grecorromanos y renacentistas del hombre completo, guerrero e intelectual, pensador y activo. En ellos se realizaba la unión de las armas y de las letras por las que había de abogar Cervantes. La finalidad fundamental de tal literatura era satisfacer la curiosidad europea sobre el Nuevo Mundo, impresionar su imaginación, o bien, servir a ciertas necesidades de la empresa colonizadora. De aquí que siga fundamentalmente las direcciones siguientes.

Se cultiva, en primer lugar, la crónica o relato testimonial de lo visto, bien sea la conquista, bien el paisaje y la fauna de América, o las costumbres de sus habitantes. Junto a ella, la épica viene a exaltar a los héroes de aquellas memorables hazañas o, en otro plano, describe las grandezas de las ciudades y de los campos. Se desarrolla también un teatro religioso, obra de los misioneros, muchas veces en lengua indígena, en el que se dramatizan a la altura de la mentalidad india dogmas y sucesos del cristianismo. Por fin, existe una corriente humanista, en las ciudades, que se manifiesta en poemas líricos y el estudio de los clásicos: será la semilla de la literatura más cortesana del siglo siguiente.

CRÓNICAS

La crónica, como género literario, surgió en la Edad Media, dentro de los monasterios. No era historia en el sentido moderno. Contenía una mezcla de elementos heterogéneos: realidad y fantasía, historia y leyenda, prosa y poesía. Sucesos concretos, como batallas, se combinaban con descripciones de torneos y justas o románticas aventuras entre caballeros y sus damas. En España, alcanzó categoría literaria en el reinado de Alfonso X, el Sabio (1221–84), que dirigió la composición de la *Crónica general* y la *General e grande historia*. Al llegar el Renacimiento, los cronistas imitaron a los historiadores clásicos, como Heródoto y César. Se llenó así la crónica de largos discursos puestos en boca de personajes ilustres, de citas de autores famosos, de pasajes didácticos. Además, se aceptó la concepción de la historia como maestra de la vida y se empezó a escribir con más cuidado y arte.

En el Nuevo Mundo la crónica conoció un prodigioso florecimiento. Se escribieron innumerables; junto a las publicadas, existen ingentes cantidades de manuscritos que nunca verán la luz. Muchos las componían por amor a la verdad y por dejar testimonio de la asombrosa hazaña que se estaba cumpliendo ante sus ojos; pero otros buscaban tan sólo demostrar su papel personal y recabar favores reales. Su contenido es muy variado: batallas, descubrimientos, aventuras individuales, costumbres, fauna y flora, disquisiciones teóricas sobre los hechos. Al lado de las crónicas, deben colocarse las relaciones o cartas escritas para justificar una misión o dar cuenta detallada de lo que ocurría: destacan, entre ellas, las de Colón y Cortés.

Los cronistas americanos aprovecharon las posibilidades medievales y renacentistas del género. Siguiendo la costumbre medieval, se permitían un poco de invención: a veces, sus obras semejan novelas y, de hecho, contienen la semilla de la novela, que tan tardíamente se desarrollaría en Hispanoamérica. Siguiendo las modas renacentistas, comprendieron la importancia de la precisión histórica y la necesidad de un estilo trabajado y correcto. El valor literario de las crónicas es muy desigual: en términos generales, puede decirse que ninguna ha llegado a ser una obra excepcional. La historia, en cambio, encuentra en ellas valiosos materiales, aunque debe proceder con cautela para descubrir la verdad en medio de exageraciones o alteraciones.

Las crónicas se clasifican en tres grupos. El primero lo forman las escritas por los cronistas oficiales de Indias, cargo creado por los Reyes Católicos dentro del Consejo de Indias. Por lo normal, tales historiadores no iban a América, sino que relataban a base de informaciones ajenas. Sobresalen Pedro Mártir de Anglería (1457–1526), cuyas *Decadae de Orbe Novo* divulgaron el descubrimiento en Europa; Gonzalo Fernández de Oviedo (1478–1557), que vivió en Santo Domingo y dejó, entre otros escritos, una *Historia general y natural de las Indias;* Antonio de Solís (1610–81), autor de una muy leída *Historia de la conquista de México.*

Integran el segundo grupo las historias generales de Indias, cuyo contenido se refiere o es aplicable a toda América. Se destacan en él Bartolomé de las Casas; Francisco López de Gómara (1510–60) a cuya *Historia general de las Indias* acusó de inexacta Bernal Díaz del Castillo; y José de Acosta (1539–1616), conocido por su famosísima *Historia natural y moral de las Indias.*

El tercer grupo, el más numeroso, abarca las historias particulares, que narran sucesos relativos a una región. Se subdividen en historias de México, como la de Bernal Díaz y de Fray Toribio de Benavente, "Motolonía" (m. 1568), que escribió una *Historia de los indios de Nueva España,* muy rica en noticias; historias del Perú, que comprende también Chile y Nueva Granada, como las de Pedro Cieza de León (1518–60), el Inca Garcilaso de la Vega, Gonzalo Jiménez de Quesada (1499–1579) y Pedro de Valdivia, autor de una *Carta* (1550) sobre sus andanzas en Chile, importante por ser la primera que da noticias del país; historias del Río de la Plata, como la de Pedro Hernández, que prosigue la obra de Alvar Núñez Cabeza de Vaca en sus *Comentarios* (1555) y la de Rui Díaz de Guzmán (c.1558–1629).

POESÍA ÉPICA

Frente a la épica popular de la Edad Media, cuyo más espléndido fruto español fue el *Poema del Cid,* aparece en Italia, durante el

Renacimiento, una épica culta: en aquélla, el poeta interpretaba artísticamente el sentir nacional; en ésta, realizaba simplemente un ejercicio estético, compitiendo con determinados modelos clásicos, especialmente Virgilio. Toda Europa se inspiró largamente para su poesía épica de los siglos XVI y XVII en el *Orlando Furioso* (1516) de Ludovico Ariosto y la *Gerusalemme Liberata* (1575) de Torcuato Tasso. El primero originó muchos temas puramente imaginativos o fantásticos; el segundo, al incorporar los grandes motivos de la Cristiandad, abrió nuevas posibilidades, que, por ejemplo, en Inglaterra culminan en el *Paradise Lost* (1667) de John Milton. Otros países, donde el sentimiento nacional era más fuerte, incorporaron a los moldes italianos, asuntos patrios: baste recordar *Os Lusíadas* (1572) de Luís de Camões.

En general, todos estos poemas comparten varias características. Se exige unidad de acción, aunque se permite interpolar incidentes a veces completamente irrelevantes: estos incidentes, sin embargo, han de justificarse por una función determinada en el conjunto. Se requiere la existencia de un protagonista, de un héroe en torno al cual se concentre la acción y que encarne las virtudes de su pueblo o de su grupo. Para romper la monotonía de la narración de sus hazañas, se introducen pasajes descriptivos. Alrededor del protagonista, se agrupan los personajes secundarios, que le sirven como telón de fondo. Se da cabida, moderadamente, a elementos sobrenaturales, que levantan la estatura del héroe, acercándole a los dioses, o crean un clima de grandiosidad. El estilo debe ser elevado y culto. Se sigue un sistema de versificación definido, que de acuerdo con los modelos italianos, suele ser la octava real.

En España hubo numerosos intentos épicos. Quizá el más conseguido sea *Las lágrimas de Angélica* (1586), de Luis Barahona de Soto. Lope de Vega, con su peculiar fecundidad, escribió poemas épicos de todo tipo: burlescos, históricos, legendarios, pastoriles. Pero, en conjunto, cabe afirmar que no se logró nada digno de ser especialmente recordado. Se origina de este modo una curiosa paradoja: las colonias americanas iban a producir las mejores manifestaciones del género en lengua española. No es fácil dar con la razón que explique el fenómeno: podría pensarse en el ambiente épico de la conquista o en la excitación de todas las fuerzas de la fantasía que provocaron las nuevas tierras.

En el desarrollo de la épica hispanoamericana, se distinguen dos períodos: el renacentista y el barroco. En cuanto a aquél, se cultiva una épica de tema histórico, íntimamente ligada a los sucesos. Se continúa así una línea realista, muy española. No es descabellado pensar que, de esta manera, el poema es una poetización de la crónica. Esta poetización alcanza su grado máximo en *La araucana*, de Alonso de Ercilla, la obra cumbre de la épica hispana. Tiene su punto medio en el *Arauco domado* (1596) del chileno Pedro de Oña, mediocre continuador del anterior. Y se malogra, por su escaso valor literario y su exceso de historicismo en *Elegías de varones ilustres de Indias* (1589), de Juan de Castellanos.

TEATRO

Los indios no conocieron un teatro en el sentido moderno de la palabra. Sin embargo tuvieron manifestaciones dramáticas elementales, vinculadas a prácticas religiosas: danzas, cantos, mímica, disfraces. No se ha podido precisar su valor y desarrollo. Los misioneros españoles las aprovecharon, infundiéndoles un espíritu cristiano, para explicar plásticamente los misterios de la fe. La prohibición y decadencia subsiguiente de tales mezclas no aparecen muy claras históricamente: todavía hoy se adivinan en el folklore de las fiestas rurales del Corpus Christi.

Las primeras representaciones teatrales, de que se tienen noticias históricas, se relacionan con el teatro religioso medieval, y como él, tienen lugar en torno a las iglesias: en 1543, se ofreció en la catedral de Asunción un auto sobre la Epifanía, cuyo autor era Juan Gabriel Lezcano. A veces se utilizaba la lengua indígena, como en el *Auto del juicio final*, de Fray Andrés de Olmos (1500–71), en México, y el *Yauri Tito Inca*, de Gabriel Centeno de Osma, en Lima, sobre cuya fecha no hay seguridad. Motolonía, en su *Historia de los indios de Nueva España*, ha descrito con gracia las celebradas con motivo de las fiestas de San Juan y de la Encarnación.

Pronto surgieron abusos, ya por la reacción irreverente del público, ya por la inserción de elementos profanos, muchas veces satíricos. Tal ocurrió en Santo Domingo, en 1588, durante le presentación de un entremés de Cristóbal de Llerena (n. 1540). Por eso, se prohibieron las representaciones en torno a las iglesias así como la participación de los clérigos en ellas. Otra ocasión para el teatro fue la llegada de un personaje ilustre como un virrey o un obispo. Para darles la bienvenida, se componían loas breves, que acompañaban la pieza o el auto.

El autor dramático más notable en la Hispanoamérica del siglo XVI es Fernán González de Eslava (1534-77), español que pasó a México en 1558. Sus dieciséis *Coloquios espirituales* se publicaron póstumos en 1610. Se trata de un teatro religioso, moral y alegórico. Tiene particular interés su lenguaje popular y espontáneo. Ciertos dramaturgos españoles residieron algún tiempo en América: Juan de la Cueva fue a México en 1574 y Tirso de Molina vivió en Santo Domingo en 1616.

Cristóbal Colón

(1451–1506)

Los orígenes de Cristóbal Colón son extremamente oscuros. Nació posiblemente en Génova; pero consta que nunca habló italiano. Se cree que provenía de una familia judía emigrada de España en la Edad Media, que conservó como lengua el español. Después de iniciar su vida marinera en el Mediterráneo, viajó por diversos países, estableciéndose hacia 1485 en Portugal, donde se casó.

Colón propuso a varios reyes europeos, entre ellos, a Juan II de Portugal, la idea de buscar un camino a la India, siguiendo derechamente al oeste, en vez de bordear Africa. Pero ninguno lo tomó en serio. Se discute hoy si ya conocía o no la existencia de tierras no exploradas por ese lado del Océano. Al fin, su proyecto fue acogido por los Reyes Católicos, que se hallaban en vías de expansión imperial. Después de las obligadas consultas con los sabios españoles, el rey Fernando le proporcionó el dinero por medio de su tesorero aragonés, Santángel.

Zarpó del puerto de Palos con tres carabelas, en 1492. El 12 de octubre, después de tres meses de navegación, arribó a una isla que llamó San Salvador, descubriendo posteriormente Cuba y La Española. A su regreso los Reyes le colmaron de honores, nombrándole Almirante del Mar Océano. Hizo tres viajes más, en 1493, 1498 y 1502, en los cuales exploró otras islas y las costas de Venezuela y América Central. Nunca supo que había descubierto un nuevo continente, que, por ironía del destino, ni llevaría su nombre. Murió en Valladolid, pero no tan pobre ni olvidado como se ha dicho, aunque perdió el favor de la Corona y hubo de responder a algunos procesos.

Se problematiza hoy en ciertos medios si fue realmente Colón el primer descubridor de América. En un sentido estrictamente cronológico, no lo fue: le precedieron, al parecer, los vikingos y algunos marineros portugueses. En rigor, los descubridores fueron los primeros pobladores. Pero, en un sentido histórico transcendental, nadie podrá quitar a Colón y a España la gloria; él fue quien, al servicio de esta nación, trazó un camino nuevo en el mar, alterando el destino de Europa, rompiendo los límites del Mediterráneo como centro económico y cultural, creando la inmensa novedad de la colonización. Si alguien llegó antes que él, nadie lo recuerda, porque nada dejó.

Colón escribió, en 1493, una *Carta del descubrimiento*, que es el primer documento sobre América. Fue traducida inmediatamente a todos los idiomas, incluso el latín. Compuso asimismo un *Diario de la navegación*, que fue publicado por su hijo Fernando y el padre Las Casas. Se le acusa de presentar una idea falsa de América, deformada por los prejuicios sobre lo que esperaba encontrar. Aunque, en parte, esta afirmación es verdad, pues nadie puede superar su propia circunstancia, hay que reconocer, no obstante, que en él se hallan ya algunas nociones fundamentales para el desarrollo de la futura concepción del continente.

En efecto, describe éste como tierra de la abundancia, llena de ríos tranquilos, islas verdes y feraces, árboles con toda clase de frutas, pájaros de todas las variedades. Se refiere, además, a la existencia de oro en grandes cantidades, pues así se lo aseguran los indígenas. Otra idea creada por él es la del buen salvaje. Felizmente para su empresa, nunca topó con indios feroces: por eso, habla de los naturales como de gente buena por naturaleza, ignorante de la guerra, generosa en sus dádivas, con creencias firmes en el bien y en la justicia ultraterrena. Por fin, acoge varias leyendas misteriosas, como la de los hombres con un solo ojo que devoraban a los otros o la de las plantas monstruosas. Se trata, sin duda, de los caníbales y de ciertas parásitas.

CARTA DEL DESCUBRIMIENTO

(1493)

Señor, porque sé que habréis placer de la gran victoria que Nuestro Señor me ha dado en mi viaje, vos[1] escribo ésta, por la cual sabréis cómo en 33 días pasé a las Indias,[2] con la armada que los

---

[1] Os.

[2] Este número de días es inexacto, si se cuenta desde el 4 de agosto en que Colón salió de Palos; pero es casi exacto, si se cuenta desde el 6 de septiembre, en que salió de Las Palmas en las Islas Canarias.

Ilustrísimos Rey y Reina nuestros señores me dieron, donde yo hallé muy muchas islas pobladas con gente sin número, y de ellas todas he tomado posesión por sus altezas con pregón y bandera real extendida, y no me fue contradicho. A la primera que yo hallé puse nombre San Salvador, a conmemoración de Su Alta Majestad, el cual 5 maravillosamente todo esto ha dado; los indios la llaman Guanahani. A la segunda puse nombre la isla de Santa María de Concepción, a la tercera Fernandina, a la cuarta la Isabela, a la quinta la isla Juana[3] y así a cada una nombre nuevo.

Cuando yo llegué a la Juana, seguí yo la costa de ella al poniente, 10 y la hallé tan grande que pensé que sería tierra firme, la provincia de Catayo.[4] Y como no hallé así villas y lugares en la costa de la mar, salvo pequeñas poblaciones, con la gente de las cuales no podía haber habla, porque luego huían todos, andaba yo adelante por el dicho camino, pensando de no errar grandes ciudades o villas. 15 Y al cabo de muchas leguas, visto que no había innovación y que la costa me llevaba al septentrión, de adonde mi voluntad era contraria, porque el invierno era ya encarnado, y yo tenía propósito de hacer de él al austro, y también el viento me dio adelante, determiné de no aguardar otro tiempo, y volví atrás hasta un señalado puerto, 20 de adonde envié dos hombres por la tierra, para saber si había rey o grandes ciudades. Anduvieron tres jornadas y hallaron infinitas poblaciones pequeñas y gente sin número, mas no cosa de regimiento; por lo cual se volvieron.

Yo entendía harto de otros indios, que ya tenía tomados, cómo 25 continuamente esta tierra era isla; y así seguí la costa de ella al oriente ciento y siete leguas hasta donde hacía fin; del cual cabo vi otra isla al oriente distante de ésta diez y ocho leguas, a la cual luego puse nombre La Española,[5] y fui allí; y seguí la parte del septentrión, así como de la Juana, al oriente ciento y ochenta y ocho grandes 30 leguas, por línea recta. La cual y todas las otras son fertilísimas en demasiado grado, y ésta en extremo; en ella hay muchos puertos en la costa de la mar sin comparación de otros que yo sepa en cristianos, y hartos ríos y buenos y grandes que es maravilla; las tierras de ella son altas y en ella muy muchas sierras y montañas altísimas, sin 35

3 Cuba.
4 Catayo (Catay) es el nombre que se da en los mapas medievales a las hipotéticas tierras al oeste de Europa.
5 Española (Haití y la República Dominicana).

comparación de la isla de Tenerife, todas hermosísimas, de mil
hechuras, y todas andables y llenas de árboles de mil maneras y altas,
y parecen que llegan al cielo; y tengo por dicho que jamás pierden
la hoja, según lo pude comprender, que los vi tan verdes y tan
5 hermosos como son por mayo en España. Y de ellos estaban floridos,
de ellos con fruto, y de ellos en otro término, según es su calidad;
y cantaba el ruiseñor y otros pajaricos de mil maneras en el mes de
noviembre por allí donde yo andaba. Hay palmas de seis o de ocho
maneras, que es admiración verlas, por la deformidad hermosa de
10 ellas, mas así como los otros árboles y frutos y yerbas; en ella hay
pinares a maravilla, y hay campiñas grandísimas, y hay miel, y de
muchas maneras de aves y frutas muy diversas. En las tierras hay
muchas minas de metales y hay gente en estimable número.

La Española es maravilla; las sierras y las montañas y las vegas y
15 las campiñas, y las tierras tan hermosas y gruesas para plantar y
sembrar, para criar ganados de todas suertes, para edificios de villas
y lugares. Los puertos de la mar, aquí no habría creencia sin vista, y
de los ríos muchos y grandes y buenas aguas; los más de los cuales
traen oro. En los árboles y frutos y yerbas hay grandes diferencias de
20 aquéllas de la Juana: en ésta hay muchas especierías, y grandes minas
de oro y de otros metales.

La gente de esta isla y de todas las otras que he hallado y habido
noticia, andan todos desnudos, hombres y mujeres, así como sus
madres los paren; aunque algunas mujeres se cubrían un solo lugar
25 con una hoja de yerba o una cosa de algodón que para ello hacen.
Ellos no tienen hierro ni acero ni armas ni son para ello; no porque
no sea gente bien dispuesta y de hermosa estatura, salvo que son
muy temerosos a maravilla. No tienen otras armas salvo las armas de
las cañas cuando están con la simiente, a la cual ponen al cabo un
30 palillo agudo, y no osan usar de aquéllas; que muchas veces me
acaeció enviar a tierra dos o tres hombres, a alguna villa, para haber
habla, y salir a ello sin número, y después que los veían llegar, huían
a no aguardar padre a hijo; y esto no porque a ninguno se haya
hecho mal; antes, a todo cabo adonde yo haya estado y podido haber
35 habla, les he dado de todo lo que tenía, así paño como otras cosas
muchas, sin recibir por ello cosa alguna; mas son así temerosos sin
remedio. Verdad es que, después que se aseguran y pierden este
miedo, ellos son tanto sin engaño y tan liberales de lo que tienen,

que no lo creería sino el que lo viese. Ellos de cosa que tengan, pidiéndosela, jamás dicen de no;[6] antes, convidan la persona con ello y muestran tanto amor que darían los corazones, y quier sea cosa de valor, quier sea de poco precio, luego por cualquiera cosica de cualquiera manera que sea que se les dé, por ello son contentos. 5

Yo defendí que no[7] se les diesen cosas tan viles como pedazos de escudillas rotas y pedazos de vidrio roto y cabos de agujetas; aunque cuando ellos esto podían llevar los parecía haber la mejor joya del mundo; que se acertó haber un marinero, por una agujeta, de oro peso de dos castellanos y medio;[8] y otros, de otras cosas, que muy 10 menos valían, mucho más. Ya por blancas nuevas daban por ellas todo cuanto tenían, aunque fuesen dos ni tres castellanos de oro, o una arroba o dos de algodón hilado. Hasta los pedazos de los arcos rotos de las pipas tomaban, y daban lo que tenían como bestias; así que me pareció mal, y yo lo defendí. Y daba yo graciosas mil cosas 15 buenas que yo llevaba porque tomen amor; y allende de esto se harán cristianos, que se inclinan al amor y servicio de sus altezas y de toda la nación castellana; y procuran de ayuntar y nos dar de las cosas que tienen en abundancia que nos son necesarias. Y no conocían ninguna secta ni idolatría, salvo que todos creen que las 20 fuerzas y el bien es[9] en el cielo; y creían muy firme que yo con estos navíos y gente venía del cielo; y en tal acatamiento me recibían en todo cabo, después de haber perdido el miedo. Y esto no procede porque sean ignorantes, salvo de muy sutil ingenio, y hombres que navegan todas aquellas mares, que es maravilla la buena cuenta que 25 ellos dan de todo, salvo porque nunca vieron gente vestida, ni semejantes navíos.

Y luego que llegué a las Indias, en la primera isla que hallé, tomé por fuerza algunos de ellos para que deprendiesen y me diesen noticia de lo que había en aquellas partes; y así fue que luego 30 entendieron y nos a ellos, cuando por lengua o señas; y estos han aprovechado mucho. Hoy en día los traigo que siempre están de propósito que vengo del cielo, por mucha conversación que hayan

---

6 Dicen que no.
7 Prohibí que.
8 Tradúzcase: "for a needle, a sailor received gold worth two and one half *castellanos.*"
9 Está.

habido conmigo. Y éstos eran los primeros a pronunciarlo adonde yo llegaba, y los otros andaban corriendo de casa en casa, y a las villas cercanas con voces altas: "Venid; venid a ver la gente del cielo." Así todos, hombres como mujeres, después de haber el corazón seguro de
5 nos,[10] venían que no quedaba grande ni pequeño, y todos traían algo de comer y de beber, que daban con un amor maravilloso.

Ellos tienen en todas las islas muy muchas canoas, a manera de fustas de remo: de ellas mayores, de ellas menores; y algunas y muchas son mayores que una fusta de diez y ocho bancos; no son tan
10 anchas, porque son de un solo madero; mas una fusta no tendrá con ellas al remo, porque van que no es cosa de creer;[11] y con éstas navegan todas aquellas islas, que son innumerables, y traen sus mercaderías. Algunas de estas canoas he visto con setenta y ochenta hombres en ella, y cada uno con su remo.

15   En todas estas islas no vi mucha diversidad de la hechura de la gente, ni en las costumbres, ni en la lengua, salvo que todos se entienden, que es cosa muy singular; para lo que espero qué determinarán sus altezas para la conversión de ellos de nuestra santa fe, a la cual son muy dispuestos.

20   Ya dije cómo yo había andado ciento siete leguas por la costa de la mar, por la derecha línea de occidente a oriente, por la Isla Juana; según el cual camino puedo decir que esta isla es mayor que Inglaterra y Escocia juntas, porque, allende de estas ciento siete leguas, me quedan, de la parte de poniente, dos provincias que yo
25 no he andado, la una de las cuales llaman *auau*, adonde nace la gente con cola; las cuales provincias no pueden tener en longura menos de cincuenta o sesenta leguas, según pude entender de estos indios que yo tengo, los cuales saben todos las islas.

Esta otra Española en cerco tiene más que la España toda desde
30 Colibre, por costa de mar, hasta Fuente Rabía,[12] en Vizcaya, pues en una cuadra anduve ciento ochenta y ocho leguas por recta línea de occidente a oriente. Esta es para desear, y vista es para nunca dejar; en la cual, puesto que de todas tenga tomada posesión por sus altezas, y todas sean más abastadas de lo que yo sé y puedo decir, y
35 todas las tengo por de sus altezas, cual de ellas pueden disponer

---

10 Nosotros.
11 Colón quiere decir que una fusta española no puede competir con una canoa india en velocidad.
12 Fuenterrabía.

como y tan cumplidamente como de los Reinos de Castilla. En esta Española, en el lugar más convenible y mejor comarca para las minas del oro y de todo trato, así de la tierra firme de acá, como de aquélla de allá del Gran Can,[13] adonde habrá gran trato y ganancia, he tomado posesión de una villa grande, a la cual puse nombre la Villa de Navidad; y en ella he hecho fuerza y fortaleza, que ya a estas horas estará del todo acabada, y he dejado en ella gente que basta para semejante hecho, con armas y artillería y vituallas para más de un año, y fusta y maestro de la mar en todas artes para hacer otras; y grande amistad con el Rey de aquella tierra, en tanto grado que se preciaba de me llamar y tener por hermano. Y aunque le mudase la voluntad a ofender esta gente, él ni los suyos no saben qué sean armas, y andan desnudos; como ya he dicho, son los más temerosos que hay en el mundo. Así que solamente la gente que allá queda es para destruir toda aquella tierra; y es isla sin peligro de sus personas sabiéndose regir.

En todas estas islas me parece que todos los hombres sean contentos con una mujer, y a su mayoral o rey dan hasta veinte. Las mujeres me parece que trabajan más que los hombres; ni he podido entender si tienen bienes propios, que me pareció ver que aquello que uno tenía todos hacían parte, en especial de las cosas comederas.

En estas islas hasta aquí no he hallado hombres monstrudos como muchos pensaban; mas antes es toda gente de muy lindo acatamiento: ni son negros como en Guinea, salvo con sus cabellos correndíos, y no se crían a donde hay ímpetu demasiado de los rayos solares. Es verdad que el sol tiene allí gran fuerza, puesto que es distante de la línea equinoccial veinte y seis grados. En estas islas adonde hay montañas grandes ahí tenía fuerza el frío este invierno; mas ellos lo sufren por la costumbre y con la ayuda de las viandas; comen con especias muchas y muy calientes en demasía. Así que monstruos no he hallado, ni noticia, salvo de una isla, la segunda a la entrada de las Indias, que es poblada de una gente que tienen en todas las islas por muy feroces, los cuales comen carne humana. Estos tienen muchas canoas, con las cuales corren todas las islas de India y roban y toman cuanto pueden. Ellos no son más deformes que los otros; salvo que tienen en costumbre de traer los cabellos

---

[13] Colón creía que se encontraba en Asia; por esto, su alusión al famoso emperador mongol.

largos como mujeres, y usan arcos y flechas de las mismas armas de cañas, con un palillo al cabo por defecto de hierro que no tienen. Son feroces entre estos otros pueblos que son en demasiado grado cobardes; mas yo no los tengo en nada más que a los otros. Estos
5 son aquéllos que tratan con las mujeres de Matinino, que es la primera isla, partiendo de España para las Indias, que se halla, en la cual no hay hombre ninguno. Ellas no usan ejercicio femenil, salvo arcos y flechas, como los sobredichos de cañas, y se arman y cobijan con planchas de cobre, de que tienen mucho.[14]
10 Otra isla me seguran mayor que la Española, en que las personas no tienen ningún cabello. En ésta hay oro sin cuento, y de éstas y de las otras traigo conmigo indios para testimonio.

En conclusión, a hablar de esto solamente que se ha hecho este viaje que fue así de corrida, que pueden ver sus altezas que yo les
15 daré oro cuanto hubieren menester, con muy poquita ayuda que sus altezas me darán; ahora especiería y algodón cuanto sus altezas mandaren cargar, y almastiga cuanto mandaran cargar; y de la cual hasta hoy no se ha hallado salvo en Grecia y en la isla de Xio,[15] y el Señorío la vende como quiere, y lináloe cuanto mandaran cargar,
20 y esclavos cuantos mandaran cargar, y serán de los idólatras; y creo haber hallado ruibarbo y canela, y otras mil cosas de sustancia hallaré, que habrá hallado la gente que allá dejo; porque yo no me he detenido ningún cabo, en cuanto el viento me haya dado lugar de navegar; solamente en la Villa de Navidad, en cuanto dejé
25 asegurado y bien asentado. Y a la verdad mucho más hiciera si los navíos me sirvieran como razón demandaba.

Esto es harto, y eterno Dios nuestro Señor, el cual da a todos aquéllos que andan su camino victoria de cosas que parecen imposibles. Y ésta señaladamente fue la una; porque, aunque de estas
30 tierras hayan hablado o escrito, todo va por conjetura sin allegar de vista; salvo comprendiendo a tanto que los oyentes, los más, escuchaban, y juzgaban más por habla que por poca cosa de ello. Así que pues nuestro Redentor dio esta victoria a nuestros Ilustrísimos Rey y Reina y a sus reinos famosos de tan alta cosa, adonde
35 toda la cristiandad debe tomar alegría y hacer grandes fiestas, y dar gracias solemnes a la Santa Trinidad, con muchas oraciones

---

[14] Alusión a las fabulosas amazonas.
[15] Isla griega, Quío: "Chios."

solemnes por el tanto ensalzamiento que habrán, en tornándose tantos pueblos a nuestra Santa Fe, y después por los bienes temporales que no solamente a la España, mas a todos los cristianos tendrán aquí refrigerio y ganancia. Esto según el hecho así en breve. Hecha en la carabela, sobre la isla de Canaria a XV de Febrero, Año Mil CCCCL XXXXIII. 5

Hará lo que mandaréis,

EL ALMIRANTE

Hernán Cortés

(1485-1547)

El Conquistador de México nació de una familia de hidalgos en Medellín. Estudió en la Universidad de Salamanca, pero, al parecer, fue expulsado a los dos años de matricularse por su mal comportamiento. Adquirió, sin embargo, una buena educación: sabía latín y escribía un excelente español. Hombre de espíritu aventurero, se embarcó rumbo a Santo Domingo, en 1504, y se alistó a las órdenes de Diego Velázquez para participar en la conquista de Cuba donde vivió luego como colono.

La mayoría de los viajes de exploración y conquista eran financiados particularmente, no por el gobierno español. Velázquez pagó de su bolsillo varias expediciones desde Cuba a otros puntos, como la que dio por resultado la conquista de México. Cortés, que había invertido en ella alguna suma, dirigió la expedición. Llegó a la costa mexicana con unos seiscientos soldados y dieciséis caballos. Su primer acto fue fundar la ciudad de Veracruz en nombre de Carlos V, independizándose así del enfurecido Velázquez.

La conquista de México es considerada una de las grandes hazañas militares y políticas de la historia. Cortés comenzó por quemar las naves que lo habían traído para que nadie pudiese volver atrás. Luego estudió la situación del país y se atrajo a algunas tribus descontentas con el gobierno azteca, como los tlaxcaltecas. Finalmente, habiendo logrado entrar en México amistosamente, se apoderó con suma habilidad de Moctezuma y lo hizo su prisionero.

Las profecías aztecas ayudaron al audaz conquistador: anunciaban la llegada de un dios blanco contra quien sería inútil la resistencia. El emperador mexicano lo vio encarnado en el capitán español. Por eso, no se opuso a sus planes. En cambio, Cuatémoc, pretendiente del trono, menos influido por los sacerdotes, concitó a los indios contra los invasores. En la sublevación murió Moctezuma a causa de una pedrada lanzada por uno de los suyos. Cortés, en gran peligro, tuvo que huir. Perseguido, estuvo a punto de perecer en la famosa "Noche Triste." Recuperado de la derrota y reorganizado el ejército, tomó Tenochtitlán por la fuerza. Cortés fue activamente ayudado por su intérprete y amante india, doña Marina. El gobierno español lo nombró Marqués del Valle de Oaxaca y le dio el mando sobre Nueva España. En 1535 fue sustituido en el gobierno por Antonio de Mendoza, primer virrey. Murió en España, adonde había regresado en 1541.

Para justificar lo que parecía traición a Velázquez, refutar sus ataques y referir lo que estaba ocurriendo, entre 1519 y 1526 Cortés despachó desde varios pueblos de Nueva España o México cinco *Cartas de relación* al Emperador Carlos V. La primera describía su llegada a la costa. La segunda, fechada en Segura de la Frontera el 30 de octubre de 1520, es la de más valor literario. La tercera fue enviada en 1522. Estas dos cuentan la quema de las naves, la entrada en México y la "Noche Triste." La cuarta, despachada en 1524, habla de las costumbres mexicanas. La última, de 1526, versa sobre su viaje a Yucatán.

La suerte de estas *Cartas* ha sido interesante. Se creyeron perdidas la primera y la quinta, pero por fin se descubrieron en la Biblioteca Imperial de Viena. Poco después de su composición se publicaron la segunda y la tercera, en Sevilla, en 1522 y 1523, respectivamente; la cuarta, en Toledo en 1525.

El estilo de las *Cartas* es el de un soldado que quiere establecer los hechos con claridad y sencillez. A pesar de la objetividad de Cortés, se transparenta, sin embargo, a través de ellas, su personalidad, una personalidad llena de serenidad, autodominio y modestia. Nunca exageró sus propias hazañas: al contrario, peca de moderado. Sus descripciones de las campañas y batallas son precisas y realistas. También es visible su habilidad como político: hizo lo que pudo para someter a los indios pacíficamente; al fracasar, tuvo que recurrir a la violencia. Se percibe la tristeza del hombre, al tener que destruir el glorioso imperio que admiraba enormemente.

Al lado de la narración histórica, Cortés se permitió a veces un poco de fantasía e invención, como en el relato del encuentro con el emperador azteca, Moctezuma. Cortés recompone la conversación, palabra por palabra, como si ningún intérprete hubiera estado delante y como si los dos personajes hablaran el mismo idioma. Otros elementos imaginativos se ven en el tono de vez en cuando altamente dramático y en ciertas exageraciones que acentúan el poder y la riqueza de los mexicanos.

CARTAS DE RELACIÓN

(1519–26)

SEGUNDA CARTA (1520)

Y luego siendo de día, me partí a un pueblo que está dos leguas de allí, que se dice Amaqueruca,[1] que es de la provincia de Chalco, que tendrá en la principal población, con las aldeas que hay a dos leguas de él, más de veinte mil vecinos, y en el dicho pueblo nos aposen-
5 taron en unas muy buenas casas del señor del lugar. Muchas personas que parecían principales me vinieron allí a hablar, diciéndome que Muteczuma,[2] su señor, los había enviado para que me esperasen allí, y me hiciesen proveer de todas las cosas necesarias. El señor de esta provincia y pueblo me dio hasta cuarenta esclavas y tres mil caste-
10 llanos; y dos días que allí estuve, nos proveyó muy cumplidamente de todo lo necesario para nuestra comida.

Otro día, yendo conmigo aquellos principales que de parte de Muteczuma dijeron que me esperaban allí, me partí y fui a dormir cuatro leguas de allí a un pueblo pequeño que está junto a una gran
15 laguna, y casi la mitad de él sobre el agua de ella, y por la parte de la tierra tiene una sierra muy áspera de piedras y peñas, donde nos aposentaron muy bien. Asimismo quisieran allí probar sus fuerzas con nosotros, excepto que según pareció, quisieran hacerlo muy a su salvo, y tomarnos de noche descuidados. Como yo iba tan sobre
20 aviso, hallábanme delante de sus pensamientos. Aquella noche tuve tal guarda, que así de espías que venían por el agua en canoas, como de otras que por la sierra bajaban a ver si había aparejo para ejecutar su voluntad, amanecieron casi quince o veinte que las nuestras les habían tomado y muerto. Por manera que pocas volvieron a dar
25 su respuesta del aviso que venían a tomar; y con hallarnos siempre tan apercibidos, acordaron de mudar el propósito y llevarnos por bien.

Otro día por la mañana, ya que me quería partir de aquel pueblo,

---

[1] Amecameca.
[2] Moctezuma.

llegaron hasta diez o doce señores muy principales, según después supe, y entre ellos un gran señor, mancebo de hasta veinte y cinco años, a quien todos mostraban tener mucho acatamiento, y tanto, que después de bajado de unas andas en que venía, todos los otros le venían limpiando las piedras y pajas del suelo delante él. Llegados 5 donde yo estaba, me dijeron que venían de parte de Muteczuma, su señor, y que los enviaba para que fuesen conmigo, y que me rogaba que le perdonase porque no salía su persona a me ver y recibir, que la causa era el estar mal dispuesto; pero que ya su ciudad estaba cerca, y que pues yo todavía determinaba ir a ella, nos veríamos, y 10 conocería de él la voluntad que al servicio de V. A.[3] tenía; pero que todavía me rogaba, si fuese posible, no fuese allá, porque padecería mucho trabajo y necesidad, y que él tenía mucha vergüenza de no me poder allá proveer como él deseaba, y en esto ahincaron y porfiaron mucho aquellos señores; y tanto, que no les quedaba sino 15 decir que me defenderían el camino si todavía porfiase ir. Yo les satisfice y aplaqué con las mejores palabras que pude, haciéndoles entender que de mi ida no les podía venir daño, sino mucho provecho. Así se despidieron, después de les haber dado algunas cosas de las que yo traía. 20

Yo me partí luego tras ellos muy acompañado de muchas personas que parecían de mucha cuenta, como después pareció serlo. Todavía seguía el camino por la costa de aquella gran laguna,[4] y una legua del aposento donde partí, vi dentro en ella, casi dos tiros de ballesta, una ciudad pequeña[5] que podría ser hasta de mil o dos mil vecinos, 25 toda armada sobre el agua, sin haber para ella ninguna entrada, y muy torreada, según lo que de fuera parecía. Otra legua adelante entramos por una calzada tan ancha como una lanza jineta, por la laguna adentro, de dos tercios de legua, y por ella fuimos a dar a una ciudad, la más hermosa, aunque pequeña, que hasta entonces 30 habíamos visto, así de muy bien obradas casas y torres, como de la buena orden que en el fundamento de ella había, por ser armada toda sobre agua.

---

[3] Vuestra Alteza (abreviatura, "V. A."), el emperador Carlos V, rey de España.
[4] En el tiempo de Cortés, el Valle de México estaba lleno de lagos de agua dulce y salada. Además del lago Chalco, al que se hace referencia aquí, había otros como el Texcoco con Tenochtitlán o México en el centro, y el Xochimilco. Tres calzadas unían a la ciudad de México con tierra firme.
[5] La ciudad de Cuitláhuac, también unida a tierra firme por una calzada.

En esta ciudad, que será hasta de dos mil vecinos, nos recibieron muy bien y nos dieron muy bien de comer. Allí me vinieron a hablar el señor y las personas principales de ella, y me rogaron que me quedase allí a dormir. Aquellas personas que conmigo iban de Muteczuma me dijeron que no parase, sino que me fuese a otra ciudad que está tres leguas de allí, que se dice Iztapalapa, que es de un hermano del dicho Muteczuma[6] y así lo hice. La salida de esta ciudad, donde comimos, cuyo nombre al presente no me ocurre a la memoria, es por otra calzada que tira una legua grande, hasta llegar a la tierra firme. Llegado a esta ciudad de Iztapalapa, me salió a recibir algo fuera de ella el señor, y otro de una gran ciudad que está cerca de ella, que será obra de tres leguas, que se llama Calaualcán,[7] y otros muchos señores que allí me estaban esperando, y me dieron hasta tres o cuatro mil castellanos, y algunas esclavas y ropa, y me hicieron muy buen acogimiento.

Tendrá esta ciudad de Iztapalapa doce o quince mil vecinos; la cual está en la costa de una laguna salada grande,[8] la mitad dentro en el agua y la otra mitad en la tierra firme. Tiene el señor de ella unas casas nuevas que aun no están acabadas, que son tan buenas como las mejores de España, digo de grandes y bien labradas, así de obra de cantería como de carpintería y suelos, y complimientos[9] para todo género de servicio de casa, excepto masonerías y otras cosas ricas que en España usan en las casas, y acá no las tienen. Tiene en muchos cuartos altos y bajos jardines muy frescos, de muchos árboles y flores olorosas; asimismo albercas de agua dulce muy bien labradas, con sus escaleras hasta el fondo. Tiene una muy grande huerta junto la casa, y sobre ella un mirador de muy hermosos corredores y salas, y dentro de la huerta una muy grande alberca de agua dulce, muy cuadrada, y las paredes de ella de gentil cantería, y alrededor de ella un andén de muy buen suelo ladrillado, tan ancho, que pueden ir por él cuatro paseándose, y tiene de cuadra cuatrocientos pasos, que son en torno mil y seiscientos.[10] De la otra parte del andén, hacia la pared de la huerta, va todo labrado de

---

6 A la caída de Moctezuma, fue elegido emperador este hermano, Cuitláhuac.
7 Coyoacán.
8 El lago Texcoco.
9 Complimientos: "finishings."
10 Tradúzcase: "each of the four sides was four hundred paces long; that is, 1600 paces around."

cañas con unas verjas, y detrás de ellas todo género de arboledas y yerbas olorosas, y dentro de la alberca hay mucho pescado y muchas aves, así como lavancos y cercetas[11] y otros géneros de aves de agua; y tantas, que muchas veces casi cubren el agua.

Otro día después que a esta ciudad llegué, me partí, y a media legua andada, entré por una calzada que va por medio de esta dicha laguna dos leguas, hasta llegar a la gran ciudad de Tenuxtitán,[12] que está fundada en medio de la dicha laguna; la cual calzada es tan ancha como dos lanzas, y muy bien obrada, que pueden ir por toda ella ocho de caballo a la par, y en estas dos leguas de la una parte y de la otra de la dicha calzada están tres ciudades; la una de ellas, que se dice Mesicalsingo,[13] está fundada la mayor parte de ella dentro de la dicha laguna, y las otras dos, que se llaman la una Niciaca y la otra Huchilohuchico,[14] están en la costa de ella, y muchas casas de ellas dentro en el agua.

La primera ciudad de éstas tendrá tres mil vecinos, y la segunda más de seis mil, y la tercera otros cuatro o cinco mil vecinos, y en todas muy buenos edificios de casas y torres, en especial las casas de los señores y personas principales y de las de sus mezquitas u oratorios donde ellos tienen sus ídolos. En estas ciudades hay mucha trata de sal, que hacen del agua de la dicha laguna y de la superficie que está en la tierra que baña la laguna; la cual cuecen en cierta manera y hacen panes de la dicha sal, que venden para los naturales y para fuera de la comarca.

Así seguí la dicha calzada, y a media legua antes de llegar al cuerpo[15] de la ciudad de Tenuxtitán, a la entrada de otra calzada que viene a dar de la Tierra Firme a esta otra, está un muy fuerte baluarte con dos torres, cercado de muro de dos estados, con su pretil almenado por toda la cerca que toma con ambas calzadas;[16] no tiene más de dos puertas, una por do entran y otra por do salen. Aquí me salieron a ver y a hablar hasta mil hombres principales, ciudadanos de la dicha ciudad, todos vestidos de una manera y hábito, y

11 Lavancos y cercetas: "ducks and teals."
12 Tenochtitlán.
13 Mexicaltzingo.
14 Hoy, Churubusco.
15 Al centro.
16 Tradúzcase: "surrounded by a wall two *estados* high, with crenelation extending the whole length between the two causeways." Un *estado* es algo menos que dos yardas.

según su costumbre bien rico; llegados a me hablar, cada uno por sí hacía, en llegando a mí, una ceremonia que entre ellos se usa mucho, que ponía cada uno la mano en la tierra y la besaba; y así estuve esperando casi una hora hasta que cada uno hiciese su ceremonia.

5 Ya junto a la ciudad está una puente de madera de diez pasos de anchura, y por allí está abierta la calzada, para que tenga lugar el agua de entrar y salir, porque crece y mengua, y también por fortaleza de la ciudad, porque quitan y ponen unas vigas muy luengas y anchas, de que la dicha puente está hecha, todas las veces 10 que quieren, y de éstas hay muchas por toda la ciudad, como adelante, en la relación que de las cosas de ella haré. V. A. verá.

Pasada esta puente, nos salió a recibir aquel señor Muteczuma con hasta dos cientos señores, todos descalzos y vestidos de otra librea o manera de ropa, asimismo bien rica a su uso, y más que la 15 de los otros; venían en dos procesiones, muy arrimados a las paredes de la calle, que es muy ancha y muy hermosa y derecha, que de un cabo se parece el otro, y tiene dos tercios de legua, y de la una parte y de la otra muy buenas y grandes casas, así de aposentamientos como de mezquitas. El dicho Muteczuma venía por medio de la 20 calle con dos señores,[17] el uno a la mano derecha y el otro a la izquierda; de los cuales el uno era aquel señor grande que dije que me había salido a hablar en las andas, y el otro era su hermano del dicho Muteczuma, señor de aquella ciudad de Iztapalapa, de donde yo aquel día había partido; todos tres vestidos de una manera, 25 excepto el Muteczuma, que iba calzado, y los otros dos señores descalzos. Cada uno le llevaba de su brazo; y como nos juntamos, yo me apeé, y le fui a abrazar solo; y aquellos dos señores que con él iban me detuvieron con las manos para que no le tocase; ellos y él hicieron asimismo ceremonia de besar la tierra; y hecha, mandó 30 a aquel su hermano que venía con él que se quedase conmigo y me llevase por el brazo, y él con el otro se iba adelante de mí poquito trecho; después de me haber él hablado, vinieron asimismo a me hablar todos los otros señores que iban en las dos procesiones, en orden uno en pos de otro, y luego se tornaban a su procesión.

35 Al tiempo que yo llegué a hablar al dicho Muteczuma, quitéme un collar que llevaba de margaritas y diamantes de vidrio, y se lo eché al cuello; después de haber andado la calle adelante, vino un

---

17 Cacamatzín y Cuitláhuac.

servidor suyo con dos collares de camarones, envueltos en un paño, que eran hechos de huesos de caracoles colorados, que ellos tienen en mucho,[18] y de cada collar colgaban ocho camarones de oro, de mucha perfección, tan largos casi como un jeme; y como se los trajeron, se volvió a mí y me los echó al cuello, y tornó a seguir 5 por la calle en la forma ya dicha, hasta llegar a una muy grande y hermosa casa, que él tenía para nos aposentar, bien aderezada. Allí me tomó por la mano y me llevó a una gran sala, que estaba frontero de un patio por do entramos. Allí me hizo sentar en un estrado muy rico, que para él lo tenía mandado hacer, y me dijo 10 que le esperase allí, y él se fue, y dende[19] a poco rato, ya que toda la gente de mi compañía estaba aposentada, volvió con muchas y diversas joyas de oro y plata, y plumajes, y con hasta cinco o seis mil piezas de ropa de algodón, muy ricas y de diversas maneras tejidas y labradas. Después de me las haber dado, se sentó en otro 15 estrado, que luego le hicieron allí junto con el otro donde yo estaba; y sentado, propuso en esta manera:

"Muchas días ha que por nuestras escrituras tenemos de nuestros antepasados noticia que yo ni todos los que en esta tierra habitamos no somos naturales de ella, sino extranjeros y venidos a ella de 20 partes muy extrañas;[20] y tenemos asimismo que a estas partes trajo nuestra generación un señor, cuyos vasallos todos eran, el cual se volvió a su naturaleza,[21] y después tornó a venir dende en mucho tiempo, y tanto, que ya estaban casados los que habían quedado con las mujeres naturales de la tierra, y tenían mucha generación[22] 25 y hechos pueblos donde vivían; queriéndolos llevar consigo, no quisieron ir, ni menos recibirle por señor; y así, se volvió. Siempre hemos tenido que de los que de él descendiesen habían de venir a sojuzgar esta tierra y a nosotros, como a sus vasallos,[23] según de la parte que vos decís que venís, que es a do sale el sol y las cosas que 30 decís de ese gran señor o rey que acá os envió, creemos y tenemos por cierto él ser nuestro señor natural; en especial que nos decís que él ha muchos días que tiene noticia de nosotros. Por tanto vos sed

---

[18] Estiman mucho.

[19] Desde.

[20] Los aztecas bajaron del norte y conquistaron a los toltecas y mayas.

[21] Naturaleza: "country."

[22] Generación: "descendants."

[23] La conquista de Cortés se vio facilitada por la firme creencia de Moctezuma en el "Dios blanco."

cierto[24] que os obedeceremos y tendremos por señor en lugar de ese gran señor que decís, y que en ello no habrá falta ni engaño alguno; bien podéis en toda la tierra, digo en la que yo en mi señorío poseo, mandar a vuestra voluntad, porque será obedecido y hecho, y todo
5 lo que nosotros tenemos es para lo que vos de ello quisiereis disponer.

"Pues estáis en vuestra naturaleza y en vuestra casa; holgad y descansad del trabajo del camino y guerras que habéis tenido; que muy bien sé todos los que se os han ofrecido de Puntunchán acá, y bien sé que los de Cempoal y de Tlascaltecal[25] os han dicho muchos
10 males de mí: no creáis más de lo que por vuestros ojos veréis, en especial de aquellos que son mis enemigos, y algunos de ellos eran mis vasallos, y hánseme rebelado con vuestra venida, y por se favorecer con vos lo dicen; los cuales sé que también os han dicho que yo tenía las casas con las paredes de oro y que las esteras de
15 mis estrados y otras cosas de mi servicio eran asimismo de oro, y que yo que era y me hacía dios[26] y otras muchas cosas. Las casas ya las veis que son de piedra y cal y tierra."

Entonces alzó las vestiduras y me mostró el cuerpo, diciendo a mí: "Veisme aquí que soy de carne y hueso como vos y como cada uno,
20 y que soy mortal y palpable." Asiéndose él con sus manos de los brazos y del cuerpo: "Ved cómo os han mentido; verdad es que yo tengo algunas cosas de oro que me han quedado de mis abuelos: todo lo que yo tuviere, tenéis cada vez que vos lo quisierais. Yo me voy a otras casas, donde vivo; aquí seréis proveído de todas las cosas
25 necesarias para vos y vuestra gente, y no recibáis pena alguna, pues estáis en vuestra casa y naturaleza."

Yo le respondí a todo lo que me dijo, satisfaciendo a aquello que me pareció que convenía, en especial en hacerle creer que V. M.[27] era a quien ellos esperaban, y con eso se despidió; e ido, fuimos muy
30 bien proveídos de muchas gallinas y pan y frutas y otras cosas necesarias, especialmente para el servicio del aposento. De esta manera estuve seis días, muy bien proveído de todo lo necesario, y visitado de muchos de aquellos señores. . . .

Otro día siguiente, que fue víspera de San Juan Bautista, me partí,
35 y dormí en el camino, a tres leguas de la dicha gran ciudad; y día

---

24 Tradúzcase: "be sure."
25 Puntunchán, hoy la ciudad de Victoria. Tlascaltecal o Tlaxcala.
26 Tradúzcase: "I pretended to be a god."
27 Vuestra Majestad (Carlos V).

de San Juan, después de haber oído misa, me partí y entré en ella casi a mediodía, y vi poca gente por la ciudad, y algunas puertas de las encrucijadas y traviesas de las calles quitadas, que no me pareció bien, aunque pensé que lo hacían de temor de lo que habían hecho, y que entrando yo, los aseguraría.[28] Con esto me fui a la fortaleza, en la cual y en aquella mezquita mayor que junto a ella está, se aposentó toda la gente que conmigo venía; y los que estaban en la fortaleza nos recibieron con tanta alegría como si nuevamente les diéramos las vidas, que ya ellos estimaban perdidas y con mucho placer estuvimos aquel día y noche, creyendo que ya todo estaba pacífico.

Otro día[29] después de misa, envié un mensajero a la villa de Veracruz, por les dar buenas nuevas de cómo los cristianos eran vivos, y yo había entrado en la ciudad, y estaba segura. El cual mensajero volvió dende a media hora todo descalabrado y herido, dando voces que todos los indios de la ciudad venían de guerra, y que tenían todas las puentes alzadas; y junto tras él da sobre nosotros tanta multitud de gente por todas partes, que ni las calles ni azoteas se parecían con la gente;[30] la cual venía con los mayores alaridos y grita más espantable que en el mundo se puede pensar; eran tantas las piedras que nos echaban con hondas dentro en la fortaleza, que no parecía sino que el cielo las llovía, y las flechas y tiraderas eran tantas, que todas las paredes y patios estaban llenos, que casi no podíamos andar con ellas.

Yo salí fuera a ellos por dos o tres partes, y pelearon con nosotros muy reciamente, aunque por la una parte un capitán salió con doscientos hombres, y antes que se pudiese recoger les mataron cuatro, e hirieron a él y a muchos de los otros; por la parte que yo andaba me hirieron a mí y a muchos de los españoles. Nosotros matamos pocos de ellos, porque se nos acogían de la otra parte de las puentes, y desde las azoteas y terrados nos hacían daño con piedras, de las cuales[31] ganamos algunas y las quemamos. Pero eran tantas y tan fuertes, y de tanta gente pobladas, y tan abastecidas de

---

[28] Ausente Cortés de Tenochtitlán, los aztecas, molestos por el encarcelamiento de Moctezuma, se rebelaron contra los españoles. Cortés había ido a Veracruz con el fin de enfrentarse a la expedición de Narváez mandada para arrestarlo.

[29] El 24 de junio de 1520.

[30] Tradúzcase: "could be seen because of the people."

[31] Se refiere a azoteas.

piedras y otros géneros de armas, que no bastábamos para se las tomar todas, ni defender que ellos no nos ofendiesen a su placer. En la fortaleza daban tan recio combate, que por muchas partes nos pusieron fuego, y por la una se quemó mucha parte de ella, sin lo
5 poder remediar, hasta que la atajamos cortando las paredes y derrocando un pedazo, que mató el fuego. Si no fuera por la mucha guarda que allí puse de escopeteros y ballesteros y otros tiros de pólvora, nos entraran a escala vista sin los poder resistir.

Así estuvimos peleando todo aquel día, hasta que fue la noche
10 bien cerrada, y aun en ella no nos dejaron sin grita y rebato hasta el día. Aquella noche hice reparar los portillos de aquello quemado, y todo lo demás que me pareció que en la fortaleza había flaco; y concerté las estancias[32] y gente que en ellas había de estar, y la con que otro día habíamos de salir a pelear fuera, e hice curar los
15 heridos, que eran más de ochenta.

Luego que fue de día, ya la gente de los enemigos nos comenzaba a combatir muy más reciamente que el día pasado, porque estaba tanta cantidad de ellos, que los artilleros no tenían necesidad de puntería, sino asestar en los escuadrones de los indios. Y puesto que
20 la artillería hacía mucho daño, porque jugaban trece arcabuces, sin las escopetas y ballestas, hacían tan poca mella, que ni se parecía que lo sentían, porque por donde llevaba el tiro diez o doce hombres se cerraba luego de gente, que no parecía que hacía daño ninguno.

Dejado en la fortaleza el recaudo que convenía y se podía dejar,
25 yo torné a salir y les gané algunas casas, y matamos muchos en ellas que las defendían; y eran tantos, que aunque más daño se hiciera, hacíamos muy poquita mella. A nosotros convenía pelear todo el día, y ellos peleaban por horas, que se remudaban, y aun les sobraba gente. También hirieron aquel día otros cincuenta o
30 sesenta españoles, aunque no murió ninguno, y peleamos hasta que fue noche, que de cansados nos retraímos a la fortaleza.

Viendo el gran daño que los enemigos nos hacían, y cómo nos herían y mataban a su salvo, y que puesto que[33] nosotros hacíamos daño en ellos, por ser tantos no se parecía, toda aquella noche y
35 otro día gastamos en hacer tres ingenios[34] de madera, y cada uno

32 Tradúzcase: "I arranged the positions."
33 Aunque.
34 Un tipo de andamio portátil desde el que se podían lanzar flechas por encima de las paredes.

llevaba veinte hombres, los cuales iban dentro, porque con las
piedras que nos tiraban desde las azoteas no los pudiesen ofender,
porque iban los ingenios cubiertos de tablas, y los que iban dentro
eran ballesteros y escopeteros, y los demás llevaban picos y azadones
y varas de hierro para horadarles las casas y derrocar las albarradas 5
que tenían hechas en las calles.

En tanto que estos artificios se hacían, no cesaba el combate de los
contrarios; en tanta manera, que como nos salíamos fuera de la
fortaleza, se querían ellos entrar dentro; a los cuales resistimos con
harto trabajo. El dicho Muteczuma, que todavía estaba preso, y un 10
hijo suyo, con otros muchos señores que al principio se habían
tomado, dijo que le sacasen a las azoteas de la fortaleza, y que él
hablaría a los capitanes de aquella gente, y les haría que cesase la
guerra. Yo lo hice sacar, y en llegando a un pretil que salía fuera de
la fortaleza, queriendo hablar a la gente que por allí combatía, le 15
dieron una pedrada los suyos en la cabeza, tan grande, que de allí
a tres días murió; yo le hice sacar así muerto a dos indios de los que
estaban presos, y a cuestas lo llevaron a la gente, y no sé lo que
de él hicieron, salvo que no por eso cesó la guerra y muy más recia
y muy cruda de cada día. 20

Este día llamaron por aquella parte por donde habían herido al
dicho Muteczuma, diciendo que me allegase yo allí, que me querían
hablar ciertos capitanes, y así lo hice, y pasaron entre ellos y mí
muchas razones, rogándoles que no peleasen conmigo, pues ninguna
razón para ello tenían, y que mirasen las buenas obras que de mí 25
habían recibido, y cómo habían sido muy bien tratados de mí. La
respuesta suya era que me fuese y que les dejase la tierra, y que
luego dejarían la guerra; que de otra manera, que creyese que habían
de morir todos o dar fin de nosotros. Lo cual, según pareció, hacían
porque yo me saliese de la fortaleza, para me tomar a su placer al 30
salir de la ciudad, entre las puentes.

Yo les respondí que no pensasen que les rogaba con la paz por
temor que les tenía, sino porque me pesaba del daño que les hacía y
les había de hacer, y por no destruir tan buena ciudad como aquélla
era; todavía respondían que no cesarían de me dar guerra hasta que 35
saliese de la ciudad.

Después de acabados aquellos ingenios, luego otro día salí para les
ganar ciertas azoteas y puentes, yendo los ingenios delante, y tras
ellos cuatro tiros de fuego y otra mucha gente de ballesteros y

rodeleros,[35] y más de tres mil indios de los naturales de Tlascaltecal, que habían venido conmigo y servían a los españoles; llegados a una puente, pusimos los ingenios arrimados a las paredes de unas azoteas, y ciertas escalas que llevábamos para las subir; y era tanta la gente
5 que estaba en defensa de la dicha puente y azoteas y tantas las piedras que de arriba tiraban y tan grandes, que nos desconcertaron los ingenios y nos mataron un español e hirieron muchos, sin les poder ganar un paso, aunque pugnábamos mucho por ello, porque peleamos desde la mañana hasta mediodía, que nos volvimos con
10 harta tristeza a la fortaleza. De donde cobraron tanto ánimo, que casi a las puertas nos llegaban, y tomaron aquella mezquita grande, y en la torre más alta y más principal de ella se subieron hasta quinientos indios, que, según me pareció, eran personas principales.

En ella subieron mucho mantenimiento de pan y agua y otras
15 cosas de comer, y muchas piedras; y todos los más tenían lanzas muy largas con unos hierros de pedernal más anchos que los de las nuestras, y no menos agudos; y de allí hacían mucho daño a la gente de la fortaleza, porque estaba muy cerca de ella. La cual dicha torre combatieron los españoles dos o tres veces y la acometieron a subir;
20 y como era muy alta y tenía la subida agria, porque tiene ciento y tantos escalones; y los de arriba estaban bien pertrechados de piedras y otras armas, y favorecidos a causa de no haberles podido ganar las otras azoteas; ninguna vez los españoles comenzaban a subir, que no volviesen rodando,[36] y así herían mucha gente, y los
25 que de las otras partes los vían,[37] cobraban tanto ánimo, que se nos venían hasta la fortaleza sin ningún temor.

Yo, viendo que si aquéllos salían con tener aquella torre,[38] demás de nos hacer de ella mucho daño, cobrarían esfuerzo para nos ofender, salí fuera de la fortaleza, aunque manco de la mano
30 izquierda, de una herida que el primer día me habían dado; liada la rodela en el brazo, fui a la torre con algunos españoles que me siguieron, e hícela cercar toda por bajo porque se podía muy bien hacer; aunque los cercadores no estaban de balde,[39] que por todas

---

35 Soldado con rodela, especie de pequeño escudo redondo, que se sujetaba al brazo.

36 Tradúzcase: "each time the Spaniards began to climb up, they tumbled back."

37 Veían.

38 Tradúzcase: "seeing that, if they managed to hold that tower."

39 Tradúzcase: "although the besiegers were not idle."

partes peleaban con los contrarios, de los cuales, por favorecer a los suyos, se recrecieron muchos; y yo comencé a subir por la escalera de la dicha torre, y tras mí ciertos españoles.

Puesto que nos defendían la subida muy reciamente, y tanto, que derrocaron tres o cuatro españoles, con ayuda de Dios y de su 5 gloriosa Madre, por cuya casa aquella torre se había señalado y puesto en ella su imagen, les subimos la dicha torre, y arriba peleamos con ellos tanto, que les fue forzado saltar de ella abajo a unas azoteas que tenía alderredor tan anchas como un paso. De éstas tenía dicha torre tres o cuatro, tan altas la una de la otra como 10 tres estados. Y algunos cayeron abajo del todo,[40] que demás del daño que recibían de la caída, los españoles que estaban abajo alderredor de la torre los mataban. Los que en aquellas azoteas quedaron, pelearon desde allí tan reciamente, que estuvimos más de tres horas en los acabar de matar; por manera que murieron todos, 15 que ninguno escapó.

Crea V. S. M.[41] que fue tanto ganarles esta torre, que si Dios no les quebrara las alas, bastaban veinte de ellos para resistir la subida a mil hombres, como quiera que pelearon muy valientemente hasta que murieron; e hice poner fuego a la torre y a las otras 20 que en la mezquita había; las cuales nos habían ya quitado y llevado las imágenes que en ellas teníamos.

Algo perdieron del orgullo con haberles tomado esta fuerza, y tanto, que por todas partes aflojaron en mucha manera; y luego torné a aquella azotea y hablé a los capitanes que antes habían hablado 25 conmigo, que estaban algo desmayados por lo que habían visto. Los cuales luego llegaron, y les dije que mirasen que no se podían amparar, y que les hacíamos de cada día mucho daño y morían muchos de ellos, y quemábamos y destruíamos su ciudad, y que no había de parar hasta no dejar de ella ni de ellos cosa alguna. Los 30 cuales me respondieron que bien veían que recibían de nos mucho daño y que morían muchos de ellos; pero que ellos estaban ya determinados de morir todos por nos acabar. Y que mirase yo por todas aquellas calles y plazas y azoteas cuán llenas de gente estaban, y que tenían hecha cuenta que, a morir veinte y cinco mil de ellos y 35 uno de los nuestros, nos acabaríamos nosotros primero, porque

---

[40] Abajo del todo: "all the way down."
[41] Vuestra Serena Majestad.

éramos pocos, y ellos muchos, y que me hacían saber que todas las calzadas de las entradas de la ciudad eran deshechas, como de hecho pasaba, que todas las habían deshecho, excepto una. Que ninguna parte teníamos por do salir, sino por el agua; y que bien sabían que
5 teníamos pocos mantenimientos y poca agua dulce, que no podíamos durar mucho que de hambre no nos muriésemos, aunque ellos no nos matasen. De verdad que ellos tenían mucha razón; que aunque no tuviéramos otra guerra sino la hambre y necesidad de mantenimientos, bastaba para morir todos en breve tiempo. Pasamos otras
10 muchas razones, favoreciendo cada uno sus partidos.

Ya que fue de noche, salí con ciertos españoles, y como los tomé descuidados, ganámosles una calle, donde les quemamos más de trecientas casas, y luego volví por otra, ya que allí acudía la gente y asimismo quemé muchas casas de ella, en especial ciertas azoteas
15 que estaban junto a la fortaleza, de donde nos hacían mucho daño. Con lo que aquella noche se les hizo recibieron mucho temor, y en esta misma noche hice tornar a aderezar los ingenios que el día antes nos habían desconcertado.

Por seguir la victoria que Dios nos daba, salí en amaneciendo por
20 aquella calle donde el día antes nos habían desbaratado, donde no menos defensa hallamos que el primero; pero como nos iban las vidas y la honra,[42] porque por aquella calle estaba sana la calzada que iba a la tierra firme, aunque hasta llegar a ella había ocho puentes muy grandes y hondas, y toda la calle de muchas y altas
25 azoteas y torres, pusimos tanta determinación y ánimo, que ayudándonos nuestro Señor, les ganamos aquel día las cuatro y se quemaron todas las azoteas y casas y torres que había hasta la postrera de ellas. Aunque por lo de la noche pasada tenían en todas las puentes hechas muchas y muy fuertes albarradas de adobes y
30 barro, en manera que los tiros y ballestas no les podían hacer daño. Las cuales dichas cuatro puentes cegamos con los adobes y tierra de las albarradas y con mucha piedra y madera de las casas quemadas. Aunque todo no fue tan sin peligro que no hiriesen muchos españoles, aquella noche puse mucho recaudo en guardar aquellas
35 puentes, porque no las tornasen a ganar.

Otro día de mañana torné a salir; y Dios nos dio asimismo tan buena dicha y victoria, aunque era innumerable gente la que defendía las puentes y muy grandes albarradas y hoyos[43] que aquella

42 Tradúzcase: "since our lives and honor were in the balance."
43 Albarradas y hoyos: "trenches and ditches."

noche habían hecho, se las ganamos todas y las cegamos. Asimismo fueron ciertos de caballo siguiendo el alcance y victoria hasta la tierra firme; y estando yo reparando aquellas puentes y haciéndolas cegar, viniéronme a llamar a mucha priesa, diciendo que los indios que combatían la fortaleza pedían paces, y me estaban esperando 5 allí ciertos señores capitanes de ellos. Dejando allí toda la gente y ciertos tiros, me fui solo con dos de caballo a ver lo que aquellos principales querían. Los cuales me dijeron que si yo les aseguraba que por lo hecho no serían punidos, que ellos harían alzar el cerco y tornar a poner las puentes y hacer las calzadas y servirían a V. M., 10 como antes lo hacían. Rogáronme que hiciese traer allí uno, como religioso, de los suyos, que yo tenía preso, el cual era como general de aquella religión. El cual vino y les habló y dio concierto entre ellos y mí; luego pareció que enviaban mensajeros, según ellos dijeron, a los capitanes y a la gente que tenían en las estancias, a decir que 15 cesase el combate que daban a la fortaleza, y toda la otra guerra.

Con esto nos despedimos, y yo metíme en la fortaleza a comer; en comenzando vinieron a mucha priesa a me decir que los indios habían tornado a ganar las puentes que aquel día les habíamos ganado, y habían muerto ciertos españoles; de que Dios sabe 20 cuánta alteración recibí, porque yo no pensé que habíamos que hacer con tener ganada la salida,[44] y cabalgué a la mayor priesa que pude, y corrí por toda la calle adelante con algunos de caballo que me siguieron, y sin detenerme en alguna parte, torné a romper por los dichos indios, y les torné a ganar las puentes, y fui en alcance de 25 ellos hasta la tierra firme.

Como los peones[45] estaban cansados y heridos y atemorizados, y veían presente el grandísimo peligro, ninguno me siguió. A cuya causa, después de pasadas yo las puentes, ya me quise volver, las hallé tomadas y ahondadas mucho más de lo que habíamos cegado. 30 Y por la una parte y por la otra de toda la calzada llena de gente, así en la tierra como en el agua, en canoas; la cual nos agarrochaba y apedreaba en tanta manera, que si Dios misteriosamente no nos quisiera salvar, era imposible escapar de allí, y aun ya era público entre los que quedaban en la ciudad que yo era muerto. 35

Cuando llegué a la postrera puente de hacia la ciudad, hallé a todos los de caballo que conmigo iban, caídos en ella, y un caballo

---

44 Tradúzcase: "I did not think that we would have any problem, once the exit was gained."
45 Soldado de a pie.

suelto. Por manera que ya no pude pasar, y me fue forzado de revolver solo contra mis enemigos, y con aquello hice algún tanto de lugar para que los caballos pudiesen pasar; y yo hallé la puente desembarazada, y pasé, aunque con harto trabajo, porque había de
5 la una parte a la otra casi un estado de saltar con el caballo, los cuales, por ir yo y él bien armados, no nos hirieron, más de atormentar el cuerpo. Así quedaron aquella noche con victoria y ganadas las dichas cuatro puentes.

Dejé en las otras cuatro buen recaudo, y fui a la fortaleza, e hice
10 hacer una puente de madera, que llevaban cuarenta hombres; y viendo el gran peligro en que estábamos y el mucho daño que cada día los indios nos hacían, y temiendo que también deshiciesen aquella calzada como las otras, que deshecha, era forzado morir todos, y porque de todos los de mi compañía fui requerido muchas
15 veces que me saliese, y porque todos a los más estaban heridos y, tan mal, que no podían pelear, acordé de lo hacer aquella noche, y tomé todo el oro y joyas de V. M. que se podían sacar, y púselo en una sala, y allí lo entregué en ciertos líos a los oficiales de V. A., que yo en su real nombre tenía señalados, y a los alcaldes y regidores,
20 y a toda la gente que allí estaba, les rogué y requerí que me ayudasen a lo sacar y salvar, y di una yegua mía para ello, en la cual se cargó tanta parte cuanta yo podía llevar; y señalé ciertos españoles, así criados míos como de los otros, que viniesen con el dicho oro y yegua, y lo demás los dichos oficiales y alcaldes y regidores y yo lo
25 dimos y repartimos por los españoles para que lo sacasen.

Desamparada la fortaleza, con la mucha riqueza, así de V. A. como de los españoles y mía, me salí lo más secreto que yo pude, sacando conmigo un hijo y dos hijas del dicho Muteczuma, y a Cacamacín, señor de Aculuacán,[46] y al otro su hermano, que yo había puesto en
30 su lugar, y a otros señores de provincias y ciudades que allí tenía presos.

Llegando a las puentes, que los indios tenían quitadas, a la primera de ellas se echó la puente que yo traía hecha con poco trabajo, porque no hubo quien lo resistiese, excepto ciertas velas que
35 en ella estaban, las cuales apellidaban tan recio, que antes de llegar a la segunda estaba infinito número de gente de los contrarios sobre nosotros, combatiéndonos por todas partes, así desde el agua

---

46 Acolhuacán, cerca de la ciudad de México.

como de la tierra; yo pasé presto con cinco de caballo y con cien
peones, con los cuales pasé a nado todas las puentes, y las gané
hasta la tierra firme. Dejando aquella gente en la delantera, torné a
la rezaga, donde hallé que peleaban reciamente, y que era sin
comparación el daño que los nuestros recibían, así los españoles, 5
como los indios de Tlascaltecal que con nosotros estaban, que casi
a todos los mataron, y a muchos naturales, los españoles; asimismo
habían muerto muchos españoles y caballos, y perdido todo el oro
y joyas y ropa y otras muchas cosas que sacábamos, y toda la
artillería. 10

Recogidos los que estaban vivos, echélos delante, y yo con tres o
cuatro de caballo y hasta veinte peones, que osaron quedar conmigo,
me fui en la rezaga, peleando con los indios hasta llegar a una ciudad
que se dice Tacuba, que está fuera de toda la calzada, de que Dios
sabe cuánto trabajo y peligro recibí; porque todas las veces que 15
volvía sobre los contrarios, salía lleno de flechas y viras y apedreado;
porque como era agua de la una parte y de la otra, herían a su salvo
sin temor a los que salían a tierra, y luego que volvíamos sobre ellos,
saltaban al agua; así que recibían muy poco daño, sino eran algunos
que con los muchos tropezaban unos con otros y caían, y aquéllos 25
morían.

Con este trabajo y fatiga llevé toda la gente hasta la dicha ciudad
de Tacuba, sin me matar ni herir ningún español ni indio, sino
fue uno de los de caballo que iba conmigo en la rezaga; y no menos
peleaban, así en la delantera como por los lados, aunque la mayor 20
fuerza era en las espaldas, por do venía la gente de la gran ciudad.

Álvar Núñez Cabeza de Vaca

(c. 1490–1559)

Muy poco se sabe de la vida de Álvar Núñez Cabeza de Vaca. Nacido probablemente en Sevilla, pasó al Nuevo Mundo, donde acompañó a Pánfilo de Narváez, como tesorero, en el desgraciado viaje de exploración a la Florida. Sólo Cabeza de Vaca y otros pocos compañeros lograron sobrevivir; pero se perdieron. Desde 1525 a 1535 caminaron al azar por el sur de lo que hoy son los Estados Unidos. Finalmente llegaron al norte de México. Cabeza de Vaca volvió a España y escribió los *Naufragios* (Valladolid, 1542). Como recompensa a sus servicios, se le nombró adelantado de Asunción, en Paraguay. Habiéndose puesto del lado de los indios en sus quejas contra los dominadores españoles, fue dimitido, arrestado y encarcelado.

Los *Naufragios* son una relación de servicios, escrita deliberadamente para impresionar al rey y garantizarse una recompensa. Tienen gran interés para la historia de los Estados Unidos, pues en este libro se encuentran las primeras referencias a los indios del suroeste. Estos acogieron a Cabeza de Vaca, porque sabía algo de medicina. Vivió entre ellos practicando con éxito la profesión.

Evidentemente, esta crónica posee más interés para los antropólogos y etnógrafos que para los críticos literarios, aunque éstos también pueden sacar su provecho. Es un relato de aventuras increíbles y de costumbres indias fascinadoras. El estilo es sencillo, pero a ratos conmovedor. Son en extremo emotivos pasajes como el que narra la pena y llanto de los indios en la isla Galvestón por la muerte de algunos compañeros de Cabeza de Vaca. Detalles curiosos, como la reacción del autor ante la carne de búfalo, encantan al lector por su ingenuidad.

NAUFRAGIOS
(1542)

CAPÍTULO XII

Cómo los indios nos trajeron de comer.

Otro dia,[1] saliendo el sol, que era la hora que los indios nos habían dicho, vinieron a nosotros—como lo habían prometido—y nos trajeron mucho pescado y de unas raíces que ellos comen, y son como nueces, algunas mayores o menores. La mayor parte de ellas se sacan debajo del agua y con mucho trabajo. A la tarde volvieron, y nos 5 trajeron más pescado y de las mismas raíces. Hicieron venir sus mujeres e hijos para que nos viesen; y así se volvieron ricos de cascabeles y cuentas que les dimos. Otros días nos tornaron a visitar con lo mismo que esas otras veces.

Como nosotros veíamos que estábamos proveídos de pescado y de 10 raíces y de agua y de las otras que pedimos, acordamos de tornarnos a embarcar y seguir nuestro camino. Desenterramos la barca de la arena en que estaba metida. Fue menester que nos desnudásemos todos y pasásemos gran trabajo para echarla al agua (porque nosotros estábamos tales, que otras cosas muy más livianas 15 bastaban para ponernos en él).[2] Así embarcados, a dos tiros de ballesta dentro en la mar nos dio tal golpe de agua, que nos mojó a todos. Como íbamos desnudos, y el frío que hacía era muy grande, soltamos los remos de las manos, y a otro golpe que la mar nos dio, trastornó la barca. El veedor y otros dos se asieron de ella para 20 escaparse; mas sucedió muy al revés, que la barca los tomó debajo y se ahogaron. Como la costa es muy brava, el mar de un tumbo echó a todos los otros, envueltos en las olas y medio ahogados, en la costa de la misma isla, sin que faltasen más de los tres que la barca había tomado debajo. Los que quedamos escapados, desnudos como naci- 25 mos, y perdido todo lo que traíamos; aunque todo valía poco, pero entonces valía mucho. Y como entonces era por noviembre, y el frío muy grande, y nosotros tales, que con poca dificultad se nos podía contar los huesos, estábamos hechos propia figura de la muerte.

---

[1] Al día siguiente.
[2] Ponernos en trabajo o dificultad.

De mí sé decir que desde el mes de mayo pasado yo no había comido otra cosa sino maíz tostado, y algunas veces me vi en necesidad de comerlo crudo; porque, aunque se mataron los caballos entre tanto que las barcas se hacían, yo nunca pude comer de ellos, y no
5 fueron diez veces las que comí pescado. Esto digo por excusar razones, porque pueda cada uno ver qué tales estaríamos. Sobre todo lo dicho, había sobrevenido viento norte, de suerte que más estábamos cerca de la muerte que de la vida. Plugo a nuestro Señor[3] que buscando los tizones del fuego que allí habíamos hecho, hallamos
10 lumbre, con que hicimos grandes fuegos; y así estuvimos pidiendo a nuestro Señor misericordia y perdón de nuestros pecados, derramando muchas lágrimas, habiendo cada uno lástima, no sólo de sí, mas de todos los otros, que en el mismo estado veían.

A hora de puesto el sol,[4] los indios, creyendo que no nos habíamos
15 ido, nos volvieron a buscar y a traernos de comer; mas, cuando ellos nos vieron así en tan diferente hábito del primero, y en manera tan extraña, espantáronse tanto, que se volvieron atrás. Yo salí a ellos y llamélos, y vinieron muy espantados. Híceles entender por señas cómo se nos había hundido una barca, y se habían ahogado tres de
20 nosotros; y allí, en su presencia, ellos mismos vieron dos muertos; y los que quedábamos íbamos aquel camino. Los indios, de ver el desastre que nos había venido y el desastre en que estábamos, con tanta desventura y miseria se sentaron entre nosotros, y con gran dolor y lástima que hubieron de vernos en tanta fortuna[5] comenzaron
25 todos a llorar recio, y tan de verdad, que lejos de allí se podía oír. Esto les duró más de media hora; y, cierto, ver que estos hombres tan sin razón y tan crudos, a manera de brutos, se dolían tanto de nosotros, hizo que en mí y en otros de la compañía creciese más la pasión y la consideración de nuestra desdicha.
30 Sosegado ya este llanto, yo pregunté a los cristianos, y dije que, si a ellos parecía, rogaría a aquellos indios que nos llevasen a sus casas. Algunos de ellos que habían estado en la Nueva España respondieron que no se debía hablar en ello, porque si a sus casas nos llevaban, nos sacrificarían a sus ídolos. Mas, visto que otro remedio no había, y que
35 por cualquier otro camino estaba más cerca y más cierta la muerte, no curé de lo que decían, antes rogué a los indios que nos llevasen a

---

3 Plugo a nuestro Señor: "It pleased God."
4 A hora de puesto el sol: "at sunset."
5 En tan mala fortuna.

sus casas. Ellos mostraron que habían gran placer de ello, y que esperásemos un poco, que ellos harían lo que queríamos. Luego treinta de ellos se cargaron de leña, y se fueron a sus casas, que estaban lejos de allí, y quedamos con los otros hasta cerca de la noche, que nos tomaron, y llevándonos asidos y con mucha prisa, 5 fuimos a sus casas.

Por el gran frío que hacía, y temiendo que en el camino alguno no muriese o desmayase, proveyeron que hubiese cuatro o cinco fuegos muy grandes puestos a trechos, y en cada uno de ellos nos calentaban. Desde que veían que habíamos tomado alguna fuerza y 10 calor, nos llevaban hasta el otro tan aprisa, que casi los pies no nos dejaban poner en el suelo, y de esta manera fuimos hasta sus casas, donde hallamos que tenían hecha una casa para nosotros, y muchos fuegos en ella. Desde a una hora que habíamos llegado, comenzaron a bailar y hacer grande fiesta (que duró toda la noche), aunque para 15 nosotros no había placer, fiesta ni sueño, esperando cuándo nos habían de sacrificar. A la mañana nos tornaron a dar pescado y raíces, y hacer tan buen tratamiento, que nos aseguramos algo, y perdimos algo el miedo del sacrificio.

Bernal Díaz del Castillo

(c.1495–1584)

Bernal Díaz del Castillo nació en Medina del Campo. Llegó al Nuevo Mundo en 1514, con el gobernador de Darién. En seguida se dirigió a Cuba, donde se unió a la expedición que exploró la costa del Yucatán. También acompañó a Juan Ponce en su expedición a la Florida. Alistado en el ejército de Cortés, intervino en la conquista de México. Por recomendación de aquél y del virrey Antonio de Mendoza, recibió, en pago de sus servicios, una encomienda en Santiago de los Caballeros, Guatemala, siendo uno de los primeros pobladores de la ciudad. Debió de morir allí, pero no hay certeza.

Bernal Díaz había leído la erudita *Historia general de las Indias y conquista de México* de López de Gómara, el aristocrático secretario de Cortés. Se sentía irritado por sus muchos errores y la tendencia de Gómara a cargar en el jefe todos los méritos de la conquista, olvidando a los colaboradores, los pobres soldados de a pie. Retirado en Guatemala, en pleno disfrute de su encomienda, se dedicó a escribir el relato "auténtico," la *Verdadera historia de la conquista de la Nueva España,* que no fue publicada hasta 1632.

El valor histórico de la *Verdadera historia* ha sido puesto en duda con mucha razón. Se alega que, después de los años transcurridos, Bernal Díaz no podía tener presentes, con tanta fidelidad como los tiene, tantos y tan minuciosos detalles. Es evidente el subjetivismo del autor que, ya viejo, recuerda la lejana juventud heroica, envolviéndola en el dorado tinte de la fantasía. Más aún, se ha sugerido la hipótesis de que trataba de borrar con la fuerza de la letra impresa alguna mancha en su honor de valiente, exaltando su propia participación en la conquista de México.

Sea como fuere, esta crónica, escrita en un lenguaje coloquial y sencillo, es hoy una de las pocas con valor literario. Muestra su autor suma habilidad en delinear los caracteres y escoger palabras altamente sugerentes. El gusto por los detalles, que aparentemente le atraían de modo irresistible, ayuda a completar el colorido del cuadro. Cuando evoca el heroísmo de los soldados rasos y su responsabilidad, se deja llevar por el sentimiento y escribe con gran emoción.

VERDADERA HISTORIA DE LA CONQUISTA DE LA NUEVA ESPAÑA
(1632)

Cómo doña Marina era cacica e hija de grandes señores de pueblos y vasallos, y de la manera que la dicha doña Marina fue traída a Tabasco.

Antes que más meta la mano en lo del gran Montezuma y su gran México y mexicanos, quiero decir lo de doña Marina, cómo desde su niñez fue gran señora y cacica de pueblos y vasallos. Y es de esta manera: que su padre y madre eran señores y caciques de un pueblo que se dice Painala, y tenía otros pueblos sujetos a él, obra de ocho 5 leguas de la villa de Guazacualco.[1] Y murió el padre, quedando muy niña, y la madre se casó con otro cacique mancebo, y hubieron un hijo, y según pareció, queríanlo bien al hijo que habían habido. Acordaron entre el padre y la madre de darle el cacicazgo después de sus días, y porque en ello no hubiese estorbo, dieron de noche a la 10 niña doña Marina a unos indios de Xicalango, porque no fuese vista, y echaron fama que se había muerto. Y en aquella sazón murió una hija de una india esclava suya y publicaron que era la heredera; por manera que los de Xicalanga la dieron a los de Tabasco, y los de Tabasco a Cortés. Y conocí a su madre y a su hermano de madre,[2] 15 hijo de la vieja, que era ya hombre y mandaba juntamente con la madre a su pueblo, porque el marido postrero de la vieja ya era fallecido. Y después de vueltos cristianos se llamó la vieja Marta y el hijo Lázaro, y esto lo sé muy bien, porque en el año de mil quinientos veinte y tres años, después de conquistado México y 20

[1] Hoy, Coatzacoalcos, en la costa de México.
[2] Hermano de madre: "half-brother."

otras provincias, y se había alzado Cristóbal de Olid en las Hibueras,[3] fue Cortés allí y pasó por Guazacualco. Fuimos con él aquel viaje toda la mayor parte de los vecinos de aquella villa, como diré en su tiempo y lugar; y como doña Marina en todas las guerras de la
5 Nueva España y Tlaxcala y México fue tan excelente mujer y buena lengua,[4] como adelante diré, a esta causa la traía siempre Cortés consigo. Y en aquella sazón y viaje se casó con ella un hidalgo que se decía Juan Jaramillo, en un pueblo que se decía Orizaba, delante ciertos testigos, que uno de ellos se decía Aranda, vecino que fue de
10 Tabasco; y aquél contaba el casamiento, y no como lo dice el cronista Gómara.[5] Y la doña Marina tenía mucho ser[6] y mandaba absolutamente entre los indios en toda la Nueva España.

Y estando Cortés en la villa de Guazacualco, envió a llamar a todos los caciques de aquella provincia para hacerles un parlamento
15 acerca de la santa doctrina, y sobre su buen tratamiento, y entonces vino la madre de doña Marina y su hermano de madre, Lázaro, con otros caciques. Días había que me había dicho la doña Marina que era de aquella provincia y señora de vasallos y bien lo sabía el capitán Cortés y Aguilar, la lengua. Por manera que vino la madre
20 y su hijo, el hermano, y se conocieron, que claramente era su hija, porque se le parecía mucho. Tuvieron miedo de ella, que creyeron que los enviaba a hallar para matarlos, y lloraban. Y como así los vio llorar la doña Marina, les consoló y dijo que no hubiesen miedo, que cuando la traspusieron con los de Xicalango que no supieron lo
25 que hacían, y se lo perdonaba, y les dio muchas joyas de oro y ropa, y que se volviesen a su pueblo; y que Dios la había hecho mucha merced en quitarla de adorar ídolos ahora y ser cristiana, y tener un hijo de su amo y señor Cortés, y ser casada con un caballero como era su marido Juan Jaramillo; que aunque la hicieran cacica
30 de todas cuantas provincias había en la Nueva España, no lo sería, que en más tenía servir a su marido y a Cortés que cuanto en el mundo hay. Y todo esto que digo lo sé yo muy certificadamente, y esto me parece que quiere remedar lo que le acaeció con sus

---

[3] Cristóbal de Olid (c.1492–1524), compañero de Cortés en México, se declaró independiente en las Hibueras (Honduras), y por consiguiente fue preso y decapitado.

[4] Intérprete.

[5] Bernal Díaz aprovechaba cualquier oportunidad para corregir la crónica de López de Gómara.

[6] Tenía gran influencia.

hermanos en Egipto a Josef, que vinieron en su poder cuando lo del trigo. Esto es lo que pasó, y no la relación que dieron a Gómara, y también dice otras cosas que dejo por alto. Y volviendo a nuestra materia, doña Marina sabía la lengua de Guazacualco, que es la propia de México, y sabía la de Tabasco, como Jerónimo Aguilar 5 sabía la de Yucatán y Tabasco, que es toda una; entendíanse bien, y Aguilar lo declaraba en castellano a Cortés; fue gran principio para nuestra conquista, y así se nos hacían todas las cosas, loado sea Dios, muy prósperamente. He querido declarar esto porque, sin ir doña Marina, no podíamos entender la lengua de la Nueva España 10 y México. Donde lo dejaré y volveré a decir cómo nos desembarcamos en el puerto de San Juan de Ulúa.

De la manera y persona del gran Montezuma, y de cómo vivía y de cuán grande señor era.

Era el gran Montezuma de edad de hasta cuarenta años y de buena estatura y bien proporcionado, y cenceño, y pocas carnes, y el color ni muy moreno, sino propio color y matiz de indio, y traía los 15 cabellos no muy largos, sino cuanto le cubrían las orejas, y pocas barbas, prietas y bien puestas y ralas, y el rostro algo largo y alegre, y los ojos de buena manera, y mostraba en su persona, en el mirar, por un cabo, amor, y cuando era menester, gravedad;[7] era muy pulido y limpio; bañábase cada día una vez, a la tarde; tenía muchas 20 mujeres por amigas, hijas de señores, puesto que tenía dos grandes cacicas por sus legítimas mujeres, que cuando usaba con ellas era tan secretamente que no lo alcanzaban a saber sino alguno de los que le servían. Era muy limpio de sodomías; las mantas o ropas que se ponía un día, no se las ponía sino de tres o cuatro días; tenía 25 sobre doscientos principales de su guarda en otras salas junto a la suya, y éstos no para que hablasen todos con el, sino cuál y cuál, y cuando le iban a hablar se habían de quitar las mantas ricas y ponerse otras de poca valía, mas habían de ser limpias, y habían de entrar descalzos y los ojos bajos, puestos en tierra, y no mirarle a la 30 cara, y con tres reverencias que le hacían y le decían en ellas: "Señor, mi señor, mi gran señor," primero que a él llegasen; y desde que le daban relación a lo que iban, con palabras les despachaban; no le

[7] Tradúzcase: "and showed in his appearance and expression tenderness, on the one hand, and, when necessary, gravity."

volvían las espaldas al despedirse de él, sino la cara y ojos bajos, en tierra, hacia donde estaban, y no vueltas las espaldas hasta que salían de la sala.

Y otra cosa vi: que cuando otros grandes señores venían de lejas
5 tierras a pleitos o negocios, cuando llegaban a los aposentos del gran Montezuma, habían de venir descalzos y con pobres mantas, y no habían de entrar derecho en los palacios, sino rodear un poco por un lado de la puerta del palacio, que entrar de rota batida[8] teníanlo por desacato.

10   En el comer, le tenían sus cocineros sobre treinta maneras de guisados, hechos a su manera y usanza, y teníanlos puestos en braseros de barro chicos debajo, porque no se enfriasen, y de aquello que el gran Montezuma había de comer guisaban más de trescientos platos, sin más de mil para la gente de guarda;[9] y cuando habían de
15 comer salíase Montezuma algunas veces con sus principales y mayordomos y le señalaban cuál guisado era mejor, y de qué aves y cosas estaba guisado, y de lo que le decían de aquello había de comer, y cuando salía a verlo eran pocas veces como por pasatiempo. Oí decir que le solían guisar carnes de muchachos de poca edad, y, como
20 tenía tantas diversidades de guisados y de tantas cosas, no lo echábamos de ver si era carne humana o de otras cosas, porque cotidianamente le guisaban gallinas, gallos de papada, faisanes, perdices de la tierra, codornices, patos mansos y bravos, venado, puerco de la tierra, pajaritos de caña, y palomas y liebres y conejos,[10]
25 y muchas maneras de aves y cosas que se crían en esta tierra que son tantas que no las acabaré de nombrar tan presto. Y así no miramos de ello;[11] mas sé que ciertamente desde que nuestro capitán le reprehendía el sacrificio y comer de carne humana, que desde entonces mandó que no le guisasen tal manjar.

30   Dejemos de hablar de esto y volvamos a la manera que tenía en su servicio al tiempo del comer. Y es de esta manera: que si hace

---

8 Rota batida: "all of a sudden."
9 Sin contar (o mencionar) más de mil para la gente de guarda.
10 Tradúzcase: "fowls, turkeys, pheasants, native partridges, quail, tame and wild ducks, venison, wild boar, reed birds, pigeons, hares, and rabbits."
11 Y así no le dimos más atención.

frío, teníanle hecha mucha lumbre de ascuas de una leña de cortezas
de árboles, que no hacía humo. El olor de las cortezas de que hacían
aquellas ascuas muy oloroso, y porque no le diesen más calor de lo
que él quería, ponían delante una como tabla labrada con oro y
otras figuras de ídolos, y él sentado en un asentadero bajo, rico y 5
blando y la mesa también baja, hecha de la misma manera de los
sentadores. Y allí le ponían sus manteles de mantas blancas y unos
pañizuelos algo largos de lo mismo, y cuatro mujeres muy hermosas
y limpias le daban agua a manos en unos como a manera de
aguamaniles hondos, que llaman *xicales*. Le ponían debajo, para 10
recoger el agua, otros a manera de platos, y le daban sus toallas, y
otras dos mujeres le traían el pan de tortillas. Y ya que encomen-
zaba[12] a comer, echábanle delante una como puerta de madera muy
pintada de oro, porque no le viesen comer, y estaban apartadas
las cuatro mujeres aparte; y allí se le ponían a sus lados cuatro 15
grandes señores viejos y de edad, con quien Montezuma de cuando
en cuando platicaba y preguntaba cosas; y por mucho favor daba
a cada uno de estos viejos un plato de lo que él más le sabía,[13] y
decían que aquellos viejos eran sus deudos muy cercanos y consejeros y jueces de pleitos, y el plato y manjar que les daba Mon- 20
tezuma, comían en pie y con mucho acato, y todo sin mirarle a la
cara. Servíase con barro de Cholula, uno colorado y otro prieto.

Mientras que comía, ni por pensamiento habían de hacer alboroto ni hablar alto los de su guarda, que estaban en sus salas,
cerca de la de Montezuma. Traíanle fruta de todas cuantas había en 25
la tierra, mas no comía sino muy poca de cuando en cuando. Traían
en unas como a manera de copas de oro fino con cierta bebida
hecha del mismo cacao,[14] decían que era para tener acceso con
mujeres, y entonces no mirábamos en ello; mas lo que yo vi que
traían sobre cincuenta jarros grandes, hechos de buen cacao, con su 30
espuma, y de aquello bebía, y las mujeres le servían con gran acato,
y algunas veces al tiempo de comer estaban unos indios corcovados,
muy feos, porque eran chicos de cuerpo y quebrados por medio los
cuerpos, que entre ellos eran chocarreros, y otros indios que debieran

---

[12] Comenzaba.
[13] Que le gustaba más (o que le sabía mejor).
[14] Una de las primeras referencias al chocolate, cuyos efectos sobre la salud se
discutieron mucho en Europa.

ser truhanes, que le decían gracias y otros que le cantaban y
bailaban, porque Montezuma era aficionado a placeres y cantares.
Y a aquéllos mandaba dar los relieves y jarros del cacao, y las
mismas cuatro mujeres alzaban los manteles y le tornaban a dar
5 aguamanos, y con mucho acato que le hacían. Y hablaba Montezuma
a aquellos cuatro principales viejos en cosas que le convenían; y
se despedían de él con gran reverencia que le tenían; y él se quedaba
reposando.

Y después que el gran Montezuma había comido, luego comían
10 todos los de su guarda y otros muchos de sus serviciales de casa,
y me parece que sacaban sobre mil platos de aquellos manjares que
dicho tengo; pues jarros de cacao en su espuma, como entre mexicanos se hace, más de dos mil, y fruta infinita. Pues para sus
mujeres, y criadas, y panaderas, y cacahuateras, ¡qué gran costo
15 tendría! Dejemos de hablar de la costa y comida de su casa, y digamos de los mayordomos y tesoreros y despensas y botellería, y de
los que tenían cargo de las casas adonde tenían el maíz. Digo que
había tanto, que escribir cada cosa por sí, que no sé por dónde
comenzar, sino que estábamos admirados del gran concierto y abasto
20 que en todo tenía, y más digo, que se me había olvidado, que es
bien tornarlo a recitar. Y es que le servían a Montezuma, estando a la
mesa cuando comía, como dicho tengo, otras dos mujeres muy
agraciadas de traer tortillas amasadas con huevos y otras cosas
substanciosas, y eran muy blancas las tortillas, y traíanselas en unos
25 platos cobijados con sus paños limpios y también le traían otra
manera de pan, que son como bollos largos hechos y amasados con
otra manera de cosas substanciales, y *pan pachol,* que en esta tierra
así se dice, que es a manera de unas obleas; también le ponían en la
mesa tres cañutos muy pintados y dorados, y dentro tenían liquid-
30 ámbar revuelto con unas yerbas que se dice tabaco, y cuando
acababa de comer, después que le habían bailado y cantado y alzado
la mesa, tomaba el humo de uno de aquellos cañutos, y muy poco,
y con ello se adormía. . . .

Dejemos ya de decir del servicio de su mesa, y volvamos a nuestra
35 relación. Acuérdome que era en aquel tiempo su mayordomo mayor
un gran cacique, que le pusimos por nombre Tapia, y tenía cuenta
de todas las rentas que le traían a Montezuma con sus libros, hechos

de su papel, que se dice *amal*, y tenían de estos libros una gran casa de ellos. Dejemos de hablar de los libros y cuentas, que va fuera de nuestra relación, y digamos cómo tenía Montezuma dos casas llenas de todo género de armas, y muchas de ellas ricas, con oro y pedrería, donde eran rodelas grandes y chicas, y unas como macanas, y otras a 5 manera de espadas de a dos manos, engastadas en ellas unas navajas de pedernal, que cortan muy mejor que nuestras espadas, y otras lanzas más largas que no las nuestras, con una braza de cuchilla, engastadas en ellas muchas navajas, que aunque den con ella en un broquel o rodela no saltan, y cortan, en fin, como navajas, que se 10 rapan con ellas las cabezas;[15] y tenían muy buenos arcos y flechas, y varas de a dos gajos, y otras de a uno, con sus tiraderas, y muchas hondas y piedras rollizas hechas a mano, y unos como paveses que son de arte que los pueden arrollar arriba cuando no pelean, porque no les estorbe, y al tiempo de pelear, cuando son menester, los dejan 15 caer y quedan cubiertos sus cuerpos de arriba abajo. También tenían muchas armas de algodón colchadas y ricamente labradas por de fuera de plumas de muchos colores, a manera de divisas e invenciones, y tenían otros como capacetes y cascos de madera y de hueso, también muy labrados de pluma por de fuera, y tenían otras armas 20 de otras hechuras que por excusar prolijidad lo dejo de decir; y sus oficiales, que siempre labraban y entendían en ello, y mayordomos que tenían cargo de las armas.

Dejemos esto y vamos a la casa de aves, y por fuerza he de detenerme en contar cada género, de qué calidad eran. Digo que 25 desde águilas reales y otras águilas más chicas y otras muchas maneras de aves de grandes cuerpos, hasta pajaritos muy chicos, pintados de diversos colores, también, donde hacen aquellos ricos plumajes que labran de plumas verdes, y las aves de estas plumas son el cuerpo de ellas a manera de las picazas que hay en nuestra 30 España; llámanse en esta tierra *quezales,* y otros pájaros que tienen la pluma de cinco colores, que es verde y colorado y blanco y amarillo y azul; éstos no sé cómo se llaman. Pues papagayos de otros diferenciados colores tenían tantos que no se me acuerda los nombres

---

15 Tradúzcase: "which cut better than our swords, and lances longer than ours, with a blade a fathom long, in which are set many knives, which, even when plunged into a buckler or shield, do not come loose; in fact, they cut so much like razors that they shave their heads with them."

de ellos; dejemos patos de buena pluma y otros mayores, que les querían parecer, y de todas estas aves les pelaban las plumas en tiempos para que ello era convenible, y tornaban a pelechar, y todas las más aves que dicho tengo criaban en aquella casa, y al tiempo
5 del encoclar tenían cargo de echarles sus huevos ciertos indios e indias que miraban por todas las aves y de limpiarles sus nidos y darles de comer, y esto a cada género de aves lo que era su mantenimiento. Y en aquella casa que dicho tengo había un gran estanque de agua dulce, y tenía en él otra manera de aves muy altas de zancas
10 y colorado todo el cuerpo y alas y cola: no sé el nombre de ellas, mas en la isla de Cuba les llamaban *ipiris*[16] a otras como ellas; y también en aquel estanque había otras muchas raleas de aves que siempre estaban en el agua.

Dejemos esto y vamos a otra gran casa donde tenían muchos
15 ídolos y decían que eran sus dioses bravos, y con ellos todo género de alimañas, de tigres y leones de dos maneras, unos que son de hechura de lobos, que en esta tierra se llaman adives y zorros, y otras alimañas chicas, y todas estas carniceras se mantenían con carne, y las más de ellas criaban en aquella casa, y las daban de comer
20 venados, gallinas, perrillos y otras cosas que cazaban; y aun oí decir que cuerpos de indios de los que sacrificaban. Y es de esta manera: que ya me habrán oído decir que cuando sacrificaban algún triste indio, que le aserraban con unos navajones de pedernal por los pechos, y bullendo[17] le sacaban el corazón y sangre y lo presentaban
25 a sus ídolos, en cuyo nombre hacían aquel sacrificio, y luego les cortaban los muslos y brazos y cabeza, y aquello comían en fiestas y banquetes, y la cabeza colgaban de unas vigas, y el cuerpo del sacrificado no llegaban a él para comerle, sino dábanlo a aquellos bravos animales.

30 Pues más tenían en aquella maldita casa muchas víboras y culebras emponzoñadas, que traen en la cola uno que suena como cascabeles; éstas son las peores víboras de todas, y teníanlas en unas tinajas y en cántaros grandes, y en ellas mucha pluma, y allí ponían sus huevos y criaban sus viboreznos; y les daban a comer de los cuerpos
35 de los indios que sacrificaban y otras carnes de perros de los que

---

[16] Ipirí: palabra cubana para flamenco.
[17] Palpitando.

ellos solían criar; y aun tuvimos por cierto que cuando nos echaron de México y nos mataron sobre ochocientos cincuenta de nuestros soldados, que de los muertos mantuvieron muchos días aquellas fieras alimañas y culebras, según diré en su tiempo y sazón; y estas culebras y alimañas tenían ofrecidas a aquellos sus ídolos bravos para que estuviesen en su compañía. Digamos ahora las cosas infernales, cuando bramaban los tigres y leones, y aullaban los adives y zorros, y silbaban las sierpes, era grima oírlo y parecía infierno.

Pasemos adelante y digamos de los grandes oficiales que tenía de cada oficio que entre ellos se usaban. Comencemos por lapidarios y plateros de oro y plata y todo vaciadizo, que en nuestra España los grandes plateros tienen que mirar en ello, y de éstos tenía tantos y tan primos en un pueblo que se dice Escapuzalco una legua de México. Pues labrar piedras finas y *chalchiuis*, que son como esmeraldas, otros muchos grandes maestros. Vamos adelante a los grandes oficiales de labrar y asentar de pluma, y pintores y entalladores muy sublimados, que por lo que ahora hemos visto la obra que hacen, tendremos consideración en lo que entonces labraban; que tres indios hay ahora en la ciudad de México tan primísimos en su oficio de entalladores y pintores, que se dicen Marcos de Aquino y Juan de la Cruz y el Crespillo, que si fueran en el tiempo de aquel antiguo o afamado Apeles, o de Micael Ángel o Berruguete, que son de nuestros tiempos,[18] también les pusieran en el número de ellos. Pasemos adelante y vamos a las indias tejedoras o labranderas, que la hacían tanta multitud de ropa fina con muy grandes labores de plumas. De donde más cotidianamente le traían era de unos pueblos y provincia que está en la costa del norte de cabe la Veracruz, que se decían Cotastan, muy cerca de San Juan de Ulúa, donde desembarcamos cuando vinimos con Cortés. Y en su casa del mismo gran Montezuma todas las hijas de señores que él tenía por amigas siempre tejían cosas muy primas, y otras muchas hijas de vecinos mexicanos, que estaban como a manera de recogimiento, que querían parecer monjas, también tejían, y todo de pluma. Estas monjas tenían sus casas cerca del gran *cu*[19] del Uichilobos, y por devoción suya o de otro ídolo de mujer que decían que era su

---

[18] Apeles, pintor griego del siglo IV antes de Cristo; Micael Ángel as Michelangelo, artista italiano del Renacimiento; Pedro Berruguete, pintor español cuyo hijo Antonio fue escultor.
[19] Templo indio.

abogada para casamientos, las metían sus padres en aquella religión
hasta que se casaban, y de allí las sacaban para las casar. Pasemos
adelante y digamos de la gran cantidad que tenía el gran Montezuma
de bailadores y danzadores, y otros que traen un palo con los pies,
5 y de otros que vuelan cuando bailan por alto,[20] y de otros que
parecen como matachines, y éstos eran para darle placer. Digo que
tenía un barrio de éstos que no entendían en otra cosa. Pasemos
adelante y digamos de los oficiales que tenían de canteros y albañiles,
carpinteros, que todos entendían en las obras de sus casas; también
10 digo que tenía tantas cuantas quería.

No olvidemos las huertas de flores y árboles olorosos, y de los
muchos géneros que de ellos tenía, y el concierto y paseaderos de
ellas, y de sus albercas y estanques de agua dulce; cómo viene el
agua por un cabo y va por otro, y de los baños que dentro tenían y
15 de la diversidad de pajaritos chicos que en los árboles criaban, y de
qué yerbas medicinales y de provecho que en ellas tenía era cosa
de ver, y para todo esto muchos hortelanos, y todo labrado de
cantería y muy encalado, así baños como paseaderos y otros retretes
y apartamientos como cenadores, y también adonde bailaban y
20 cantaban; y había tanto que mirar en esto de las huertas como en
todo lo demás, que no nos hartábamos de ver su gran poder; y así,
por el consiguiente, tenía cuantos oficios entre ellos se usaban, de
todos gran cantidad de indios maestros de ellos. Y porque ya estoy
harto de escribir sobre esta materia y más lo estarán los curiosos
25 lectores, lo dejaré de decir, y diré cómo fue nuestro Cortés con
muchos de nuestros capitanes y soldados a ver el Tatelulco, que es
la gran plaza de México, y subimos en el alto *cu* donde estaban
sus ídolos Tezcatepuca y su Uichilobos. Y esta fue la primera vez
que nuestro capitán salió a ver la ciudad, y lo que en ello más pasó.

*De la prisión del gran Montezuma y de otras cosas más que sobre
dicha prisión nos acontecieron.*

30 Como teníamos acordado el día antes de prender a Montezuma,
toda la noche estuvimos en oración rogando a Dios que fuese de tal
manera que redundase para su santo servicio, y otro día de mañana
fue acordado de la manera que había de ser. Llevó consigo Cortés

[20] Referencia a los famosos volatines o danzadores mexicanos que ejecutan
diferentes movimientos sujetos por una cuerda a un palo.

cinco capitanes, que fueron Pedro de Alvarado, y Gonzalo de Sandoval, Juan Velázquez de León, y Francisco de Lugo y Alonso de Ávila, y a mí, y con nuestras lenguas doña Marina y Aguilar; y todos nosotros mandó que estuviésemos muy a punto y los de a caballo ensillados y enfrenados. En lo de las armas no había necesi- 5 dad de ponerlo yo aquí por memoria, porque siempre, de día y de noche, estamos armados y calzados nuestros alpargates, que en aquella sazón era nuestro calzado, y cuando solíamos ir a hablar a Montezuma, siempre nos veía armados de aquella manera, y esto digo puesto que Cortés con los cinco capitanes iban con todas sus 10 armas para prenderle, no lo tenía Montezuma por cosa nueva ni se alteraba de ello. Ya puestos a punto todos, envióle nuestro capitán a hacerle saber cómo iba a su palacio, porque así lo tenía por costumbre, y no se alterase viéndolo ir de sobresalto. Y Montezuma bien entendió, poco más o menos, que iba enojado por lo de 15 Almería,[21] y no lo tenía en una castañeta, y mandó que fuese mucho en buena hora.[22] Y como entró Cortés, después de haberle hecho sus acatos acostumbrados, le dijo con nuestras lenguas: "Señor Montezuma, muy maravillado de vos estoy que, siendo tan valeroso príncipe y haberse dado por nuestro amigo, mandar a 20 vuestros capitanes que teníais en la costa cerca de Tuzapán que tomasen armas contra mis españoles, y tener atrevimiento de robar los pueblos que están en guarda y amparo de nuestro rey y señor, y mandarles indios e indias para sacrificar, y matar un español, hermano mío, y un caballo." No le quiso decir del capitán ni de los 25 seis soldados, que murieron luego que llegaron a la Villa Rica,[23] porque Montezuma no lo alcanzó a saber, ni tampoco lo supieron los indios capitanes que les dieron la guerra; y más le dijo Cortés: "que teniéndole por tan su amigo, mandé a mis capitanes que en todo lo que posible fuese os sirviesen y favoreciesen, y vuestra 30 merced por el contrario no lo ha hecho, y asimismo en lo de Cholula[24] tuvieron vuestros capitanes con gran copia de guerreros

21 En la ciudad de Almería, en la costa del Golfo, los indios y los españoles se habían peleado por los derechos de éstos a cobrar impuestos.

22 Tradúzcase: "and he [Moctezuma] was afraid of him and, therefore, sent a message that he would be very welcome."

23 Algunos españoles quedaron tan malheridos en Almería que murieron poco después al regresar a Veracruz.

24 En Cholula, Doña Marina descubrió el complot de Moctezuma para que los habitantes de la ciudad dieran muerte a los españoles. En venganza, Cortés ordenó matar a muchos cholutecas.

ordenado por vuestro mandado que nos matasen. He disimulado lo de entonces por lo mucho que os quiero, y así mismo ahora vuestros vasallos y capitanes se han desvergonzado y tienen pláticas secretas que nos queréis mandar matar; por estas causas no querría
5 comenzar guerra ni destruir esta ciudad. Para excusarlo todo, conviene que, callando y sin hacer ningún alboroto, se vaya con nosotros a nuestro aposento, que allí seréis servido y mirado muy bien como en vuestra propia casa. Y que si alboroto o voces daba, que luego sería muerto de estos mis capitanes, que no los traigo para otro
10 efecto."

Y cuando esto oyó Montezuma, estuvo muy espantado y sin sentido, y respondió que nunca tal mandó que tomasen armas contra nosotros, y que enviaría luego a llamar sus capitanes y se sabría la verdad y los castigaría. Y luego en aquel instante quitó de su
15 brazo y muñeca el sello y señal de Uichilobos,[25] que aquello era cuando mandaba alguna cosa grave y de peso, para que se cumpliese, y luego se cumplía. Y en lo de ir preso y salir de sus palacios contra su voluntad, que no era persona la suya para que tal le mandase, y que no era su voluntad salir. Y Cortés le replicó muy buenas
20 razones, y Montezuma le respondió muy mejores, y que no había de salir de sus casas; por manera que estuvieron más de media hora en estas pláticas. Y desde que Juan Velázquez de León y los demás capitanes vieron que se detenía con él y no veían la hora de haberlo sacado de sus casas y tenerlo preso, hablaron a Cortés algo alterados
25 y dijeron: "¿Qué hace vuestra merced ya con tantas palabras? O lo llevamos preso, o darle hemos de estocadas. Por eso, tórnele a decir que si da voces o hace alboroto que le mataremos porque más vale que de esta vez aseguremos nuestras vidas o las perdamos."
Y como Juan Velázquez lo decía con voz algo alta y espantosa,
30 porque así era su hablar, y Montezuma vio a nuestros capitanes como enojados, preguntó a doña Marina qué decían con aquellas palabras altas, y como doña Marina era muy entendida, le dijo: "Señor Montezuma: lo que yo os asconsejo es que vais luego con ellos a su aposento, sin ruido ninguno, que yo sé que os harán mucha
35 honra, como gran señor que sois, y de otra manera aquí quedaréis muerto, y en su aposento se sabrá la verdad." Y entonces Montezuma

[25] También llamado Huitzipochtli, era el dios azteca de la guerra.

dijo a Cortés: "Señor Malinche:[26] ya que eso queréis que sea, yo tengo un hijo y dos hijas legítimas, tomadlos en rehenes, y a mí no me hagáis esta afrenta. ¿Que dirán mis principales si me viesen llevar preso?" Tornó a decir Cortés que su persona había de ir con ellos, y no había de ser otra cosa; y en fin de muchas razones que 5 pasaron, dijo que él iría de buena voluntad. Y entonces Cortés y nuestros capitanes le hicieron muchas caricias y le dijeron que le pedían por merced que no hubiese enojo y que dijese a sus capitanes y a los de su guarda que iba de su voluntad porque había tenido plática de su ídolo Uichilobos y de los papas[27] que le servían que 10 convenía para su salud y guardar su vida estar con nosotros. Y luego le trajeron sus ricas andas, en que solía salir con todos sus capitanes que le acompañaron: fue a nuestro aposento, donde le pusimos guardas y velas. Y todos cuantos servicios y placeres que le podíamos hacer, así Cortés como todos nosotros, tantos le 15 hacíamos, y no se le echó prisiones ningunas.

Y luego le vinieron a ver todos los mayores principales mexicanos y sus sobrinos a hablar con él y a saber la causa de su prisión, y si mandaba que nos diesen guerra. Y Montezuma les respondía que él holgaba de estar algunos días allí con nosotros de buena voluntad 20 y no por fuerza y que cuando él algo quisiese que se lo diría, y que no se alborotasen ellos ni la ciudad, ni tomasen pesar de ello, porque esto que ha pasado de estar allí, que su Uichilobos lo tiene por bien, y se lo han dicho ciertos papas que lo saben, que hablaron con su ídolo sobre ello. Y de esta manera que he dicho fue la prisión del 25 gran Montezuma; y allí donde estaba tenía su servicio y mujeres, y baños en que se bañaba, y siempre a la contina estaban en su compañía veinte grandes señores y consejeros y capitanes, y se hizo a[28] estar preso sin mostrar pasión en ello, y allí venían con pleitos embajadores de lejanas tierras y le traían sus tributos, y despachaba 30 negocios de importancia.

Acuérdome que cuando venían ante él grandes caciques de lejas tierras,[29] sobre términos o pueblos, u otras cosas de aquel arte, que

---

26 Nombre que los indios daban a Cortés.
27 Papas: "priests."
28 Se conformó con.
29 Lejas tierras: "faraway lands."

por muy gran señor que fuese se quitaba las mantas ricas y se ponía
otras de henequén y de poca valía, y descalzo había de venir; y
cuando llegaba a los aposentos, no entraba derecho, sino por un
lado de ellos, y cuando parecía delante del gran Montezuma, los
5 ojos bajos en tierra, y antes que a él llegasen le hacían tres reverencias y le decían: "Señor, mi señor, y mi gran señor"; entonces le
traían pintado y dibujado el pleito o embarazo sobre que venían,
en unos paños y mantas de henequén, y con unas varitas muy
delgadas y pulidas le señalaban la causa del pleito; y estaban allí
10 junto a Montezuma dos hombres viejos, grandes caciques, y después
que bien habían entendido el pleito, aquellos jueces se lo decían a
Montezuma la justicia que tenía; con pocas palabras los despachaba
y mandaba quién había de llevar las tierras o pueblos, y sin más
replicar en ello se salían los pleiteantes, sin volver las espaldas, y
15 con las tres reverencias se salían hasta la sala, y después que se veían
fuera de su presencia de Montezuma se ponían otras mantas ricas y
se paseaban por México.

Y dejaré de decir al presente de esta prisión, y digamos cómo los
mensajeros que envió Montezuma con su señal y sello a llamar sus
20 capitanes que mataron nuestros soldados, vinieron ante él presos,
y lo que con ellos habló yo no lo sé, mas que se los envió a Cortés
para que hiciese justicia de ellos; y tomada su confesión sin estar
Montezuma delante, confesaron ser verdad lo atrás ya por mí dicho,
y que su señor se lo había mandado que diesen guerra y cobrasen
25 los tributos, y que si algunos *teules*[30] fuesen en su defensa, que
también les diesen guerra o matasen. Y vista esta confesión por
Cortés, envióselo a hacer saber a Montezuma cómo le condenaban
en aquella cosa; y él se disculpó cuanto pudo. Y nuestro capitán le
envió a decir que así lo creía, que puesto que merecía castigo, con-
30 forme a lo que nuestro rey manda, que la persona que manda matar
a otros, sin culpa o con culpa, que muera por ello; mas que le quiere
tanto y le desea todo bien, que ya que aquella culpa tuviese, que
antes la pagaría él, Cortés, por su persona, que vérsela pasar a
Montezuma.[31] Y con todo esto que le envió a decir, estaba temeroso.

30 Dioses (palabra azteca). Al principio, así se consideraba a los españoles.
31 Cortés hizo saber a Moctezuma que le quería tanto que, aunque era culpable
según las leyes españolas, prefería sufrirlo él mismo antes que castigar al emperador mexicano.

Y sin más gastar razones, Cortés sentenció a aquellos capitanes a muerte y que fuesen quemados delante los palacios de Montezuma, y así se ejecutó la sentencia. Y por que no hubiese algún embarazo entre tanto que se quemaban, mandó echar unos grillos al mismo Montezuma. Y desde que se los echaron, él hacía bramuras, y si de 5 antes estaba temeroso, entonces estuvo mucho más.

Y después de quemados fue nuestro Cortés con cinco de nuestros capitanes a su aposento, y él mismo le quitó los grillos y tales palabras le dijo y tan amorosas, que se le pasó luego el enojo; porque nuestro Cortés le dijo que no solamente le tenía por hermano, 10 sino mucho más; y que como es señor y rey de tantos pueblos y provincias, que si él podía, el tiempo andando, le haría que fuese señor de más tierras de las que no ha podido conquistar ni le obedecían, y que si quiere ir a sus palacios, que le da licencia para ello. Y decíaselo Cortés con nuestras lenguas, y cuando se lo estaba 15 diciendo Cortés, parecía que se le saltaban las lágrimas de los ojos a Montezuma. Y respondió con gran cortesía que se lo tenía en merced. Empero bien entendió que todo era palabras, las de Cortés, y que ahora le convenía estar allí preso, porque, por ventura, como sus principales son muchos y sus sobrinos y parientes le 20 vienen cada día a decir que será bien darnos guerra y sacarlo de prisión, cuando le vean fuera, le atraerán a ello, y que no quería ver en su ciudad revueltas, y que si no hace su voluntad, por ventura querrán alzar a otro señor, y que él les quitaba aquellos pensamientos con decirles que su dios Uichilobos se lo ha enviado a 25 decir que esté preso. Y a lo que entendimos, y lo más cierto, Cortés había dicho a Aguilar que le dijese en secreto que, aunque Malinche le mandase salir de la prisión, los demás de nuestros capitanes y soldados no querríamos. Y después que aquello lo oyó Cortés, le echó los brazos encima y le abrazó y dijo: "No en balde, señor 30 Montezuma, os quiero tanto como a mí mismo."

Y luego Montezuma le demandó a Cortés un paje español que le servía, que sabía ya la lengua, que se decía Orteguilla, y fue harto provechoso, así para Montezuma como para nosotros, porque de aquel paje inquiría y sabía muchas cosas de las de Castilla, Mon- 35 tezuma, y nosotros de lo que le decían sus capitanes, y verdaderamente le era tan buen servicial el paje, que lo quería mucho Mon-

tezuma. Dejemos de hablar de cómo estaba ya Montezuma algo
contento con los grandes halagos y servicios y conversación que con
todos nosotros tenía, porque siempre que ante él pasábamos, y
aunque fuese Cortés, le quitábamos los bonetes de armas o cascos
5 que siempre estábamos armados, y él nos hacía gran mesura y
honraba a todos.

Y digamos los nombres de aquellos capitanes de Montezuma que
se quemaron por justicia. El principal se decía Quetzalpopoca, y
los otros se decían el uno Coate y el otro Quiavit; el otro no me
10 acuerdo el nombre, que poco va en saber sus nombres.[32] Y digamos
que, cuando este castigo se supo en todas las provincias de la Nueva
España, temieron; y los pueblos de la costa adonde mataron nuestros
soldados volvieron a servir muy bien a los vecinos que quedaban en
la Villa Rica. Y han de considerar los curiosos que esto leyeren tan
15 grandes hechos que entonces hicimos: dar con los navíos al través;[33]
lo otro, osar entrar en tan fuerte ciudad, teniendo tantos avisos que
allí nos habían de matar después que dentro nos tuviesen; lo otro,
tener tanta osadía de osar prender al gran Montezuma, que era rey
de aquella tierra, dentro de su gran ciudad, y en sus mismos palacios,
20 teniendo tan gran número de guerreros de su guarda, y lo otro, osar
quemar sus capitanes delante sus palacios y echarle grillos entre
tanto que se hacía la justicia.

Muchas veces, ahora que soy viejo, me paro a considerar las cosas
heroicas que en aquel tiempo pasamos, que me parece las veo
25 presentes, y digo que nuestros hechos que no los hacíamos nosotros,
sino que venían todos encaminados por Dios; porque ¿qué hombres
ha habido en el mundo que osasen entrar cuatrocientos soldados
(y aun no llegábamos a ellos), en una fuerte ciudad como es México,
que es mayor que Venecia, estando apartados de nuestra Castilla
30 sobre más de mil quinientas leguas, y prender a un tan gran señor y
hacer justicia de sus capitanes delante de él? Porque hay mucho
que ponderar en ello, y no así secamente como yo lo digo. . . .

---

[32] Tradúzcase: "for there is little importance in knowing their names."
[33] Tradúzcase: "to destroy our ships."

Bartolomé de las Casas

(1474–1566)

Bartolomé de las Casas nació en Sevilla. Pasó a Santo Domingo en 1502 con una encomienda, y más tarde, a Cuba. Repentinamente, en 1514, renunció al mundo e ingresó en la Orden de los Dominicos, siendo el primer sacerdote que cantó su primera misa en América. Consagró el resto de sus días a defender la causa de los indígenas, a quienes veía injustamente despojados y maltratados.

Siete veces cruzó el mar para entrevistarse con el Rey y el Consejo de Indias. Con objeto de examinar sus denuncias contra los colonizadores, Carlos V convocó una junta de letrados y teólogos en Valladolid. Las Casas fue rebatido por el historiador Ginés de Sepúlveda. No obstante, de ello resultó la promulgación de las *Nuevas leyes de Indias* (1542) que determinaron de modo definitivo la situación del indio. Fue nombrado obispo de Chiapas en 1544 y se le confiaron tierras en Cumaná para crear una colonia experimental: en ambas funciones fracasó por completo por falta de constancia y porque prefería vivir teorizando en España a trabajar por sus protegidos prácticamente. Murió llorando con amargura la injusticia que había cometido con los negros, al sostener la legitimidad de su esclavitud.

La figura de este inquieto dominico ha sido pábulo de las más encontradas discusiones. Para unos, es el "Apóstol de los indios," imagen que está viva en la conciencia hispanoamericana con la fuerza de los mitos. Para otros, es el creador de la nefasta leyenda sobre la colonización española y el propulsor de la esclavitud del negro. La historia moderna comienza a encararlo con más objetividad. Con su ruidosa actuación logró, es cierto, despertar la conciencia española a la justicia. Pero, en sí mismo, aparece como un teórico exaltado y contradictorio, dominado por un extraño prejuicio antiespañol. Sus móviles no fueron siempre puros y humanitarios, como lo demuestra su apoyo a la esclavitud negra.

Su conducta no se ajustó en todo tiempo al deber. Contrasta este furibundo apóstol con tantos misioneros anónimos que murieron, silenciosos y pobres, al lado de los vencidos.

La obra más famosa de Las Casas se titula *Brevísima relación de la destruición de las Indias* (1552). Es un panfleto de escaso valor histórico y literario. El autor trata de hacer ver que los indios son buenos por naturaleza y los españoles crueles y salvajes. Para ello acumula toda clase de horrores y atrocidades, cuya falsedad la prueba el análisis más somero: por ejemplo, el número de indios asesinados se elevaría, según el cómputo del obispo de Chiapas, a veinte millones o más. ¿Cómo podría ser, si no los había en tal cantidad? La imprecisión, la exageración y la mentira, rasgos acusados del panfleto, anulan su utilidad histórica. Sin embargo, el tono escandaloso de acusación le aseguró inmediato e inmenso éxito en Europa. Francia, Holanda e Inglaterra lo aprovecharon para atacar la labor de España. Así nació la llamada "leyenda negra," que todavía afecta a muchas mentes ilustradas.

Interesantes son también otras dos obras suyas, que, por no aportar datos sensacionalistas, no atrajeron la atención de nadie y permanecieron inéditas largo tiempo: *Historia de las Indias* (1875) y *Apologética historia* (1909). La primera contiene una relación del descubrimiento hasta 1520, imprescindible para el estudio de Colón. La segunda es una defensa de la superioridad de los indios en costumbres y cultura, comparándolos con otras civilizaciones, incluso la griega y la romana. Esto revela la deformación mental que padecía el dominico. Suministra, no obstante, caudal informativo de interés para la etnología americana.

BREVÍSIMA RELACIÓN DE LA DESTRUICIÓN DE LAS INDIAS

(1552)

PRÓLOGO

Muy alto y muy poderoso señor:

Como la Providencia Divina tenga ordenado en su mundo que para dirección y común utilidad del linaje humano se constituyesen, en los reinos y pueblos, reyes, como padres y pastores (según los nombra Homero), y, por consiguiente, sean los más nobles y generosos miembros de las repúblicas, ninguna duda de la rectitud de sus ánimos reales se tiene, o con recta razón se debe tener, que si algunos defectos, nocimientos y males se padecen en ellas, no ser otra la causa sino carecer los reyes de la noticia de ellos. Los cuales, 5 si les constasen, con sumo estudio y vigilante solercia extirparían. Esto parece haber dado a entender la divina Escritura en los proverbios de Salomón: "Rex qui sedet in solio iudicis, dissipat omne malum intuitu suo."[1] Porque de la innata y natural virtud del rey así se supone, conviene a saber, que la noticia sola del mal de su 10 reino es bastantísima para que lo disipe, y que ni por un momento solo, en cuanto en sí fuere, lo pueda sufrir.

Considerando, pues, yo, muy poderoso señor, los males y daños, perdición, jacturas (de los cuales nunca otros iguales ni semejantes se imaginaron poderse por hombres hacer), de aquellos tantos y tan 15 grandes y tales reinos, y, por mejor decir, de aquel vastísimo y nuevo mundo de las Indias, concedidos y encomendados por Dios y por su Iglesia a los reyes de Castilla[2] para que se lo rigiesen y gobernasen, convirtiesen y prosperasen temporal y espiritualmente, como hombre que por cincuenta años y más de experiencia, siendo 20 en aquellas tierras presente los he visto cometer; que constándole a Vuestra Alteza algunas particulares hazañas de ellos, no podría contenerse de suplicar a Su Majestad con instancia importuna que no conceda ni permita las que los tiranos inventaron, prosiguieron y han cometido que llaman conquistas, en las cuales, si se per- 25 mitiesen, han de tornarse a hacer, pues de sí mismas (hechas contra aquellas indianas gentes, pacíficas, humildes y mansas que a nadie ofenden), son inicuas, tiránicas y por toda ley natural, divina y humana, condenadas, detestadas y malditas; deliberé, por no ser reo, callando, de las perdiciones de ánimas y cuerpos infinitas que 30 los tales perpetraran, poner en molde algunas y muy pocas que los días pasados colegí de innumerables, que con verdad podría referir, para que con más facilidad Vuestra Alteza las pueda leer.

Y puesto que el arzobispo de Toledo, maestro de Vuestra Alteza, siendo obispo de Cartagena me las pidió y presentó a Vuestra 35 Alteza, pero por los largos caminos de mar y de tierra que Vuestra

[1] Tradúzcase: "The man who sits on the judge's bench destroys all evil just by his glance."
[2] En virtud de la Bula de Alejando VI otorgada en 1493.

Alteza ha emprendido, y ocupaciones frecuentes reales que ha tenido, puede haber sido que, o Vuestra Alteza no las leyó o que ya olvidadas las tiene, y el ansia temeraria e irracional de los que tienen por nada indebidamente derramar tan inmensa copia de humana sangre y
5 despoblar de sus naturales moradores y poseedores, matando mil cuentos de gentes, aquellas tierras grandísimas, y robar incomparables tesoros, crece cada hora importunando por diversas vías y varios fingidos colores, que se les concedan o permitan las dichas conquistas (las cuales no se les podrían conceder sin violación de la
10 ley natural y divina, y, por consiguiente, gravísimos pecados mortales, dignos de terribles y eternos suplicios), tuve por conveniente servir a Vuestra Alteza con este sumario brevísimo, de muy difusa historia, que de los estragos y perdiciones acaecidas se podría y debería componer.
15   Suplico a Vuestra Alteza lo reciba y lea con la clemencia y real benignidad que suele las obras de sus criados y servidores que puramente, por sólo el bien público y prosperidad del estado real, servir desean. Lo cual visto, y entendida la deformidad de la injusticia que a aquellas gentes inocentes se hace, destruyéndolas y
20 despedazándolas sin haber causa ni razón justa para ello, sino por sólo la codicia y ambición de los que hacer tan nefarias obras pretenden, Vuestra Alteza tenga por bien de con eficacia suplicar y persuadir a Su Majestad que deniegue a quien las pidiere tan nocivas y detestables empresas, antes ponga en esta demanda infernal per-
25 petuo silencio, con tanto terror, que ninguno sea osado desde adelante ni aun solamente se las nombrar.

Cosa es ésta, muy alto señor, convenientísima y necesaria para que todo el estado de la corona real de Castilla, espiritual y temporalmente, Dios lo prospere y conserve y haga bienaventurado. Amén.

. . .

30   Descubriéronse las Indias en el año de mil y cuatrocientos y noventa y dos. Fuéronse a poblar el año siguiente de cristianos españoles, por manera que ha cuarenta y nueve años que fueron a ellas cantidad de españoles; la primera tierra donde entraron para hecho de poblar fue la grande y felicísima isla Española, que tiene
35 seiscientas leguas en torno. Hay otras muy grandes e infinitas islas alrededor, por todas las partes de ella, que todas estaban y las vimos las más pobladas y llenas de naturales gentes, indios de ellas, que puede ser tierra poblada en el mundo. La tierra firme, que está

de esta isla por lo más cercano doscientas y cincuenta leguas, pocas más, tiene de costa de mar más de diez mil leguas descubiertas; cada día se descubren más, todas llenas como una colmena de gentes[3] en lo que hasta el año de cuarenta y uno se ha descubierto, que parece que puso Dios en aquellas tierras todo el golpe o la mayor cantidad 5 de todo el linaje humano.

Todas estas universas e infinitas gentes *a toto genero*[4] crió Dios los más simples, sin maldades ni dobleces, obedientísimas y fidelísimas a sus señores naturales y a los cristianos a quien sirven; más humildes, más pacientes, más pacíficas y quietas, sin rencillas ni 10 bullicios, no rijosas, no querellosas, sin rencores, sin odios, sin desear venganzas, que hay en el mundo. Son asimismo las gentes más delicadas, flacas y tiernas en complexión que menos pueden sufrir trabajos y que más fácilmente mueren de cualquiera enfermedad, que ni hijos de príncipes y señores entre nosotros, criados en regalos 15 y delicada vida, no son más delicados que ellos, aunque sean de los que entre ellos son de linaje de labradores.

Son también gentes paupérrimas y que menos poseen ni quieren poseer de bienes temporales; y por esto no soberbias, no ambiciosas, no codiciosas. Su comida es tal que la de los santos padres en el 20 desierto no parece haber sido más estrecha ni menos deleitosa ni pobre. Sus vestidos, comúnmente, son en cueros, cubiertas sus vergüenzas, y cuando mucho cúbrense con una manta de algodón, que será como vara y media o dos varas de lienzo en cuadra. Sus camas son encima de una estera, y cuando mucho, duermen en unas 25 como redes colgadas, que en lengua de la isla Española llamaban hamacas.

Son eso mismo de limpios y desocupados y vivos entendimientos, muy capaces y dóciles para toda buena doctrina; aptísimos para recibir nuestra santa fe católica y ser dotados de virtuosas costumbres, 30 y las que menos impedimientos tienen para esto, que Dios crió en el mundo. Y son tan importunas desque[5] una vez comienzan a tener noticia de las cosas de la fe, para saberlas, y en ejercitar los sacramentos de la Iglesia y el culto divino, que digo verdad que han menester los religiosos, para sufrirlos, ser dotados por Dios de don 35

---

[3] Colón, en su *Carta*, afirmaba que no pudo encontrar ciudades populosas, sino más bien pequeños poblados, apartados unos de otros.

[4] A toto genero: "of all kinds."

[5] Desde que.

muy señalado de paciencia; y, finalmente, yo he oído decir a muchos
seglares españoles de muchos años acá y muchas veces, no pudiendo
negar la bondad que en ellos ven: "Cierto, estas gentes eran las más
bienaventuradas del mundo si solamente conocieran a Dios."

5   En estas ovejas mansas, y de las calidades susodichas por su
Hacedor y Criador así dotadas, entraron los españoles, desde luego
que las conocieron, como lobos y tigres y leones cruelísimos de
muchos días hambrientos. Y otra cosa no han hecho de cuarenta
años a esta parte, hasta hoy, y hoy en este día lo hacen, sino despeda-
10 zarlas, matarlas, angustiarlas, afligirlas, atormentarlas y destruirlas
por las extrañas y nuevas y varias y nunca otras tales vistas ni leídas
ni oídas maneras de crueldad, de las cuales algunas pocas abajo se
dirán, en tanto grado, que habiendo en la isla Española sobre tres
cuentos de ánimas que vimos, no hay hoy de los naturales de ella
15 doscientas personas. La isla de Cuba es casi tan luenga[6] como desde
Valladolid a Roma: está hoy casi toda despoblada. La isla de San
Juan y la de Jamaica, islas muy grandes y muy felices y graciosas,
ambas están asoladas. Las islas de los Lucayos, que están comarcanas
a la Española y a Cuba por la parte del Norte, que son más de
20 sesenta con las que llamaban de Gigantes y otras islas grandes y
chicas, y que la peor de ellas es más fértil y graciosa que la huerta del
rey de Sevilla, y la más sana tierra del mundo, en las cuales había
más de quinientas mil ánimas, no hay hoy una sola criatura. Todas
las mataron trayéndolas y por traerlas a la isla Española, desqués que
25 veían que se les acababan los naturales de ella. Andando un navío
tres años a rebuscar por ellas la gente que había, después de haber
sido vendimiadas, porque un buen cristiano se movió por piedad
para los que se hallasen convertirlos y ganarlos a Cristo, no se
hallaron sino once personas, las cuales yo vi. Otras más de treinta
30 islas, que están en comarca de la isla de San Juan, por la misma
causa están despobladas y perdidas. Serán todas estas islas, de tierra,
más de dos mil leguas, que todas están despobladas y desiertas de
gente.
De la gran tierra firme somos ciertos que nuestros españoles por
35 sus crueldades y nefandas obras han despoblado y asolado y que
están hoy desiertas, estando llenas de hombres racionales, más de diez

---

6 Larga.

reinos mayores que toda España, aunque entre Aragón y Portugal
en ellos, y más tierra que hay de Sevilla a Jerusalén dos veces, que
son más de dos mil leguas.

Daremos por cuenta muy cierta y verdadera que son muertas en
los dichos cuarenta años por las dichas tiranías e infernales obras de 5
los cristianos, injusta y tiránicamente, más de doce cuentos de
ánimas, hombres y mujeres y niños; y en verdad que creo, sin
pensar engañarme, que son más de quince cuentos.[7]

Dos maneras generales y principales han tenido los que allá han
pasado que se llaman cristianos en extirpar y raer de lo haz de la 10
tierra a aquellas miserandas naciones. La una, por injustas, crueles,
sangrientas y tiránicas guerras. La otra, después que han muerto
todos los que podrían anhelar o suspirar o pensar en libertad, o en
salir de los tormentos que padecen, como son todos los señores
naturales y los hombres varones (porque comúnmente no dejan 15
en las guerras a vida sino los mozos y mujeres), oprimiéndolos con la
más dura, horrible y áspera servidumbre en que jamás hombres ni
bestias pudieron ser puestas. . . .

La causa por que han muerto y destruido tantas y tales y tan
infinito número de ánimas los cristianos ha sido solamente por tener 20
por su fin último el oro y henchirse de riquezas en muy breves días
y subir a estados muy altos y sin proporción de sus personas; conviene a saber, por la insaciable codicia y ambición que han tenido,
que ha sido mayor que en el mundo ser pudo, por ser aquellas
tierras tan felices y tan ricas, y las gentes tan humildes, tan pacientes 25
y tan fáciles a sujetarlas; a las cuales no han tenido más respeto ni
de ellas han hecho más cuenta ni estima (hablo con verdad por lo
que sé y he visto todo el dicho tiempo), no digo que de bestias
(porque pluguiera a Dios que como a bestias las hubieran tratado y
estimado), pero como menos que estiércol de las plazas. Y así han 30
curado de sus vidas y de sus ánimas, y por esto todos los números
y cuentos dichos han muerto sin fe, sin sacramentos. Y ésta es una
muy notoria y averiguada verdad, que todos, aunque sean los tiranos
y matadores, la saben y la confiesan: que nunca los indios de todas
las Indias hicieron mal alguno a cristianos,[8] antes los tuvieron por 35

---

[7] De doce a quince millones no es escasa la diferencia como para no saberla.
[8] No decía lo mismo Cortés en sus *Cartas*.

venidos del cielo, hasta que, primero, muchas veces hubieron recibido ellos o sus vecinos muchos males, robos, muertes, violencias y vejaciones de ellos mismos.

DE LA ISLA ESPAÑOLA

En la isla Española, que fue la primera, como dijimos, donde
5 entraron cristianos y comenzaron los grandes estragos y perdiciones de estas gentes y que primero destruyeron y despoblaron, comenzando los cristianos a tomar las mujeres e hijos a los indios para servirse para usar mal de ellos y comerles sus comidas que de sus sudores y trabajos salían, no contentándose con lo que los indios
10 les daban de su grado, conforme a la facultad que cada uno tenía (que siempre es poca, porque no suelen tener más de lo que ordinariamente han menester y hacen con poco trabajo, y lo que basta para tres casas de a diez personas cada una para un mes, come un cristiano y destruye en un día) y otras muchas fuerzas y violencias y
15 vejaciones que les hacían, comenzaron a entender los indios que aquellos hombres no debían de haber venido del cielo; y algunos escondían sus comidas; otros sus mujeres e hijos; otros huíanse a los montes[9] por apartarse de gente de tan dura y terrible conversación.[10] Los cristianos dábanles de bofetadas y puñadas y de palos, hasta
20 poner las manos en los señores de los pueblos. Y llegó esto a tanta temeridad y desvergüenza que al mayor rey, señor de toda la isla, un capitán cristiano le violó por fuerza su propia mujer.

De aquí comenzaron los indios a buscar manera para echar los cristianos de sus tierras: pusiéronse en armas, que son harto flacas y
25 de poca ofensión y resistencia y menos defensa (por lo cual todas sus guerras son poco más que acá juegos de cañas y aun de niños); los cristianos con sus caballos y espadas y lanzas comienzan a hacer matanzas y crueldades extrañas en ellos. Entraban en los pueblos, ni dejaban niños ni viejos, ni mujeres preñadas ni paridas que no
30 desbarrigaban y hacían pedazos, como si dieran en unos corderos metidos en sus apriscos. Hacían apuestas sobre quién de una cuchillada abría el hombre por medio, o le cortaba la cabeza de un piquete o le descubría las entrañas. Tomaban las criaturas de las

9 Monte: "forested region."
10 Conducta.

tetas de las madres, por las piernas, y daban de cabeza con ellas en las peñas. Otros, daban con ellas en ríos por las espaldas, riendo y burlando, y cayendo en el agua decían: "Bullís, cuerpo de tal." Otras criaturas metían a espada con las madres juntamente, y todos cuantos delante de sí hallaban.[11] . . . Otros, ataban o liaban todo el cuerpo 5 de paja seca, pegándoles fuego, así los quemaban. Otros, y todos los que querían tomar a vida, cortábanles ambas manos y de ellas llevaban colgando, y decíanles: "Andad con cartas"; conviene a saber, llevad las nuevas a las gentes que estaban huídas por los montes."[12] Comúnmente mataban a los señores y nobles de esta 10 manera: que hacían unas parrillas de varas sobre horquetas y atábanlos en ellas y poníanles por debajo fuego manso, para que poco a poco, dando alaridos en aquellos tormentos, desesperados, se les salían las ánimas.

Una vez vi que, teniendo en las parrillas quemándose cuatro o 15 cinco principales y señores (y aun pienso que había dos o tres pares de parrillas donde quemaban otros), y porque daban muy grandes gritos y daban pena al capitán o le impedían el sueño, mandó que los ahogasen, y el alguacil, que era peor que verdugo que los quemaba (y sé cómo se llamaba y aun sus parientes conocí en Sevilla), 20 no quiso ahogarlos; antes les metió con sus manos palos en las bocas para que no sonasen y atizóles el fuego hasta que se asaron de espacio como él quería. Yo vi todas las cosas arriba dichas y muchas otras infinitas. Y porque toda la gente que huir podía se encerraba en los montes y subía a las sierras huyendo de hombres tan in- 25 humanos, tan sin piedad y tan feroces bestias, extirpadores y capitales enemigos del linaje humano, enseñaron y amaestraron lebreles, perros bravísimos que en viendo un indio lo hacían pedazos en un credo, y mejor arremetían a él y lo comían que si fuera un puerco. Estos perros hicieron grandes estragos y carnicerías. Y porque algunas 30 veces, raras y pocas, mataban los indios algunos cristianos con justa razón y santa justicia, hicieron ley entre sí, que por un cristiano que los indios matasen, habían los cristianos de matar cien indios.

---

[11] Tradúzcase: " 'You're still alive, damn it.' Other babies, with their mothers, were stabbed to death, and so was everybody else whom they found in their path."
[12] Tradúzcase: "In the case of others, and all those that they wanted to take alive, they cut off both their hands and hung them [around their necks], saying: 'Take these letters' [messages]; that is, carry this news to the people who have fled into the forests."

APOLOGÉTICA HISTORIA

CAPÍTULO CCXIX

Del sumo cuidado que ponían los reyes y los señores mexicanos en la crianza y educación de sus hijos.

Otro argumento asaz claro de la prudencia gubernativa y policía ordenada y señalado uso de razón de estas naciones, y loables costumbres, quiero aquí traer, por el cual se igualaron con las más políticas que antiguamente hubo, y a infinitas otras con excesiva
5 ventaja sobrepujaron, y éste fue la suma diligencia y no poco fatigable cuidado que tuvieron en la disciplina y honesta y racionabilísima crianza de sus hijos. En habiendo hijos los reyes y señores, como tenían muchas mujeres como es dicho, lo primero que ordenaban era que los criasen sus mismas madres, y esto era por la
10 mayor parte, y cuando la madre por estar por ventura indispuesta no lo criaba, escogían una ama que tuviese muy buena leche. Por buena leche tenían si, echadas unas gotas en la uña, no corría por ser espesa.

Ponían mucha diligencia en que los hijos de los señores se
15 criasen comiendo sólo un manjar, y que la madre o el ama no mudase otro manjar del que comía cuando a criar la criatura comenzaba. Algunas comían carne, otras pan solo caliente, con sal y algunas frutas sanas, en especial una que se llama tomatl.[13]

Dábanles cuatro años leche, y son tan amigas de sus hijos y críanlos
20 con tan entrañable amor y solicitud que, por no dejar de dar leche tanto tiempo al hijo, y porque no le acaezca algún mal, huyen todo aquel tiempo del ayuntamiento de sus maridos por no se empreñar. Si enviudan y quedan con hijo no del todo criado, por ninguna cosa se tornan a casar hasta que el niño de la crianza de la madre no tenga
25 necesidad, y es vituperada como de gran traición si el contrario hace.

En llegando los hijos a los cinco años, mandaba el señor que sus hijos varones fuesen llevados al templo a servir a los dioses, y allí fuesen doctrinados en la religión, para que supiesen muy bien las ceremonias y todo lo que tocaba al servicio, reverencia y culto de

---

[13] Tomate.

ellos. Allí eran criados y doctrinados con mucho cuidado, disciplina y castigo, y éstos eran los primeros que se hallaban en todo lo concerniente a los ritos, sacrificios y religión y atavío de los templos. Estaban allí hasta que se casaban, de donde también salían para ir a las guerras, si eran señalados en miembros y fuerzas. De esto ya 5 hablamos largo cuando tratábamos de los templos.

Las hijas de los señores y principales, mayormente de los reyes y grandes señores, cuya casa, por excelencia, se dice *tecpan,* que quiere decir palacio, eran criadas con gran solicitud y contina[14] disciplina y estrecha honestidad, que sus madres y amas y ciertas viejas 10 honestísimas ponían y tenían. Luego, desde los cuatro años las enseñaban que fuesen muy honestas en el hablar y andar y en la vista, y tuviesen amor al recogimiento. Muchas nunca salían de casa hasta que las casaban, y si habían de ir fuera era muy tarde en tarde al templo, cuando acaecía que las prometían por su devoción o por 15 causa de alguna enfermedad, y en la fiesta de aquel ídolo a quien las habían prometido. Salían también cuando se celebraba alguna fiesta general, e iban acompañadas de muchas viejas y con tanta honestidad y sosiego que no osaban alzar los ojos de la tierra, y si alguna vez se descuidaban, se les hacía señal que se recogiesen y bajasen los ojos. 20 No hablaban, sino en el templo la oración que se les había enseñado. A la mesa, en tanto que comían las niñas y doncellas, no habían de hablar, porque se tenía por cosa fea y deshonesta y de que mucho los circunstantes se escandalizaban. Comían y bebían con mucho silencio y templanza y tenían casi por ley que las doncellas antes de casadas 25 nunca a la mesa hablasen. Item, nunca los hombres comían a una mesa con las mujeres.

Las casas o palacios de los señores (según arriba queda dicho algo) eran grandes y de muchos aposentos, puesto que[15] bajas, porque no fuesen húmedas; todas las piezas de las cuales las alzaban del suelo 30 un buen estado, y unas más y otras menos, por manera que todas quedaban como entresuelos. En estas casas había muy hermosas huertas y vergeles, y aunque las mujeres estaban por sí apartadas de los aposentos de los hombres, no salían las doncellas de los aposentos a la huerta o vergel sino acompañadas con sus guardas, y si salía tan 35 mala vez sola,[16] punzábanles los pies con las púas crueles de que

---

14 Continua.
15 Aunque.
16 Una sola vez.

arriba hemos algunas veces hablado, hasta salirles sangre, mayormente si eran de diez o doce años. Y puesto que fuesen con compañía, no habían de alzar los ojos ni volver a mirar atrás, y las que en esto eran descuidadas, con ortigas asperísimas les ortigaban las carnes las amas y guardas, y con pellizcos las lastimaban hasta dejarlas llenas de cardenales.

Teníanlas enseñadas cómo habían de hablar y reverenciar a las señoras, y si topándolas por casa no las saludaban, quejábanse a sus madres o amas y eran bien castigadas. Si en las cosas que tenían a cargo eran negligentes o perezosas y en otra manera mal criadas, pasábanles con las dichas púas, que son como gruesos alfileres, por las orejas, porque[17] oyesen y obedeciesen lo que se les había mandado y estuviesen prontas a la virtud.

Siendo las niñas de cinco años, las comenzaban a enseñar a hilar, tejer y labrar, y por demás era consentir que estuviesen ociosas, puesto que también tenían sus ratos y tiempos diputados para se recrear delante sus madres. Cuando alguna se levantaba de la labor y oficio en que entendía, fuera o antes de tiempo, y andaba vagueando, aun siendo niñas las castigaban y atábanlas los pies porque asentasen. Solamente por decir: "Muchachas, atabal suena; ¿dónde cantan? o ¿dónde bailan?," encarcelaban a las amas porque no las tenían bien criadas y enseñadas a callar, como si hubieran de ser sordas y mudas, y ésta es calidad harto conveniente a las mujeres mozas, mayormente a las vírgenes. Hacíanlas velar y trabajar y madrugar porque con la ociosidad, que es causa de todos los vicios, no se hiciesen torpes y descuidadas, y porque anduviesen limpias las mandaban lavar dos y tres veces al día, y la que no lo hacía llamaban sucia, perezosa. Las que ya eran grandecillas, siempre andaban acompañadas y no salían un paso del umbral de la puerta de casa sin compañía de viejas o de sus madres. . . .

Añado a lo dicho en este capítulo una conclusión que hace un buen religioso de San Francisco a las cosas dichas. Consideradas, dice él, las cosas dichas en este capítulo, con ánimo justo, bien hay cosas en que tomen ejemplo los cristianos de estos infieles, como los señores criaban sus hijos y hijas en buena disciplina y honestidad y castigo; bien pueden tomar lección las doncellas y damas de los grandes palacios y haber vergüenza de sus disoluciones, porque se

---

[17] Para que.

puede decir de ellas aquello del profeta Jeremías, capítulo 18: "Quis audivit talia nimis horribilia quoe fecit virgo Israel?"[18] ¿Quién no se espantará en ver y oír cosas tan horribles que las vírgenes o doncellas cristianas hacen con tan gran disolución, y no miran la grande y muy peligrosa ocasión que de pecar dan a los hombres, de lo cual 5 darán muy estrecha cuenta a Dios, hechas bailadoras y saltadoras? Miren a las hijas de los gentiles, criadas con tanto recogimiento y honestidad como monjas religiosas. Todo esto dice aquel padre religioso, y añado yo: que más bien criadas, más honestas, más mortificadas y calladas, sin haber hecho profesión de guardar 10 silencio, y más cuerdas y morigeradas no se pueden criar las novicias para monjas en los monasterios.

[18] Tradúzcase: "Who has heard of such corruption as that of the maidens of Israel?"

El Inca Garcilaso de la Vega

(1539–1616)

El Inca Garcilaso de la Vega es el cronista más prominente de la
América española. Por feliz conjunción de circunstancias, es también
el primer gran escritor americano. Ni nació en España ni era blanco,
como otros muchos de sus compañeros de pluma en este tiempo: en
su sangre se une la herencia altiva de los españoles con el orgullo indomable de los incas. Garcilaso de la Vega era mestizo.

El padre del Inca pertenecía a una distinguida familia española
muy conocida en los medios literarios. Era primo del famoso poeta
castellano del mismo nombre. Vino al Nuevo Mundo entre los
conquistadores y participó en las campañas de México, Guatemala,
Ecuador y Colombia, alcanzando el rango de capitán en el ejército
de Francisco Pizarro, el conquistador del Perú. Apoyó a éste en su
intento por independizarse de Lima y la Corona, error político que
habían de pagar él y su hijo durante toda su vida.

Tras la conquista del Perú, se repartió entre los españoles el
botín, que incluía mujeres. Siendo norma emparejar a las indias
de nobleza con nobles españoles, al padre de Garcilaso le tocó una
princesa inca, Isabel Chimpu Ocllo, prima de Atahualpa. A pesar
de tan poco romántico procedimiento, parece que se enamoró de
ella, pues le construyó una casa en el Cuzco y vivió con ella catorce
años, si bien con frecuentes interrupciones para ir a la guerra.
Cuando llegaron españolas para casarse con los conquistadores, el
padre del Inca abandonó a la princesa y tomó por mujer a una
compatriota.

El Inca Garcilaso se educó en una atmósfera de inquietud política,
por el apoyo de su padre a Pizarro, y emocional, por haber abandonado aquél a la madre. Pero, en muchos sentidos, su infancia y
juventud fueron muy felices, porque, como hijo de un noble español,
pudo ir a la escuela y tener un tutor. Aprendió español, latín y
quechua, completando posteriormente su educación en España por

deseo de su padre que, al morir, le dejó para ello dinero y una chacra. El Inca salió del Cuzco en 1559, cuando sólo tenía veinte años. La marcha debió de ser para él un momento de gran nostalgia y emoción: un día habría de escribir con amor de las ruinas y monumentos incas que dejaba atrás para siempre. Pasó por Lima, Panamá, y Lisboa, desde donde continuó viaje a Sevilla, que le impresionó por su riqueza. En Córdoba, los parientes de su padre lo acogieron cariñosamente y lo dotaron con una modesta renta. En 1561 pleiteó ante la Corte que se le devolvieran ciertas tierras en Perú; pero su petición fue rechazada por el viejo error político de su padre.

Se alistó en el ejército de don Juan de Austria y combatió en las Alpujarras, retirándose con el grado de capitán. Volvió a Córdoba, probablemente para vivir de la mencionada renta, o quizá porque Andalucía le parecía la tierra más semejante a América. En Córdoba se relacionó con diversos distinguidos escritores, pero se ignora cuál era su posición social exacta de mestizo. Ordenado de clérigo en 1600, murió el mismo año que Cervantes y Shakespeare.

La carrera literaria del Inca se inició con la traducción de los *Diálogos de amor* (1590), obra del escritor italiano renacentista León Hebreo. En opinión de los críticos, la prosa tersa y limpia del peruano mejoró notablemente el original. En 1605, publicó *La Florida del Inca,* sobre la exploración de aquella península por Hernando de Soto, tal como le había sido contada por un amigo que acompañó a éste. El libro contiene muchos elementos imaginarios, como historias de jóvenes amantes, que le dan un tono de novela de caballerías.

La primera parte de su obra fundamental apareció en 1609, en Lisboa, bajo el título de *Comentarios reales.* Consta de nueve libros y en ellos se narra la historia del Imperio Inca hasta la llegada de los españoles. En 1617 se publicó, en Córdoba, la obra completa, con una segunda parte, de menos valor, titulada *Historia general del Perú*: contiene ocho libros que tratan de la conquista y gobierno del Perú por los españoles. El Inca Garcilaso se inspiró en varios cronistas de Indias; pero especialmente en su propio recuerdo: en casa de su madre había oído contar historias y leyendas de sus antepasados que fascinaron su imaginación infantil.

Los *Comentarios reales* fueron muy populares hasta el siglo XIX. Su popularidad declinó, porque, a finales del XVIII, el Consejo de Indias, temiendo que el libro pudiera incitar a los indios a actos de rebelión, lo declaró de peligrosa lectura. Pero su valor ha sido puesto de relieve nuevamente en el siglo XX, en que los arqueólogos han demostrado la veracidad de sus relatos.

Varios son los motivos que indujeron al Inca a escribir los *Comentarios reales*. En primer lugar, la nostalgia de los suyos y de la patria, a quienes no había vuelto a ver: escribir era recordar los felices días, ya tan lejanos, de la infancia. Sumóse a ello la profunda veneración que sentía por la madre: ella le educó el corazón y la fantasía, dejándole huella imborrable. Con ella tenía la deuda de salvar para la posteridad la grandeza de la cultura inca, su sistema de gobierno, sus adelantos técnicos en comunicación y arquitectura.

No faltaron tampoco el odio y la irritación: odiaba al virrey Toledo, porque había destruido las ruinas indias, arrasando aldeas y tratando de imponer despóticamente su dominio sobre un pueblo orgulloso; estaba irritado contra los errores de otros cronistas del Perú, que no habían estado allí, que no poseían fuentes de primera mano, y que no sabían quechua. En sus *Comentarios* los corrige discretamente. Esta discreción la dictaban, en parte, las circunstancias: como mestizo, no se atrevía a atacar abiertamente a los poderosos dominadores españoles y a los distinguidos historiadores nacidos en España. Pero, en parte, se debe también a su carácter: era bastante tímido.

No conviene acentuar, al evaluar la labor del Inca, ninguno de los dos ángulos de su herencia. Sería erróneo presentarle odiando al uno en nombre del otro: los dos le eran igualmente queridos. La historia le mostraba su trágica irreversibilidad. Sólo cabía aceptarla y combinar los dos pueblos, el de los conquistadores y el de los vencidos, como en él se juntaban las sangres. Ese significado tiene su obra: unir el pasado y el presente, los incas y los españoles. A la grandeza de aquéllos opondrá la de éstos, y ante el inevitable choque en que uno habría de perecer, pensaba que sólo España era digna de destruir el poderío inca. Así justifica la conquista por su superioridad moral e ideológica, aunque condene los abusos de los individuos.

El estilo de los *Comentarios* es típicamente renacentista. El Inca escribe con sencillez y cuidado: su prosa no se ha contaminado todavía con las complicaciones del barroco que ya afectaban a muchos escritores españoles. Son frecuentes las citas de los clásicos y su gusto por la cultura humanista puede verse también en detalles como su deseo de comparar el Cuzco a Roma. Su vocabulario es variado y rico: introduce arcaísmos en su lenguaje rigurosamente moderno y se complace en conservar muchas expresiones y nombres quechuas.

Es necesario señalar de modo particular otros dos rasgos muy característicos de Garcilaso de la Vega. Su fantasía, poderosa e ingenua a la vez, le inclina a intercalar en su narración aventuras extrañas, como la de Pedro Serrano, náufrago español que sobrevivió ingeniosamente en una isla desierta. Este relato no tiene nada que ver con el resto de la obra, pero el Inca lo cuenta porque le fascinaba su fuerza imaginativa y su color. Por otro lado, la emoción y la nostalgia que le embargan al recordar, llenan las páginas de los *Comentarios* de un tono melancólico y triste, que se emparenta con las meditaciones barrocas sobre las ruinas y el tiempo pasado.

LOS COMENTARIOS REALES

(1609)

LIBRO PRIMERO

CAPÍTULO VIII

La descripción del Perú.

Los cuatro términos que el imperio de los Incas tenía cuando los españoles entraron en él son los siguientes: al norte llegaba hasta el río Ancasmayu, que corre entre los confines de Quito y Pasto. Quiere decir en la lengua general del Perú, río azul; está debajo de la línea equinoccial, casi perpendicularmente. Al mediodía, tenía por tér- 5 mino al río llamado Maulli, que corre este oeste, pasado el reino de Chile, antes de llegar a los Araucos; el cual está más de cuarenta grados de la equinoccial al sur. Entre estos dos ríos ponen pocas menos de mil y trescientas leguas de largo por tierra. Lo que llaman Perú tiene setecientas y cincuenta leguas de largo por tierra, desde el 10 río Ancasmayu hasta los Chichas, que es la última provincia de los Charcas, norte sur; y lo que llaman reino de Chile contiene cerca de quinientas y cincuenta leguas, también norte sur, contando desde lo último de la provincia de los Chichas hasta el río Maulli.

Al levante tiene por término aquella nunca jamás pisada de hom- 15 bres, ni de animales, ni de aves, inaccesible cordillera de nieves, que corre desde Santa Marta hasta el estrecho de Magallanes, que los

indios llaman Ritisuyu, que es banda de nieve. Al poniente confina con la mar del Sur, que corre por toda su costa de largo a largo. Empieza el término del imperio por la costa, desde el cabo de Pasau, por do pasa la línea equinoccial, hasta el dicho río Maulli, que
5 también entra en la mar del Sur. Del levante al poniente es angosto todo aquel reino. Por lo más ancho, que es atravesando desde la provincia Muyupampa, por los Chachapuyas, hasta la ciudad de Trujillo, que está a la costa de la mar, tiene ciento y veinte leguas de ancho, y por lo más angosto, que es desde el puerto de Arica a la
10 provincia llamada Llaricosa, tiene setenta leguas de ancho. Estos son los cuatro términos de lo que señorearon los reyes Incas, cuya historia pretendemos escribir, mediante el favor divino. Será bien, antes que pasemos adelante, digamos aquí el suceso de Pedro Serrano, que atrás propusimos, porque no esté lejos de su lugar, y también porque
15 este capítulo no sea tan corto.

Pedro Serrano salió a nado a aquella isla desierta,[1] que antes de él no tenía nombre; la cual, como él decía, tenía dos leguas en contorno; casi lo mismo dice la carta de marear, porque pinta tres islas muy pequeñas, con muchos bajíos a la redonda, y la misma
20 figura le da a la que llaman Serranilla, que son cinco isletas pequeñas, con muchos más bajíos que la Serrana; y en todo aquel paraje los hay, por lo cual huyen los navíos de ellos por no caer en peligro.

A Pedro Serrano le cupo en suerte perderse en ellos, y llegar nadando a la isla donde se halló desconsoladísimo, porque no halló
25 en ella agua ni leña, ni aun yerba que poder pacer, ni otra cosa alguna con que entretener la vida, mientras pasase algún navío que de allí lo sacase, para que no pereciese de hambre y de sed, que le parecía muerte más cruel que haber muerto ahogado, porque es más breve. Así pasó la primera noche, llorando su desventura, tan
30 afligido como se puede imaginar que estaría un hombre puesto en tal extremo. Luego que amaneció volvió a pasear la isla, halló algún marisco que salía de la mar, como son cangrejos, camarones y otras sabandijas, de las cuales cogió las que pudo, y se las comió crudas, porque no había candela donde asarlas o cocerlas. Así se entretuvo
35 hasta que vio salir tortugas; viéndolas lejos de la mar, arremetió con una de ellas y la volvió de espaldas; lo mismo hizo de todas las

---

[1] Posiblemente se trata de la isla hoy llamada Serranilla, en el Caribe occidental, al norte de los Cayos de Serrano. Los dos lugares perpetúan el nombre de Pedro Serrano.

que pudo, que para volverse a enderezar son torpes; y sacando un cuchillo, que de ordinario solía traer en la cinta, que fue el medio para escapar de la muerte, la degolló y bebió la sangre en lugar de agua; lo mismo hizo de las demás; la carne puso al sol para comerla, hecha tasajos, y para desembarazar las conchas para coger agua en 5 ellas de la llovediza; porque aquella región, como es notorio, es muy lluviosa.

De esta manera se sustentó los primeros días, con matar todas las tortugas que podía, y algunas había tan grandes y mayores que las mayores adargas, y otras como rodelas y como broqueles; de manera 10 que las había de todos tamaños. Con las muy grandes no se podía valer para volverlas de espaldas, porque le vencían de fuerzas, y aunque subía sobre ellas para cansarlas y sujetarlas, no le aprovechaba nada, porque con él a cuestas se iban a la mar; de manera que la experiencia le decía a cuáles tortugas había de acometer, y a cuáles 15 se había de rendir. En las conchas recogió mucha agua, porque algunas había que cabían a dos arrobas, y de allí abajo.

Viéndose Pedro Serrano con bastante recaudo para comer y beber, le pareció que si pudiese sacar fuego para siquiera asar la comida, y para hacer ahumadas cuando viese pasar algún navío, que no le 20 faltaría nada. Con esta imaginación, como hombre que había andado por la mar, que cierto los tales en cualquiera trabajo hacen mucha ventaja a los demás, dio en buscar un par de guijarros que le sirviesen de pedernal, porque del cuchillo pensaba hacer eslabón; para lo cual no hallándolos en la isla, porque toda ella estaba 25 cubierta de arena muerta, entraba en la mar nadando y se zambullía, y en el suelo con gran diligencia buscaba ya en unas partes, ya en otras lo que pretendía; y tanto porfió en su trabajo, que halló guijarros, y sacó los que pudo, y de ellos escogió los mejores, y quebrando los unos con los otros para que tuviesen esquinas donde dar 30 con el cuchillo, tentó su artificio, y viendo que sacaba fuego, hizo hilas de un pedazo de la camisa muy desmenuzadas que parecían algodón carmenado, que le sirvieron de yesca; y con su industria y buena maña, habiéndolo porfiado muchas veces, sacó fuego.

Cuando se vio con él, se dio por bien andante, y para sustentarlo 35 recogió las horruras que la mar echaba en tierra, y por horas las recogía, donde hallaba mucha yerba, que llaman ovas marinas, y madera de navíos que por la mar se perdían, y conchas y huesos de pescados, y otras cosas con que alimentaba el fuego. Y para que los aguaceros no se lo apagasen hizo una choza de las mayores conchas que tenía de las tortugas que había muerto, y con grandísima vigilancia cebaba el fuego, porque no se le fuese de las manos.

5 Dentro de dos meses y aun antes se vio como nació, porque con las muchas aguas, calor y humedad de la región, se le pudrió la poca ropa que tenía. El sol con su gran calor le fatigaba mucho, porque ni tenía ropa con que defenderse, ni había sombra a que ponerse. Cuando se veía muy fatigado se entraba en el agua para cubrirse con ella. Con este trabajo y cuidado vivió tres años, y en este tiempo vio

10 pasar algunos navíos; mas aunque él hacia su ahumada, que en la mar es señal de gente perdida, no echaban de ver en ella, o por el temor de los bajíos no osaban llegar donde él estaba y se pasaban de largo. De lo cual Pedro Serrano quedaba tan desconsolado, que tomara por partido el morirse y acabar ya. Con las inclemencias del

15 cielo le creció el vello de todo el cuerpo tan excesivamente, que parecía pellejo de animal, y no cualquiera, sino el de un jabalí: el cabello y la barba le pasaba de la cinta.

Al cabo de los tres años, una tarde sin pensarlo, vio Pedro Serrano un hombre en su isla, que la noche antes se había perdido en los

20 bajíos de ella, y se había sustentado en una tabla del navío; y como luego que amaneció viese el humo del fuego de Pedro Serrano, sospechando lo que fue se había ido a él, ayudado de la tabla y de su buen nadar. Cuando se vieron ambos, no se puede certificar cuál quedó más asombrado de cuál. Serrano imaginó que era el demonio

25 que venía en figura de hombre para tentarle en alguna desesperación. El huésped entendió que Serrano ere el demonio en su propia figura, según lo vio cubierto de cabellos, barbas y pelaje. Cada uno huyó del otro, y Pedro Serrano fue diciendo: "Jesús, Jesús, líbrame Señor del demonio." Oyendo esto se aseguró el otro, y volviendo a él

30 le dijo: "No huyáis, hermano, de mí, que soy cristiano como vos." Y para que se certificase, porque todavía huía, dijo a voces el Credo; lo cual oído por Pedro Serrano, volvió a él, y se abrazaron con grandísima ternura y muchas lágrimas y gemidos, viéndose ambos en una misma desventura sin esperanza de salir de ella. Cada uno de ellos

35 brevemente contó al otro su vida pasada. Pedro Serrano, sospechando la necesidad del huésped, le dio de comer y de beber de lo que tenía, con que quedó algún tanto consolado, y hablaron de nuevo en su desventura. Acomodaron su vida como mejor supieron, repartiendo las horas del día y de la noche en sus menesteres de buscar

marisco para comer, y ovas y leña y huesos de pescado, y cualquiera otra cosa que la mar echase para sustentar el fuego; y sobre todo, la perpetua vigilia que sobre él habían de tener, velando por horas porque no se les apagase.

Así vivieron algunos días; mas no pasaron muchos que no riñeron, 5 y de manera que apartaron rancho, que no faltó sino llegar a las manos, porque se vea cuán grande es la miseria de nuestras pasiones; la causa de la pendencia fue decir el uno al otro, que no cuidaba como convenía de lo que era menester; y este enojo y las palabras que con él se dijeron, los descompusieron y apartaron. Mas ellos 10 mismos, cayendo en su disparate, se pidieron perdón, y se hicieron amigos y volvieron a su compañía, y en ella vivieron otros cuatro años. En este tiempo vieron pasar algunos navíos, y hacían sus ahumadas; mas no les aprovechaba, de que ellos quedaban tan desconsolados, que no les faltaba sino morir. 15

Al cabo de este largo tiempo acertó a pasar un navío tan cerca de ellos, que vio la ahumada y les echó el batel para recogerlos. Pedro Serrano y su compañero, que se había puesto de su mismo pelaje, viendo el batel cerca, porque los marineros que iban por ellos no entendiesen que eran demonios y huyesen de ellos, dieron en 20 decir el Credo y llamar el nombre de nuestro Redentor a voces; y valióles el aviso, que de otra manera sin duda huyeran los marineros, porque no tenían figura de hombres humanos. Así los llevaron al navío, donde admiraron a cuantos los vieron y oyeron sus trabajos pasados. El compañero murió en la mar viniendo a España. Pedro 25 Serrano llegó acá y pasó a Alemania, donde el emperador estaba entonces; llevó su pelaje como lo traía, para que fuese prueba de su naufragio, y de lo que en él había pasado. Por todos los pueblos que pasaba a la ida, si quisiera mostrarse, ganara muchos dineros. Algunos señores y caballeros principales, que gustaron de ver su figura, 30 le dieron ayudas de costa para el camino, y la majestad imperial, habiéndole visto y oído, le hizo merced de cuatro mil pesos de renta, que son cuatro mil y ochocientos ducados en el Perú. Yendo a gozarlos murió en Panamá, que no llegó a verlos.

Todo este cuento, como se ha dicho, contaba un caballero que se 35 decía Garci Sánchez de Figueroa, a quien yo se lo oí, que conoció a Pedro Serrano; y certificaba que se lo había oído a él mismo, y que después de haber visto al emperador se había quitado el cabello y barba, y dejádola poco más corta que hasta la cinta; y para dormir de noche se la entrenzaba, porque no entrenzándola se tendía por toda la cama y le estorbaba el sueño.

CAPÍTULO XV

El origen de los Incas, reyes del Perú.

Viviendo o muriendo aquellas gentes de la manera que hemos visto, permitió Dios Nuestro Señor que de ellos mismos saliese un
5 lucero del alba, que en aquellas oscurísimas tinieblas les diese alguna noticia de la ley natural, y de la urbanidad y respetos que los hombres debían tenerse unos a otros, y que los descendientes de aquél, procediendo de bien en mejor, cultivasen a aquellas fieras y las convirtiesen en hombres haciéndoles capaces de razón y de cual-
10 quiera buena doctrina; para que cuando ese mismo Dios, sol de justicia, tuviese por bien de enviar la luz de sus divinos rayos a aquellos idólatras, los hallase no tan salvajes, sino más dóciles para recibir la fe católica, y la enseñanza y doctrina de nuestra Santa Madre Iglesia Romana, como después acá la han recibido, según se
15 verá lo uno y lo otro, en el discurso de esta historia. Que por experiencia muy clara se ha notado, cuánto más pronto y ágiles estaban para recibir el evangelio los indios que los reyes Incas sujetaron, gobernaron y enseñaron, que no las demás naciones comarcanas, donde aún no había llegado la enseñanza de los Incas; muchas de las
20 cuales están hoy tan bárbaras y brutas como antes se estaban, con haber setenta y un años que los españoles entraron en el Perú. Y pues estamos a la puerta de este gran laberinto, será bien pasemos adelante a dar noticia de lo que en él había.

Después de haber dado muchas trazas, y tomando muchos caminos
25 para entrar a dar cuenta del origen y principio de los Incas, reyes naturales que fueron del Perú, me pareció que la mejor traza y el camino más fácil y llano, era contar lo que en mis niñeces oí muchas veces a mi madre y a sus hermanos y tíos, y a otros sus mayores, acerca de este origen y principio; porque todo lo que por otra parte
30 se dice de él, viene a reducirse en lo mismo que nosotros diremos, y será mejor que se sepa por las propias palabras que los Incas lo cuentan, que no por la de otros autores extraños. Es así que residiendo mi madre en el Cuzco, su patria, venían a visitarla casi cada semana los pocos parientes y parientas, que de las crueldades y

tiranías de Atahuallpa, como en su vida contaremos, escaparon; en las cuales visitas, siempre sus más ordinarias pláticas eran tratar del origen de sus reyes, de la majestad de ellos, de la grandeza de su imperio, de sus conquistas y hazañas, del gobierno que en paz y en guerra tenían, de las leyes que tan en provecho y favor de sus vasallos 5 ordenaban. En suma, no dejaban cosa de las prósperas que entre ellos hubiese acaecido que no trajesen a cuenta.

De las grandezas y prosperidades pasadas venían a las cosas presentes: lloraban sus reyes muertos, enajenado su imperio, y acabada su república, etc. Estas y otras semejantes pláticas tenían los Incas 10 y Pallas[2] en sus visitas, y con la memoria del bien perdido, siempre acababan su conversación en lágrimas y llanto, diciendo: "Trocósenos el reinar en vasallaje, etc." En estas pláticas yo como muchacho, entraba y salía muchas veces donde ellos estaban, y me holgaba de las oír, como huelgan los tales de oír fábulas. Pasando, pues, días, 15 meses y años, siendo ya yo de dieciséis o diecisiete años, acaeció que estando mis parientes un día en esta su conversación hablando de sus reyes y antiguallas, al más anciano de ellos, que era el que daba cuenta de ellas, le dije: "Inca, tío, pues no hay escritura entre vosotros, que es la que guarda la memoria[3] de las cosas pasadas, ¿qué 20 noticias tenéis del origen y principio de nuestros reyes? Porque allá los españoles, y las otras naciones sus comarcanas, como tienen historias divinas y humanas, saben por ellas cuándo empezaron a reinar sus reyes y los ajenos, y el trocarse unos imperios en otros, hasta saber cuántos mil años ha que Dios crió el cielo y la tierra, 25 que todo esto y mucho más saben por sus libros. Empero vosotros que carecéis de ellos, ¿qué memoria tenéis de vuestras antiguallas? ¿Quién fue el primero de nuestros Incas? ¿Cómo se llamó? ¿Qué origen tuvo su linaje? ¿De qué manera empezó a reinar? ¿Con qué gente y armas conquistó este grande Imperio? ¿Qué origen tuvieron 30 nuestras hazañas?"

El Inca, como que holgándose de haber oído las preguntas, por el gusto que recibía de dar cuenta de ellas, se volvió a mí, que ya otras muchas veces le había oído, mas ninguna con la atención que entonces, y me dijo: "Sobrino, yo te las diré de muy buena gana, a ti 35 te conviene oírlas y guardarlas en el corazón; es frase de ellos por

---

2 Entre los incas, mujeres de sangre real.
3 Memoria: "record."

decir en la memoria. Sabrás que en los siglos antiguos toda esta
región de tierra que ves, eran unos grandes montes y breñales, y las
gentes en aquellos tiempos vivían como fieras y animales brutos, sin
religión ni policía, sin pueblo ni casa, sin cultivar ni sembrar la
5 tierra, sin vestir ni cubrir sus carnes, porque no sabían labrar algodón ni lana para hacer de vestir. Vivían de dos en dos, y de tres en
tres, como acertaban a juntarse en las cuevas y resquicios de peñas
y cavernas de la tierra; comían como bestias yerbas del campo y
raíces de árboles, y la fruta inculta que ellos daban de suyo, y carne
10 humana. Cubrían sus carnes con hojas y cortezas de árboles, y pieles
de animales; otros andaban en cueros. En suma vivían como venados y salvajinas, y aun en las mujeres se habían como los brutos,
porque no supieron tenerlas propias y conocidas."

Adviértase, porque no enfade, el repetir tantas veces estas pala-
15 bras, *nuestro padre el sol,* que era lenguaje de los Incas, y manera
de veneración y acatamiento decirlas siempre que nombraban al sol,
porque se preciaban descender de él; y al que no era Inca, no le era
lícito tomarlas en la boca, que fuera blasfemia, y lo apedrearan. Dijo
el Inca: "Nuestro padre el sol, viendo los hombres tales, como te
20 he dicho, se apiadó y hubo lástima de ellos, y envió del cielo a la
tierra un hijo y una hija de los suyos para que los doctrinasen en el
conocimiento de nuestro padre el sol, para que lo adorasen y tuviesen
por su dios, y para que les diesen preceptos y leyes en que viviesen
como hombres en razón y urbanidad; para que habitasen en casas y
25 pueblos poblados, supiesen labrar las tierras, cultivar las plantas y
mieses, criar los ganados y gozar de ellos y de los frutos de la tierra,
como hombres racionales, y no como bestias.

"Con esta orden y mandato puso nuestro padre el sol estos dos hijos
suyos en la laguna Titicaca, que está ochenta leguas de aquí, y les
30 dijo que fuesen por do quisiesen, y do quiera que parasen a comer o
a dormir, procurasen hincar en el suelo una barrilla de oro, de media
vara en largo y dos dedos en grueso, que les dio para señal y muestra
que donde aquella barra se les hundiese, con sólo un golpe que con
ella diesen en tierra, allí quería el sol nuestro padre, que parasen e
35 hiciesen su asiento y corte. A lo último les dijo: 'Cuando hayáis
reducido esas gentes a nuestro servicio, los mantendréis en razón y
justicia, con piedad, clemencia y mansedumbre, haciendo en todo
oficio de padre piadoso para con sus hijos tiernos y amados, a

imitación y semejanza mía, que a todo el mundo hago bien, que les doy mi luz y claridad para que vean y hagan sus haciendas,[4] y les caliento cuando han frío, y crío sus pastos y sementeras; hago fructificar sus árboles y multiplico sus ganados; lluevo y sereno a sus tiempos, y tengo cuidado de dar una vuelta cada día al mundo por ver las necesidades que en la tierra se ofrecen, para las proveer y socorrer, como sustentador y bienhechor de las gentes; quiero que vosotros imitéis este ejemplo como hijos míos, enviados a la tierra sólo para la doctrina y beneficio de esos hombres, que viven como bestias. Y desde luego os constituyo y nombro por reyes y señores de todas las gentes que así doctrinaréis con vuestras buenas razones, obras y gobierno.' Habiendo declarado su voluntad nuestro padre el sol a sus dos hijos, los despidió de sí.

"Ellos salieron de Titicaca, y caminaron al septentrión, y por todo el camino, do quiera que paraban, tentaban hincar la barra de oro y nunca se les hundió. Así entraron en una venta o dormitorio pequeño, que está siete u ocho leguas al mediodía de esta ciudad, que hoy llaman Pacarec Tampu, que quiere decir venta, o dormida, que amanece. Púsole este nombre el Inca, porque salió de aquella dormida al tiempo que amanecía. Es uno de los pueblos que este príncipe mandó poblar después, y sus moradores se jactan hoy grandemente del nombre, porque lo impuso nuestro Inca; de allí llegaron él y su mujer, nuestra reina, a este valle del Cuzco, que entonces todo él estaba hecho montaña brava."[5]

CAPÍTULO XIX

Protestación del autor sobre la historia.

Ya que hemos puesto la primera piedra de nuestro edificio, aunque fabulosa, en el origen de los Incas, reyes del Perú, será razón pasemos adelante en la conquista y reducción de los indios, extendiendo algo más la relación sumaria que me dio aquel Inca, con la relación de otros muchos Incas e indios, naturales de los pueblos que este primer Inca Manco Cápac mandó poblar y redujo a su

---

4 Haciendas: "chores."
5 Montaña brava: "forested region."

imperio, con los cuales me crié y comuniqué hasta los veinte años. En este tiempo tuve noticia de todo lo que vamos escribiendo, porque en mis niñeces me contaban sus historias, como se cuentan las fábulas a los niños. Después, en edad más crecida, me dieron
5 larga noticia de sus leyes y gobierno; cotejando el nuevo gobierno de los españoles con el de los Incas, dividiendo en particular los delitos y las penas y el rigor de ellas, decíanme cómo procedían sus reyes en paz y en guerra, de qué manera trataban a sus vasallos, y cómo eran servidos de ellos. Demás de esto, me contaban, como a
10 propio hijo, toda su idolatría, sus ritos, ceremonias y sacrificios; sus fiestas principales, y no principales, y cómo las celebraban; decíanme sus abusos y supersticiones, sus agüeros malos y buenos, así los que miraban en sus sacrificios como fuera de ellos. En suma, digo, que me dieron noticia de todo lo que tuvieron en su república, que si
15 entonces lo escribiera, fuera más copiosa esta historia. Demás de habérmelo dicho los indios, alcancé y vi por mis ojos mucha parte de aquella idolatría, sus fiestas y supersticiones, que aun en mis tiempos, hasta los doce o trece años de mi edad, no se habían acabado del todo. Yo nací ocho años después que los españoles ganaron mi tierra,
20 y como lo he dicho, me crié en ella hasta los veinte años, y así vi muchas cosas de las que hacían los indios en aquella su gentilidad, las cuales contaré, diciendo que las vi. Sin la relación que mis parientes me dieron de las cosas dichas y sin lo que yo vi, he habido otras muchas relaciones de las conquistas y hechos de aquellos reyes;
25 porque luego que propuse escribir esta historia, escribí a los condiscípulos de escuela y gramática encargándoles que cada uno me ayudase con la relación que pudiese haber de las particulares conquistas que los Incas hicieron de las provincias de sus madres; porque cada provincia tiene sus cuentas y nudos con sus historias,
30 anales y la tradición de ellas; y por esto retiene mejor lo que en ella pasó que lo que pasó en la ajena.

Los condiscípulos, tomando de veras lo que les pedí, cada cual de ellos dio cuenta de mi intención a su madre y parientes; los cuales, sabiendo que un indio, hijo de su tierra, quería escribir los sucesos
35 de ella, sacaron de sus archivos las relaciones que tenían de sus historias y me las enviaron; y así tuve la noticia de los hechos y conquistas de cada Inca, que es la misma que los historiadores españoles tuvieron, sino que ésta será más larga, como lo advertiremos en muchas partes de ella. Y porque todos los hechos de este primer Inca

son principios y fundamento de la historia que hemos de escribir,
nos valdrá mucho decirlos aquí, a lo menos los más importantes,
porque no los repitamos adelante en las vidas y hechos de cada uno
de los Incas sus descendientes; porque todos ellos generalmente, así
los reyes como los no reyes, se preciaron de imitar en todo y por 5
todo la condición, obras y costumbres de este primer principe Manco
Cápac; y dichas sus cosas, habremos dicho la de todos ellos.

Iremos con atención de decir las hazañas más historiales, dejando
otras muchas por impertinentes y prolijas; y aunque algunas cosas
de las dichas, y otras que se dirán, parezcan fabulosas, me pareció 10
no dejar de escribirlas por no quitar los fundamentos sobre que los
indios se fundan para las cosas mayores y mejores que de su imperio
cuentan; porque en fin de estos principios fabulosos procedieron las
grandezas que en realidad de verdad posee hoy España; por lo cual
se me permitirá decir lo que conviniere para la mejor noticia que se 15
pueda dar de los principios, medios y fines de aquella monarquía,
que yo protesto decir llanamente la relación que mamé en la leche,
y la que después acá he habido, pedida a los propios míos y prometo
que la afición de ellos no sea parte para dejar de decir la verdad del
hecho, sin quitar de lo malo ni añadir a lo bueno que tuvieron, que 20
bien sé que la gentilidad es un mar de errores, y no escribiré novedades que no se hayan oído, sino las mismas cosas que los historiadores españoles han escrito de aquella tierra y de los reyes de ella, y
alegaré las mismas palabras de ellos, donde conviniere, para que se
vea que no finjo ficciones en favor de mis parientes, sino que digo lo 25
mismo que los españoles dijeron; sólo serviré de comento, para
declarar y ampliar muchas cosas que ellos asomaron a decir y las
dejaron imperfectas por haberles faltado relación entera.

Otras muchas se añadirán, que faltan de sus historias y pasaron en
hecho de verdad, y algunas se quitarán que sobran por falsa relación 30
que tuvieron por no saberla pedir el español con distinción de
tiempos y edades y división de provincias y naciones, o por no entender al indio que se la daba, o por no entenderse el uno al otro,
por la dificultad del lenguaje, que el español que piensa que sabe
más de él, ignora de diez partes las nueve, por las muchas cosas que 35
un mismo vocablo significa, y por las diferentes pronunciaciones que
una misma dicción tiene para muy diferentes significaciones, como
se verá adelante en algunos vocablos que será forzoso traerlos a
cuenta.

Demás de esto, en todo lo que de esta república, antes destruida que conocida, dijere, será contando llanamente lo que en su antigüedad tuvo de su idolatría, ritos, sacrificios y ceremonias, y en su gobierno, leyes y costumbres, en paz y en guerra, sin comparar cosa
5 alguna de éstas a otras semejantes que en las historias divinas y humanas se hallan, ni al gobierno de nuestros tiempos, porque toda comparación es odiosa. El que las leyere podrá cotejarlas a su gusto, que muchas hallará semejantes a las antiguas, así de la Santa Escritura como de las profanas y fábulas de la gentilidad antigua; mu-
10 chas leyes y costumbres verá que parecen a las de nuestro siglo, otras muchas oirá en todo contrarias; de mi parte he hecho lo que he podido, no habiendo podido lo que he deseado. Al discreto lector suplico reciba mi ánimo, que es de darle gusto y contento, aunque las fuerzas, ni la habilidad de un indio, nacido entre los indios y
15 criado entre armas y caballos no puedan llegar allá.

LIBRO SEXTO

CAPÍTULO VII

Postas y correos y los despachos que llevaban.

Chasqui llamaban a los correos que había puestos por los caminos para llevar con brevedad los mandatos del rey, y traer las nuevas y avisos que por sus reinos y provincias, lejos o cerca, hubiese de importancia. Para lo cual tenían a cada cuarto de legua cuatro o seis
20 indios mozos y ligeros, los cuales estaban en dos chozas para repararse de las inclemencias del cielo. Llevaban los recaudos por su vez, ya los de una choza, ya los de la otra; los unos miraban a la una parte del camino y los otros a la otra para descubrir los mensajeros antes que llegasen a ellos y apercibirse para tomar el recaudo, porque
25 no se perdiese tiempo alguno. Y para esto ponían siempre las chozas en alto, y también las ponía de manera que se viesen las unas a las otras. Estaban a cuarto de legua, porque decían que aquello era lo que un indio podía correr con ligereza y aliento sin cansarse.

Llamáronlos *chasqui,* que quiere decir *trocar,* o *dar y tomar,* que
30 es lo mismo, porque trocaban, daban y tomaban de uno en otro y de otro en otro los recaudos que llevaban. No les llamaron *cacha,* que quiere decir *mensajero,* porque este nombre lo daban al embajador

o mensajero propio, que personalmente iba de un príncipe a otro, o del señor al súbdito. El recaudo o mensaje que los chasquis llevaban era de palabra, porque los indios del Perú no supieron escribir. Las palabras eran pocas y muy concertadas y corrientes, porque no se trocasen y por ser muchas no se olvidasen. El que venía con el mensaje daba voces llegando a vista de la choza para que se apercibiese el que había de ir, como hace el correo en tocar su bocina, para que le tengan ensillada la posta, y en llegando donde le podían entender daba su recaudo, repitiéndolo dos, y tres y cuatro veces hasta que lo entendía el que lo había de llevar, y si no lo entendía aguardaba a que llegase y diese muy en forma su recaudo; y de esta manera pasaba de uno en otro hasta donde había de llegar.

Otros recaudos llevaban, no de palabra, sino por escrito, digámoslo así, aunque hemos dicho que no tuvieron letras; las cuales eran ñudos, dados en diferentes hilos de diversos colores, que iban puestos por su orden, mas no siempre de una misma manera, sino unas veces antepuesto el un color al otro, y otras veces trocados al revés; y esta manera de recaudos eran cifras, por las cuales se entendían el Inca y sus gobernadores para lo que había de hacer, y los ñudos y los colores de los hilos significaban el número de gente, armas, o vestidos, o bastimento, o cualquiera otra cosa que se hubiese de hacer, enviar o aprestar. A estos hilos añudados llamaban los indios *quipu* (que quiere decir *añudar,* y *ñudo* que sirve de nombre y verbo) por los cuales se entendían en sus cuentas. En otra parte, capítulo de por sí, diremos largamente cómo eran y de qué servían. Cuando había prisa de mensajes añadían correos, y ponían en cada posta ocho, y diez y doce indios chasquis.

Tenían otra manera de dar aviso por estos correos, y era haciendo ahumadas de día de uno en otro, y llamaradas de noche. Para lo cual tenían siempre los chasquis apercibido el fuego y los hachos y velaban perpetuamente de noche y de día por su rueda, para estar apercibidos para cualquiera suceso que se ofreciese. Esta manera de aviso por los fuegos era solamente cuando había algún levantamiento y rebelión de reino o provincia grande, y hacíase para que el Inca lo supiese dentro de dos o tres horas cuando mucho (aunque fuese de quinientas o seiscientas leguas de la corte) y mandase apercibir lo necesario para cuando llegase la nueva cierta de cuál provincia o reino era el levantamiento. Ese era el oficio de los chasquis y los recaudos que llevaban.

LIBRO SÉPTIMO

CAPÍTULO XXVII

La fortaleza del Cuzco. El grandor de sus piedras.

Maravillosos edificios hicieron los Incas, reyes del Perú, en fortalezas, en templos, en casas reales, en jardines, en pósitos y en caminos, y otras fábricas de grande excelencia, como se muestra hoy por las ruinas que de ellas han quedado; aunque mal se puede ver por
5 los cimientos lo que fue todo el edificio.

La obra mayor y más soberbia que mandaron hacer para mostrar su poder y majestad fue la fortaleza del Cuzco cuyas grandezas son increíbles a quien no las ha visto, y al que las ha visto y mirado con atención le hacen imaginar, y aun creer, que son hechas por vía de
10 encantamiento, y que las hicieron demonios y no hombres; porque la multitud de las piedras, tantas y tan grandes, como las que hay puestas en las tres cercas (que más son peñas que piedras) causa admiración imaginar cómo las pudieron cortar de las canteras de donde se sacaron, porque los indios no tuvieron hierro ni acero para las
15 cortar ni labrar; pues pensar cómo las trajeron al edificio es dar en otra dificultad no menor, porque no tuvieron bueyes, ni supieron hacer carros, ni hay carros que las puedan sufrir, ni bueyes que basten a tirarlas; llevábanlas arrastrando a fuerza de brazos con gruesas maromas, ni los caminos por donde las llevaban eran llanos,
20 sino sierras muy ásperas con cuestas por donde las subían y bajaban a pura fuerza de hombres. Muchas de ellas llevaron de diez, doce, quince leguas, particularmente la piedra, o por decir mejor, la peña, que los indios llaman *saycusca,* que quiere decir cansada (porque no llegó al edificio); se sabe que la trajeron de quince leguas de la
25 ciudad, y que pasó el río de Yucay, que es poco menor que el Guadalquivir por Córdoba. Las que llevaron de más cerca fueron de Muyna, que está cinco leguas del Cuzco; pues pasar adelante con la imaginación y pensar cómo pudieron ajustar tanto unas piedras tan grandes, que apenas pueden meter la punta de un cuchillo por ellas,
30 es nunca acabar.

Muchas de ellas están tan ajustadas, que apenas se aparece la juntura; para ajustarlas tanto era menester levantar y asentar la una piedra sobre la otra muy muchas veces, porque no tuvieron escuadra, ni supieron valerse siquiera de una regla para asentarla encima de una piedra y ver por ella si estaba ajustada con la otra. Tampoco supieron hacer grúas, ni garruchas, ni otro ingenio alguno que les ayudara a subir las piedras, siendo ellas tan grandes que espantan, como lo dice el M. R. P. José de Acosta,[6] hablando de esta misma fortaleza, que yo, por tener la precisa medida del grandor de 5 muchas de ellas, me quiero valer de la autoridad de este gran varón, que aunque le he pedido a los condiscípulos y me la han enviado, no ha sido la relación tan clara y distinta como yo la pedía de los tamaños de las piedras mayores, que quisiera la medida por varas y no por brazas, como me la enviaron; quisiérala con testimonios de 10 escribanos, porque lo más maravilloso de aquel edificio es la increíble grandeza de las piedras, por el incomparable trabajo que era menester para alzarlas y bajar hasta ajustarlas y ponerlas como están; porque no se alcanza cómo se pudo hacer con no más ayuda de costa que la de los brazos. 15

Dice el P. Acosta, libro sexto, capítulo XIV: "Los edificios y fábricas que los Incas hicieron en fortalezas, en templos, en caminos, en casas de campo y otras, fueron muchos y de excesivo trabajo, como lo manifiestan el día de hoy las ruinas y pedazos que han quedado, como se ven en el Cuzco, y en Tiaguanaco, y en Tambo, y en otras 20 partes donde hay piedras de inmensa grandeza que no se puede pensar cómo se cortaron, y trajeron, y asentaron donde están; para todos estos edificios y fortalezas que el Inca mandaba hacer en el Cuzco y en diversas partes de su reino acudía grandísimo número de todas las provincias, porque la labor es extraña y para espantar, y 25 no usaban de mezcla, ni tenían hierro ni acero para cortar y labrar las piedras, ni máquinas, ni instrumentos para traerlas; y con todo eso están tan pulidamente labradas que en muchas partes apenas se ve la juntura de unas con otras. Y son tan grandes muchas piedras de éstas, como está dicho, que sería cosa increíble si no se viese. En 30 Tiaguanaco medí yo una piedra de treinta y ocho pies de largo y de dieciocho de ancho, y el grueso sería de seis pies; y en la muralla de la fortaleza del Cuzco, que es de mampostería, hay muchas piedras de mucha mayor grandeza, y lo que más admira es que no siendo cortadas éstas que digo de la muralla por regla, sino entre sí muy 35 desiguales en el tamaño y en la facción, encajan unas con otras con increíble juntura sin mezcla. Todo esto se hacía a poder de mucha gente y con gran sufrimiento en el labrar, porque para encajar una

---

[6] Muy Reverendo Padre José de Acosta.

piedra con otra era forzoso probarla muchas veces, no estando las más de ellas iguales ni llanas, etcétera."

Todas son palabras del P. M. Acosta,[7] sacadas a la letra, por las cuales se verá la dificultad y el trabajo con que hicieron aquella
5 fortaleza, porque no tuvieron instrumentos ni máquinas de que ayudarse.

Los Incas, según lo manifiesta aquella su fábrica, parece que quisieron mostrar por ella la grandeza de su poder, como se ve en la inmensidad y majestad de la obra, la cual se hizo más para admirar
10 que no para otro fin. También quisieron hacer muestra del ingenio de sus maestros y artífices, no sólo en la labor de la cantería pulida (que los españoles no acaban de encarecer) mas también en la obra de la cantería tosca, en la cual no mostraron menos primor que en la otra. Pretendieron asimismo mostrarse hombres de guerra en la
15 traza del edificio, dando a cada lugar lo necesario para defensa contra los enemigos.

La fortaleza edificaron en un cerro alto, que está al septentrión de la ciudad, llamado Sacsahuaman, de cuyas faldas empieza la poblazón del Cuzco, y se tiende a todas partes por gran espacio. Aquel
20 cerro (a la parte de la ciudad) está derecho casi perpendicular, de manera que está segura la fortaleza de que por aquella banda la acometan los enemigos en escuadrón formado, ni de otra manera, ni hay sitio por allí donde puedan plantar artillería, aunque los indios no tuvieron noticia de ella hasta que fueron los españoles.
25 Por la seguridad que por aquella banda tenía les pareció que bastaba cualquiera defensa, y así echaron solamente un muro grueso de cantería de piedra, ricamente labrada por todas cinco partes, sino era por el trasdós como dicen los albañiles, tenía aquel muro más de doscientas brazas de largo. Cada hilada de piedra era de diferente
30 altor, y todas las piedras de cada hilada iguales y sentadas por hilo con muy buena trabazón, y tan ajustadas unas con otras por todas cuatro partes, que no admitían mezcla. Verdad es que no se la echaban de cal y arena porque no supieron hacer cal; empero echaban por mezcla una lechada de un barro colorado que hay muy pegajoso
35 para que hinchase y llenase las picaduras que al labrar la piedra se hacían. En esta cerca mostraron fortaleza y policía, porque el muro era grueso y la labor muy pulida a ambas partes.

---

[7] Padre Maestro Acosta.

Alonso de Ercilla y Zúñiga

(1533–94)

Alonso de Ercilla y Zúñiga nació en Madrid, último de seis hermanos, de familia hidalga relacionada con la Corte. Huérfano en temprana edad, entró como paje del rey Felipe II, a quien acompañó en sus viajes por Europa. Aunque no recibió una educación sistemática, se interesó en la lectura, estudió la Biblia, y, desde luego, conoció la literatura clásica y renacentista con profundidad. Se dice que era capaz de recitar de memoria partes enteras del *Orlando Furioso* de Ariosto.

Cuando Felipe fue a Londres para casarse con María de Inglaterra, Ercilla iba en su séquito. Allí tuvo ocasión de conocer a Jerónimo de Alderete, recién nombrado adelantado de Chile. Le atrajo la posibilidad de una carrera en el Nuevo Mundo, y con la autorización del Rey, dejó Europa. Llegó a Lima en 1556. De Lima siguió a Chile para juntarse con el ejército de García Hurtado de Mendoza en su campaña contra los bravos araucanos.

Se batió en duelo por una disputa con un oficial, ocasión que fue aprovechada para acusar al poeta ante las autoridades, pues existía una ley que declaraba ilegales los duelos. Se le condenó a muerte; pero fue perdonado con la condición de que abandonara Chile. En 1564 regresó a España, siendo recibido gozosamente por Felipe II, que lo hizo su embajador en Viena. Se casó con una mujer rica y llevó una vida tranquila y feliz.

Afirma Ercilla haber compuesto muchas partes de *La araucana* en el mismo campo de batalla, utilizando trozos de cartas y cuero. El escritor español Azorín, que ha trazado una magnífica evocación del poeta soldado, se permite dudar de tal aserto. La obra sólo se terminó de regreso en España. Se fue publicando sucesivamente en 1569 y 1578, apareciendo completa en 1590. Logró un éxito inmediato en Europa y América. En Inglaterra fue traducida varias veces. La imitaron otros poetas, como Esteban de Osorio, que le añadió dos partes en 1597, y Pedro de Oña, que compuso una mediocre continuación, *Arauco domado*, en 1596. Cervantes y Lope de Vega no le escatimaron méritos. Voltaire era tan entusiasta que considera el discurso de Colocolo, en el canto II, superior al discurso de Néstor en la *Ilíada*.

La araucana está dividida en tres partes. La primera, compuesta de quince cantos, describe el paisaje de Chile, sus habitantes y costumbres, la elección de capitán por parte de los indios, la llegada de los españoles bajo el mando de Pedro de Valdivia, y las primeras batallas. Le segunda parte, con catorce cantos, centra la atención en las intervenciones de Caupolicán; pero, a la vez, incluye una serie de episodios ajenos a la guerra araucana, como la batalla de San Quintín y la descripción de diversas ciudades del mundo. En la tercera parte, que tiene sólo ocho cantos, se asiste a la derrota de los indios y la muerte de Caupolicán. Hay otras digresiones, como la de Dido y la discusión de los derechos de Felipe II al trono de Portugal.

Ercilla es un escritor del Renacimiento. Por eso, *La araucana* está concebida de acuerdo con los modelos cultos del género épico. Hay influencias de Virgilio y, sobre todo, de su maestro directo, Ariosto. Pero, en contraste con ellos que celebraban asuntos no inmediatos a su realidad y sin conexión con sus vidas, el español hace tema del canto su propia experiencia, lo que ocurre ante sus mismos ojos, tratando de embellecerlo y sublimarlo. Consigue de este modo una nota de precisión histórica y realismo, típica de la épica española desde el *Poema del Cid*.

La crítica moderna se ha preocupado por señalar minuciosamente los méritos y los defectos de *La araucana*, buena prueba del interés que aún despierta. Se elogian la habilidad en delinear los caracteres, la viveza de las descripciones de acciones y batallas, y la felicidad de las comparaciones, tomadas muchas veces del mundo animal. Suele condenarse cierto prosaísmo, la prolijidad narrativa y las digresiones que nada tienen que ver con el asunto. Hay que tener en cuenta, sin embargo, que Ercilla las introdujo para interesar a los lectores europeos y para complacer al Rey.

Uno de los puntos más debatidos se refiere al verdadero héroe o protagonista de *La araucana*. Hay quienes lo ven en todo el pueblo indio enfrentado al español. Otros, en cambio, no dudan en considerarlo a Caupolicán, pues su figura ocupa las partes esenciales y

él es, en definitiva, el organizador y conductor de la resistencia anti-
española.

Es curioso observar que, siendo Ercilla español, en ningún momento oculta su admiración por la decidida voluntad de aquellos
indios de mantenerse libres. Pero por su parte, el valor español no
desmerece: se miden dos pueblos dignos de ser igualmente celebrados
por la epopeya. Esto ha hecho que los españoles consideren suya
La araucana y los chilenos se gloríen de tenerla entre sus mejores
creaciones. Gracias a ella, dijo Andrés Bello, "Chile es el único de
los pueblos modernos cuya fundación ha sido inmortalizada por un
poema."

LA ARAUCANA
(1569–90)

CANTO II

*Pónese la discordia que entre los caciques de Arauco hubo sobre la
elección del capitán general, y el medio que se tomó por el consejo
del cacique Colocolo, con la entrada que por engaño los bárbaros
hicieron en la casa fuerte de Tucapel, y la batalla que con los
españoles tuvieron.*

Muchos hay en el mundo que han llegado
A la engañosa alteza de esta vida,
Que Fortuna los ha siempre ayudado
Y dádoles la mano a la subida,
Para después de haberlos levantado,   5
Derribarlos con mísera caída,
Cuando es mayor el golpe y sentimiento
Y menos el pensar que hay mudamiento.

No entienden con la próspera bonanza
Que el contento[1] es principio de tristeza,   10
Ni miran en la súbita mudanza
Del consumidor tiempo y su presteza:
Mas con altiva y vana confianza
Quieren que en su fortuna haya firmeza;

---

[1] Contento: "happiness."

La cual, de su aspereza no olvidada,
Revuelve con la vuelta acostumbrada.[2]. . .

Del bien perdido al cabo, ¿qué nos queda
Sino pena, dolor y pesadumbre?
5   Pensar que en él[3] Fortuna ha de estar queda,
Antes dejara el Sol de darnos lumbre:
Que no es su condición fijar la rueda,
Y es malo de mudar vieja costumbre:
El más seguro bien de la Fortuna
10   Es no haberla tenido vez alguna.

Esto verse podrá por esta historia:
Ejemplo de ello aquí puede sacarse,
Que no bastó riqueza, honor y gloria,
Con todo el bien que puede desearse,
15   A llevar adelante la victoria;
Que el claro cielo al fin vino a turbarse,
Mudando la Fortuna en triste estado
El curso y orden próspera del Hado.

La gente nuestra ingrata se hallaba
20   En la prosperidad que arriba cuento,
Y en otro mayor bien, que me olvidaba,
Hallado en pocas casas, que es contento:
De tal manera en él se descuidaba
(Cierta señal de triste acaecimiento)
25   Que en una hora perdió el honor y estado
Que en mil años de afán había ganado.

Por dioses, como dije, eran tenidos
De los indios los nuestros; pero olieron
Que de mujer y hombre eran nacidos.
30   Y todas sus flaquezas entendieron,
Viéndolos a miserias sometidos,
El error ignorante conocieron,
Ardiendo en viva rabia avergonzados
Por verse de mortales conquistados.

[2] La Fortuna ha sido representada por una rueda que gira sin cesar, favoreciendo ya a unos, ya a otros. El tema de la Fortuna, con su volubilidad, fue muy popular en la literatura europea desde la Edad Media.
[3] Se refiere a *bien*.

No queriendo a más plazo diferirlo,
Entre ellos comenzó luego a tratarse
Que, para en breve tiempo concluirlo
Y dar el modo y orden de vengarse,
Se junten a consulta a definirlo,   5
Do venga la sentencia a pronunciarse,
Dura, ejemplar, cruël, irrevocable,
Horrenda a todo el mundo y espantable.

Iban ya los caciques ocupando
Los campos con la gente que marchaba,   10
Y no fue menester general bando,
Que el deseo de la guerra los llamaba
Sin promesas, ni pagas, deseando
El esperado tiempo que tardaba,
Para el decreto y áspero castigo,   15
Con muerte y destrucción del enemigo.

De algunos que en la junta se hallaron
Es bien que haya memoria de sus nombres,
Que, siendo incultos bárbaros, ganaron
Con no poca razón claros renombres;   20
Pues en tan breve término alcanzaron
Grandes victorias de notables hombres,
Que de ellas darán fe los que vivieren,
Y los muertos allá donde estuvieren.[4]

Tucapel se llamaba aquel primero   25
Que al plazo señalado había venido;
Este fue de cristianos carnicero,
Siempre en su enemistad endurecido;
Tiene tres mil vasallos el guerrero,
De todos como rey obedecido.   30
Ongol luego llegó, mozo valiente;
Gobierna cuatro mil lucida gente.[5] ...

---

[4] La enumeración de guerreros famosos, que sigue en las siguientes estrofas, es un recurso típico de la literatura épica: ya aparece en *La Ilíada*.

[5] En las dos estrofas siguientes, omitidas aquí, Ercilla se refiere a la llegada de siete jefes más: Cayocupil, Millarapue, Paicabí, Lemolemo, Mareguano, Gualemo y Lebopía.

No se tardó en venir, pues, Elicura,
Que al tiempo y plazo puesto había llegado,
De gran cuerpo, robusto en la hechura,
Por uno de los fuertes reputado;
5 Dice que ser sujeto es gran locura
Quien seis mil hombres tiene a su mandado.
Luego llegó el anciano Colocolo;
Otros tantos y más rige este solo. . . .

Tras éste a la consulta Ongolmo viene,
10 Que cuatro mil guerreros gobernaba.
Purén en arribar no se detiene,
Seis mil súbditos éste administraba.
Pasados de seis mil Lincoya tiene,
Que bravo y orgulloso ya llegaba,
15 Diestro, gallardo, fiero en el semblante,
De proporción y altura de gigante.[6] . . .

Tomé y Andalicán también vinieron,
Que eran del araucano regimiento,
Y otros muchos caciques acudieron,
20 Que por no ser prolijo no los cuento.
Todos con leda faz se recibieron,
Mostrando en verse juntos gran contento.
Después de razonar en su venida
Se comenzó la espléndida comida.

25 Al tiempo que el beber furioso andaba
Y mal de las tinajas el partido,[7]
De palabra en palabra se llegaba
A encenderse entre todos gran ruïdo;
La razón uno de otro no escuchaba:
30 Sabida la ocasión do había nacido,
Vino sobre cuál era el más valiente
Y digno del gobierno de la gente.

---

[6] En las estrofas siguientes, omitidas aquí, Ercilla explica la ausencia de los poderosos caciques, Peteguelén y Caupolicán. Pero allí estaban, por ellos, sus representantes o delegados.

[7] A medida que se iba bebiendo, disminuían las jarras de vino.

Así creció el furor que derribando
Las mesas, de manjares ocupadas,
Aguijan a las armas, desgajando
Las ramas al depósito obligadas;
Y de ellas se aperciben, no cesando   5
Palabras peligrosas y pesadas,
Que atizaban la cólera encendida
Con el calor del vino y la comida.

El audaz Tucapel claro decía
Que el cargo del mandar le pertenece,   10
Pues todo el universo conocía
Que, si va por valor, que lo merece:
"Ninguno se me iguala en valentía;
De mostrarlo estoy presto, si se ofrece,
(Añade el jactancioso) a quien quisiere;   15
Y aquel que esta razón contradijere . . ."[8]

Sin dejarle acabar, dijo Elicura:
"A mí es dado el gobierno de esta danza,
Y el simple que intentare otra locura
Ha de probar el hierro de mi lanza."   20
Ongolmo, que el primero ser procura,
Dice: "Yo no he perdido la esperanza
En tanto que este brazo sustentare
Y con él la ferrada gobernare."

De cólera Lincoya y rabia insano   25
Responde: "Tratar de eso es devaneo,
Que ser señor del mundo es en mi mano,
Si en ella libre este bastón poseo."
"Ninguno," dice Angol, "será tan vano
Que ponga en igualárseme el deseo,   30
Pues es más el temor que pasaría
Que la gloria que el hecho le daría."[9] . . .

Tomé y otros caciques se metieron
En medio de estos bárbaros de presto,

[8] El discurso de Tucapel recuerda el de un caballero andante.

[9] En las estrofas que siguen, omitidas aquí, Cayocupil, Lemolemo y Purén disputan entre sí y reclaman el derecho de ser el nuevo jefe.

Y con dificultad los despartieron,
Que no hicieron poco en hacer esto.
De herirse lugar aún no tuvieron,
Y en voz airada, ya el temor pospuesto,
5   Colocolo, el cacique más anciano,
A razonar así tomó la mano:

"Caciques, del estado defensores,
Codicia de mandar no me convida
A pesarme de veros pretensores
10   De cosa que a mí tanto era debida:
Porque, según mi edad, ya veis, señores,
Que estoy al otro mundo de partida;
Mas el amor que siempre os he mostrado
A bien aconsejaros me ha incitado.[10]

15   "¿Por qué cargos honrosos pretendemos
Y ser en opinión grande tenidos,
Pues que negar al mundo no podemos
Haber sido sujetos y vencidos?
Y en esto averiguarnos no queremos,
20   Estando aún de españoles oprimidos:
Mejor fuera esa furia ejecutalla
Contra el fiero enemigo en la batalla.

"¿Qué furor es el vuestro, ¡oh araucanos!,
Que a perdición os lleva sin sentillo?
25   Contra vuestras entrañas tenéis manos,
Y no contra el tirano en resistillo?[11]
¿Teniendo tan a golpe a los cristianos
Volvéis contra vosotros el cuchillo?
Si gana de morir os ha movido,
30   No sea en tan bajo estado y abatido.

"Volved las armas y ánimo furioso
A los pechos de aquellos que os han puesto
En dura sujeción, con afrentoso

---

[10] Colocolo, el viejo y respetado jefe de los araucanos, se levantó para dirigirse a sus guerreros y aconsejarles en relación con la guerra.

[11] A causa de la rima, en vez de *ejecutarla, sentirlo, resistirlo*. Fue un expediente poético muy común en la época de Ercilla.

Partido, a todo el mundo manifiesto;
Lanzad de vos el yugo vergonzoso;
Mostrad vuestro valor y fuerza en esto:
No derraméis la sangre del Estado
Que para redimirnos ha quedado.   5

"No me pesa de ver la lozanía
De vuestro corazón, antes me esfuerza;
Mas temo que esta vuestra valentía,
Por mal gobierno el buen camino tuerza:
Que, vuelta entre nosotros la porfía,   10
Degolláis vuestra patria con su fuerza.
Cortad, pues, si ha de ser de esa manera
Esta vieja garganta la primera:

"Que esta flaca persona, atormentada
De golpes de fortuna, no procura   15
Sino el agudo filo de una espada,
Pues no la acaba tanta desventura.
Aquella vida es bien afortunada
Que la temprana muerte la asegura;
Pero, a nuestro bien público atendiendo,   20
Quiero decir en esto lo que entiendo.

"Pares sois en valor y fortaleza;
El cielo os igualó en el nacimiento;
De linaje, de estado y de riqueza
Hizo a todos igual repartimiento;   25
Y en singular por ánimo y grandeza
Podéis tener del mundo el regimiento:
Que este precioso don, no agradecido,
Nos ha al presente término traído.

"En la virtud de vuestro brazo espero   30
Que puede en breve tiempo remediarse,
Mas ha de haber un capitán primero
Que todos por él quieran gobernarse:
Éste será quien más un grand madero
Sustentare en el hombro sin pararse;   35
Y pues que sois iguales en la suerte,
Procure cada cual de ser más fuerte."

Ningún hombre dejó de estar atento,
Oyendo del anciano las razones;
Y puesto ya silencio al parlamento,
Hubo entre ellos diversas opiniones:
5   Al fin, de general consentimiento,
Siguiendo las mejores intenciones,
Por todos los caciques acordado
Lo propuesto del viejo fue aceptado. . . .

No se vio allí persona en tanta gente
10   Que no quedase atónita de espanto,
Creyendo no haber hombre tan potente
Que la pesada carga sufra tanto:
La ventaja le daban, juntamente
Con el gobierno, mando, y todo cuanto
15   A digno general era debido,
Hasta allí juntamente merecido.[12]

Ufano andaba el bárbaro y contento
De haberse más que todos señalado,
Cuando Caupolicán a aquel asiento
20   Sin gente a la ligera había llegado:
Tenía un ojo sin luz de nacimiento,
Como un fino granate colorado;
Pero lo que en la vista le faltaba
En la fuerza y esfuerzo le sobraba.

25   Era este noble mozo de alto hecho,[13]
Varón de autoridad, grave y severo,
Amigo de guardar todo derecho,
Áspero y riguroso, justiciero,
De cuerpo grande y relevado pecho.
30   Hábil, diestro, fortísimo y ligero,
Sabio, astuto, sagaz, determinado,
Y en casos de repente reportado.[14]

---

[12] Los valientes guerreros siguieron la propuesta de Colocolo: escoger como jefe en la guerra contra los españoles a quien pudiera sostener un leño por más tiempo sobre los hombros. Paicabí aguantó seis horas; Elicura, nueve; Purén, doce; Ongolmo, un poco más; Tucapel, catorce; Lincoya, el "digno general" alabado en esta estrofa, un día. Entonces llegó Caupolicán, que ganó la prueba.
[13] De alto hecho: "of great deeds."
[14] Significa que era hombre de sangre fría y serenidad en momentos de crisis.

Fue con alegre muestra recibido,
Aunque no sé si todos se alegraron.
El caso en esta suma referido
Por su término y puntos le contaron.
Viendo que Apolo[15] ya se había escondido   5
En el profundo mar, determinaron
Que la prueba de aquel se dilatase
Hasta que la esperada luz llegase.

Pasábase la noche en gran porfía
Que causó esta venida entre la gente;   10
Cuál se atiene a Lincoya, y cuál decía
Que es el Caupolicano más valiente:
Apuestas en favor y contra había,
Otros sin apostar dudosamente
Hacia el oriente vueltos aguardaban   15
Si los febeos caballos asomaban.

Y la rosada Aurora comenzaba
Las nubes a bordar de mil labores,
Y a la usada labranza despertaba
La miserable gente y labradores: 20
Y a los marchitos campos restauraba
La frescura perdida y sus colores,
Aclarando aquel valle la luz nueva,
Cuando Caupolicán viene a la prueba.

Con un desdén y muestra confiada   25
Asiendo del troncón duro y ñudoso,
Como si fuera vara delicada,
Se le pone en el hombro poderoso.
La gente enmudeció, maravillada
De ver el fuerte cuerpo tan nervoso.   30
La color a Lincoya se le muda,
Poniendo en victoria mucha duda.

El bárbaro sagaz despacio andaba,
Y a toda prisa entraba el claro día;
El Sol las largas sombras acortaba,   35

[15] Apolo o Febo, dios del sol y del día. Se asoma cada mañana en su carro
tirado por caballos.

Mas él nunca decrece en su porfía;
Al ocaso la luz se retiraba,
Ni por esto flaqueza en él había;
Las estrellas se muestran claramente,
5   Y no muestra cansancio aquel valiente.

Salió la clara Luna a ver la fiesta
Del tenebroso albergue húmedo y frío,
Desocupando el campo y la floresta
De un negro velo lóbrego y sombrío;
10   Caupolicán no afloja de su apuesta,
Antes con mayor fuerza y mayor brío
Se mueve y representa de manera
Como si peso alguno no trujera. . . .

El carro de Faetón[16] sale corriendo
15   Del mar por el camino acostumbrado:
Sus sombras van los montes recogiendo
De la vista del Sol; y el esforzado
Varón, el grave peso sosteniendo,
Acá y allá se mueve no cansado;
20   Aunque otra vez la negra sombra espesa
Tornaba a parecer corriendo apriesa.

La luna su salida provechosa
Por un espacio largo dilataba:
Al fin, turbia, encendida y perezosa,
25   De rostro y luz escasa se mostraba:
Paróse al medio curso más hermosa
A ver la extraña prueba en qué paraba;
Y viéndola en el punto y ser primero
Se derribó en el ártico hemisfero.

30   Y el bárbaro en el hombro la gran viga,
Sin muestra de mudanza y pesadumbre,
Venciendo con esfuerzo la fatiga,
Y creciendo la fuerza por costumbre;

[16] Alusión mitológica inexacta. El carro pertenecía al Sol o Helios. Faetón, hijo de éste, pidió a su padre que le dejara conducir un día su carro. Lo hizo con tanta impericia que estuvo a punto de incendiar la tierra. Zeus, para evitarlo, mató a Faetón con uno de sus rayos.

Apolo en seguimiento de su amiga
Tendido había los rayos de su lumbre,
Y el hijo de Leocán[17] en el semblante
Más firme que al principio y más constante.

Era salido el Sol cuando el enorme   5
Peso de las espaldas despedía,
Y un salto dio en lanzándole disforme,[18]
Mostrando que aún más ánimo tenía:
El circunstante pueblo en voz conforme
Pronunció la sentencia, y le decía: 10
"Sobre tan firmes hombros descargamos
El peso y grave carga que tomamos."

El nuevo juego y pleito definido
Con las más ceremonias que supieron
Por sumo capitán fue recibido,   15
Y a su gobernación se sometieron.
Creció en reputación, fue tan temido,
Y en opinión tan grande le tuvieron,
Que ausentes muchas leguas de él temblaban,
Y casi como a rey le respetaban....   20

CANTO XXXIV

*Habla Caupolicán a Reinoso,[19] y sabiendo que ha de morir, se vuelve
cristiano; muere de miserable muerte, aunque con ánimo esforzado.
Los araucanos se juntan a la elección del nuevo general.*

¡Oh vida miserable y trabajosa
A tantas desventuras sometida!
¡Prosperidad humana sospechosa,
Pues nunca hubo ninguna sin caída!

---

[17] Padre de Caupolicán.

[18] Tradúzcase: "He jumped very high as he threw the log off his shoulders."

[19] El capitán español que intervino en la captura de Caupolicán. Los españoles lograron apoderarse del cacique, de su mujer Fresia y su joven hijo, sobornando a un prisionero que les indicó el lugar donde se ocultaba. Fresia se mofó de él, llamándole débil y cobarde por haberse dejado aprisionar. Después de una extensa digresión sobre Dido, reina de Cartago, de la que habla Virgilio en *La Eneida,* Ercilla vuelve al tema de Caupolicán y describe su espantoso tormento y muerte.

¿Qué cosa habrá tan dulce y tan sabrosa
Que no sea amarga al cabo y desabrida?
No hay gusto, no hay placer sin su descuento,
Que el dejo del deleite es el tormento.

5   Hombres famosos en el siglo[20] ha habido,
A quien la vida larga ha deslustrado,
Que el mundo los hubiera preferido
Si la muerte se hubiera anticipado:
Aníbal[21] de esto buen ejemplo ha sido,
10   Y el cónsul que en Farsalia[22] derrocado
Perdió, por vivir mucho, no el segundo,
Mas el lugar primero de este mundo.

Esto confirma bien Caupolicano,
Famoso capitán y gran guerrero,
15   Que en el término américo-indiano
Tuvo en las armas el lugar primero;
Mas cargóle fortuna así la mano,
(Dilatándole el término postrero)
Que fue mucho mayor que la subida
20   La miserable y súbita caída. . . .

Descalzo, destocado,[23] a pie, desnudo,
Dos pesadas cadenas arrastrando,
Con una soga al cuello y grueso ñudo,
De la cual el verdugo iba tirando,
25   Cercado en torno de armas, y el menudo
Pueblo detrás, mirando y remirando
Si era posible aquello que pasaba,
Que, visto por los ojos, aún dudaba.

De esta manera, pues, llegó al tablado,
30   Que estaba un tiro de arco del asiento,
Media pica del suelo levantado,
De todas partes a la vista exento;

---

20 Mundo.
21 Aníbal (247–183 a. C.), famoso general cartaginés que, después de haber
puesto en peligro la sobrevivencia de Roma, fue derrotado por Escipión en África.
22 En la batalla de Farsalia (48 a. C.), lugar de Grecia, César derrotó a Pompeyo.
23 Con la cabeza descubierta.

Donde con el esfuerzo acostumbrado,
Sin mudanza y señal de sentimiento,
Por la escala subió tan desenvuelto
Como si de prisiones fuera suelto.

Puesto ya en lo más alto, revolviendo   5
A un lado y otro la serena frente,
Estuvo allí parado un rato, viendo
El gran concurso y multitud de gente,
Que el increíble caso y estupendo
Atónita miraba atentamente,   10
Teniendo a maravilla y gran espanto
Haber podido la fortuna tanto.

Llegóse él mismo al palo, donde había
De ser la atroz sentencia ejecutada,
Con un semblante tal, que parecía   15
Tener aquel terrible trance en nada,
Diciendo: "Pues el hado y suerte mía
Me tienen esta muerte aparejada,
Venga, que yo la pido, yo la quiero,
Que ningún mal hay grande, si es postrero."   20

Luego llegó el verdugo diligente,
Que era un negro gelofo,[24] mal vestido,
El cual viéndole el bárbaro presente
Para darle la muerte prevenido,
Bien que con rostro y ánimo paciente   25
Las afrentas demás había sufrido,
Sufrir no pudo aquélla, aunque postrera,
Diciendo en alta voz de esta manera:

"¿Cómo, que en cristiandad y pecho honrado
Cabe cosa tan fuera de medida   30
Que a un hombre como yo tan señalado
Le dé muerte una mano así abatida?
Basta, basta morir al más culpado;
Que al fin todo se paga con la vida;
Y es usar de este término conmigo   35
Inhumana venganza y no castigo.

[24] Oriundo del Senegal, Africa.

"¿No hubiera alguna espada aquí de cuantas
Contra mí se arrancaron a porfía,
Que, usada a nuestras míseras gargantas,
Cercenara de un golpe aquesta mía?
5   Que aunque ensaye su fuerza en mí de tantas
Maneras la fortuna en este día,
Acabar no podrá que bruta mano
Toque al gran general Caupolicano."

Esto dicho, y alzando el pie derecho
10   (Aunque de las cadenas impedido)
Dio tal coz al verdugo, que gran trecho
Le echó rodando abajo mal herido;
Reprehendido el impaciente hecho,
Y él del súbito enojo reducido,
15   Le sentaron después con poca ayuda
Sobre la punta de la estaca aguda.

No el aguzado palo penetrante,
Por más que las entrañas le rompiese
Barrenándole el cuerpo, fue bastante
20   A que al dolor intenso se rindiese;
Que con sereno término y semblante,
Sin que labio ni ceja retorciese,
Sosegado quedó de la manera
Que si asentado en tálamo estuviera.

25   En esto, seis flecheros señalados,
Que prevenidos para aquello estaban
Treinta pasos de trecho desviados,
Por orden y despacio le tiraban;
Y, aunque en toda maldad ejercitados,
30   Al despedir la flecha vacilaban
Temiendo poner mano en un tal hombre,
De tanta autoridad y tan gran nombre.

Mas, fortuna cruel, que ya tenía
Tan poco por hacer y tanto hecho,
35   Si tiro alguno avieso allí salía,
Forzando el curso le traía derecho;[25]

[25] Quiere decir que el destino dirigía contra él hasta las flechas mal lanzadas.

Y en breve, sin dejar parte vacía,
De cien flechas quedó pasado el pecho,
Por do aquel grande espíritu echó fuera,
Que por menos heridas no cupiera.[26]

Paréceme que siento enternecido 5
Al más cruel y endurecido oyente
De este bárbaro caso referido,
Al cual, señor, no estuve yo presente,
Que a la nueva conquista había partido
De la remota y nunca vista gente; 10
Que, si yo a la sazón allí estuviera,
La cruda ejecución se suspendiera.[27]

Quedó abiertos los ojos, y de suerte
Que por vivo llegaban a mirarle,
Que la amarilla y afeada muerte 15
No pudo aun puesto allí desfigurarle:
Era el miedo en los bárbaros tan fuerte
Que no osaban dejar de respetarle;
Ni allí se vio en alguno tal denuedo
Que puesto cerca de él no hubiese miedo. 20

La voladora fama presurosa
Derramó por la tierra en un momento
La no pensada muerte ignominosa,
Causando alteración y movimiento:
Luego la turba, incrédula y dudosa, 25
Con nueva turbación y desatiento,
Corre con priesa y corazón incierto
A ver si era verdad que fuese muerto.

Era el número tanto que bajaba
Del contorno y distrito comarcano, 30
Que en ancha y apiñada rueda estaba
Siempre cubierto el espacioso llano:
Crédito allí a la vista no se daba,

---

[26] Tradúzcase: "Through which he cast out his spirit, so great that, if the wounds [openings] had been fewer, it could not have found exit."

[27] Ercilla critica con frecuencia la crueldad de los españoles. Se aproxima así a Las Casas.

Si ya no le tocaban con la mano,
Y, aún tocado, después les parecía
Que era cosa de sueño o fantasía.

No la afrentosa muerte impertinente
5   Para temor del pueblo ejecutada,
Ni la falta de un hombre así eminente
(En que nuestra esperanza iba fundada)
Amedrentó ni acobardó la gente;
Antes de aquella injuria provocada
10   A la cruël satisfacción aspira,
Llena de nueva rabia y mayor ira. . . .

El barroco

Toda la cultura hispanoamericana del siglo XVII se centró en las ciudades. Los españoles, prosiguiendo su labor civilizadora, crearon nuevas universidades como la de Córdoba (1614), en Argentina, y la de Santo Tomás (1627), en Bogotá. Las cortes virreinales, establecidas en Lima y México, imitaron fielmente las costumbres de Madrid y aun quisieron competir con la capital. Los virreyes se convierten en mecenas de los artistas; abundan los certámenes, concursos, premios; se erigen monumentos, espléndidas iglesias, hermosos edificios civiles; se construyen nuevos teatros.

En *Baroque Times in Old Mexico* (Ann Arbor, 1959), Irving A. Leonard ha evocado la brillante atmósfera de la sociedad mexicana de entonces. Las fiestas duraban semanas; con el menor pretexto se organizaban besamanos y saraos; el juego de cartas y de dados alcanzaba proporciones desenfrenadas; eran populares los entretenimientos de salón como las charadas y la gallina ciega; no faltaban peleas de gallos ni corridas de toros; abundaban los torneos y justas; había una constante exhibición de vestidos y joyas en los paseos en coche y en las vistosas cabalgatas; por la noche, miles de antorchas alumbraban estos espectáculos; los teatros estaban abarrotados. Esta descripción podría aplicarse, en menor proporción, a muchas otras ciudades. La prosperidad reinaba en todas partes.

La vida intelectual era muy activa. De Europa llegaban todas las novedades científicas: lo prueban los conocimientos y las experiencias del peruano Pedro de Peralta y Barnuevo o del mexicano Carlos de Sigüenza y Góngora. A pesar de la prohibición de introducir en América libros "de romance, de historia vana y de profanidad," se recibían en gran abundancia: la primera edición del *Quijote* pasó aquí casi íntegra. Los problemas morales suscitaban polémicas: Diego de Avendaño, por ejemplo, condena la esclavitud de los negros en su *Thesaurus Indicus*. La explotación de las minas, como las riquísimas del Potosí, no sólo originaba dinero y corrupción, sino también algunos descubrimientos técnicos importantes: la amalgamación de la plata fue descrita por primera vez por Alfonso Barba en su *Arte de los metales* (1640).

Florece el arte, rivalizando con la metrópoli en cantidad y esplendor. La pintura, la escultura y la arquitectura siguen los esquemas generales del barroco español; pero se les suman algunas notas originales. No es raro encontrar, entre las figuras del santoral cristiano de las iglesias, un diosecillo azteca o inca subrepticia y burlonamente intercalado por un indio de los que intervenían en la construcción. En el arte barroco de América, que esmalta su geografía de Lima a Quito, de México a Potosí, se diferencian dos direcciones: la azteca, exuberante e imaginativa; la inca, contenida y sobria.

La estructura social comenzó a hacerse muy compleja. Tres razas diferentes, la blanca, la india y la negra, se mezclaron entre sí, originando nuevos tipos: el mestizo, producto de blanco e indio; el mulato, producto de blanco y negro; el zambo, producto de indio y negro. La clase dirigente estaba formada exclusivamente por españoles. Había diferencia entre los provenientes directamente de la metrópoli, que eran los preferidos por la administración para los cargos más importantes, y los nacidos en América o criollos, que se sentían terriblemente frustrados ante ese hecho: el natural resentimiento será causa de muchos conflictos y, a la larga, de la independencia. Las otras razas o los productos de sus mezclas vivían marginalmente: constituían la mano de obra, criados, obreros, siervos, de los españoles.

POESÍA LÍRICA

A los descubrimientos y conquistas del siglo XVI correspondió el florecimiento de la épica y de la crónica; a la sociedad ciudadana y opulenta del XVII acompañaría el de la lírica. A una literatura heroica sucedió una literatura cortesana. Lo mismo había ocurrido en la Europa medieval. De acuerdo con la tendencia imitativa de la colonia, los escritores hispanoamericanos de este período siguieron las reglas del barroco español. Francisco de Quevedo se hizo el modelo obligado de la sátira. La popularidad de Félix Lope de

Vega fue inmensa, sobre todo, al principio: sirva de muestra la enamorada epístola que le envió la poetisa María de Alvarado bajo el pseudónimo de "Amarilis."

Pero, naturalmente, el más celebrado y admirado, el que dejó una huella más intensa fue Luis de Góngora. No hay escritor que no lleve su sello. Algunos le imitan directamente: en México, Agustín de Salazar y Torres compone una "Soledad a imitación de las de Luis de Góngora," recogida en el volumen de sus obras completas *Cítara de Apolo* (1681). En la historia de las apasionadas polémicas que suscitó la audaz renovación poética del genio cordobés, ocupa lugar destacado el *Apologético en favor de don Luis de Góngora* (1662), del peruano Juan de Espinosa Medrano, "el Lunarejo" (1632–88). Han sido muy alabadas la erudición y el gracejo con que este libro está escrito.

La poesía hispanoamericana del barroco se presenta, pues, como fruto de imitación. Por eso, nunca consiguió la complejidad, la profundidad y la grandeza de la española, cuyas raíces eran tremendamente trágicas y vitales. Se siguió lo más externo, la cáscara, sin penetrar en lo que la sustenta y justifica. El resultado fue un derroche de superficialidad, de vacuidad, de retoricismo vano: se tendió a dar substantividad a los recursos, sin pretender dotarlos de sentido. La poesía se hizo un juego de mal gusto: pocas veces se habrá dado el caso de tantos poetas con tan poco talento.

Se retorció el acróstico, poema en que las letras iniciales de cada verso deben formar palabras o frases; se popularizaron los centones, poemas formados con fragmentos de otros; abundaron los enigmas, poemas que contienen una adivinanza; y hasta deleitaron las poesías retrógradas, que sólo tienen sentido si se leen al revés. Incluso los títulos se hicieron extravagantes, como los que en siglo XVIII ridiculizaría el padre Isla en *Fray Gerundio de Campazas* (1758).

El reverso de esta alambicada lírica cortesana es la sátira, que también proliferó prodigiosamente. Existe una gran producción anónima, resultado del rencor, del resentimiento, de la envidia, o simplemente, del ingenio burlón. Lejos de la hondura vital e ideológica que movió las plumas de Quevedo o Baltasar Gracián, se hizo inocua y provinciana, centrándose en temas locales y cotidianos. A veces, la domina la perversión del buen gusto: no escasean las descripciones groseras, sin ningún arte.

ÉPICA E HISTORIA

La épica y la historia decaen a medida que avanza el siglo XVII. La crónica ya no encuentra apenas asuntos: todo está dicho, todo está descrito. Vuelve otra vez al monasterio de donde salió, y se dedica a narrar vidas de santos o la historia de las órdenes religiosas. O bien, se recluye en el recinto de la ciudad y va dejando el testimonio de su fundación y progreso, de sus hombres ilustres, de los hechos más notables. Aún hay, desde luego, cronistas oficiales de Indias, que siguen escribiendo en España, como Antonio de Solís, y otros esforzados que se aventuran a mayores empresas, como Lucas Fernández de Piedrahita, autor de una meritoria *Historia general del Nuevo Reino de Granada* (1688).

Tampoco la épica halla conquistas que cantar. Poco a poco prefiere temas estrictamente literarios, si se exceptúa el prosaico poema histórico de Martín del Barco Centenera, *Argentina y conquista del Río de la Plata* (1602), sólo famoso porque de él deriva el nombre de una nación. Tal ocurre con Bernardo de Balbuena, que en el *Bernardo, o victoria de Roncesvalles* (1624) resucita un héroe medieval. El asunto religioso consigue en *La Cristiada* (1611) su mejor expresión; el autor es Diego de Hojeda (1570–1615), un sevillano que fue a Lima muy joven y se hizo religioso. El poema canta la pasión de Cristo en un estilo plenamente barroco: recuerda los grandes cuadros de los pintores de la época sobre el Redentor muerto o sobre el triunfo de la Iglesia. Friedrich G. Klopstock se inspiró en él para algunos pasajes de su *Der Messias* (1773). A mediados de siglo se publicó, póstumo, un pobrísimo *Poema heroico de San Ignacio* (1666), del colombiano Hernando Domínguez Camargo.

TEATRO

El teatro hispanoamericano del siglo XVII se desarrolló bajo el signo de Lope de Vega y, especialmente, de Calderón de la Barca. Hispanoamérica tuvo la gloria de dar a España un gran dramaturgo, el mexicano Juan Ruiz de Alarcón (1581–1639). Por haber vivido en la metrópoli y haber escrito para su público, se le suele estudiar en la historia de la literatura española. Sus comedias *Las paredes oyen* y *La verdad sospechosa* influyeron decisivamente en los orígenes y desarrollo del teatro francés. También de gran calidad literaria es el teatro de Sor Juana Inés de la Cruz.

Al lado de estos dos genios, no hay que olvidar al ya citado Juan de Espinosa Medrano, que escribió un drama bíblico en castellano, *Amar su propia muerte,* y otros dos en quechua; ni a Juan del Valle y Caviedes, que compuso tres bailes o piezas breves sobre otros tantos conceptos del amor.

Bernardo de Balbuena

(1562–1627)

Bernardo de Balbuena, natural de Valdepeñas, pasó en temprana edad a México. Aquí se formó bajo los cuidados de su tío don Diego, canónigo de la catedral. Mostró muy pronto sus dotes poéticas, ganando tres premios en otros tantos concursos públicos. Volvió a España en 1607 y obtuvo el doctorado en teología por la Universidad de Sigüenza. Ejerció el ministerio sacerdotal en varias partes de América hasta que fue nombrado abad de la isla de Jamaica, entonces posesión española. En 1620 se le invistió obispo de Puerto Rico. Durante su obispado tuvo lugar un ataque de los piratas holandeses: como de costumbre, destruyeron todas las obras artísticas de los españoles, entre ellas, un manuscrito de Balbuena titulado *El divino Cristíados*. Murió en aquella isla, apenado por esta pérdida literaria.

Tres obras se conservan de este autor. La primera y de lectura más interesante es *La grandeza mexicana* (México, 1604). La escribió, al parecer, por gratitud: quería dar las gracias a una señora que generosamente había financiado su viaje a México, sacándole de su puesto de cura de pueblo. Quizá esté también motivada la obra por el entusiasmo que despertó en él la fabulosa ciudad azteca. Es una brillante descripción en tercetos, llena de colorido, del México virreinal: su paisaje, sus calles y jardines, sus edificios, sus fiestas. Le encantan, sobre todo, las cabalgatas y el lujo de las mujeres. El poema termina con una apoteósica exaltación de España, contemplada en todo el esplendor de su poder, uniendo en perfecto vínculo la gloria de la metrópoli y de sus colonias.

El siglo de oro en las selvas de Erífile (Madrid, 1608) es una colección de doce églogas, escritas bajo la influencia de Teócrito y Sannazaro. El ambiente y los personajes pertenecen al mundo mitológico. Se mezcla la prosa y el verso. Algunos críticos la consideran como una manifestación de la novela pastoril en América y la sitúan en los orígenes, tan escasísimos, del género en el continente.

El *Bernardo o victoria de Roncesvalles* (Madrid, 1624) es un larguísimo poema épico, de cuarenta cantos y unos cuarenta mil versos. El poeta ha vertido toda su fantasía barroca y ha resumido, en una curioso síntesis, toda su cultura. Narra las hazañas del héroe medieval leonés Bernardo del Carpio, que es educado por el mago Oronto en las ciencias de la caballería. Entre sus empresas sobresalen la conquista de la armadura de Aquiles y la liberación de los trescientos caballeros españoles prisioneros en el castillo de la Fama. Con ellos derrota a Carlomagno en Roncesvalles, dando muerte al famoso Roldán y liberando al mundo de la opresión. En una digresión, el protagonista se siente trasladado en sueños a México. Balbuena funde, anticipando el afán universalista de América, lo nacional y lo extranjero, lo medieval y lo renacentista: España y México, los caballeros y los héroes clásicos, la imaginación y la historia.

La cualidad predominante de Balbuena es la fantasía: se deja arrastrar por ella sin intentar ponerle freno. Y como todo poeta fecundo que no ha sabido contenerse, cae en los mayores prosaísmos o en una terrible prolijidad en medio de los más absolutos aciertos. Se ha dicho que es el primer escritor genuinamente americano por la exuberancia de su lira, comparable tan sólo a la de las nuevas tierras. Sin embargo, es necesario puntualizar que admiraba en América solamente aquello en lo que podía ver un reflejo de España. En su estilo, destaca el gusto por el color y la música, el empleo irrestricto de la ornamentación retórica, la tendencia al contraste y la variedad. Anticipa así, en cierto modo, notas del modernismo.

LA GRANDEZA MEXICANA

(1604)

CAPÍTULO V

REGALOS, OCASIONES DE CONTENTO

Al fin, si es la beldad parte de cielo,
México puede ser cielo del mundo,
pues cría la mayor que goza el suelo.

¡Oh ciudad rica, pueblo sin segundo,
más lleno de tesoros y bellezas
que de peces y arena el mar profundo!

¿Quién podrá dar guarismo a tus riquezas,
5   número a tus famosos mercaderes,
de más verdad y fe que sutilezas?

¿Quién de tus ricas flotas los haberes,
de que entran llenas y se van cargadas,
dirá, si tú la suma de ellas eres?

10   En tí están sus grandezas abreviadas:
tú las basteces[1] de oro y plata fina;
y ellas a tí de cosas más preciadas.

En tí se junta España con la China,
Italia con Japón,[2] y finalmente
15   un mundo entero en trato y disciplina.

En tí de los tesoros del Poniente
se goza lo mejor; en tí la nata
de cuanto entre su luz cría el Oriente.

Aquí es lo menos que hay que ver la plata,
20   siendo increíble en esto su riqueza,
y la cosa que en ella hay más barata.

Que a do está la beldad y gentileza
de sus honestas y bizarras damas,
y de sus ciudadanos la nobleza,

25   de mil colosos digna y de mil famas,
tratar de causa menos generosa
es olvidar la fruta por las ramas.

Pues al que en paladar y alma golosa
del glotón Epicuro[3] cursa y sigue
30   la infame secta y cátedra asquerosa;

---

[1] Abasteces.
[2] Referencia a México como floreciente centro comercial adonde acudían todas las naciones del mundo.
[3] Epicuro (342?–270 a.C.), filósofo griego, defensor del hedonismo como sistema ideal de vida. En realidad, sin embargo, en vez de poner el placer en los goces materiales de los sentidos, lo colocaba en el cultivo del espíritu y la práctica de la virtud.

si su estómago y vientre le persigue,
y de él hace su Dios grosero y basto,
que a sacrificios sin cesar le obligue;

pida su antojo, y no escatime el gasto,
que en sus hermosas y abundantes plazas 5
verá sainetes que ofrecerle abasto.

Mil apetitos, diferentes trazas
de aves, pescados, carnes, salsas, frutas,
linajes varios de sabrosas cazas.

La verde pera, la cermeña enjuta, 10
las uvas dulces de color de grana,
y su licor que es néctar y cicuta;

el membrillo oloroso, la manzana
arrebolada, y el durazno tierno,
la incierta nuez, la frágil avellana; 15

la granada, vecina del invierno,
coronada por reina del verano,
símbolo del amor y su gobierno;

al fin, cuanto al sabor y gusto humano
abril promete y mayo fructifica, 20
goza en estos jardines su hortelano.

Sin otra mina de conservas rica,
almíbares, alcorzas, mazapanes,
metal que al labio con sabor se aplica.

Cetrería de neblís y gavilanes, 25
al antojo y sabor del pensamiento,
liebres, conejos, tórtolas, faisanes, . . .

Trague el goloso, colme bien la taza,
y el regalón con ámbar y juguetes
la prisión llene que su cuello enlaza, 30

que a ninguno manjares ni sainetes
faltarán, si los quiere; ni al olfato
aguas de olor, pastillas y pebetes.

Sin otros gustos de diverso trato,
que yo no alcanzo y sé, sino de oídas
y así los dejo al velo del recato.

Músicas, bailes, danzas, acogidas
5   de agridulce placer, tiernos disgustos,
golosina sabrosa de las vidas;

fiestas, regalos, pasatiempos, gustos,
contento, recreación, gozo, alegría,
sosiego, paz, quietud de ánimos justos,

10   hermosura, altiveces, gallardía,
nobleza, discreción, primor, aseo,
virtud, lealtad, riquezas, hidalguía,

y cuanto la codicia y el deseo
añadir pueden y alcanzar el arte,
15   aquí se hallará, y aquí lo veo,
y aquí como en su esfera tienen parte.

Sor Juana Inés de la Cruz

(c. 1651–95)

La obra de Sor Juana Inés de la Cruz se levanta señera en medio
de la mediocridad de la época. La calidad de su creación y el interés
de su vida han atraído la atención de distinguidos críticos literarios
como Irving A. Leonard, Karl Vossler, Pedro Salinas y Ludwig
Pfandl. Supo poner emoción y profundo significado en los in-
tricados adornos retóricos que fueron para sus contemporáneos sólo
un pretexto de superficialidad. Por eso, sin duda ninguna, ha de
ser reconocida como la figura más importante del barroco hispanoamericano.

Se conoce su vida por sus propias noticias, por una biografía
debida a un clérigo, el padre Diego Calleja, y por una serie de
poemas escritos en su elogio y recogidos por el sacerdote Ignacio de
Castorena. Nació en San Miguel de Nepantla, siendo hija ilegítima
del español Pedro Manuel de Asbaje y una criolla analfabeta
llamada Isabel Ramírez de Santillana. Su futuro no aparecía, pues,
muy prometedor dentro de la aristocrática sociedad mexicana.
Pero Sor Juana era una niña prodigio: desde sus más tiernos años
manifestó un deseo obsesivo de estudiar y aprender. Más tarde
contará que, disfrazada de hombre, quiso entrar en la Universidad
de México, adonde las mujeres no tenían acceso. Su voluntad con-
seguiría lo que sus precedentes sociales le negaban.

A los ocho años se trasladó a México. A los trece, vive ya en
palacio como dama de honor de la virreina: su belleza y talento
poético le granjearon enorme éxito social. Se puede imaginar su
vida entre fiestas y placeres mundanos. De pronto, teniendo
solamente dieciséis años de edad, decidió abandonar vida tan
regalada y entrar en un convento. Esta decisión es uno de los misterios de su vida, pues no había sentido una clara vocación religiosa.
Se han sugerido varias hipótesis para explicarla: buscaba un lugar
donde poder estudiar en paz; quería escapar al matrimonio, hacia

el que ella misma confiesa no sentir la más mínima inclinación; quizá comprendió que, siendo hija ilegítima, difícilmente llegaría a ser mujer de un aristócrata y temía iniciar una vida marginal.

En 1667 ingresó en las Carmelitas Descalzas. A causa de la dura disciplina enfermó y hubo de salir a los tres meses. En 1668 tuvo lugar el famoso examen organizado por el virrey, en el que la extraordinaria mujer asombró a los sabios locales por su sabiduría en las artes y las ciencias. En 1669 volvió al convento, esta vez a la Orden de las Jerónimas, donde la vida no era tan rigurosa y donde se le permitió leer libros profanos, escribir poesía, recibir visitas y otros privilegios. Fue el centro de la vida cultural de México y se convirtió en consultora de virreyes y prelados.

En 1694, seguramente después de un proceso de purificación y renuncia absoluta a las vanidades mundanas, reafirmó sus votos y su decisión de servir exclusivamente a Dios, rubricando con su propia sangre una *protesta* en este sentido. Abandona sus estudios. Vende su biblioteca e instrumentos de trabajo. Entrega el producto a los pobres. Comienza una durísima mortificación de su cuerpo. Muere atendiendo a sus hermanas de religión en una de las epidemias que asolaron a México a fines del siglo XVII.

La producción literaria de Sor Juana es muy prolífica; pero anduvo mucho tiempo manuscrita, apareciendo poco a poco en pliegos sueltos. Así se explica que se haya perdido una parte, entre otras cosas un tratado de filosofía y otro de música. Al fin, se recogió en libro y se publicó, con un extravagante título, en tres partes: *Inundación castálida de la única poetisa musa Sor Juana Inés de la Cruz* (Madrid, 1689); *Tomo segundo de las obras de . . .* (Sevilla, 1691); *Fama y obras póstumas del Fénix de México, décima Musa* (Madrid, 1700). En este último volumen figuran los datos de Calleja y Castorena.

De sus obras en prosa destacan la "Carta atenagórica" y la "Respuesta a Sor Filotea de la Cruz." La primera es una crítica a un sermón del jesuita portugués, Antonio Vieira, uno de los más famosos oradores de su período. El obispo de Puebla, impresionado por la agudeza de la monja, la publicó sin el permiso de ésta, dándole el título con que se la conoce. Pero, al mismo tiempo, firmándose "Sor Filotea de la Cruz," le envió una carta en que le reprochaba su interés en las letras profanas y su indiferencia por la teología. Sorprendida por tales acciones y sabiendo de sobra quién era Sor Filotea, la Décima Musa replicó con la "Respuesta." Basada en el principio de la inclinación de la mente a ello, defiende su amor del conocimiento racional y científico. Sostiene asimismo el derecho de las mujeres a estudiar, por lo que se la ha considerado una de las primeras manifestaciones del feminismo.

El teatro de Sor Juana se compone de comedias, autos sacramentales y piezas de breve extensión como loas y sainetes. Sus comedias son dos: *Amor es más laberinto,* en colaboración con Juan de Guevara, y *Los empeños de una casa.* La primera dramatiza el mito de Teseo. La segunda es una buena comedia de capa y espada, con sus enredos, burlas y engaños amorosos entre damas y caballeros. La protagonista refleja en cierto modo la situación de la autora en el palacio del virrey: infelicidad íntima en medio del triunfo social. Va precedida de una loa de bienvenida al virrey y lleva intercalados dos sainetes, en uno de los cuales se discuten con humor temas de teatro.

Los autos sacramentales son: *San Hermenegildo,* sobre la vida del santo visigodo; *El cetro de José,* de asunto bíblico, y *El divino Narciso.* En este último, el más importante literariamente, se ha transformado a lo divino un mito pagano, el de Narciso, que aquí simboliza a Cristo: Cristo va en busca del alma pecadora, y para salvarla, muere en la cruz e instituye la Eucaristía en eterna memoria de su vida y pasión. Hay en él ecos de la poesía mística española, como en las escenas en que Naturaleza busca a Cristo. Es curioso señalar que algunos personajes son indios y que, en la loa que antecede, se intercalan canciones y costumbres de México.

Pero fue en la poesía lírica donde el genio de Sor Juana encontró su mejor cauce de expresión. Empleó gran variedad de versificación: sonetos, redondillas, décimas, quintillas, endechas, liras, silvas y un tipo poco frecuente de balada con versos de diez sílabas. Sus temas son también muy diversos. Compuso muchos poemas de encargo, que miembros de la brillante sociedad mexicana le pedían con motivo de nacimientos, bodas y otras ocasiones. Son los menos valiosos.

Muy celebrado ha sido "Hombres necios que acusáis," defensa de las debilidades femeninas, que no son, después de todo, sino producto de los hombres. Pero sobresalen sus poemas de amor, como

"Detente, sombra de mi bien esquivo" y "Esta tarde, mi bien, cuando te hablaba." Expresa en ellos con singular acierto los arrebatos del alma enamorada o sus miedos, desánimo, tristeza. Se ha pensado que la monja tuvo un verdadero amor, quizá antes de entrar en el convento; pero no hay nada seguro.

Su creación lírica más ambiciosa se titula "Primero sueño." Contiene novecientos setenta y cinco versos y es una de las más felices imitaciones de Góngora en cuanto a la forma. En su contenido y actitud mental, ya está más allá del escritor español, aproximándose a la poesía racionalista de la Ilustración. De muy difícil y compleja interpretación, ha originado numerosos comentarios. Se desenvuelve en un ambiente nocturno, que simboliza quizá los enigmas y misterios subyacentes en el orden de la naturaleza y en la razón humana. Sor Juana, amiga de Sigüenza y Góngora, estaba familiarizada con la ciencia más avanzada y probablemente con las teorías racionalistas de Descartes.

Muy diversas hipótesis interpretativas han suscitado también algunos de sus poemas con *encontradas correspondencias* o antítesis triangulares: A ama a B, B rechaza a A, C ama a A. Los partidarios de lo autobiográfico identifican A con Sor Juana y tratan de reconocer en B y C a sus amigos más íntimos. Otros, manteniendo que A es Sor Juana, reducen en cambio el problema a una cuestión de estilo: B representa el estilo natural y racionalista que la poetisa quisiera seguir; pero la moda le exige C o la verbosidad y dificultad del barroco. Finalmente, no faltan quienes suponen que B es el entendimiento y la ciencia, en tanto que C es la superstición o teología de su día y la ignorancia, que tratan de imponerse sobre A, la monja y sus cultos amigos.

El amor a las imágenes fáciles ha llevado a calificar a Sor Juana como el Góngora de América. Nada más falso que este repetido cliché. En realidad, siendo la última figura importante del barroco, en ella se conjugan en magnífico cierre todas las grandes corrientes del siglo XVII: es calderoniana en su teatro; culterana, en el brillo y dificultad de sus imágenes; conceptista, en la profundidad de sus pensamientos y su actitud racionalista; popular, en la expresión sencilla de sus afectos; y aun mística, en sus ansias divinas y en ciertas concepciones de la naturaleza.

RESPUESTA A SOR FILOTEA
DE LA CRUZ
(1691)

Muy ilustre Señora, mi Señora: No mi voluntad, mi poca salud y mi justo temor han suspendido tantos días mi respuesta. . . . . No es afectada modestia, Señora, sino ingenua verdad de toda mi alma, que al llegar a mis manos, impresa, la carta que vuestra propiedad llamó Atenagórica,[1] prorrumpí (con no ser esto en mí muy fácil) en 5 lágrimas de confusión, porque me pareció que vuestro favor no era más que una reconvención que Dios hace a lo mal que le correspondo; y que como a otros corrige con castigos, a mí me quiere reducir a fuerza de beneficios. . . .

El escribir nunca ha sido dictamen propio, sino fuerza ajena; que 10 les pudiera decir con verdad: *Vos me coegistis.*[2] Lo que sí es verdad que no negaré (lo uno porque es notorio a todos, y lo otro porque, aunque sea contra mí, me ha hecho Dios la merced de darme grandísimo amor a la verdad) que desde que me rayó la primera luz de la razón, fue tan vehemente y poderosa la inclinación a las letras, 15 que ni ajenas reprensiones—que he tenido muchas—, ni propias reflejas—que he hecho no pocas—, han bastado a que deje de seguir este natural impulso que Dios puso en mí: Su Majestad sabe por qué y para qué; y sabe que le he pedido que apague la luz de mi entendimiento dejando sólo lo que baste para guardar su Ley, pues 20 lo demás sobra, según algunos, en una mujer; y aun hay quien diga que daña. Sabe también Su Majestad que no consiguiendo esto, he intentado sepultar con mi nombre mi entendimiento, y sacrificársele sólo a quien me le dio; y que no otro motivo me entró en religión, no obstante que al desembarazo y quietud que pedía mi estudiosa in- 25 tención eran repugnantes los ejercicios y compañía de una comunidad; y después, en ella, sabe el Señor, y lo sabe en el mundo quien sólo lo debió saber,[3] lo que intenté en orden a esconder mi nombre,

---

[1] La crítica que Sor Juana hizo del sermón del padre Vieira. Sin la autorización de aquélla, el obispo de Puebla, Manuel Fernández de Santa Cruz y Sahagún, la publicó con algunos comentarios de censura que firmó con el pseudónimo de "Sor Filotea de la Cruz." Le dio el título de "Carta Atenagórica." Esta palabra se relaciona con Atena, diosa griega de la sabiduría.
[2] Tradúzcase: "You compelled me."
[3] Posible referencia al padre Antonio Núñez, su confesor.

y que no me lo permitió, diciendo que era tentación; y sí sería. Si yo pudiera pagaros algo de lo que os debo, Señora mía, creo que sólo os pagara en contaros esto, pues no ha salido de mi boca jamás, excepto para quien debió salir. Pero quiero que con haberos
5 franqueado de par en par las puertas de mi corazón, haciéndoos patentes sus más sellados secretos, conozcáis que no desdice de mi confianza lo que debo a vuestra venerable persona y excesivos favores.

Prosiguiendo en la narración de mi inclinación, de que os quiero dar entera noticia, digo que no había cumplido los tres años de mi
10 edad cuando enviando mi madre a una hermana mía, mayor que yo, a que se enseñase a leer en una de las que llaman Amigas,[4] me llevó a mí tras ella el cariño y la travesura; y viendo que la daban lección, me encendí yo de manera en el deseo de saber leer, que engañando, a mi parecer, a la maestra, le dije que mi madre
15 ordenaba me diese lección. Ella no lo creyó, porque no era creíble; pero, por complacer al donaire, me la dio. Proseguí yo en ir y ella prosiguió en enseñarme, ya no de burlas, porque la desengañó la experiencia; y supe leer en tan breve tiempo, que ya sabía cuando lo supo mi madre, a quien la maestra lo ocultó por darle el gusto
20 por entero y recibir el galardón por junto; y yo lo callé, creyendo que me azotarían por haberlo hecho sin orden. Aún vive la que me enseñó (Dios la guarde), y puede testificarlo.

Acuérdome que en estos tiempos, siendo mi golosina la que es ordinaria en aquella edad, me abstenía de comer queso, porque oí
25 decir que hacía rudos, y podía conmigo más el deseo de saber que el de comer, siendo éste tan poderoso en los niños. Teniendo yo después como seis o siete años, y sabiendo ya leer y escribir, con todas las otras habilidades de labores y costuras que deprenden las mujeres, oí decir que había Universidad y Escuelas en que se
30 estudiaban las ciencias, en México; y apenas lo oí cuando empecé a matar a mi madre con instantes e importunos ruegos sobre que, mudándome el traje,[5] me enviase a México, en casa de unos deudos que tenía, para estudiar y cursar la Universidad; ella no lo quiso hacer, e hizo muy bien, pero yo despiqué el deseo en leer muchos
35 libros varios que tenía mi abuelo, sin que bastasen castigos ni reprensiones a estorbarlo; de manera que cuando vine a México, se

---

[4] Escuela para niñas.
[5] Esto es, vistiéndose con ropas de muchacho.

admiraban, no tanto del ingenio, cuanto de la memoria y noticias que tenía en edad que parecía que apenas había tenido tiempo para aprender a hablar.

Empecé a deprender gramática,[6] en que creo no llegaron a veinte las lecciones que tomé; y era tan intenso mi cuidado, que siendo así 5 que en las mujeres—y más en tan florida juventud—es tan apreciable el adorno natural del cabello, yo me cortaba de él cuatro o seis dedos, midiendo hasta dónde llegaba antes, e imponiéndome ley de que si cuando volviese a crecer hasta allí no sabía tal o tal cosa que me había propuesto deprender en tanto que crecía, me lo había de 10 volver a cortar en pena de la rudeza. Sucedía así que él crecía y yo no sabía lo propuesto, porque el pelo crecía aprisa y yo aprendía despacio, y con efecto le cortaba en pena de la rudeza; que no me parecía razón que estuviese vestida de cabellos cabeza que estaba tan desnuda de noticias, que era más apetecible adorno. Entréme 15 religiosa, porque aunque conocía que tenía el estado cosas (de las accesorias hablo, no de las formales), muchas repugnantes a mi genio, con todo, para la total negación que tenía al matrimonio, era lo menos desproporcionado y lo más decente que podía elegir en materia de la seguridad que deseaba de mi salvación; a cuyo primer 20 respeto (como al fin más importante) cedieron y sujetaron la cerviz todas las impertinencillas de mi genio, que eran de querer vivir sola; de no querer tener ocupación obligatoria que embarazase la libertad de mi estudio, ni rumor de comunidad que impidiese el sosegado silencio de mis libros. Esto me hizo vacilar algo en la deter- 25 minación, hasta que, alumbrándome personas doctas de que era tentación, la vencí con el favor divino, y tomé el estado que tan indignamente tengo. Pensé yo que huía de mí misma; pero, ¡miserable de mí!, trájeme a mí conmigo y traje mi mayor enemigo en esta inclinación, que no sé determinar si por prenda o castigo me 30 dio el Cielo, pues de apagarse o embarazarse con tanto ejercicio que la religión tiene, reventaba como pólvora, y se verificaba en mí el *privatio est causa appetitus*.[7]

Volví (al dije, pues nunca cesé); proseguí, digo, a la estudiosa tarea (que para mí era descanso en todos los ratos que sobraban a mi 35 obligación) de leer y más leer, de estudiar y más estudiar, sin más

---

6 Aprender latín. Los estudios de gramática se hacían sobre el latín.
7 Tradúzcase: "deprivation causes appetite."

maestro que los mismos libros. Ya se ve cuán duro es estudiar en aquellos caracteres sin alma, careciendo de la voz viva y explicación del maestro; pues todo este trabajo sufría yo muy gustosa por amor de las letras. ¡Oh, si hubiese sido por amor de Dios, que era lo acer-
5 tado, cuánto hubiera merecido! Bien que yo procuraba elevarlo cuanto podía y dirigirlo a su servicio, porque el fin a que aspiraba era a estudiar Teología, pareciéndome menguada inhabilidad, siendo católica, no saber todo lo que en esta vida se puede alcanzar, por medios naturales, de los divinos misterios; y que siendo monja
10 y no seglar, debía, por el estado eclesiástico, profesar letras; y más siendo hija de un San Jerónimo y de una Santa Paula,[8] que era degenerar de tan doctos padres ser idiota la hija. Esto me proponía yo de mí misma y me parecía razón; si no es que era (y eso es lo más cierto) lisonjear y aplaudir a mi propia inclinación, proponiéndola
15 como obligatorio su propio gusto.

Con esto proseguí, dirigiendo siempre, como he dicho, los pasos de mi estudio a la cumbre de la Sagrada Teología; pareciéndome preciso, para llegar a ella, subir por los escalones de las ciencias y artes humanas; porque ¿cómo entenderá el estilo de la Reina de las
20 Ciencias, quien aun no sabe el de las ancilas?[9] ¿Cómo sin Lógica sabría yo los métodos generales y particulares con que está escrita la Sagrada Escritura? ¿Cómo sin Retórica entendería sus figuras, tropos y locuciones? ¿Cómo sin Física, tantas cuestiones naturales de las naturalezas de los animales de los sacrificios, donde se simbolizan
25 tantas cosas ya declaradas, y otras muchas -que hay? ¿Cómo si el sanar Saúl al sonido del arpa de David fue virtud y fuerza natural de la música, o sobrenatural que Dios quiso poner en David? ¿Cómo sin Aritmética se podrán entender tantos cómputos de años, de días, de meses, de horas, de hebdómadas tan misteriosas como las de
30 Daniel, y otras para cuya inteligencia es necesario saber las naturalezas, concordancias y propiedades de los números? . . .

Yo confieso que me hallo muy distante de los términos de la sabiduría y que la he deseado seguir, aunque *a longe*.[10] Pero todo ha sido acercarme más al fuego de la persecución, al crisol del tor-

---

8 Fundadores de la Orden de los Jerónimos.
9 La teología era considerada la reina de las ciencias, a la que las otras debían servir y auxiliar.
10 De lejos.

mento; y ha sido con tal extremo que han llegado a solicitar que se me prohiba el estudio.

Una vez lo consiguieron con una prelada muy santa y muy cándida que creyó que el estudio era cosa de Inquisición y me mandó que no estudiase. Yo la obedecí (unos tres meses que duró el poder ella man- 5 dar) en cuanto a no tomar libro, que en cuanto a no estudiar abso- lutamente, como no cae debajo de mi potestad, no lo pude hacer, porque aunque no estudiaba en los libros, estudiaba en todas las cosas que Dios crió, sirviéndome ellas de letras, y de libro toda esta máquina universal. Nada veía sin refleja;[11] nada oía sin considera- 10 ción, aun en las cosas más menudas y materiales; porque como no hay criatura, por baja que sea, en que no se conozca el *me fecit Deus*,[12] no hay alguna que no pasme el entendimiento, si se considera como se debe. Así yo, vuelvo a decir, las miraba y admiraba todas; de tal manera que de las mismas personas con quienes hablaba, y de lo 15 que me decían, me estaban resaltando mil consideraciones. . . .

Pues, ¿qué os pudiera contar, Señora, de los secretos naturales que he descubierto estando guisando? Ver que un huevo se une y fríe en la manteca o aceite y, por contrario, se despedaza en el almíbar; ver que para que el azúcar se conserve flúida basta echarle una muy 20 mínima parte de agua en que haya estado membrillo u otra fruta agria; ver que la yema y clara de un mismo huevo son tan contrarias, que en los unos, que sirven para el azúcar, sirve cada una de por sí y juntos no. Por no cansaros con tales frialdades, que sólo refiero por daros entera noticia de mi natural y creo que os causará risa; 25 pero, señora, ¿qué podemos saber las mujeres sino filosofías de cocina? Bien dijo Lupercio Leonardo,[13] que bien se puede filosofar y aderezar la cena. Y yo suelo decir viendo estas cosillas: si Aristóteles hubiera guisado, mucho más hubiera escrito. Y prosiguiendo en mi modo de cogitaciones,[14] digo que esto es tan continuo en mí, que no 30 necesito de libros; y en una ocasión que, por un grave accidente de estómago, me prohibieron los médicos el estudio, pasé así algunos

---

11 Sin reflexión.
12 Tradúzcase: "God made me."
13 Lupercio Leonardo de Argensola (1563–1613), poeta aragonés muy estimado en sus días. Los críticos señalan que la cita pertenece a su hermano, el también poeta Bartolomé Leonardo.
14 Meditaciones. *Cogitación* es una palabra culta.

días, y luego les propuse que era menos dañoso el concedérmelos, porque eran tan fuertes y vehementes mis cogitaciones, que consumían más espíritu en un cuarto de hora que el estudio de los libros en cuatro días; y así se redujeron a concederme que leyese; y más, Señora mía, que ni aun el sueño se libró de este continuo movimiento de mi imaginativa; antes suele obrar en él más libre y desembarazada, confiriendo con mayor claridad y sosiego las especies que ha conservado del día, arguyendo, haciendo versos, de que os pudiera hacer un catálogo muy grande, y de algunas razones y delgadezas que he alcanzado dormida mejor que despierta, y las dejo por no cansaros, pues basta lo dicho para que vuestra discreción y trascendencia penetre y se entere perfectamente en todo mi natural y del principio, medios y estado de mis estudios.

Si éstos, Señora, fueran méritos (como los veo por tales celebrar en los hombres), no lo hubieran sido en mí, porque obro necesariamente. Si con culpa, por la misma razón creo no la he tenido; mas, con todo, vivo siempre tan desconfiada de mí, que ni en esto ni en otra cosa me fío de mi juicio; y así remito la decisión a ese soberano talento, sometiéndome luego a lo que sentenciare, sin contradicción ni repugnancia, pues esto no ha sido más de una simple narración de mi inclinación a las letras. . . .

Si el estilo, venerable Señora mía, de esta carta, no hubiere sido como a vos es debido, os pido perdón de la casera familiaridad o menos autoridad de que tratándoos como a una religiosa de velo, hermana mía, se me ha olvidado la distancia de vuestra ilustrísima persona, que a veros yo sin velo, no sucediera así; pero vos, con vuestra cordura y benignidad, supliréis o enmendaréis los términos, y si os pareciere incongruo el *Vos* de que yo he usado por parecerme que para la reverencia que os debo es muy poca reverencia la *Reverencia,* mudadlo en el que os pareciere decente a lo que vos merecéis, que yo no me he atrevido a exceder de los límites de vuestro estilo ni a romper el margen de vuestra modestia.

Y mantenedme en vuestra gracia, para impetrarme la divina, de que os conceda el Señor muchos aumentos y os guarde, como le suplico y he menester. De este convento de N. Padre San Jerónimo de México, a primero día del mes de marzo de mil seiscientos y noventa y un años. B. V. M.[15] vuestra más favorecida.

[15] Besa vuestra mano.

POESÍAS

SONETOS

*Procura desmentir los elogios que a un retrato de la Poetisa inscribió
la verdad, que llama pasión.*

Éste, que ves, engaño colorido,
que del arte ostentando los primores,
con falsos silogismos de colores
es cauteloso engaño del sentido;

éste, en quien la lisonja ha pretendido   5
excusar de los años los horrores,
y venciendo del tiempo los rigores
triunfar de la vejez y del olvido,

es un vano artificio del cuidado,
es una flor al viento delicada,   10
es un resguardo inútil para el hado:

es una necia diligencia errada,
es un afán caduco y, bien mirado,
es cadáver, es polvo, es sombra, es nada.

*Quéjase de la suerte: insinúa su aversión a los vicios y justifica su
divertimiento a las Musas.*

En perseguirme, Mundo, ¿qué interesas?
¿En qué te ofendo, cuando sólo intento
poner bellezas en mi entendimiento
y no mi entendimiento en las bellezas?

Yo no estimo tesoros ni riquezas;   5
y así, siempre me causa más contento
poner riquezas en mi pensamiento
que no mi pensamiento en las riquezas.

Y no estimo hermosura que, vencida,
es despojo civil de las edades,   10
ni riqueza me agrada fementida,

teniendo por mejor, en mis verdades,
consumir vanidades de la vida
que consumir la vida en vanidades.[16]

En que da moral censura a una rosa, y en ella a sus semejantes.

Rosa divina que en gentil cultura
eres, con tu fragante sutileza,
magisterio purpúreo en la belleza,
enseñanza nevada a la hermosura;

5   Amago de la humana arquitectura,
ejemplo de la vana gentileza,
en cuyo ser unió naturaleza
la cuna alegre y triste sepultura;

¡Cuán altiva en tu pompa, presumida,
10   soberbia, el riesgo de morir desdeñas,
y luego desmayada y encogida

de tu caduco ser das mustias señas,
con que con docta muerte y necia vida,
viviendo engañas y muriendo enseñas!

Escoge antes el morir que exponerse a los ultrajes de la vejez.

Miró Celia una rosa que en el prado
ostentaba feliz la pompa vana
y con afeites de carmín y grana
bañaba alegre el rostro delicado;

5   y dijo:—goza, sin temor del hado,
el curso breve de tu edad lozana,
pues no podrá la muerte de mañana
quitarte lo que hubieres hoy gozado;

y aunque llega la muerte presurosa
10   y tu fragante vida se te aleja,
no sientas el morir tan bella y moza:

[16] Tradúzcase: "considering it better, in truth, to destroy the vanities of life than to destroy life through vanities."

mira que la experiencia te aconseja
que es fortuna morirte siendo hermosa
y no ver el ultraje de ser vieja.

En que satisface un recelo con la retórica del llanto.

Esta tarde, mi bien, cuando te hablaba,
como en tu rostro y tus acciones vía[17]
que con palabras no te persuadía,
que el corazón me vieses deseaba;

y amor, que mis intentos ayudaba,   5
venció lo que imposible parecía:
pues entre el llanto, que el dolor vertía,
el corazón deshecho destilaba.

Baste ya de rigores, mi bien, baste;
no te atormenten más celos tiranos,   10
ni el vil recelo tu quietud contraste

con sombras necias, con indicios vanos,
pues ya en líquido humor viste y tocaste
mi corazón deshecho entre tus manos.

Que contiene una fantasía contenta con amor decente.

Detente, sombra de mi bien esquivo,
imagen del hechizo que más quiero,
bella ilusión por quien alegre muero,
dulce ficción por quien penosa vivo.

Si al imán de tus gracias, atractivo,   5
sirve mi pecho de obediente acero,
¿para qué me enamoras lisonjero
si has de burlarme luego fugitivo?

Mas blasonar no puedes, satisfecho,
de que triunfa de mí tu tiranía: 10
que aunque dejas burlado el lazo estrecho

[17] Veía.

que tu forma fantástica ceñía,
poco importa burlar brazos y pecho
si te labra prisión mi fantasía.

*Resuelve la cuestión de cuál sea pesar más molesto en encontradas
correspondencias, amar o aborrecer.*

Que no me quiera Fabio, al verse amado,
es dolor sin igual en mí sentido;
mas que me quiera Silvio, aborrecido,
es menor mal, mas no menos enfado.

5 ¿Qué sufrimiento no estará cansado
si siempre le resuenan al oído
tras la vana arrogancia de un querido
el cansado gemir de un desdeñado?

Si de Silvio me cansa el rendimiento,
10 a Fabio canso con estar rendida;
si de éste busco el agradecimiento,

a mí me busca el otro agradecida:
por activa y pasiva es mi tormento,
pues padezco en querer y en ser querida.

*Prosigue el mismo asunto, y determina que prevalezca la razón
contra el gusto.*

Al que ingrato me deja, busco amante;
al que amante me sigue, dejo ingrata;
constante adoro a quien mi amor maltrata;
maltrato a quien mi amor busca constante.

5 Al que trato de amor, hallo diamante,[18]
y soy diamante al que de amor me trata;
triunfante quiero ver al que me mata,
y mato al que me quiere ver triunfante.

Si a éste pago, padece mi deseo;
10 si ruego a aquél, mi pundonor enojo:
de entrambos modos infeliz me veo.

[18] Transposición poética por *durísimo*.

Pero yo, por mejor partido, escojo
de quien no quiero, ser violento empleo,
que, de quien no me quiere, vil despojo.

REDONDILLAS

Arguye de inconsecuentes el gusto y la censura de los hombres que
en las mujeres acusan lo que causan.

Hombres necios que acusáis
a la mujer sin razón,
sin ver que sois la ocasión
de lo mismo que culpáis:

5   si con ansia sin igual
solicitáis su desdén,
¿por qué queréis que obren bien
si las incitáis al mal?

Combatís su resistencia
10 y luego, con gravedad,
decís que fue liviandad
lo que hizo la diligencia.

Parecer[19] quiere el denuedo
de vuestro parecer loco,
15 al niño que pone el coco[20]
y luego le tiene miedo.

Queréis, con presunción necia,
hallar a la que buscáis,
para pretendida, Thais,
20 y en la posesión, Lucrecia.[21]

¿Qué humor puede ser más raro
que el que, falto de consejo,

él mismo empaña el espejo,
y siente que no esté claro?

Con el favor y el desdén   25
tenéis condición igual,
quejándoos, si os tratan mal,
burlándoos, si os quieren bien.

Opinión, ninguna gana;
pues la que más se recata,   30
si no os admite, es ingrata,
y si os admite, es liviana.

Siempre tan necios andáis
que, con desigual nivel,
a una culpáis por crüel   35
y a otra por fácil culpáis.

¿Pues cómo ha de estar tem-
        plada
la que vuestro amor pretende,
si la que es ingrata, ofende,
y la que es fácil, enfada?   40

Mas, entre el enfado y pena
que vuestro gusto refiere,
bien haya la que no os quiere
y quejaos enhorabuena.[22]

---

[19] Parecerse.
[20] Coco: "bogeyman."
[21] La primera fue una cortesana griega; la segunda, una matrona romana celebrada por su castidad, que se suicidó después de haber sido forzada.
[22] Tradúzcase: "Good for the one who spurns you; and you complain, all right!"

Dan vuestras amantes penas
a sus libertades alas,
y después de hacerlas malas
las queréis hallar muy buenas.

5   ¿Cuál mayor culpa ha tenido
en una pasión errada:
la que cae de rogada,
o el que ruega de caído?

¿O cuál es más de culpar,
10 aunque cualquiera mal haga:
la que peca por la paga,
o el que paga por pecar?

Pues, ¿para qué os espantáis
de la culpa que tenéis?
Queredlas cual las hacéis   15
o hacedlas cual las buscáis.

Dejad de solicitar,
y después, con más razón,
acusaréis la afición
de la que os fuere a rogar.   20

Bien con muchas armas fundo
que lidia vuestra arrogancia,
pues en promesa e instancia
juntáis diablo, carne y mundo.[23]

En que describe racionalmente los efectos irracionales del amor.

Este amoroso tormento
que en mi corazón se ve,
sé que lo siento y no sé
la causa porque lo siento.

5   Siento una grave agonía
por lograr un devaneo,
que empieza como deseo
y para en melancolía.

Y cuando con más terneza
10 mi infeliz estado lloro,
sé que estoy triste e ignoro
la causa de mi tristeza.

Siento un anhelo tirano
por la ocasión a que aspiro,
15 y cuando cerca la miro
yo misma aparto la mano.

Porque, si acaso se ofrece,
después de tanto desvelo,
la desazona el recelo
20 o el susto la desvanece.

Y si alguna vez sin susto
consigo tal posesión,
cualquiera leve ocasión
me malogra todo el gusto.

Siento mal del mismo bien   25
con receloso temor,
y me obliga el mismo amor
tal vez a mostrar desdén.

Cualquier leve ocasión labra
en mi pecho de manera,   30
que el que imposibles venciera
se irrita de una palabra.

Con poca causa ofendida,
suelo, en mitad de mi amor,
negar un leve favor   35
a quien le diera la vida.

Ya sufrida,[24] ya irritada,
con contrarias penas lucho:
que por él sufriré mucho,
y con él sufriré nada.   40

[23] Los tres enemigos del alma, según la doctrina católica.
[24] Paciente.

No sé en qué lógica cabe
el que tal cuestión se pruebe:
que por él lo grave es leve,
y con él lo leve es grave.

5 Sin bastantes fundamentos
forman mis tristes cuidados,
de conceptos engañados,
un monte de sentimientos;[25]

y en aquel fiero conjunto
10 hallo, cuando se derriba,
que aquella máquina altiva
sólo estribaba en un punto.

Tal vez el dolor me engaña
y presumo sin razón,
15 que no habrá satisfacción
que pueda templar mi saña;

y cuando a averiguar llego
el agravio porque riño,
es como espanto de niño
20 que para en burlas y juego.

Y aunque el desengaño toco,
con la misma pena lucho,
de ver que padezco mucho
padeciendo por tan poco.

25 A vengarse se abalanza
tal vez el alma ofendida;
y después, arrepentida,
toma de mí otra venganza.

Y si al desdén satisfago,
30 es con tan ambiguo error,

que yo pienso que es rigor
y se remata en halago.

Hasta el labio desatento
suele, equívoco, tal vez,
por usar de la altivez   35
encontrar el rendimiento.

Cuando por soñada culpa
con más enojo me incito,
yo le acrimino el delito
y le busco la disculpa.   40

No huyo el mal ni busco el
    bien:
porque, en mi confuso error,
ni me asegura el amor
ni me despecha el desdén.

En mi ciego devaneo,   45
bien hallada[26] con mi engaño,
solicito el desengaño
y no encontrarlo deseo.

Si alguno mis quejas oye,
más a decirlas me obliga   50
porque me las contradiga,
que no porque las apoye.[27]

Porque si con la pasión
algo contra mi amor digo,
es mi mayor enemigo   55
quien me concede razón.

Y si acaso en mi provecho
hallo la razón propicia,
me embaraza la justicia
y ando cediendo el derecho.   60

[25] Orden: Mis tristes cuidados forman sin bastantes fundamentos un monte de sentimientos de conceptos engañados. Esto es, sin bastante motivo mi misma preocupación hace un monte de sentimientos con ideas falsas.
[26] Contenta.
[27] Cuando dice sus quejas, acusando al amante, quiere que su oyente la contradiga.

Nunca hallo gusto cumplido,
porque, entre alivio y dolor,
hallo culpa en el amor
y disculpa en el olvido.

5   Esto de mi pena dura
es algo del dolor fiero;

y mucho más no refiero
porque pasa de locura.

Si acaso me contradigo
en este confuso error,   10
aquél que tuviere amor
entenderá lo que digo.

ROMANCE

Acusa la hidropesía de mucha ciencia, que teme inútil aun para saber y nociva para vivir.[28]

Finjamos que soy feliz,
triste pensamiento, un rato;
quizá podréis persuadirme,
aunque yo sé lo contrario:

5   que pues sólo en la aprehensión
dicen que estriban los daños,
si os imagináis dichoso
no seréis tan desdichado.

Sírvame el entendimiento
10   alguna vez de descanso,
y no siempre esté el ingenio
con el provecho encontrado.

Todo el mundo es opiniones
de pareceres tan varios,
15   que lo que el uno que es negro,[29]
el otro prueba que es blanco.

A unos sirve de atractivo
lo que otro concibe enfado;
y lo que éste por alivio,
20   aquél tiene por trabajo.

El que está triste, censura
al alegre de liviano;
y el que está alegre, se burla
de ver al triste penando.

Los dos filósofos griegos[30]   25
bien esta verdad probaron:
pues lo que en el uno risa,
causaba en el otro llanto.

Célebre su oposición
ha sido por siglos tantos,   30
sin que cuál acertó esté
hasta ahora averiguado;

antes en sus dos banderas
el mundo todo alistado,
conforme el humor le dicta,   35
sigue cada cual el bando.

Uno dice que de risa
sólo es digno el mundo vario;
y otro, que sus infortunios
son sólo para llorados.   40

---

28 La palabra *hidropesía* está empleada con el sentido de deseo excesivo. Sor Juana condena el afán exagerado de saber por inútil para el conocimiento y perjudicial para la vida.

29 Que lo que el uno prueba que es negro.

30 Heráclito (576–489 a.C.) creía en la fugacidad de las cosas; Demócrito (siglo V a. C.) creía en la eternidad del átomo. Los dos filósofos griegos respectivamente lo juzgaban todo digno de llanto o de risa.

Para todo se halla prueba
y razón en que fundarlo;
y no hay razón para nada,
de haber razón para tanto.

5 Todos son iguales jueces;
y siendo iguales y varios,
no hay quien pueda decidir
cuál es lo más acertado.

Pues, si no hay quien lo sen-
tencie,
10 ¿por qué pensáis, vos,[31] errado,
que os cometió[32] Dios a vos
la decisión de los casos?

¿O por qué, contra vos mismo,
severamente inhumano,
15 entre lo amargo y lo dulce,
¿queréis elegir lo amargo?

Si es mío mi entendimiento,
¿por qué siempre he de encontrarlo
tan torpe para el alivio,
20 tan agudo para el daño?

El discurso es un acero
que sirve por ambos cabos:
de dar muerte, por la punta;
por el pomo, de resguardo.

25 Si vos, sabiendo el peligro,
queréis por la punta usarlo,
¿qué culpa tiene el acero
del mal uso de la mano?

No es saber, saber hacer
discursos sutiles, vanos; 30
que el saber consiste sólo
en elegir lo más sano.

Especular las desdichas
y examinar los presagios,
sólo sirve de que el mal 35
crezca con anticiparlo.

En los trabajos futuros,
la atención, sutilizando,
más formidable que el riesgo
suele fingir el amago. 40

¡Qué feliz es la ignorancia
del que, indoctamente sabio,
halla de lo que padece,
en lo que ignora, sagrado![33]

No siempre suben seguros 45
vuelos del ingenio osados,
que buscan trono en el fuego[34]
y hallan sepulcro en el llanto.

También es vicio el saber:
que si no se va atajando, 50
cuando menos se conoce
es más nocivo el estrago;

y si el vuelo no le abaten,
en sutilezas cebado,
por cuidar de lo curioso 55
olvida lo necesario.

---

[31] *Vos* se refiere al entendimiento. En aquella época con frecuencia se usaba en vez de *tú*.

[32] Encomendó.

[33] Sagrado: refugio. Orden: halla sagrado de lo que padece en lo que ignora.

[34] Orden: los vuelos osados del ingenio no siempre suben seguros. *Fuego* suele significar en la literatura clásica española la altura, pues el fuego tiende a subir.

Si culta mano no impide
crecer al árbol copado,
quita la substancia al fruto
la locura de los ramos.

5   Si andar a nave ligera
no estorba lastre pesado,
sirve el vuelo de que sea
el precipicio más alto.

En amenidad inútil,
10 ¿qué importa al florido campo,
si no halla fruto el otoño,
que ostente flores el mayo?

¿De qué le sirve al ingenio
el producir muchos partos,
15 si a la multitud se sigue
el malogro de abortarlos?[35]

Y a esta desdicha por fuerza
ha de seguirse el fracaso
de quedar el que produce,
20 si no muerto, lastimado.

El ingenio es como el fuego:
que, con la materia ingrato,
tanto la consume más
cuanto él se ostenta más claro.

Es de su propio Señor   25
tan rebelado vasallo,
que convierte en sus ofensas[36]
las armas de su resguardo.

Este pésimo ejercicio,
este duro afán pesado,   30
a los hijos de los hombres
dio Dios para ejercitarlos.

¿Qué loca ambición nos lleva
de nosotros olvidados?
Si es para vivir tan poco,   35
¿de qué sirve saber tanto?

¡Oh, si como hay de saber,
hubiera algún seminario[37]
o escuela donde a ignorar
se enseñaran los trabajos!   40

¡Qué felizmente viviera
el que, flojamente cauto,
burlara las amenazas
del influjo de los astros!

Aprendamos a ignorar,   45
pensamiento, pues hallamos
que cuanto añado al discurso,
tanto le usurpo a los años.

EL DIVINO NARCISO

LOA

Personas que hablan en ella

El OCCIDENTE	La RELIGIÓN
La AMÉRICA	MÚSICOS
El CELO	SOLDADOS

[35] Critica la ignorancia de la masa que malogra los avances del genio.
[36] Convierte en ofensas lo que Dios le dio para su defensa.
[37] Orden: ¡Oh, si hubiera algún seminario o escuela donde a ignorar se enseñaran los trabajos, como hay (seminario) de saber!

ESCENA I

(Sale el OCCIDENTE, *indio galán, con corona, y la* AMÉRICA, *a su lado, de india bizarra: con mantas y cupiles, al modo que se canta el Tocotín.*[38] *Siéntanse en dos sillas; y por una parte y otra bailan indios e indias, con plumas y sonajas en las manos, como se hace de ordinario esta danza; y mientras bailan, canta la* MÚSICA.)

MÚSICA. Nobles mexicanos,
cuya estirpe antigua,
de las claras luces
del Sol se origina:
5 pues hoy es del año
el dichoso día
en que se consagra
la mayor reliquia,
¡venid adornados
10 de vuestras divisas,
y a la devoción
se una la alegría;
y en pompa festiva,
celebrad al gran Dios de las
Semillas![39]
15 MÚSICA. Y pues la abundancia
de nuestras provincias
se le debe al que es
quien las fertiliza,
ofreced devotos,
20 pues le son debidas,

de los nuevos frutos
todas las primicias.
¡Dad de vuestras venas
la sangre más fina,
para que, mezclada, 25
a su culto sirva;
y en pompa festiva,
celebrad al gran Dios de las
Semillas!

(Siéntanse el OCCIDENTE *y la* AMÉRICA, *y cesa la* MÚSICA.)

OCCIDENTE. Pues entre todos los
dioses
que mi culto solemniza, 30
aunque son tantos, que sólo
en aquesta esclarecida
Ciudad Regia, de dos mil
pasan, a quien sacrifica
en sacrificios crüentos 35
de humana sangre vertida,
ya las entrañas que pulsan,
ya el corazón que palpita;
aunque son (vuelvo a decir)
tantos, entre todos mira 40
mi atención, como a mayor,
al gran Dios de las Semillas.
AMÉRICA. Y con razón, pues es
sólo
el que nuestra monarquía
sustenta, pues la abundancia 45
de los frutos se le aplica;
y como éste es el mayor
beneficio, en quien se cifran

---

[38] Danza azteca.

[39] Se refiere probablemente al dios del maíz, del agua y la fecundidad. También podría tratarse del dios de la guerra, Huitzilopoxtli, que era el más importante de México. Se dice que, en su honor, se levantaba anualmente una estatua hecha de semillas y granos molidos y mezclados con sangre de niños.

todos los otros, pues lo es
el de conservar la vida,
como el mayor lo estimamos;
pues, ¿qué importara que rica
5 el América abundara
en el oro de sus minas,
si esterilizando el campo
sus fumosidades mismas,
no dejaran a los frutos
10 que en sementeras opimas
brotasen? Demás de que
su protección no limita
sólo a corporal sustento
de la material comida,
15 sino que después, haciendo
manjar de sus carnes mismas
(estando purificadas
antes de sus inmundicias
corporales), de las manchas
20 el Alma nos purifica.
Y así, atentos a su culto,
todos conmigo repitan:
ELLOS, Y MÚSICA. ¡En pompa
festiva,
celebrad al gran Dios de las
Semillas!

ESCENA II

(*Éntranse bailando; y salen la*
RELIGIÓN CRISTIANA, *de dama
española, y el* CELO, *de capitán
general, armado; y detrás, soldados españoles.*)

25 RELIGIÓN. ¿Cómo, siendo el Celo
tú,
sufren tus cristianas iras
ver que, vanamente ciega,
celebre la Idolatría
con supersticiosos cultos

un ídolo, en ignominia 30
de la Religión Cristiana?
CELO. Religión: no tan aprisa
de mi omisión te querelles,
te quejes de mis caricias;
pues ya levantado el brazo, 35
ya blandida la cuchilla
traigo, para tus venganzas.
Tú a ese lado te retira
mientras vengo tus agravios.

(*Salen, bailando, el* OCCIDENTE
y AMÉRICA, *y* Acompañamiento *y*
MÚSICA, *por otro lado.*)

MÚSICA. ¡Y en pompa festiva, 40
celebrad al gran Dios de las
Semillas!
CELO. Pues ya ellos salen, yo
llego.
RELIGIÓN. Yo iré también, que
me inclina
la piedad a llegar (antes
que tu furor los embista) 45
a convidarlos, de paz,
a que mi culto reciban.
CELO. Pues lleguemos, que en sus
torpes
ritos está entretenida.
MÚSICA. ¡Y en pompa festiva, 50
celebrad al gran Dios de las
Semillas!

(*Llegan el* CELO *y la* RELIGIÓN.)

RELIGIÓN. Occidente poderoso,
América bella y rica,
que vivís tan miserables
entre las riquezas mismas: 55
dejad el culto profano
a que el demonio os incita.

¡Abrid los ojos! Seguid
la verdadera doctrina
que mi amor os persüade.

OCCIDENTE. ¿Qué gentes no conocidas
5 son éstas que miro, ¡Cielos!,
que así de mis alegrías
quieren impedir el curso?

AMÉRICA. ¿Qué naciones nunca
vistas
quieren oponerse al fuero
10 de mi potestad antigua?

OCCIDENTE. ¡Oh tú, extranjera
belleza;
oh tú, mujer peregrina!
Dime quién eres, que vienes
a perturbar mis delicias.

15 RELIGIÓN. Soy la Religión Cristiana,
que intento que tus provincias
se reduzcan a mi culto.

OCCIDENTE. ¡Buen empeño soli-
citas!

AMÉRICA. ¡Buena locura pretendes!

20 OCCIDENTE. ¡Buen imposible ma-
quinas!⁴⁰

AMÉRICA. Sin duda es loca; ¡de-
jadla,
y nuestros cultos prosigan!

MÚSICA y ELLOS. ¡Y en pompa
festiva,
celebrad al gran Dios de las
Semillas!

25 CELO. ¿Cómo, bárbaro Occidente;
cómo, ciega Idolatría,
a la Religión desprecias,

mi dulce esposa querida?
Pues mira que a tus maldades
ya has llenado la medida,   30
y que no permite Dios
que en tus delitos prosigas,
y me envía a castigarte.

OCCIDENTE. ¿Quién eres, que ate-
morizas
con sólo ver tu semblante?   35

CELO. El Celo soy. ¿Qué te
admira?
Que, cuando a la Religión
desprecian tus demasías,
entrará el Celo a vengarla
castigando tu osadía.   40
Ministro de Dios soy, que
viendo que tus tiranías
han llegado ya a lo sumo,
cansado de ver que vivas
tantos años entre errores,   45
a castigarte me envía.
Y así, estas armadas huestes
que rayos de acero vibran,
ministros son de Su enojo
e instrumentos de Sus iras.   50

OCCIDENTE. ¿Qué dios, qué error,
qué torpeza,
o qué castigos me intimas?
Que no entiendo tus razones
ni aun por remotas noticias,
ni quién eres tú, que osado   55
a tanto empeño te animas
como impedir que mi gente
en debidos cultos diga:

MÚSICA. ¡Y en pompa festiva,
celebrad al gran Dios de las   60
Semillas!

---

⁴⁰ Tradúzcase: "You are planning for the completely impossible!"

AMÉRICA. Bárbaro, loco, que
ciego,
con razones no entendidas,
quieres turbar el sosiego
que en serena paz tranquila
5 gozamos: ¡cesa en tu intento,
si no quieres que, en cenizas
reducido, ni aun los vientos
tengan de tu ser noticias!
Y tú, esposo, y tus vasallos,

(*Al* OCCIDENTE.)

10 negad el oído y vista
a sus razones, no haciendo
caso de sus fantasías;
y proseguid vuestros cultos,
sin dejar que advenedizas
15 naciones osadas quieren
intentar interrumpirlas.
MÚSICA. ¡Y en pompa festiva,
celebrad al gran Dios de las
Semillas!
CELO. Pues la primera propuesta
20 de paz desprecias altiva,
la segunda, de la guerra,
será preciso que admitas.
¡Toca al arma! ¡Guerra,
guerra!

(*Suenan cajas y clarines.*)

OCCIDENTE. ¿Qué abortos el Cielo
envía
25 contra mí? ¿Qué armas son
éstas,
nunca de mis ojos vistas?
¡Ah, de mis guardas! ¡Soldados:
las flechas que prevenidas
están siempre, disparad!
30 AMÉRICA. ¿Qué rayos el Cielo
vibra

contra mí? ¿Qué fieros globos
de plomo ardiente graniza?
¿Qué centauros monstrüosos
contra mis gentes militan?

(*Dentro:*)

¡Arma, arma! ¡Guerra, guerra! 35

(*Tocan.*)

¡Viva España! ¡Su Rey viva!

(*Trabada la batalla, van en-
trándose por una puerta y salen
por otra huyendo los indios y los
españoles en su alcance; y detrás,
el* OCCIDENTE *retirándose de la*
RELIGIÓN, *y* AMÉRICA *del* CELO.)

ESCENA III

RELIGIÓN. ¡Ríndete, altivo Occidente!
OCCIDENTE. Ya es preciso que me
rinda
tu valor, no tu razón.
CELO. ¡Muere, América atrevida! 40
RELIGIÓN. ¡Espera, no le des
muerte,
que la necesito viva!
CELO. Pues, ¿cómo tú la defiendes,
cuando eres tú la ofendida?
RELIGIÓN. Sí, porque haberla ven- 45
cido
le tocó a tu valentía,
pero a mi piedad le toca
el conservarle la vida:
porque vencerla por fuerza
te tocó; mas el rendirla   50
con razón, me toca a mí,
con suavidad persuasiva.
CELO. Si has visto ya la protervia
con que tu culto abominan

ciegos, ¿no es mejor que todos
mueran?

RELIGIÓN. Cese tu justicia,
Celo; no les des la muerte:
5 que no quiere mi benigna
condición que mueran, sino
que se conviertan y vivan.

AMÉRICA. Si el pedir que yo no
muera,
y el mostrarte compasiva,
10 es porque esperas de mí
que me vencerás, altiva,
como antes con corporales,
después con intelectivas
armas, estás engañada;
15 pues, aunque lloro cautiva
mi libertad, ¡mi albedrío
con libertad más crecida
adorará mis deidades!

OCCIDENTE. Yo ya dije que me
obliga
20 a rendirme a ti la fuerza;
y en esto, claro se explica
que no hay fuerza ni violencia
que a la voluntad impida
sus libres operaciones;
25 y así, aunque cautivo gima,
¡no me podrás impedir
que acá, en mi corazón, diga
que venero al gran Dios de las
Semillas!

ESCENA IV

RELIGIÓN. Espera, que aquésta no
30 es fuerza, sino caricia.
¿Qué dios es ése que adoras?

OCCIDENTE. Es un dios que fertiliza

los campos que dan los frutos;
a quien los cielos se inclinan,
a quien la lluvia obedece 35
y, en fin, es el que nos limpia
los pecados, y después
se hace manjar, que nos
brinda.
¡Mira tú si puede haber,
en la deidad más benigna, 40
más beneficios que haga
ni más que yo te repita!

RELIGIÓN (Aparte). ¡Válgame
Dios! ¿Qué dibujos,
qué remedos o qué cifras
de nuestras sacras verdades 45
quieren ser estas mentiras?
¡Oh cautelosa serpiente!
¡Oh áspid venenoso! ¡Oh
hidra,
que viertes por siete bocas,
de tu ponzoña nociva 50
toda la mortal cicuta!
¿Hasta dónde tu malicia
quiere remedar de Dios
las sagradas maravillas?
Pero con tu mismo engaño, 55
si Dios mi lengua habilita,
te tengo de[41] convencer.

AMÉRICA. ¿En qué, suspensa,
imaginas?
¿Ves cómo no hay otro dios 60
como aquéste, que confirma
en beneficios sus obras?

RELIGIÓN. De Pablo con la doctrina
tengo de argüir; pues cuando
a los de Atenas predica,
viendo que entre ellos es ley 65

41 He de.

que muera el que solicita
introducir nuevos dioses,
como él tiene la noticia
de que a un *Dios no conocido*
5 ellos un altar dedican,
les dice: "No es deidad nueva,
sino la no conocida
que adoráis en este altar
la que mi voz os publica."[42]
10 Así yo . . . ¡Occidente, escucha,
oye, ciega Idolatría,
pues en escuchar mis voces
consisten todas tus dichas!
    Esos milagros que cuentas,
15 esos prodigios que intimas,
esos visos, esos rasgos,
que debajo de cortinas
supersticiosas asoman;
esos portentos que vicias,
20 atribuyendo su efecto
a tus deidades mentidas,
obras del Dios verdadero,
y de Su sabiduría
son efectos. Pues si el prado
25 florido se fertiliza,
si los campos se fecundan,
si el fruto se multiplica,
si las sementeras crecen,
si las lluvias se destilan,
30 todo es obra de Su diestra;
pues ni el brazo que cultiva,
ni la lluvia que fecunda,
ni el calor que vivifica,
diera incremento a las plantas,

a faltar Su productiva   35
providencia, que concurre
a darles vegetativa
alma.
AMÉRICA. Cuando eso así sea,
dime: ¿será tan propicia   40
esa Deidad, que se deje
tocar de mis manos mismas,
como el ídolo que aquí
mis propias manos fabrican
de semillas y de sangre   45
inocente, que vertida
es sólo para este efecto?
RELIGIÓN. Aunque Su esencia
  divina
es invisible e inmensa,
como aquésta está ya unida   50
a nuestra naturaleza,
tan humana se avecina
a nosotros, que permite
que lo toquen las indignas
manos de los sacerdotes.   55
AMÉRICA. Cuanto a aqueso,[43]
  convenidas
estamos, porque a mi dios
no hay nadie a quien se permita
tocarlo, sino a los que
de sacerdotes le sirvan;   60
y no sólo no tocarlo,
más ni entrar en su capilla
se permite a los seglares.
CELO. ¡Oh reverencia, más digna
de hacerse al Dios verdadero!   65

---

[42] Véase *Hechos de los Apóstoles*, XVII, 22-23: "Puesto en pie Pablo, en medio del Areópago, dijo: 'Atenienses, veo que sois sobremanera religiosos, porque al pasar . . . he visto un altar en el cual está escrito: *Al Dios Ignoto.* Pues bien: Ése, a quien veneráis sin conocerlo, es El que yo os anuncio.'"
[43] En cuanto a eso.

OCCIDENTE. Y dime, aunque más
  me digas:
¿será ese Dios, de materias
tan raras, tan exquisitas
como de sangre, que fue
5 en sacrificio ofrecida,
y semilla, que es sustento?
RELIGIÓN. Ya he dicho que es Su
  infinita
Majestad, inmaterial;
mas Su humanidad bendita,
10 puesta incrüenta en el santo
sacrificio de la misa,
en cándidos accidentes,
se vale de las semillas
del trigo, el cual se convierte
15 en Su carne y sangre misma;
y Su sangre, que en el cáliz
está, es sangre que ofrecida
en el ara de la Cruz,
inocente, pura y limpia,
20 fue la redención del mundo.
AMÉRICA. Ya que esas tan in-
  auditas
cosas quiera yo creer,
¿será esa Deidad que pintas,
tan amorosa, que quiera
25 ofrecérseme en comida,
como aquésta que yo adoro?
RELIGIÓN. Sí, pues Su Sabiduría,
para ese fin solamente,
entre los hombres habita.
30 AMÉRICA. ¿Y no veré yo a ese
  Dios,
para quedar convencida,
OCCIDENTE. y para que de una vez
de mi tema[44] me desista?

RELIGIÓN. Sí verás, como te
  laves
en la fuente cristalina   35
del bautismo.
OCCIDENTE. Ya yo sé
que antes que llegue a la rica
mesa, tengo de lavarme,
que así es mi costumbre an- 40
tigua.
CELO. No es aquése el lavatorio
que tus manchas necesitan.
OCCIDENTE. ¿Pues cuál?
RELIGIÓN. El de un sacramento
que con virtud de aguas vivas 45
te limpie de tus pecados.
AMÉRICA. Como me das las noticias
tan por mayor, no te acabo
de entender; y así, querría
recibirlas por extenso,   50
pues ya inspiración divina
me mueve a querer saberlas.
OCCIDENTE. Y yo; y más, saber la
  vida
y muerte de ese gran Dios
que estar en el Pan afirmas.   55
RELIGIÓN. Pues vamos. Que en
  una idea
metafórica, vestida
de retóricos colores,
representable a tu vista,
te la mostraré; que ya   60
conozco que tú te inclinas
a objetos visibles, más
que a lo que la Fe te avisa
por el oído; y así,
es preciso que te sirvas   65

44 Idea fija.

de los ojos, para que
por ellos la Fe recibas.
OCCIDENTE. Así es; que más
   quiero verlo,
que no que tú me lo digas.[45]

ESCENA V

5 RELIGIÓN. Vamos, pues.
  CELO. Religión, dime:
   ¿en qué forma determinas
   representar los misterios?
  RELIGIÓN. De un auto en la
   alegoría,
10 quiero mostrarlos visibles,
   para que quede instruida
   ella,[46] y todo el Occidente,
   de lo que ya solicita
   saber.
15 CELO. ¿Y cómo intitulas
   el auto que alegorizas?
  RELIGIÓN. *Divino Narciso,* porque
   si aquesta infeliz tenía
   un ídolo, que adoraba,
20 de tan extrañas divisas,
   en quien pretendió el demonio,
   de la Sacra Eucaristía
   fingir el alto misterio,
   sepa que también había
25 entre otros gentiles, señas
   de tan alta maravilla.
  CELO. ¿Y dónde se representa?
  RELIGIÓN. En la coronada Villa
   de Madrid, que es de la Fe
30 el centro, y la Regia Silla

de sus Católicos Reyes,
a quien debieron las Indias
las luces del evangelio
que en el Occidente brillan.
CELO. ¿Pues no ves la impro- 35
  piedad
de que en México se escriba
y en Madrid se represente?
RELIGIÓN. ¿Pues es cosa nunca
  vista
que se haga una cosa en una
parte, porque en otra sirva? 40
Demás[47] de que el escribirlo
no fue idea antojadiza,
sino debida obediencia
que aun a lo imposible aspira.
Con que su obra, aunque sea 45
rústica y poco pulida,
de la obediencia es efecto,
no parto de la osadía.
CELO. Pues dime, Religión, ya
que a eso le diste salida, 50
¿cómo salvas la objeción
de que introduces las Indias,
y a Madrid quieres llevarlas?
RELIGIÓN. Como aquesto sólo
  mira
a celebrar el misterio, 55
y aquestas introducidas
personas no son más que
unos abstractos, que pintan
lo que se intenta decir,
no habrá cosa que desdiga, 60
aunque las lleve a Madrid:

---

[45] Tradúzcase: "All right, for I would like to see it more than to have you tell me about it."

[46] *Ella* y, un poco después, *aquesta infeliz,* se refieren a América.

[47] Además.

que a especies intelectivas
ni habrá distancias que
   estorben
ni mares que les impidan.
5 CELO. Siendo así, a los reales pies,
en quien dos mundos se cifran,
pidamos perdón postrados;
RELIGIÓN. y a su Reina esclarecida,
AMÉRICA. cuyas soberanas plantas
besan humildes las Indias;
10 CELO. a sus supremos consejos;
RELIGIÓN. a las damas, que
   iluminan
su hemisferio;
AMÉRICA. a sus ingenios,
a quien humilde suplica
15 el mío, que le perdonen
el querer con toscas líneas
describir tanto misterio.[48]

48 Tan gran misterio.

OCCIDENTE. ¡Vamos, que ya mi
   agonía
quiere ver cómo es el Dios
que me han de dar en comida, 20

(*Cantan la* AMÉRICA *y el* OCCI-
DENTE *y el* CELO:)

diciendo que ya
conocen las Indias
al que es verdadero
Dios de las Semillas!
   Y en lágrimas tiernas 25
que el gozo destila,
repitan alegres
con voces festivas:
TODOS. ¡Dichoso el día
que conocí al gran Dios de las 30
   Semillas!

(*Éntranse bailando y cantando.*)

Carlos de Sigüenza y Góngora

(1645–1700)

Carlos de Sigüenza y Góngora nació en México, en el seno de una distinguida y acomodada familia, emparentada con el poeta Luis de Góngora. Recibió su educación en la Compañía de Jesús, donde profesó en 1662. Pero, seis años más tarde, fue expulsado de ella por su carácter inquieto y su afición a rondar las calles durante la noche. En 1672 obtuvo la Cátedra de Matemáticas y Astrología de la Universidad de México. Trabó sincera amistad con Sor Juana Inés de la Cruz, a quien le unía el mismo deseo de conocimiento racional y científico, y al morir la poetisa, pronunció la oración fúnebre.

En 1680, cuando la aparición del "gran cometa" llenó de pavor al mundo, el sabio mexicano escribió un *Manifiesto filosófico contra los cometas,* en que combatía la superstición, tratando de probar que estos cuerpos celestes eran simples fenómenos físicos, no señales divinas. En otra ocasión, en 1691, mientras todo el pueblo corría a la Catedral buscando amparo contra un eclipse, Sigüenza lo contemplaba tranquilamente a través de su telescopio. Su figura se destaca, pues, en medio de la ignorancia y la superstición que dominaba el ambiente general de los pueblos hispanos.

Fue secretario y relator de los importantes certámenes organizados en honor de la Virgen María por la Universidad de México en 1682 y 1683, a los que concurrieron numerosos poetas. Sigüenza, que combinaba la ciencia con la poesía, ganó varios premios. Las obras presentadas fueron editadas por él con el título de *Triunfo parténico* (México, 1683). La calidad literaria de las mismas es nula, pero el libro tiene importancia documental, pues revela la vigencia de Luis de Góngora en México. Por lo demás, Sigüenza ya se había dado a conocer en el campo lírico un poco antes con *Glorias de Querétaro* (México, 1680).

A instancias del Virrey, en 1693, acompañó la expedición enviada para estudiar la Bahía de Pensacola en la Florida. El viaje y los subsiguientes disgustos causados por las disputas sobre la precisión de sus informes quebrantaron su salud. Antes de morir, fue readmitido en la Compañía de Jesús. Pidió que se practicara la autopsia en su cadáver, petición realmente asombrosa para su tiempo. Efectuada ésta, se encontró un cálculo en el riñón, explicándose así los fuertes dolores experimentados por él en sus últimos años.

Sigüenza se comportó siempre como un verdadero humanista, interesado en todas las actividades del saber humano. Estudió la arqueología precolombina de México, recogiendo mapas, códices y otros materiales. Le atrajo la historia de su país desde la conquista española y compiló la de instituciones tales como la Catedral y la Universidad. Pero estos manuscritos se han perdido. Escribió los hechos del México de su tiempo, pudiéndosele considerar como un cronista del Virrey, el Conde de Galve. Cultivó las bellas letras y, por último, se especializó en matemáticas y astronomía, no siéndole tampoco indiferente la filosofía.

Lo que se podría llamar su pensamiento científico está expuesto en su obra titulada *Libra astronómica y filosófica* (México, 1690). Estaba al día en los conocimientos y se esforzaba por ilustrar a los demás. Seguía a Descartes en filosofía y a Copérnico en astronomía. No obstante, quizá por no chocar de plano con las creencias de sus compatriotas, bastante más atrasados que él, o quizá por una sincera tendencia a la síntesis, trató a veces de coordinar los opuestos como la Biblia y los dioses de México, la tradición cristiana y la mitología griega.

Como poeta, carece de talento. Aunque en el prólogo de su obra en prosa *Paraíso occidental* (1684) se declara anticulterano y se burla de tal estilo, Sigüenza lo sigue, quizá también por concesión a la moda. No obstante, nunca se atreve a las audacias sintácticas de su maestro español. Es curioso notar en sus versos el empleo abundante de vocablos tomados de las ciencias que cultivaba, especialmente de la geometría y la astronomía.

Su obra más importante, desde el punto de vista de la historia literaria, es el relato *Infortunios de Alonso Ramírez* (1690). Se narran aquí, en primera persona, las peripecias del hijo de un carpintero que, queriendo evitar la profesión paterna, huye de casa a los trece años. Sufre diversas desventuras en México, América Central y Filipinas. Cae prisionero de los piratas ingleses que lo maltratan. Al fin, abandonado en un botecito frente a las costas del

Brasil, se las ingenia para arribar a Yucatán y, de allí, por tierra, a México.

Se han considerado los *Infortunios* como una de las pocas muestras de la novela hispanoamericana. Aunque se los emparenta con la picaresca, podrían ser relacionados también con las novelas de viajes y aventuras, al modo de las bizantinas. Pero muchos les niegan carácter novelesco y los clasifican entre las crónicas por estar a mitad de camino entre la historia y la ficción.

LOS INFORTUNIOS DE ALONSO RAMÍREZ

(1690)

CAPÍTULO I

Motivos que tuvo para salir de su patria. Ocupaciones y viajes que hizo por la Nueva España; su asistencia en México hasta pasar a las Filipinas.

Quiero que se entretenga el curioso que esto leyere por algunas horas, con las noticias de lo que a mí me causó tribulaciones de muerte por muchos años. Y aunque de sucesos que sólo subsistieron en la idea de quien los finge, se suelen deducir máximas y aforismos
5   que, entre lo deleitable de la narración que entretiene, cultiven la razón de quien en ello se ocupa, no será esto lo que yo aquí intente, sino solicitar lástimas que, aunque posteriores a mis trabajos, harán por lo menos tolerable su memoria, trayéndolas a compañía de las que me tenía a mí mismo cuando me aquejaban. No por esto estoy
10   tan de parte de mi dolor, que quiera incurrir en la fea nota de pusilánime, y así omitiendo menudencias que a otros menos atribulados que yo lo estuve pudieran dar asunto de muchas quejas, diré lo primero que me ocurriere por ser en la serie de mis sucesos lo más notable.
15   Es mi nombre Alonso Ramírez y mi patria la ciudad de San José de Puerto Rico, cabeza de la isla, que en los tiempos de ahora con este nombre, y con el de *Borriquén* en la antigüedad, entre el Seno Mexicano y el mar Atlántico divide términos. Hácenla célebre los refrescos que hallan en su deleitosa aguada cuantos desde la antigua[1]
20   navegan sedientos a la Nueva España, la hermosura de su bahía, lo

---

[1] España.

incontrastable del Morro que la defiende, las cortinas y baluartes coronados de artillería que la aseguran. . . .

Era mi padre carpintero de ribera,[2] e impúsome (en cuanto permitía la edad) al propio ejercicio, pero, reconociendo no ser continua la fábrica y temiéndome no vivir siempre, por esta causa, con las 5 incomodidades que, aunque muchacho, me hacían fuerza, determiné hurtarle el cuerpo a mi misma patria para buscar en las ajenas más conveniencia.

Valíme de la ocasión que me ofreció para esto una urqueta del Capitán Juan del Corcho, que salía de aquel puerto para el de 10 La Habana, en que, corriendo el año de 1675, y siendo menos de trece los de mi edad, me recibieron por paje. No me pareció trabajosa la ocupación, considerándome en libertad y sin la pensión de cortar madera; pero confieso que, tal vez presagiando lo porvenir, dudaba si podría prometerme algo que fuese bueno, habiéndome valido de 15 un corcho[3] para principiar mi fortuna. Mas, ¿quién podrá negarme que dudé bien, advirtiendo consiguientes mis sucesos a aquel principio? Del puerto de La Habana (célebre entre cuantos gozan las Islas de Barlovento,[4] así por las conveniencias que le debió a la naturaleza que así lo hizo, como por las fortalezas con que el arte 20 y el desvelo lo han asegurado), pasamos al de San Juan de Ulúa en la tierra firme de Nueva España, de donde, apartándome de mi patrón, subí a la ciudad de la Puebla de los Ángeles, habiendo pasado no pocas incomodidades en el camino, así por la aspereza de las veredas que desde Jalapa corren hasta Perote, como también por los 25 fríos que, por no experimentados hasta allí, me parecieron intensos. Dicen los que la habitan ser aquella ciudad inmediata a México en la amplitud que coge, en el desembarazo de sus calles, en la magnificencia de sus templos y en cuantas otras cosas hay que la asemejen a aquélla; y ofreciéndoseme (por no haber visto hasta entonces otra 30 mayor) que en ciudad tan grande me sería muy fácil el conseguir conveniencia grande, determiné, sin más discurso que éste, el quedarme en ella, aplicándome a servir a un carpintero para granjear el sustento, en el ínterin que se me ofrecía otro modo para ser rico.

En la demora de seis meses que allí perdí, experimenté mayor 35 hambre que en Puerto Rico y, abominando la resolución indiscreta de abandonar mi patria por tierra a donde no siempre se da acogida

2 Esto es, ocasionalmente, cuando se le ofrecía empleo.
3 Juego de palabras con el nombre del capitán y *corcho* ("cork").
4 Grupo de las Antillas.

a la liberalidad generosa, haciendo mayor el número de unos arrieros, sin considerable trabajo me puse en México.

Lástima es grande el que[5] no corran por el mundo, grabadas a punta de diamante en láminas de oro, las grandezas magníficas de tan soberbia ciudad. Borróse de mi memoria lo que de la Puebla aprendí como grande, desde que pisé la calzada, en que por la parte de mediodía (a pesar de la gran laguna sobre que está fundada) se franquea a los forasteros. Y siendo uno de los primeros elogios de esta metrópoli la magnanimidad de los que la habitan, a que ayuda la abundancia de cuanto se necesita para pasar la vida con descanso que en ella se halla, atribuyo a fatalidad de mi estrella haber sido necesario ejercitar mi oficio para sustentarme. Ocupóme Cristóbal de Medina, maestro de alarife y de arquitectura, con competente salario en obras que le ocurrían, y se gastaría en ello cosa de un año.

El motivo que tuve para salir de México a la ciudad de Oaxaca, fue la noticia de que asistía en ella, con el título y ejercicio honroso de Regidor, don Luis Ramírez, en quien, por parentesco que con mi madre tiene, afiancé, ya que no ascensos desproporcionados a los fundamentos tales cuales en que estribaran, por lo menos alguna mano para subir un poco; pero conseguí, después de un viaje de ochenta leguas, el que, negándome con muy malas palabras el parentesco, tuviese necesidad de valerme de los extraños por no poder sufrir despegos, sensibilísimos por no esperados, y así me apliqué a servir a un mercader trajinante que se llamaba Juan López. Ocupábase éste en permutar con los indios Mixes, Chontales y Cuicatecas,[6] por géneros de Castilla que les faltaban, los que son propios de aquella tierra, y se reducen a algodón, mantas, vainillas, cacao y grana. Lo que se experimenta en la fragosidad de la Sierra, que para conseguir esto se atraviesa y huella continuamente, no es otra cosa sino repetidos sustos de derrumbarse por lo acantilado de las veredas, profundidad horrorosa de las barrancas, aguas continuas, atolladeros penosos, a que se añaden, en los pequeños calidísimos valles que allí se hacen, muchos mosquitos, y en cualquier parte, sabandijas abominables a todo viviente por su mortal veneno.

Con todo esto atropella la gana de enriquecer y todo esto experimenté acompañando a mi amo, persuadido a que sería a medida del

5 El que: "the fact that."
6 Indios de México y la América Central.

trabajo la recompensa. Hicimos viaje a Chiapa de Indios, y de allí a diferentes lugares de las provincias de Soconusco[7] y de Guatemala, pero, siendo pensión de los sucesos humanos interpolarse con el día alegre de la prosperidad la noche pesada y triste del sinsabor, estando de vuelta para Oaxaca, enfermóse mi amo en el pueblo de Talistaca, 5 con tanto extremo, que se le administraron los Sacramentos para morir.

Sentía yo su trabajo y en igual contrapeso sentía el mío, gastando el tiempo en idear ocupaciones en que pasar la vida con más descanso; pero con la mejoría de Juan López, se sosegó mi borrasca a 10 que se siguió tranquilidad, aunque momentánea, supuesto que, en el siguiente viaje, sin que le valiese remedio alguno, acometiéndole el mismo achaque en el pueblo de Cuicatlán, le faltó la vida.

Cobré de sus herederos lo que quisieron darme por mi asistencia, y, despechado de mí mismo y de mi fortuna, me volví a México y, 15 queriendo entrar en aquesta ciudad con algunos reales, intenté trabajar en la Puebla para conseguirlos, pero no hallé acogida en maestro alguno, y, temiéndome de lo que experimenté de hambre cuando allí estuve, aceleré mi viaje. . . .

Hallé en mi esposa[8] mucha virtud y merecíle en mi asistencia 20 cariñoso amor, pero fue esta dicha como soñada, teniendo sólo once meses de duración, supuesto que en el primer parto le faltó la vida. Quedé casi sin ella[9] a tan no esperado y sensible golpe y, para errarlo todo, me volví a la Puebla. . . .

CAPÍTULO VI

Sed, hambre, enfermedades, muertes con que fueron atribulados en esta costa. Hallan inopinadamente gente católica y saben estar en tierra firme de Yucatán en la Septentrional América.[10]

Tendría de ámbito la peña, que terminaba esta punta, como 25 doscientos pasos y por todas partes la cercaba el mar, y aun, tal vez

---

[7] Departamento del Estado de Chiapas, México.

[8] En los párrafos omitidos Alonso contó que se casó con una huérfana, Francisca Xavier, sobrina del Deán de la Iglesia Metropolitana.

[9] Se refiere a *vida*.

[10] En los capítulos omitidos, Alonso ha contado cómo le apresaron los piratas ingleses, que lo sometieron a un trato indigno y lo abandonaron frente a la costa del Brasil con otros siete compañeros. Navegando a la aventura, llegaron por fin a las costas de Yucatán.

por la violencia con que la hería, se derramaba por toda ella con grande ímpetu.

No tenía árbol ni cosa alguna a cuyo abrigo pudiésemos repararnos contra el viento, que soplaba vehementísimo y destemplado; pero haciéndole a Dios Nuestro Señor repetidas súplicas y promesas y persuadidos a que estábamos en parte donde jamás saldríamos, se pasó la noche.

Perseveró el viento y, por el consiguiente, no se sosegó el mar hasta de allí a tres días; pero, no obstante, después de haber amanecido, reconociendo su cercanía, nos cambiamos a tierra firme, que distaría de nosotros como cien pasos y no pasaba de la cintura el agua donde más hondo.

Estando todos muertos de sed, y no habiendo agua dulce en cuanto se pudo reconocer en algún espacio, posponiendo mi riesgo al alivio y conveniencia de aquellos míseros, determiné ir a bordo y, encomendándome con todo afecto a María Santísima de Guadalupe,[11] me arrojé al mar y llegué al navío, de donde saqué un hacha para cortar y cuanto me pareció necesario para hacer fuego.

Hice segundo viaje y, a empellones, o por mejor decir, milagrosamente, puse un barrilete de agua en la misma playa, y no atreviéndome aquel día a tercer viaje, después que apagamos todos nuestra ardiente sed, hice que comenzasen los más fuertes a destrozar palmas, de las muchas que allí había, para comer los cogollos y, encendiendo candela, se pasó la noche.

Halláronse el día siguiente unos charcos de agua (aunque algo salobre) entre aquellas palmas y, mientras se congratulaban los compañeros por este hallazgo, acompañándome Juan de Casas,[12] pasé al navío, de donde, en el cayuco que allí traíamos (siempre con riesgo por el mucho mar y la vehemencia del viento), sacamos a tierra el velacho, las dos velas del trinquete y gavia y pedazos de otras.

Sacamos también escopetas, pólvora y municiones y cuanto nos pareció por entonces más necesario para cualquier accidente.

Dispuesta una barraca en que cómodamente cabíamos todos, no

---

[11] La Virgen de Guadalupe, muy importante en la historia religiosa de México, obró muchos milagros y se la honra en una iglesia que se levanta en un extremo de la Ciudad de México.

[12] Juan de Casas, natural de Puebla, México, era uno de los siete compañeros de Ramírez abandonados por los ingleses.

sabiendo a qué parte de la costa se había de caminar para buscar gente, elegí sin motivo especial la que corre al sur. Yendo conmigo Juan de Casas, y después de haber caminado aquel día como cuatro leguas, matamos dos puercos monteses y, escrupulizando el que se perdiese aquella carne en tanta necesidad, cargamos con ellos para 5
que los lograsen los compañeros.[13]

Repetimos lo andado a la mañana siguiente hasta llegar a un río de agua salada, cuya ancha y profunda boca nos tajó los pasos y, aunque por haber descubierto unos ranchos antiquísimos hechos de paja, estábamos persuadidos a que dentro de breve se hallaría 10 gente, con la imposibilidad de pasar adelante, después de cuatro días de trabajo nos volvimos tristes.

Hallé a los compañeros con mucho mayores aflicciones que las que yo traía, porque los charcos de donde se proveían de agua se iban secando, y todos estaban tan hinchados que parecían hidrópicos. 15

Al segundo día de mi llegada, se acabó el agua y aunque por el término de cinco se hicieron cuantas diligencias nos dictó la necesidad para conseguirla, excedía a la de la mar, en la amargura, la que se hallaba.

A la noche del quinto día, postrados todos en tierra, y más con 20 los afectos que con las voces, por sernos imposible el articularlas, le pedimos a la Santísima Virgen de Guadalupe el que, pues era fuente de aguas vivas para sus devotos, compadeciéndose de los que ya casi agonizábamos con la muerte, nos socorriese como a hijos, protestando no apartar jamás de nuestra memoria, para agrade- 25 cérselo, beneficio tanto. Bien sabéis, Madre y Señora mía amantísima, el que así pasó.

Antes que se acabase la súplica, viniendo por el sueste la turbonada, cayó un aguacero tan copioso sobre nosotros, que, refrigerando los cuerpos y dejándonos en el cayuco y en cuantas vasijas allí 30 teníamos provisión bastante, nos dio las vidas.

Era aquel sitio no sólo estéril y falto de agua, sino muy enfermo, y aunque así lo reconocían los compañeros, temiendo morir en el camino, no había modo de convencerlos para que lo dejásemos; pero quiso Dios que lo que no recabaron mis súplicas, lo consiguieron los 35 mosquitos (que también allí había) con su molestia y ellos eran,

---

[13] Tradúzcase: "hesitating to waste that meat, our need being so great, we took them [the wild boars] along, so that our companions might have them."

sin duda alguna, los que en parte les habían causado las hinchazones, que he dicho,[14] con sus picadas.

Treinta días se pasaron en aquel puesto comiendo chachalacas, palmitos y algún marisco, y antes de salir de él, por no omitir diligencia, pasé al navío que hasta entonces no se había escatimado y, cargando con bala toda la artillería, la disparé dos veces.

Fue mi intento el que, si acaso había gente la tierra adentro, podía ser que les moviese el estruendo a saber la causa y que, acudiendo allí, se acabasen nuestros trabajos con su venida.

Con esta esperanza me mantuve hasta el siguiente día, en cuya noche (no sé cómo), tomando fuego un cartucho de a diez que tenía en la mano, no sólo me la abrasó sino que me maltrató un muslo, parte del pecho, toda la cara y me voló el cabello.

Curado como mejor se pudo con ungüento blanco, que en la caja de medicina que me dejó el Condestable[15] se había hallado, ya a la subsecuente mañana dándoles a los compañeros el aliento, de que ellos necesitaba, salí de allí.

Quedóse (ojalá la pudiéramos haber traído con nosotros, aunque fuera a cuestas, por lo que adelante diré), quedóse, digo, la fragata, que, en pago de lo mucho que yo y los míos servimos a los ingleses, nos dieron graciosamente. . . .

Bien provisionados de pólvora y municiones y no otra cosa, y cada uno de nosotros con escopeta, comenzamos a caminar por la misma marina la vuelta del Norte, pero con mucho despacio por la debilidad y flaqueza de los compañeros, y en llegar a un arroyo de agua dulce, pero bermeja, que distaría del primer sitio menos de cuatro leguas, se pasaron los días.

La consideración de que, a este paso, sólo podíamos acercarnos a la muerte y con mucha priesa,[16] me obligó a que, valiéndome de las más suaves palabras que me dictó el cariño, les propusiese el que, pues ya no les podía faltar el agua, y como víamos[17] acudía allí mucho volatería que les aseguraba el sustento, tuviesen a bien el que, acompañado de Juan de Casas, me adelantase hasta hallar poblado, de donde protestaba volvería cargado de refresco para sacarlos de allí.

14 Tradúzcase: "which I mentioned above."
15 Uno de los pocos piratas ingleses que ampararon a Ramírez.
16 Prisa.
17 Veíamos.

Respondieron a esta proposición con tan lastimeras voces y copiosas lágrimas, que me las sacaron de lo más tierno del corazón en mayor raudal.

Abrazándose de mí, me pedían con mil amores y ternuras que no les desamparase, y que, pareciendo imposible en lo natural poder 5 vivir el más robusto ni aun cuatro días, siendo la demora tan corta, quisiese, como padre que era de todos, darles mi bendición en sus postreras boqueadas y que después prosiguiese, muy enhorabuena, a buscar el descanso que a ellos les negaba su infelicidad y desventura en tan extraños climas. 10

Convenciéronme sus lágrimas a que así lo hiciese; pero, pasados seis días sin que mejorasen, reconociendo el que yo me iba hinchando y que mi falta les aceleraría la muerte, temiendo, ante todas cosas la mía, conseguí el que, aunque fuese muy poco a poco, se prosiguiese el viaje. 15

Iba yo y Juan de Casas descubriendo lo que habían de caminar los que me seguían, y era el último, como más enfermo, Francisco de la Cruz, sangley, a quien, desde el trato de cuerda que le dieron los ingleses antes de llegar a Caponiz, le sobrevinieron mil males, siendo el que ahora le quitó la vida dos hinchazones en los pechos y 20 otra en el medio de las espaldas, que le llegaba al cerebro.[18]

Habiendo caminado como una legua, hicimos alto y, siendo la llegada de cada uno según sus fuerzas, a más de las nueve de la noche no estaban juntos, porque este Francisco de la Cruz aún no había llegado. 25

En espera suya se pasó la noche y, dándole orden a Juan de Casas que prosiguiera el camino antes que amaneciese, volví en su busca; hallélo a cosa de media legua, ya casi boqueando, pero en su sentido. Deshecho en lágrimas, y con mal articuladas razones, porque me las embargaba el sentimiento, le dije lo que, para que muriese con- 30 formándose con la voluntad de Dios y en gracia suya, me pareció a propósito y poco antes del medio día rindió el espíritu.

Pasadas como dos horas, hice un profundo hoyo en la misma arena y, pidiéndole a la Divina Majestad el descanso de su alma, lo sepulté y, levantando una cruz (hecha de dos toscos maderos) en aquel 35 lugar, me volví a los míos.

---

[18] En el Capítulo III, con una cuerda amarraron a Alonso y Cruz a un árbol. A éste le dieron "cruelísimos tratos de cuerda," que consistían en apretar y torcer la cuerda contra su cuerpo.

Hallélos alojados delante de donde habían salido como otra legua y a Antonio González,[19] el otro sangley, casi moribundo y, no habiendo regalo que poder hacerle ni medicina alguna con que esforzarlo, estándolo consolando, o de triste o de cansado me quedé
5 dormido y, dispertándome[20] el cuidado a muy breve rato, lo hallé difunto.

Dímosle sepultura entre todos el siguiente día y, tomando por asunto una y otra muerte, los exhorté a que caminásemos cuanto más pudiésemos, persuadidos a que así sólo se salvarían las vidas.
10 Anduviéronse aquel día como tres leguas y en los tres siguientes se granjearon quince y fue la causa que, con el ejercicio del caminar, al paso que se sudaba se revolvían las hinchazones y se nos aumentaban las fuerzas.

Hallóse aquí un río de agua salada muy poco ancho y en extremo
15 hondo y, aunque retardó por todo un día un manglar muy espeso el llegar a él, reconocido después de sondearlo faltarle vado, con palmas que se cortaron se le hizo puente y se fue adelante, sin que el hallarme en esta ocasión con calentura me fuese estorbo.

Al segundo día que allí salimos, yendo yo y Juan de Casas pre-
20 cediendo a todos, atravesó por el camino que llevábamos un disforme oso y, no obstante el haberlo herido con la escopeta, se vino para mí y, aunque me defendía yo con el mocho como mejor podía, siendo pocas mis fuerzas y las suyas muchas, a no acudir a ayudarme mi compañero, me hubiera muerto; dejámoslo allí tendido, y se pasó
25 de largo.

Después de cinco días de este suceso, llegamos a una punta de piedra, de donde me parecía imposible pasar con vida por lo mucho que me había postrado la calentura, y ya entonces estaban notablemente recobrados todos o, por mejor decir, con salud perfecta.
30 Hecha mansión, y mientras entraban en el monte adentro a buscar comida, me recogí a un rancho que, con una manta que llevábamos, al abrigo de una peña me habían hecho, y quedó en guardia mi esclavo, Pedro.[21]

Entre las muchas imaginaciones que me ofreció el desconsuelo en
35 esta ocasión, fue la más molesta el que sin duda estaba en las costas

[19] Sangley: "Chinese trader in the Philippines." Cruz y González lo eran.
[20] Despertándome.
[21] De los prisioneros que soltaron los piratas, todos eran asiáticos excepto Casas, Ramírez, y Pedro, el esclavo de este último.

de la Florida en la América y que, siendo cruelísimos en extremo sus habitadores, por último habíamos de rendir las vidas en sus sangrientas manos.

Interrumpióme estos discursos mi muchacho con grandes gritos, diciéndome que descubría gente por la costa y que venía desnuda.

Levantéme asustado y, tomando en la mano la escopeta, me salí fuera y encubierto de la peña a cuyo abrigo estaba, reconocí dos hombres desnudos con cargas pequeñas a las espaldas y haciendo ademanes con la cabeza como quien busca algo; no me pesó de que viniesen sin armas y, por estar ya a tiro mío, les salí al encuentro.

Turbados ellos mucho más sin comparación que lo que yo lo estaba, lo mismo fue verme que arrodillarse y, puestas las manos, comenzaron a dar voces en castellano y a pedir cuartel.

Arrojé yo la escopeta y llegándome a ellos los abracé, y respondiéronme a las preguntas que inmediatamente les hice; dijéronme que eran católicos y que, acompañando a su amo que venía atrás y se llamaba Juan González y era vecino del pueblo de Tejozuco, andaban por aquellas playas buscando ámbar; dijeron también el que era aquella costa la que llamaban de Bacalal en la Provincia de Yucatán.

Siguióse a estas noticias tan en extremo alegres, y más en ocasión en que la vehemencia de mi tristeza me ideaba muerto entre gentes bárbaras, el darle a Dios y a su Santísima Madre repetidas gracias y, disparando tres veces, que era contraseña para que acudiesen los compañeros, con su venida, que fue inmediata y acelerada, fue común entre todos el regocijo. . . .

CAPÍTULO VII

Viernes 7, llegué a Campeche; jueves 13, en una balandra del Capitán Peña, salí del puerto. Domingo 16, salté en tierra en la Vera-Cruz. Allí me aviaron los oficiales reales con veinte pesos y, saliendo de aquella ciudad a 24 del mismo mes, llegué a México a 4 de mayo.

El viernes siguiente besé la mano a Su Excelencia y, correspondiendo sus cariños afables a su presencia augusta, compadeciéndose primero de mis trabajos y congratulándose de mi libertad con parabienes y plácemes, escuchó atento cuanto en la vuelta entera que he dado al mundo queda escrito y allí sólo le insinué a Su Excelencia en compendio breve.

Mandóme (o por el afecto con que lo mira o, quizá, porque, estando enfermo, divertiese sus males con la noticia que yo le daría de los muchos míos) fuese a visitar a don Carlos de Sigüenza y Góngora, cosmógrafo y catedrático de matemáticas del Rey Nuestro
5 Señor en la Academia Mexicana, y Capellán Mayor del Hospital Real del Amor de Dios de la ciudad de México (títulos son éstos que suenan mucho y valen muy poco, y a cuyo ejercicio le empeña más la reputación que la conveniencia). Compadecido de mis trabajos, no sólo formó esta Relación en que se contienen, sino que me
10 consiguió con la intercesión y súplicas que en mi presencia hizo al Excelentísimo Señor, decreto para que don Sebastián de Guzmán y Córdoba, factor, veedor y proveedor de las Cajas Reales, me socorriese, como se hizo. . . .

Juan del Valle y Caviedes

(c. 1652–97)

El satírico más prominente del siglo XVII fue Juan del Valle y Caviedes. De su vida se sabía poco, y aun de este poco, algunas cosas resultaron falsas después del descubrimiento de algunos inéditos del poeta y otros documentos. Sus noticias biográficas derivaban del prólogo escrito por Ricardo Palma, el autor de las *Tradiciones peruanas,* en la primera edición de los poemas de Caviedes. Palma aplicó su técnica usual de mezclar lo imaginado con los hechos históricos para realzar el encanto e interés de sus narraciones.

Según él, Caviedes había nacido en Lima, hijo de un rico comerciante. Después de pasar tres años en España, regresó al Perú donde malgastó su fortuna y se dedicó a vender baratijas en una tienda a la orilla del río Rímac en la capital. Por eso se le dio el sobrenombre de "poeta de la ribera." Al morir su mujer, se entregó al alcohol y murió en 1692.

Hace algún tiempo se hallaron la partida de matrimonio y el testamento de Caviedes. Con la ayuda de estos y otros datos, se ha llegado a conclusiones menos sugestivas que las de Palma, pero más verdaderas. Nació hacia la mitad del siglo en el pueblo español de Porcuna, de padres al parecer pobres. Es incierta la fecha de su llegada al Perú, donde trabajó en las minas. Se casó en 1671 y tuvo cinco hijos. Al morir su mujer, llevó una vida desarreglada y falleció entre 1696 y 1700.

Sólo tres de sus poemas se publicaron en vida del autor. Los otros, escritos probablemente entre 1683 y 1691, circularon manuscritos, dado su carácter pornográfico o acusador, bajo el título general de *Diente del Parnaso.* Palma los editó por primera vez en 1873, en el tomo V de la colección *Documentos literarios del Perú,* dirigida por Manuel de Odriozola, añadiendo una serie de *Poesías diversas.* Más tarde, en 1899, hizo una segunda edición, basándose en mejor códice. No ha sido tarea fácil para los críticos modernos establecer la autenticidad de los textos, pues bajo el nombre del satírico se agruparon obras de contemporáneos suyos.

La visión que Caviedes ha plasmado de Lima en el *Diente del Parnaso* es amarga y pesimista: todo es corrupción, frustación, desengaño. Hombre enfermizo, al que los médicos no podían curar, se ensaña particularmente en ellos y se ríe de sus mejunjes y métodos. Pero, a la vez, al margen de los triunfos sociales, típico resentido, se burla de cuanto le rodea: pintores y poetas, curas y estudiantes, beatas y doncellas, dueñas y borrachos. Con frecuencia bordea lo grosero y repugnante, como en el romance "A la bella Arnarda" o el famoso "Defensa que hace . . ." Representa el descenso hacia lo vulgar e infrahumano, el lado miserable de la fastuosa sociedad colonial, la decadencia moral que afectaba igualmente a España.

Caviedes escribió también poemas amorosos, religiosos, y sobre la pobreza, la muerte, la naturaleza, el sentido de la vida. Cultivó asimismo el teatro en pasos o piezas breves como *El amor tahur* y *El amor alcalde.*

Aunque utiliza los recursos expresivos del conceptismo, Caviedes es esencialmente un poeta popular: su sátira, vertida en formas tan tradicionales como el romance y la letrilla, va dirigida al pueblo. Se le ha comparado con Quevedo, aunque nunca llega ni mucho menos a la transcendencia moral que éste consigue en ocasiones, ni a la profundidad de su genio.

DIENTE DEL PARNASO

AL QUE LEYERE ESTE TRATADO
DE ESTA OBRA: PRÓLOGO

Señor lector o lectora:
El cielo santo permita
que encuentren este librejo
enfermos, por suerte mía;
5 porque, pasando actualmente

las crüentas[1] medicinas
que, con bárbaros discursos,
los médicos les aplican,
sabrán celebrar mis versos
mucho más que quien los mira   10

---

[1] En la poesía se usa la diéresis con frecuencia para agregar otra sílaba al verso.

y no toca los rigores
de estas tumbas con golillas.²
Porque aquellos que no pasan
la cuña de una calilla,
5 el pegote de un emplasto,
el punzar de una sangría,
el acíbar de una purga,
las bascas de otras bebidas,
los araños de ventosas,
10 esponjas de chupar vidas,
no sabrán darle el lugar
que, en las veras y las triscas,
merece mi humilde libro
de aplauso o premio a que aspira.
15 Mas si sanos lo leyeren,
el autor de él les suplica
se acuerden, si han sido enfermos,
de aquesta gente dañina,
a quienes el hacer mal
20 pagan, que es otra jeringa.³
¡Que haya en el mundo quien pague
porque le quiten la vida,
y que el tal bestia no traiga
una enjalma por ropilla!
25 Si el morir es igual deuda
de la Muerte, es injusticia
el matar a unos de balde,
y a otros por plata infinita.
Matar de gracia es su oficio
30 con las flechas que nos tira,
y no con las graves costas
de médicos y boticas.
Si a ella le importa y no a mí,

no me mate a costa mía;
sea a la suya, si quiere   35
hágase desentendida.
Afile su segur corva
en los innúmeros días,
y no la afile en doctores
que los caudales afilan.   40
El tributo del morir
se cobra sin socaliñas,
viniéndose ella en persona
por la deuda contraída,
sin enviar un receptor   45
en un médico que envía
a costa del pobre enfermo,
asalariando visitas.
Si se resiste en morir
otro viene a darle prisa,   50
y otros; esto es, cuando hay Junta,
que yo la llamo gavilla;⁴
y, después que le han mermado
la hacienda, lo despabilan,
y de achaque de pagarlos   55
muere muerte de codicia.
Así, enfermos, ojo alerta,
y a ningún médico admitan,
mueran de gorra, sin dar
un real a la medicina.   60
Y si médico llamaren,
pues conocen su malicia,
hagan lo contrario en todo
de sus recetas malignas.
Verbigracia: si ordenare   65
sangría, coma morcillas,

---

² Golilla: "ruff [physician]." Quiere decir que los enfermos podrán saborear estos versos mejor que las personas de buena salud, las que no sufren los rigores u horrores de los médicos y sus medicinas.
³ Pagar la cuenta del doctor es tan doloroso como ponerse una inyección.
⁴ Gavilla: "gang of thugs."

porque esto es añadir sangre
a las venas por las tripas.
Si purga, coma membrillos
de calidad que se estriña;
5 y si ordena que no beba,
péguese una de agua fría.⁵
Si le recetare ayuda,
dé cien nudos a la cinta,
y guarde sus ancas de
10 don Melchor y doña Elvira.⁶
Porque si cuanto recetan
son astucias conocidas
de la muerte, el que al contrario
hiciere tendrá más vida.
15 En premio de estos consejos,
lector o lectora pía,
te ruego que la censura
ande conmigo benigna.
Perdona mis yerros, puesto
20 que ninguno quita vida,
y que perdonas las calas
y tientas que martirizan.
No dudo serás piadoso
y que mis versos permitas,
25 si permites que un doctor
te eche cuatro mil jeringas.
Bien puede sufrir a un necio

quien sufre una medicina
que te dará tanto gusto
como rayarte las tripas.   30
Y aunque mis obras lo sean,
es mi necedad distinta
a la de un doctor, pues lleva
plata por sus boberías.
Más médico es mi tratado   35
que ellos, pues si bien se mira,
divierte que es un remedio
que cura de hipocondría;
pues para los accidentes
que son de melancolía,   40
no hay nada que los alivie
como un récipe de risa.
Ríete de tí el primero,
pues con la fe más sencilla
piensas que el médico entiende 45
el mal que le comunicas.
Ríete de ellos después,
que su brutal avaricia
venden por ciencia, sin alma,
tan a costa de las vidas.   50
Ríete de todo, puesto
que aunque de todo te rías,
tienes razón.—Dios te guarde,
sin médicos ni boticas.

CUATRO CONTRAS QUE HA DE TENER
EL ENTENDIDO PARA SERLO

Contra médicos es todo entendido,
contra vulgo y sus falsas opiniones,
contra hipócritas y viles santulones,
y contra la astrología si ha mentido,

⁵ Tradúzcase: "drink as much cold water as you can."
⁶ El enfermo al que se recete una enema no debe ponérsela. Parece ser que estos don Melchor y doña Elvira tenían por oficio poner enemas. A doña Elvira se refiere el autor en otros poemas con términos groseros.

Porque el médico en nada es
  advertido,
el vulgo se compone de ficciones,
el santulón de engaños e ilusiones
y el pronóstico es hurto conocido.

5 Cuando el médico alguno de-
  sahuciare,

di tú que vive; cuando la beata
las cosas por venir te revelare,

entiende que, al presente, quiere
  plata,
que el astro luego miente en
  cuanto hablare,
y que la voz del vulgo es patarata. 10

COLOQUIO QUE TUVO CON LA MUERTE UN MÉDICO ESTANDO ENFERMO DE RIESGO

DÉCIMAS

El mundo todo es testigo,
Muerte de mi corazón,
que no has tenido razón
de portarte así conmigo.
5 Repara que soy tu amigo,
y que de tus tiros tuertos
en mí tienes los aciertos;
excúsame la partida,
que por cada mes de vida
10 te daré treinta y un muertos.

¡Muerte! Si los labradores
dejan siempre que sembrar,
¿cómo quieres agotar
la semilla de doctores?[7]
15 Frutos te damos mayores;
pues, con purgas y con untos,
damos a tu hoz asuntos
para que llenes los trojes,
y por cada doctor coges
20 diez fanegas de difuntos.

No seas desconocida
ni contigo uses rigores,
pues la muerte sin doctores
no es muerte, que es media
  vida.
Pobre, ociosa y desvalida   25
quedarás en esta suerte,
sin que tu aljaba concierte,
siendo en tan grande mancilla
una pobre muertecilla
o Muerte de mala muerte.[8]   30

Muerte sin médico es llano
que será por lo que infiero,
mosquete sin mosquetero,
espada o puñal sin mano.
Este concepto no es vano,   35
porque aunque la muerte sea
tal, que todo cuanto vea
se lo lleve por delante,
que a nadie mata es constante
si el doctor no la menea.   40

[7] El sentido de los versos es éste: los labradores siempre guardan semilla de la cosecha para sembrar. Del mismo modo, la Muerte debe guardar médicos, que son la semilla de donde provienen los muertos. Si la Muerte mata a los médicos, nadie se morirá.

[8] Sin médicos la muerte perderá importancia. De mala muerte: modismo que significa algo de pésima cualidad.

¡Muerte injusta! Tú también
me tiras por la tetilla;
mas ya sé que no es maravilla
pagar mal el servir bien.
5 Por Galeno[9] juro, a quien
venero, que si el rigor
no conviertes en amor,
sanándome de repente,
y muero de este accidente,
10 que no he de ser más doctor.

Mira que en estos afanes,
si así a los médicos tratas,
han de andar después a
        gatas
los curas y sacristanes.[10]
15 Porque soles ni desmanes,
la suegra y suegro peor,
fruta y nieve sin licor,[11]
bala, estocadas y canto,
no matan al año tanto
20 como el médico mejor. . . .

Como son el licenciado
Carrafa, torpe extranjero,
don Juan de Austria, ayer
        barquero,
y Miguel López de Prado,
Godoy,[12] con su ojo saltado,   25
sin otros mil curanderos,
ignorantes, majaderos
que matan, con libertad,
más hombres en la ciudad
que el obligado carneros.   30

Seré[13] la gran doña Elvira
médica por sucios modos
de la carnaza de todos,
porque a todos cursos mira.[14]
Con las traiciones conspira   35
de su jeringa punzante
que es, por las ancas, matante;
de suerte que birla más
ella sola por detrás,
que nosotros por delante.   40

A MI MUERTE PRÓXIMA

Que no moriré de viejo,
que no llego a los cuarenta,
pronosticado me tiene
de físicos la caterva.
5 Que una entraña hecha gigote
al otro mundo me lleva,

y el día menos pensado
tronaré como harpa vieja.
Nada me dicen de nuevo;
sé que la muerte me espera,   10
y pronto; pero no piensen
que he de cambiar de bandera.

---

9 Galeno (131–210), famoso médico griego.

10 Andar a gatas: vivir con dificultades. Curas y sacristanes se verán en dificultades, pues la fuente principal de sus ingresos son los entierros.

11 Fruta y nieve era una bebida de frutas, enfriada con nieve traída de los Andes. Se consideraba perjudicial a la salud, si no se le mezclaba algún licor.

12 Caviedes se atreve a nombrar específicamente a algunos malos médicos.

13 Promete a la Muerte, si no se lo lleva, dejar de ser buen médico y convertirse en uno de aquellos "matasanos" que cita.

14 Caviedes no se detiene ante lo repugnante: doña Elvira no repara en el tipo de curso o diarrea del enfermo.

Odiando las medecinas
como viví, así perezca;
que siempre el buen artillero
al pie del cañón revienta.
5 Mátenme de sus palabras,
pero no de sus recetas,
que así matarme es venganza,
pero no muerte a derechas.
Para morirme a mi gusto
10 no recurriré a la ciencia
de matalotes idiotas
que por la ciudad pasean.
¿Yo a mi *Diente del Parnaso*
por miedo traición hiciera?
15 ¡Cuál rieran del cronista
las edades venideras!

Jesucristo unió el ejemplo
a la doctrina, y quien piensa
predicando ser apóstol,
de sus obras no reniega. 20
¡Me moriré!, buen provecho.
¡Me moriré!, en hora buena;[15]
pero sin médicos cuervos
junto de mi cabecera.
Un amigo, si esta *avis* 25
rara[16] mi fortuna encuentra,
y un franciscano que me hable
de las verdades eternas,
y venga lo que viniere,
que apercibido me encuentra 30
para reventar lo mismo
que cargada camareta.[17]

[15] Tradúzcase: "I'm going to die. My good luck! I'm going to die. All right!"
[16] Avis rara: "rare bird."
[17] Cargada camareta: "loaded gun."

TERCERA PARTE

SIGLO XVIII

La Ilustración

El siglo XVIII no fue ni mucho menos un siglo de esterilidad y decadencia para España y sus colonias: los pueblos hispánicos llevaron a cabo a lo largo del mismo un lento, pero firme proceso de evolución interna e incorporación a las grandes corrientes de la cultura universal, a la que contribuyeron con algunas aportaciones nada desdeñables.

En 1700 la dinastía de los Borbones sustituyó a la austriaca en el Trono español, después de una cruenta guerra entre varias potencias europeas. Animada de un espíritu progresivo que culmina en el reinado de Fernando VI (1746–59) y Carlos III (1759–88), emprendió nuevos proyectos y reformas esenciales que alcanzaron naturalmente a las colonias. Ministros inteligentes y capaces colaboraron con los reyes y propulsaron el avance y modernización del país en todos los órdenes de la vida. Por su importancia política, cultural o social conviene retener algunos hechos.

En 1714 Felipe V creó la Real Academia Española de la Lengua, que con su *Gramática* y su *Diccionario de autoridades,* así como con su vigilante celo, ha contribuido a mantener la pureza y unidad del español. Dos años más tarde la fundación de la Biblioteca Nacional fue un paso decisivo para recoger y preservar una parte del legado cultural de Europa. En 1769 se suprimió la Inquisición, que por lo demás en Hispanoamérica había sido siempre poco activa. Para promover el desarrollo cultural y económico de las provincias se fomentó la fundación de Sociedades del País: la primera de América se constituyó en Quito en 1792.

Por lo que atañe particularmente a las colonias, se establecieron dos nuevos virreinatos, el de Nueva Granada (1718) y el de la Plata (1776). De esta manera, Buenos Aires, puerto dedicado hasta entonces al contrabando, cobró singular importancia política y cultural junto a las viejas ciudades de Lima y México. Un ministro de Carlos III, el Conde de Aranda, previendo la independencia, redactó un *Memorial* (1783), en que se sugería organizar una federación de estados hispanos libres. Infelizmente nadie atendió este sagaz anticipo teórico de la Commonwealth británica.

Un hecho de gran repercusión cultural y aun social fue la expulsión de los jesuitas de todos los dominios españoles en 1767. La Compañía había desarrollado una importante labor cultural en América y realizado con gran éxito la experiencia colonizadora del Paraguay. La expulsión interrumpió bruscamente sus tareas; pero tuvo un curioso resultado de no poco valor. Refugiados en Italia, los exilados se dedicaron, por un lado, al estudio de las ideas filosóficas y sociales, actualizando con argumentos modernos la defensa de un estado democrático y representativo, defensa que tenía profundas raíces en la sociedad española del Siglo de Oro y que ya había sido sostenida por otros jesuitas como Juan de Mariana (1536–1624). Por otro lado, prosiguieron sus trabajos de investigación sobre la historia, la geografía y las razas de Hispanoamérica, divulgando los resultados en Europa. Son notables las obras de Francisco Javier Clavijero (1731–87), *Storia Antica del México,* y de Andrés Cavo (1739–1803), *Tres siglos de México.*

Al siglo XVIII se le llama de la Ilustración, de la Razón o de las Luces, porque representa la culminación de un proceso que, iniciado en el Renacimiento, llevó a la sustitución del principio de autoridad por el de la razón: se cree lo que se puede probar, no lo que se impone arbitrariamente. En consecuencia, se postuló la investigación científica de los fenómenos, antes de establecer conclusiones; se exigió el análisis de las fuentes, antes de admitir un hecho histórico; se hizo de la experiencia base y método. Se intentaba así combatir el error, la superstición, le credulidad, mantenidos oficialmente por ciertas instituciones tradicionales y poderosas.

Acompañando las inquietudes del momento, hasta la literatura pierde un poco de su carácter artístico y se llena de hondas preocupaciones ideológicas: se discuten problemas morales, filosóficos, sociales, o bien, se critica y satiriza lo que parece viejo y caduco. El concepto mismo de literatura se amplía, admitiéndose dentro de ella cosas que no son teatro ni poesía ni novela: tratados de economía, estudios de estética, polémicas sobre el valor de la cultura.

Resultado del espíritu científico prevalente fue la organización de viajes de estudio. España patrocinó varios. Destacan la expedición al Perú (1735) para medir la longitud del arco de un grado del

Ecuador, en la que iban el francés Charles Marie de La Condamine y los españoles Jorge Juan y Antonio de Ulloa, y la expedición botánica a Nueva Granada (1761) de José Celestino Mutis. Los Ulloa recogieron sus observaciones en *Relación histórica del viaje a la América Meridional* (1748) y, por otra parte, en *Noticias secretas de América* (1826) revelaron datos muy importantes de la inquietud de Hispanoamérica en vísperas de la independencia. Mutis clasificó la flora americana y formó una generación de hombres de ciencia.

El más famoso de todos los viajes fue el de Alexander von Humboldt (1769–1859), que recorrió América entre 1799 y 1804. Su objetivo científico era describir la geografía y meteorología del Continente. Humboldt descubrió la relación entre altitud y temperatura, y la corriente fría que baña las costas peruanas, llamada hoy por su nombre. Sus anotaciones sobre las condiciones culturales, políticas y económicas son imprescindibles para el conocimiento de la época. Por él se sabe, por ejemplo, el estado de los estudios científicos que florecían por doquier. Baste citar los nombres de Andrés del Río (1765–1849), descubridor del vanadio, y de Francisco José de Caldas (1771–1811), fusilado por los españoles por su participación en la guerra de la independencia. Tuvo sólidos conocimientos de astronomía, botánica y medicina; exploró los Andes y el río Magdalena; fue director del observatorio astronómico de Bogotá y fundador del *Semanario del Nuevo Reino de Granada* (1807), donde se publicaron ensayos sobre política, ciencia y sociología.

Desde el punto de vista de las corrientes literarias, tanto en España como en Hispanoamérica, existen dos tendencias de difícil delimitación cronológica: la nacional y la neoclásica. La tendencia nacional se manifestó en la perduración del barroco cuya vitalidad hasta bien entrada la centuria fue enorme. A ella se debe la permanencia de formas literarias como la novela picaresca, de la que es buena muestra la *Vida* de Diego de Torres Villarroel (1693–1770), el teatro calderoniano y la poesía gongorista y popular. A ella se debe también la defensa del Siglo de Oro contra los ataques de los neoclásicos españoles y extranjeros, que tiene un punto culminante en la *Oración apologética por España y su mérito literario* de Juan Pablo Forner (1756–98).

El neoclasicismo fue penetrando lentamente. En España alcanzó su madurez a fines del siglo XVIII con escritores como José Cadalso (1741–82), Gaspar Melchor de Jovellanos (1744–1811), Leandro

Fernández de Moratín (1760–1828), Juan Meléndez Valdés (1754–1817), Félix María Samaniego (1745–1801) y Tomás Iriarte (1750–91). En Hispanoamérica hubo que esperar aún más tiempo; sólo en plena lucha por la independencia florecieron los grandes neoclásicos.

Los principios del movimiento, expuestos en Francia por Nicolas Boileau en su *Art poétique* (1674) y en Italia por Ludovico Muratori en *Della perfetta poesia italiana* (1706), encontraron su teórico español en Ignacio Luzán cuya *Poética* (1737) fue a su vez la fuente de inspiración para las colonias. Estos principios postulan seguir las reglas del buen gusto que consisten en la sencillez, la claridad, el orden, la separación de elementos cómicos y trágicos, la observación de las tres unidades dramáticas de tiempo, lugar y acción. Además se propugna la subordinación del arte a lo útil; por eso, se cultivó mucho la literatura didáctica y se dio al teatro un sentido ejemplar y ético.

Los neoclásicos, abiertos al espíritu del tiempo, fueron sumamente receptivos a las ideas europeas. Una visión parcialista ha querido limitar tal receptividad a Francia y ha exagerado la influencia de esta nación sobre España e Hispanoamérica. En realidad, además de los escritores franceses, fueron muy conocidos en ambas pensadores y literatos de otros países como John Locke, Adam Smith, Gottfried von Leibniz, Benjamin Franklin, Edward Young y otros.

LÍRICA

Hispanoamérica no cuenta con ningún lírico importante en este período. Para ilustrar la pervivencia del barroco, se suelen citar, entre muchos otros poetas de parecida mediocridad, el ecuatoriano Juan Bautista de Aguirre (1725–86), autor de un *Poema* sobre San Ignacio de Loyola y algunas poesías populares no exentos de gracia, y al mexicano Juan Antonio Plancarte (1735–1815), que escribió sonetos gongoristas.

En cuanto a la poesía neoclásica, varios factores contribuyeron a introducirla. Aparecieron, en primer lugar, Academias o grupos de escritores con nuevos gustos, como la Arcadia Mexicana, que dirigía Manuel de Navarrete (1768–1809), un discípulo de Meléndez Valdés y autor de hermosas poesías neoclásicas recogidas póstumamente bajo el título de *Entretenimientos poéticos,* o la Academia del Buen Gusto, en Bogotá. Se multiplicaron las traducciones de autores latinos y griegos, a cargo de sacerdotes, que estimulados por el ejemplo, también los imitaron, escribiendo en latín poemas originales. Un caso prominente fue el del Padre Rafael de Landívar (1731–93), cuya *Rusticatio Mexicana* consigue una visión espléndida del paisaje guatemalteco. Por último, llegó la influencia de los neoclásicos españoles, especialmente, la de Juan Meléndez Valdés, a quien se siguió preferentemente en las poesías anacreónticas y las epístolas morales.

PERIODISMO Y LITERATURA REFORMISTA

Aunque hubo algunos precedentes parciales, es en el siglo XVIII cuando apareció el periódico como medio sistemático de comunicación y difusión de cultura. El primero de Hispanoamérica fue la *Gaceta de México* (1722). Se fundaron otros muchos: el nombre preferido fue el da *Gaceta, Mercurio, Aviso, Redactor, Diario*. El periodista de entonces no se parecía al de hoy: era, al mismo tiempo, filósofo, satírico, hombre de ciencia, político, y si se terciaba, revolucionario.

El anhelo general de mejorar las condiciones de vida fomentó un poderoso espíritu de reforma en todos los terrenos, desde la enseñanza a la política. Reforma no significó en modo alguno revolución, sino un proceso de cambio de arriba hacia abajo. La fórmula de gobierno, condensada en la frase "para el pueblo, pero sin el pueblo," ilustra bien el fenómeno. Surgieron por doquier teóricos de las reformas que expusieron sus ideales en ensayos y libros, empleando un estilo sencillo y claro. En España, después de Benito Jerónimo Feijóo (1675–1764), que estableció las bases generales, los dos grandes reformistas fueron Pedro Rodríguez Campomanes (1723–1807) y Jovellanos. Los tres fueron muy imitados en Hispanoamérica.

Del Perú procedía Pablo de Olavide (1725–1803), limeño que se estableció permanentemente en España. Su salón fue el más brillante de Madrid y foco de irradiación de las ideas enciclopedistas y del neoclasicismo. Al final de su vida, bastante accidentada, se retractó, escribiendo su obra más famosa, *El Evangelio en triunfo* (1798). Son dignos de mención asimismo, entre otros varios, Manuel de Salas, autor de un informe sobre *El estado de la agricultura* (1796) y creador del primer centro de enseñanza en Chile, la Academia de San Luis (1797), y Manuel Belgrano, argentino, cuyo trabajo *Medios generales de fomentar la agricultura* (1796), revela la influencia de Adam Smith.

SÁTIRA Y DIDÁCTICA

Estrechamente relacionadas con el espíritu de reforma están la sátira y la literatura didáctica. La primera ataca y critica para obtener el mejoramiento. La segunda enseña deleitando. Las dos abundaron en el siglo XVIII.

Quizá sea la sátira lo más divertido e interesante de todo lo que produjo la época. En el Perú, Esteban de Terralla y Landa continuó la tradición de ridiculizar a la sociedad limeña que Valle y Caviedes había iniciado un siglo antes. *El lazarillo de ciegos caminantes* de "Concolorcorvo" no pierde ocasión de fustigar costumbres como el primitivismo y prodigalidad de los habitantes de las pampas argentinas. En el Ecuador, Eugenio Espejo se levanta contra el escolasticismo y los métodos anticuados de enseñanza en las escuelas de Quito en su *Nuevo Luciano* (1779).

La literatura didáctica se manifiesta, en parte, en forma de fábulas o apólogos. No hubo en Hispanoamérica ningún fabulista de la talla de Félix Samaniego ni Tomás Iriarte. Suele aducirse el nombre de Fray Matías de Córdoba (c. 1768–1828) por *La tentativa del León y el éxito de su empresa,* donde se predica el mérito de la clemencia.

TEATRO

El teatro se desarrolló en varias direcciones: la barroca, calderoniana, con confusión de elementos musicales y decorativos; la neoclásica, al estilo de Leandro Fernández de Moratín y la popular, cuyo modelo fue Ramón de la Cruz (1731–94). Aparecieron, además, como síntoma de una creciente independencia, temas indígenas.

En el Perú, sobresalió Pedro de Peralta y Barnuevo (1663–1743), hombre de gran erudición que demostró en sus *Observaciones astronómicas* (1717). Cultivó la poesía en un extenso poema épico, de escaso valor literario, *Lima fundada* (1732), y contribuyó a la historia de la Madre Patria en su *Historia de España vindicada* (1730). En el teatro siguió el neoclasicismo en *Triunfos de amor y poder* y *Rodoguna,* refundición de la obra del mismo título de Corneille; mostró la influencia calderoniana en *Afectos vencen finezas,* y dejó además unas piezas breves, de carácter costumbrista, llenas de gracia y escritas en lengua popular.

En México el español Eusebio Vela (1688–1737) compuso obras barrocas como *Si el amor excede al arte, La pérdida de España* y *Apostolado en las Indias.* Se incorporó a la vida teatral un centro que llegaría a ser el más importante del continente, Buenos Aires. Allí se representó *El amor de la estanciera*, sainete de color local, precedente del teatro campero. En Córdoba, donde existía una floreciente universidad, estrenó sus comedias Cristóbal de Aguilar (m. 1828), todas ellas llenas de gracia y ligereza, como *Venció el desprecio al desdén* y *El premio de la codicia*.

Los temas nativos se incorporaron en *Siripo* y *Ollantay*. La primera se debe al argentino Manuel de Lavardén (1764–1810), autor también de una oda *Al Paraná*, excelente visión del paisaje americano. Lavardén estremó el *Siripo* en 1789, en la Ranchería, rudimentario teatro de Buenos Aires, que ardió en 1792. En el fuego pereció el manuscrito, salvándose sólo el segundo acto, que, infelizmente, se perdió más tarde. La obra debía dramatizar un episodio de la conquista argentina: la destrucción del fuerte de Sancti Spiritus por los indios bajo la instigación de Mangoré, enamorado de la española Lucía Miranda. Este asunto fue tratado igualmente por el inglés Thomas More en su tragedia *Mangora* (1718).

Ollantay plantea muchos problemas de paternidad literaria. El padre Antonio Valdés, sacerdote que asistió a Túpac Amaru en su ejecución, se confiesa traductor de este drama, encontrado por él en quechua. Algunos, no obstante, consideran al sacerdote el verdadero autor. Otros lo atribuyen a Espinosa Medrano, no faltando tampoco los que lo juzgan realmente indígena. La estructura dramática entra de lleno en los moldes del teatro español. También se discute la fecha de composición, que se hace variar entre el siglo XVI y el XVIII. Se recoge la leyenda india del amor entre el guerrero Ollantay y la princesa Kusi Cóyllur. Tras una serie de calamidades y sufrimientos, originados por la oposición del Inca a tal matrimonio, todo termina felizmente. Refleja el descontento de los indios ante el Inca tirano. Su representación fue prohibida por considerarlo peligroso y fomentador de posibles revueltas, como las que en él aperecen.

Alonso Carrió de la Vandera ("Concolorcorvo")

(c. 1715–78)

Un pequeño misterio envuelve al lugar de publicación del famoso libro de viajes, *El lazarillo de ciegos caminantes* (c. 1773). En la portada de la edición *princeps* figura Gijón en el pie de imprenta; pero se sabe que aquélla se tiró clandestinamente en Lima. Posiblemente se escogió la ciudad española para despistar a la censura peruana. Es curioso subrayar que Gijón no tenía ninguna fama editorial y que el nombre de la imprenta parece alusivo, pues se llama "la rovada" (sic).

Más misteriosa todavía es la identidad del autor. En la portada mencionada se dice que escribió el libro Calixto Bustamante Carlos Inga y que se basó en las memorias de Alonso Carrió de la Vandera. En el prólogo añade el presunto autor que es puro indio, "salvo las trampas de mi madre," y que ha escogido el mote de "Concolorcorvo" por ser su color como el de ala de cuervo. Pero todo está dicho con tal tono de ironía que no es fácil tomarlo por verdad.

En los capítulos XVI y XVII de la segunda parte hay una interesante defensa de la colonización española frente a los embustes de la leyenda negra. Como en la segunda mitad del siglo XVIII surgió en España una reacción nacionalista en favor de su cultura e historia, se ha creído que *El lazarillo* debe ser obra de un español. Los críticos modernos se inclinan por esta hipótesis y lo identifican con el comisionado de correos Alonso Carrió de la Vandera. Bustamante o "Concolorcorvo" sería un compañero de viaje.

Saliendo hacia 1771, emplearon unos dos años en atravesar la porción de continente sudamericano entre Montevideo y Lima. El objeto del viaje era establecer agencias de correos a lo largo del camino. En Lima, se suscitó, al parecer, una disputa entre las autoridades de correos y el comisionado, quizá sobre la manera en que éste había escrito el informe exigido. Al ver rechazado su trabajo, el autor lo amplió y lo publicó como libro.

Se describen con realismo y humor las dificultades de un viaje en los días del virreinato, los caminos transitados, las ciudades visitadas, las costumbres de los habitantes. "Concolorcorvo" se distrae de su relato para dar su opinión sobre diversos asuntos, como el desperdicio de los recursos naturales, y para recoger anécdotas y divertidos trozos de diálogo. La obra, con su tono ligero y picaresco, sus comentarios vivos y sardónicos, su lenguaje coloquial, es un refrescante contraste del monótono estilo neoclásico prevalente entonces.

Por varias razones se considera *El lazarillo* de importancia substancial en la literatura hispanoamericana. Contiene una de las primeras descripciones de los gauchos argentinos, allí llamados *gauderios,* y sus costumbres; figura también un ejemplo de sus romances primitivos muy picantes y cómicos. Constituye, además, un significativo paso en el desarrollo de la novela hispanoamericana, especialmente la picaresca.

En su estructura general es, en efecto, una novela picaresca: está escrita en primera persona; domina el tono satírico y desenfadado; muestra un afán didáctico a través de numerosos consejos prácticos y de índole moral. Sin embargo, por su fondo de verdad, no se la considera plenamente ficción, situándola más bien entre los relatos de viajes, tan frecuentes en la época.

EL LAZARILLO DE CIEGOS CAMINANTES

(c. 1773)

CAPÍTULO I

Gauderios

Éstos son unos mozos nacidos en Montevideo y en los vecinos pagos. Mala camisa y peor vestido, procuran encubrir con uno o dos ponchos, de que hacen cama con los sudaderos del caballo, sirviéndoles de almohada la silla. Se hacen de una guitarrita, que
5 aprenden a tocar muy mal y a cantar desentonadamente varias coplas, que estropean, y muchas que sacan de su cabeza, que regularmente ruedan sobre amores.[1] Se pasean a su albedrío por toda la

---

[1] Tradúzcase: "They acquire a small guitar, which they learn to play very badly, and they learn to sing out of tune a few verses, which they ruin, and many others which they invent and which usually deal with love."

campaña y con notable complacencia de aquellos semibárbaros colonos, comen a su costa y pasan las semanas enteras tendidos sobre un cuero, cantando y tocando. Si pierden el caballo o se lo roban, les dan otro o lo toman de la campaña enlazándolo con un cabestro muy largo que llaman *rosario*. También cargan otro, con dos bolas 5 en los extremos, del tamaño de las regulares con que se juega a los trucos, que muchas veces son de piedra que forran de cuero, para que el caballo se enrede en ellas, como asimismo en otras que llaman *ramales*, porque se componen de tres bolas, con que muchas veces lastiman los caballos, que no quedan de servicio, estimando este 10 servicio en nada, así ellos como los dueños.[2]

Muchas veces se juntan de éstos cuatro o cinco, y a veces más, con pretexto de ir al campo a divertirse, no llevando más prevención para su mantenimiento que el lazo, las bolas y un cuchillo. Se convienen un día para comer la picana de una vaca o novillo: le enla- 15 zan, derriban y bien trincado de pies y manos le sacan, casi vivo, toda la rabadilla con su cuero, y haciéndole unas picaduras por el lado de la carne, la asan mal, y medio cruda se la comen, sin más aderezo que un poco de sal, si la llevan por contingencia. Otras veces matan sólo una vaca o novillo por comer el matambre, que es la 20 carne que tiene la res entre las costillas y el pellejo. Otras veces matan solamente por comer una lengua, que asan en el rescoldo. Otras se les antojan caracúes, que son los huesos que tienen tuétano, que revuelven con un palito, y se alimentan de aquella admirable sustancia; pero lo más prodigioso es verlos matar una vaca, sacarle 25 el mondongo y todo el sebo que juntan en el vientre, y con sólo una brasa de fuego o un trozo de estiercol seco de las vacas, prenden fuego a aquel sebo, y luego que empieza a arder y comunicarse a la carne gorda y huesos, forma una extraordinaria iluminación, y así vuelven a unir el vientre de la vaca, dejando que respire el fuego 30 por la boca y orificio, dejándola toda una noche o una considerable parte del día, para que se ase bien, y a la mañana o tarde la rodean los gauderios y con sus cuchillos va sacando cada uno el trozo que le conviene, sin pan ni otro aderezo alguno, y luego que satisfacen su apetito abandonan el resto, a excepción de uno u otro, que llevan 35 un trozo a su campestre cortejo.

[2] Las bolas son una parte del equipo de indios y gauchos, especialmente en la Argentina. Constan de unas piedras, que se forran con cuero y se atan a una correa. Se las lanza con un movimiento oscilatorio y, al enredarse en las piernas de las personas o patas de los animales, los derriban.

Venga ahora a espantarnos el gacetero de Londres con los trozos de vaca que se ponen en aquella capital en las mesas de estado. Si allí el mayor es de a 200 libras, de que comen doscientos milords, aquí se pone de a 500 sólo para siete u ocho gauderios, que una u
5 otra vez convidan al dueño de la vaca o novillo, y se da por bien servido. Basta de gauderios, porque ya veo que los señores caminantes desean salir a sus destinos por Buenos Aires. . . .

CAPÍTULO VIII

Descripción lacónica de la provincia de Tucumán,[3] *por el camino de postas.*

País estéril, hasta Salta o Jujuy es temperamento muy benigno, aunque se aplica más a cálido, con algo de húmedo. Con algunas
10 precauciones, como llevo dicho, se puede caminar con regalo, porque hay abundancia de gallinas, huevos y pollos, de buen gusto y baratos. La caza más común es de pavas, que es una especie de cuervo, aunque de mayor tamaño. No es plato muy apetecible, y así, sólo puede servir a falta de gallinas. También hay en la jurisdicción de San
15 Miguel, y parte de Salta, una especie entre conejo y liebre, de una carne tan delicada como la de la polla más gorda, pero es necesario que antes de desollarla se pase por el fuego hasta que se consuma el pelo, y con esta diligencia se asan brevemente, y están muy tiernas acabadas de matar. Todo lo demás, en cuanto a caza, sólo sirve a los
20 pasajeros para mero entretenimiento. Los ríos del tránsito, como llevo dicho desde luego, tienen algún pescado, pero el pasajero jamás hace juicio de él, ni para el regalo ni para suplir la necesidad. Las bolas, quirquinchos, mulitas y otros testáceos,[4] sólo causan deleite a la vista y observación de las precauciones que toman para defenderse
25 y mantenerse, y sólo en un caso de necesidad se puede aprovechar de sus carnes, que en la realidad son gustosas.

No hemos visto avestruces, como en la campaña de Buenos Aires, ni los han visto los cazadores de la comitiva, que atravesaban los montes por estrechas veredas, ni en algunas ensenadas, ni tampoco
30 han visto una víbora, siendo su abundancia tan ponderada. Son muy

---

[3] Provincia del noroeste argentino, muy importante en la época colonial. Además de la capital, que lleva el mismo nombre y fue fundada en 1565, las ciudades principales son Salta y Jujuy.
[4] Tipos de animales protegidos por un duro caparazón.

raras las perdices que se encuentran, así como en las pampas son tan comunes. El visitador[5] nos dijo que había atravesado tres veces las pampas y una los montes del Tucumán, y que ni él ni todos los de la comitiva habían visto un tigre,[6] pero que no se podía dudar había muchísimos, respecto de la especie poco fecunda, por las muchas 5 pieles que se comercian en estas dos provincias, y se llevan a España y se internan al Perú, aunque en menos abundancia, por lo que no se puede dudar de lo que no se ve, cuando hay pruebas tan claras. No cree que la gran culebra boa, llamada *ampalaba*, de que hay muchas en los bosques de la isla de Puerto Rico y otras muchísimas 10 partes, atraiga a los animales de que dicen se mantiene. Este animal, monstruoso en el tamaño, sólo se halla en los montes más espesos, y siendo tan tardío en las vueltas con dificultad encontraría conejos, y mucho más venados que atraer, por lo que se persuade que se mantiene de algunos insectos, y principalmente del jugo de los 15 árboles en que lo han visto colocado, afianzándose en la tierra con la cola, que tiene en forma de caracol o de barreno. Cuando pasa, o se detiene a tragar algún animal proporcionado a sus fuerzas, va sin estrépito, y enrollándole con su cuerpo, mediante a la sujeción del trozo de cola enterrado, le sofoca y chupa como la culebra común 20 al sapo, hasta que se lo traga sin destrozarlo. Si tiene o no atractivo o alguna especie de fascinación, no hay quien lo pueda asegurar, y sólo se discurre que algunos pequeños animalitos, como conejos, liebres o algún venado, y tal vez un ternerillo, se detengan asombrados con su vista, y entonces los atrape; pero se puede asegurar que 25 esta caza no es su principal alimento, porque es animal muy torpe y se dejar arrastrar vivo, como si fuera un tronco, a la cola de un caballo, y matar de cualquiera que lo emprenda, y no se turbe. Por lo menos en el Tucumán no se cuentan desgracias ocasionadas por estas monstruosas culebras, que creo son más raras que los tigres. 30

Acaso en todo el mundo no habrá igual territorio unido más a propósito para producir con abundancia todo cuanto se sembrase. Se han contado 12 especies de abejas, que todas producen miel de distinto gusto. La mayor parte de éstos útiles animalitos hacen sus casas en los troncos de los árboles, en lo interior de los montes, que 35

---

5 Quizá se trate de Alonso Carrió de la Vandera. No obstante, unas páginas más adelante se sugiere que el tal visitador era natural de estas regiones: se le dice baqueano y se le presenta como aficionado al mate.

6 En Sudamérica el jaguar se llama tigre.

son comunes, y regularmente se pierde un árbol cada vez que se
recoge miel y cera, porque la buena gente que se aplica a este comercio, por excusar alguna corta prolijidad, hace a boca de hacha unos
cortes que aniquilan al árbol.[7] Hay algunas abejas que fabrican sus
5 casas bajo de la tierra, y algunas veces inmediato a las casas, de cuyo
fruto se aprovechan los muchachos y criados de los pasajeros, y
hemos visto que las abejas no defienden la miel y cera con el rigor
que en la Europa, ni usan de artificio alguno para conservar una
especie tan útil, ni tampoco hemos visto colmenas ni prevención
10 alguna para hacerlas caseras y domesticarlas, proviniendo este abandono y desidia de la escasez de poblaciones grandes para consumir
estas especies y otras infinitas, como la grana y añil, y la seda de
gusano y araña, con otras infinitas producciones, y así el corto
número de colonos se contenta con vivir rústicamente, mantenién-
15 dose de un trozo de vaca y bebiendo sus alojas,[8] que hacen muchas
veces dentro de los montes, a la sombra de los coposos árboles que
producen la algarroba. Allí tienen sus bacanales, dándose cuenta
unos gauderios a otros, como a sus campestres cortejos, que al son
de la mal encordada y destemplada[9] guitarrilla cantan y se echan
20 unos a otros sus coplas, que más parecen pullas. Si lo permitiera la
honestidad, copiaría algunas muy extravagantes sobre amores, todas
de su propio numen, y después de calentarse con la aloja y recalen-
tarse con la post aloja, aunque este postre[10] no es común entre la
gente moza.
25   Los principios de sus cantos son regularmente concertados, respecto de su modo bárbaro y grosero, porque llevan sus coplas
estudiadas y fabricadas en la cabeza de algún tunante chusco. Cierta
tarde que el visitador quiso pasearse a caballo, nos guió con su baqueano a uno de estos montes espesos, a donde estaba una numerosa
30 cuadrilla de gauderios de ambos sexos, y nos advirtió que nos riéra-
mos con ellos sin tomar partido, por las resultas de algunos bolazos.[11]
El visitador, como más baqueano, se acercó el primero a la asamblea,
que saludó a su modo, y pidió licencia para descansar un rato a la
sombra de aquellos coposos árboles, juntamente con sus compañeros,

---

[7] Tradúzcase: "to avoid any bother, cut the tree with slashes of an ax that kill it."

[8] Bebida fabricada con la semilla del algarrobo ("carob tree") o algarroba.

[9] Tradúcase: "poorly strung and out of tune."

[10] Post aloja: expresión humorística para indicar la ingestión de más aloja. Está formada sobre el *post* de *postre*.

[11] Tradúcase: "for fear of ending up in a fight with the bolas."

que venían fatigados del sol. A todos nos recibieron con agrado y con el mate[12] de aloja en la mano. Bebió el visitador de aquella zupia y todos hicimos lo mismo, bajo de su buena fe y crédito. Desocuparon cuatro jayanes un tronco en que estaban sentados, y nos lo cedieron con bizarría. Dos mozas rollizas se estaban colum- 5 piando sobre dos lazos fuertemente amarrados a dos gruesos árboles. Otras, hasta completar como doce, se entretenían en exprimir la aloja y proveer los mates y rebanar sandías. Dos o tres hombres se aplicaron a calentar en las brasas unos trozos de carne entre fresca y seca, con algunos caracúes, y finalmente otros procuraban aderezar 10 sus guitarrillas, empalmando las rozadas cuerdas. Un viejo, que parecía de sesenta años y gozaba de vida 104, estaba recostado al pie de una coposa haya, desde donde daba sus órdenes, y pareciéndole que ya era tiempo de la merienda, se sentó y dijo a las mujeres que para cuándo esperaban darla a sus huéspedes; y las mozas respondie- 15 ron que estaban esperando de sus casas algunos quesillos y miel para postres. El viejo dijo que le parecía muy bien.

El visitador, que no se acomoda a calentar mucho su asiento, dijo al viejo con prontitud que aquella expresión le parecía muy mal, "y así, señor Gorgonio, sírvase Vd. mandar a las muchachas y man- 20 cebos que canten algunas coplas de gusto, al son de sus acordados instrumentos." "Sea enhorabuena, dijo el honrado viejo, y salga en primer lugar a cantar Cenobia y Saturnina, con Espiridión y Horno de Babilonia."[13] Se presentaron muy gallardos y preguntaron al buen viejo si repetirían las coplas que habían cantado en el día o 25 cantarían otras de su cabeza.[14] Aquí el visitador dijo: "Estas últimas son las que me gustan, que desde luego serán muy saladas." Cantaron hasta veinte horrorosas coplas, como las llamaba el buen viejo, y habiendo entrado en el instante la madre Nazaria con sus hijas Capracia y Clotilde, recibieron mucho gusto Pantaleón y Torcuato, 30 que corrían con la chamuscada carne. Ya el visitador había sacado su reloj dos veces, por lo que conocimos todos que se quería ausentar, pero el viejo, que lo conoció, mandó a Rudesinda y a Nemesio que cantasen tres o cuatro coplitas de las que había hecho el fraile que había pasado por allí la otra semana. El visitador nos previno que 35

12 Mate o maté: nombre de una planta y de la bebida que se extrae de sus hojas. La yerba mate es muy popular en la Argentina, el Uruguay y el Paraguay. En el texto *mate de aloja* quiere decir el recipiente en que la aloja fue servida.
13 Al parecer los gauderios usaban nombres muy peculiares.
14 De su cabeza: "improvised."

estuviésemos con atención y que cada uno tomásemos de memoria
una copla que fuese más de nuestro agrado. Las primeras que cantaron, en la realidad, no contenían cosa que contar fuese.[15] Las
cuatro últimas me parece que son dignas de imprimirse, por ser
5 extravagantes, y así las voy a copiar, para perpetua memoria.

> *Dama:* Ya conozco tu ruin trato
> y tus muchas trafacías,
> comes las buenas sandías
> y nos das liebre por gato.[16]

10
> *Galán:* Déjate de pataratas,
> con ellas nadie me obliga,
> porque tengo la barriga
> pelada de andar a gatas.

> *Dama:* Eres una grande porra,
15
> sóla la aloja te mueve,
> y al trago sesenta y nueve
> da principio la camorra. . . .

"Ya escampa, dijo el visitador, y antes que lluevan bolazos, ya que
no hay guijarros, vámonos a la tropa,[17] con que nos despedimos con
20 bastante dolor, porque los muchachos deseábamos la conclusión de
la fiesta, aunque velásemos toda la noche; pero el visitador no lo
tuvo por conveniente, por las resultas del trago sesenta y nueve.
El chiste de liebre por gato nos pareció invención del fraile,[18] pero
el visitador nos dijo que, aunque no era muy usado en el Tucumán,
25 era frase corriente en el Paraguay y pampas de Buenos Aires, y que
los versos de su propio numen eran tan buenos como los que cantaron los antiguos pastores de la Arcadia, a pesar de las pondera-
ciones de Garcilaso y Lope de Vega.[19] También extrañamos mucho

---

[15] Tradúzcase: "contained nothing worth mentioning."

[16] La dama acusa al galán de ser un tramposo. Trafacía: "trick [wile]." La
expresión *dar gato por liebre* significa *engañar.* Aquí está alterado el orden de
palabras quizá por exigencias de la rima.

[17] El visitador aconseja marcharse antes de que resulte una pelea con bolas a
causa de lo mucho que se ha bebido.

[18] Ligera y curiosa manifestación anticlerical: curas y frailes cargan con la
fama de ser buenos comedores y saber distinguir bien toda clase de alimentos.

[19] Referencia a la literatura pastoril, en la que se destacaron Garcilaso de la
Vega (1503-36) y Lope de Vega (1562-1635). Arcadia, zona montañosa de Grecia,
fue celebrada como el marco perfecto de pastores literarios.

los extravagantes nombres de los hombres y mujeres, pero el buen viejo nos dijo que eran de santos nuevos . . . y que por lo regular los santos nuevos hacían más milagros que los antiguos, que ya estaban cansados de pedir a Dios por hombres y mujeres, de cuya extravagancia nos reímos todos y no quisimos desengañarlos porque el visitador hizo una cruz perfecta de su boca, atravesándola con el índice. Aunque los mozos unos a otros se dicen machos, como asimismo a cualquiera pasajero, no nos hizo mucha fuerza, pero nos pareció mal, que a las mozas llamasen machas; pero el visitador nos dijo que en este modo de explicarse imitaban al insigne Quevedo,[20] que dijo con mucha propiedad y gracia: "Pobres y pobras," así éstos dicen machos y machas, pero sólo aplican estos dictados a los mozos y mozas.

Esta gente, que compone la mayor parte del Tucumán, fuera la más feliz del mundo si sus costumbres se arreglaran a los preceptos evangélicos, porque el país es delicioso por su temperamento,[21] y así la tierra produce cuantos frutos la siembran, a costa de poco trabajo. Es tan abundante de madera para fabricar viviendas cómodas, que pudieran alojarse en ellas los dos mayores reinos de la Europa, con tierras útiles para su subsistencia. Solamente les falta piedra para fuertes edificios, mares y puertos para sus comercios, en distancias proporcionadas, para costear la conducción de sus efectos; pero la falta mayor es la de colonos, porque una provincia tan dilatada y fértil apenas tiene cien mil habitantes, según el cómputo de los que más se extienden. Las dos mayores poblaciones son Córdoba y Salta. Las tres del camino itinerario, que son Santiago del Estero, San Miguel del Tucumán y Jujuy, apenas componen un pueblo igual al de Córdoba y Salta, y todas cinco poblaciones, con el nombre de ciudades, no pudieran componer igual número de vecinos a la de Buenos Aires. Cien mil habitantes en tierras fértiles componen veinte mil vecinos de a cinco personas, de que se podían formar 200 pueblos numerosos de a cien vecinos, con 500 almas cada uno, y en pocos años se podrían formar multitud de pueblos cercanos a los caudalosos ríos que hay desde el Carcarañá hasta Jujuy.

En la travesía no falta agua, y aunque suele sumirse, se podrían hacer norias con gran facilidad, porque con la abundancia de madera

[20] Francisco de Quevedo (1580–1645) trató de renovar el español, acudiendo a numerosas libertades estilísticas.
[21] Clima.

podían afianzar las excavaciones para los grandes pozos. La multitud de cueros que se desperdician les daría sogas y cubos en abundancia, y la infinidad de ganados de todas especies trabajaría en las sacas de las aguas, sin otro auxilio que el de remudarlos a ciertas horas, y
5 solamente costaría trabajo formar estanques por falta de piedra, cal y ladrillo; pero en este caso podían suplir bien los gruesos troncos de árboles. . . .

Si la centésima parte de los pequeños y míseros labradores que hay en España, Portugal y Francia, tuvieran perfecto conocimiento de
10 este país, abandonarían el suyo y se trasladarían a él: el cántabro español, de buena gana; el lusitano, en *boahora;* y el francés *très volontiers,*[22] con tal que el Gran Carlos,[23] nuestro Monarca, les costeara el viaje con los instrumentos de la labor del campo y se les diera por cuenta de su real erario una ayuda de costas, que sería muy
15 corta, para comprar cada familia dos yuntas de bueyes, un par de vacas y dos jumentos, señalándoles tierras para la labranza y pastos de ganado bajo de unos límites estrechos y proporcionados a su familia, para que se trabajasen bien, y no como actualmente sucede, que un solo hacendado tiene doce leguas de circunferencia, no pu-
20 diendo trabajar con su familia dos, de que resulta, como lo he visto prácticamente, que alojándose en los términos de su hacienda, una o dos familias cortas se acomodan en unos estrechos ranchos, que fabrican de la mañana a la noche, y una corta ramada para defenderse de los rigores del sol, y preguntándoles que por qué no hacían
25 casas más cómodas y desahogadas, respecto de tener abundantes maderas, respondieron que porque no los echasen del sitio o hiciesen pagar un crecido arrendamiento cada año, de cuatro o seis pesos, para esta gente inasequible; pues aunque vendan algunos pollos, huevos o corderos a algún pasajero no les alcanza su valor para
30 proveerse de aquel vestuario que no fabrican sus mujeres, y para zapatos y alguna yerba del Paraguay,[24] que beben en agua hirviendo, sin azúcar, por gran regalo.

No conoce esta miserable gente, en tierra tan abundante, más regalo que la yerba del Paraguay, y tabaco, azúcar y aguardiente, y
35 así piden estas especies de limosna, como para socorrer enfermos, no

---

22 Cántabro español: vasco; lusitano: portugués. Boahora (portugués), très volontiers (francés): de buena gana.
23 Carlos III, que reinó en España de 1759 a 1788.
24 Mate.

rehusando dar por ellas sus gallinas, pollos y terneras, mejor que
por la plata sellada. Para comer no tienen hora fija, y cada individuo
de estos rústicos campestres, no siendo casado, se asa su carne, que es
principio, medio y postre. A las orillas del río Cuarto hay hombre
que no teniendo con qué comprar unas polainas y calzones mata 5
todos los días una vaca o novillo para mantener de siete a ocho personas, principalmente si es tiempo de lluvias. Voy a explicar cómo se
consume esta res. Salen dos o tres mozos al campo a rodear su ganado,
y a la vuelta traen una vaca o novillo de los más gordos, que encierran en el corral y matan a cuchillo después de liado de pies y manos, 10
y medio muerto le desuellan mal, y sin hacer caso más que de los
cuatro cuartos, y tal vez del pellejo y lengua, cuelgan cada uno en
los cuatro ángulos del corral, que regularmente se componen de
cuatro troncos fuertes de aquel inmortal guarango. De ellos corta
cada individuo el trozo necesario para desayunarse, y queda el resto 15
colgado y expuesto a la lluvia, caranchos y multitud de moscones.
A las cuatro de la tarde ya aquella buena familia encuentra aquella
carne roída y con algunos gusanos, y les es preciso descarnarla bien
para aprovecharse de la que está cerca de los huesos, que con ellos
arriman sus grandes fuegos y aprovechan los caracúes, y al siguiente 20
día se ejecuta la misma tragedia, que se representa de enero a enero.
Toda esta grandeza, que acaso asombrará a toda la Europa, se reduce
a ocho reales de gasto de valor intrínseco, respecto de la abundancia
y situación del país.

Desde luego que la gente de poca reflexión graduará este gasto 25
por una grandeza apetecible, y en particular aquellos pobres que
jamás comen carne en un año a su satisfacción. Si estuvieran seis
meses en estos países, desearían con ansia y como gran regalo sus
menestras aderezadas con una escasa lonja de tocino y unos cortos
trozos de carne salada, pies y orejas de puerco, que no les faltan 30
diariamente, como las migas y ensaladas de la Mancha y Andalucía,
con la diferencia que estos colonos, por desidiosos, no gozan de un
fruto que a poco trabajo podía producir su país, y aquellos por el
mucho costo que les tiene el ganado, que reservan para pagar sus
deudas, tributos y gabelas. . . . 35

Esteban de Terralla y Landa

(c. 1750–1800)

El Perú ha dado a la literatura hispanoamericana tres de sus principales satíricos. Comenzó la tradición satírica en Lima con Valle y Caviedes en el siglo XVII; fue continuada por Esteban de Terralla y Landa en la segunda mitad del XVIII; culminó hacia fines del XIX con las *Tradiciones peruanas* de Ricardo Palma. Por desgracia, poco se sabe de la vida de los dos primeros satíricos peruanos.

Nacido en Andalucía, Terralla y Landa se dirigió primero a México para trabajar en las minas. Se opina que su viaje al Nuevo Mundo no fue motivado por ninguna curiosidad científica, sino simplemente por el deseo de aventura y riqueza. Llegó al Perú hacia 1787 y se convirtió en una especie de poeta de corte en la de su amigo el virrey Teodoro de Croix. Parece que perdió el favor de éste y murió en el asilo de los padres Betlemitas, arruinado física y moralmente.

Como poeta cortesano, Terralla escribió poesía artificiosa, llena de exageraciones y recursos gongorinos. Se la llamaba el poeta de las adivinanzas por su gran facilidad para improvisar acertijos en verso. Posteriormente, vomitó su odio contra el Virrey en venenosa sátira de tipo popular y rastrero. Su estilo es comparado al de Quevedo: se ha señalado *El buscón* como modelo específico del peruano.

La creación fundamental de Terralla se titula *Lima por dentro y fuera* (1797). Se publicó en Madrid y en poco tiempo en otras capitales. Terralla se firmaba "Simón Ayanque," haciendo tal vez un equívoco con el pez del mismo nombre muy comido en el Perú. La obra se compone de una introducción, diecisiete descansos o romances y un testamento seguido de epitafio, que es probablemente lo de mayor mérito literario.

Satirizó no sólo la capital, sino otras regiones del Perú. Como Caviedes, se ensañó en los médicos. Atacó también a los abogados; pero su blanco favorito fue la mujer limeña. Se burló de las de todas las clases y tipos, desde las vendedoras de tamales hasta las niñas regateadoras que pasaban las horas de tienda en tienda sin comprar nada. Por esta sátira, el Consejo de la ciudad quiso procesarlo. No sólo no lo consiguió, sino que contribuyó al mayor éxito de la obra, reimpresa muchas veces.

El testamento y epitafio prueban que sabía mantener el humor incluso ante cosas tan tristes como la muerte. En el primero deja en herencia a varias personas objetos tan valiosos como su espadín, su colchón y una guitarra sin cuerdas. Confiesa que se siente feliz de morir, porque este mundo es un basurero. Pide que nadie le llore o le alabe. En el epitafio, sugiere que sus amigos contemplen su cara para que aprendan lo que será un día su condición.

Otras obras de Terralla incluyen artículos de costumbres que publicó en el *Diario Erudito,* llenos de picante gracia, como el titulado "Semana del currutaco en Lima"; un poema paródico a la muerte de Carlos III, "Lamento métrico general" (1789); y otro descriptivo, "Alegría universal" (1790), en endecasílabos pareados.

LIMA POR DENTRO Y FUERA
(1797)
INTRODUCCIÓN

ROMANCE 1

Navegación y camino desde México, y la entrada en Lima hasta llegar a la posada.

¿Qué te ha hecho tu patria,
amigo,
para tanto desafecto?
¿Qué pesar te sobresalta?
¿Qué angustia? ¿Qué sentimiento?

5 ¿Qué mutación miro en ti
que de la cordura ajeno,
pretendes desamparar
tu benigno patrio suelo?

¿Por Lima intentas dejar
el mexicano hemisferio,   10
el pasto de la hermosura,
de la delicia el espejo?

¿Por Lima intentas dejar
de la grandeza el asiento,
del orbe la maravilla,   15
y de la opulencia el centro?

¿Por Lima intentas dejar
el más poderoso imperio,[1]
la más apreciable zona,
y el más provechoso seno?   20

¿Por Lima intentas dejar
la madre de los ingenios,

1 México.

la escuela de la pintura,
de la academia los metros?

¿Por Lima? ¡Terrible
　　absurdo!

¡Notabilísimo exceso!
5 ¿Dejar sin duda una gloria
por un conocido infierno?

　　¿Por una sombra, una luz;
por un eclipse, un lucero;
por una muerte, una vida;
10 y un gusto, por un tormento?

　　¡Oh!, cómo yo te infundiera
un vivaz conocimiento,
para que reconocieses
lo que va de reino a reino.

15 　Yo que en aquella ciudad
tantos aprendí escarmientos,
tantas adquirí experiencias,
tantos conseguí recuerdos;

　　Yo que, en aquella ciudad
20 tantos escuché lamentos,
tantas observé desdichas,
tantos miré desconsuelos;

　　No puedo, no, como
　　amigo,
dejarte sin mis consejos,
25 pues el daño que padezcas
lo iré yo también sufriendo.

Caudal tienes, eres joven,
galán, bizarro, y discreto,
escollos, pues, con que muchos
en el Perú se perdieron.　　30

　　Y para que reconozcas
de ese rumbo lo incierto,
pon atención a mis voces,
escucha, pues, mis acentos.

　　Mas, antes de demostrarte　　35
los firmes convencimientos
de la disuasión, precisa
que siente varios supuestos.

　　Hazte el cargo, amigo mío,
que te embarcas en el puerto　　40
de Acapulco, y felizmente
navegas el mar soberbio;

　　Que después de algunos meses
(por ser contrarios los vientos)
en Paita[2] te desembarcas,　　45
que es del Perú un surgidero;

　　Que trotas catorce leguas
por arenales inmensos,
y que de los que te faltan
son los menores aquéllos;　　50

　　Que descansas en Piura
ciudad con visos de pueblo,
benéfica solamente
para el contagio venéreo. . . .

DESCANSO SEGUNDO

ROMANCE 3
Almuerzo del café. Lo que pasa entre las mixtureras y tapadas.[3] Ficción de éstas en el traje. Casos muy comunes que acaecen con ellas en las tiendas. Y lo que es causa de que se destruyan varias familias.

[2] Paita es un puerto en el departamento de Piura, cuya capital, también llamada Piura, fue fundada por Pizarro.
[3] Tapada: mujer cubierta con un pañuelo que ocultaba la cabeza y parte de la cara. Algunas llevaban largos chales y apenas se les podía ver otra cosa que los ojos.

Allá voy en buen romance
(si acaso saliere bueno),
sin mudar el asonante
a proseguir mi dialecto.

5 Supongo que descansaste
aquella noche durmiendo
del antecedente día,
que es como todos un sueño.

Que te levantas temprano,
10 que te vas a un café luego,
y real y medio te llevan
por lo que no vale medio.

Que te pegan dos tostadas
con el chocolate a un tiempo,
15 más espuma que el jabón,
más agua que el mar inmenso.

Que ninguno te convida,
que tú como forastero,
si acaso a alguno brindas,
20 hallas quien te acepte luego.

Que te vas hacia la plaza,
y vas mirando los puestos
de viandas, de legumbres,
e insolentes cocineros.

25 Que encuentras muchas tapadas
que suben al cementerio,
y mil pucheros te hacen
porque las des un puchero.

No puchero de sustancia
30 para el común alimento,

sino una porción de flores
para que vayan oliendo.

Que todas están unidas,
para el asunto del codeo,
con las mismas mixtureras,　　35
las que las vuelven el resto.

Que aunque las flores que
llevan
solamente valgan medio,
si sueltas ocho reales
le dan lo demás del peso.　　40

Y si la dicha florera
no ejecuta nada de esto,
ya deja de ser casera
buscando al punto otro puesto.

Que luego después te incitan　45
que las convides a fresco,[4]
pues de fresco necesitan
para apagar tanto incendio.

Que si acaso las obsequias,
al fresco te dejan luego,　　50
sin que quedes fresco tú,
porque ellas se lo bebieron. . . .

Que una dice que es casada,
otra que es del monasterio,
haciéndose de las monjas　　55
la que fue de otros conventos.[5]

Que te pones a observar,
que ves bellísimos cuerpos
con las almas de leones,
y las pieles de corderos.　　60

---

4 Sigue una serie de juegos de palabras: *fresco* significa *refresco, aire libre* y *tranquilo.*
5 Tradúzcase: "pretending to be one of the nuns, she who came from another kind of convent."

Que son ángeles con uñas,
todo remilgos y quiebros,
todo cotufas y dengues,
todo quites y arremuecos,[6]

5   Todo artificio y ficción,
todo cautela y enredos,
todo mentira y trapaza,
todo embuste y fingimiento.

Una lleva saya rota,
10 buena media, manto nuevo,
buen zapato y buena hebilla,
mostrando un faldellín nuevo.

Otra no tiene zarcillos,
y fingiendo corrimiento,
15 disimula la carencia
poniéndose barbiquejo.

Ésta viene de viuda
el rico luto luciendo,
siendo así que ha muchos años
20 que en su casa no hubo entierro.

Aquélla conduce un hábito
como un hermano tercero,
que si de tercera fuese
le viniera más a pelo.[7]

25   Esta otra en la mercedaria[8]
mil mercedes te irá haciendo,
por tenerlo por costumbre,
y aun hábito que es lo mesmo.[9]

La otra va de canela,
y más de canela oliendo,   30
siendo del mismo color,
lo que va del manto adentro.

Jamás las manos descubre,
ni enseña tan sólo un dedo,
por no mostrar de que es   35
acanelado el pellejo.[10]

Pasa otra muy melindrosa
de bello garbo, buen cuerpo,
que parece cada brazo
mano de chocolatero.   40

Después se presenta otra
de artificioso meneo,
que voluntades conquista
del monte en descubrimientos.

En relámpago de éste   45
muestra el semblante risueño
el alba de la hermosura,
en blanca tez rico pelo.

Pero en tempestad de amor
vacila el entendimiento,   50
porque a relámpagos tantos,
fuerza es se sigan truenos.

En las tiendas van entrando
con mil frívolos pretextos,
solicitando clarín   55
por tratar con trompeteros.

---

[6] Tradúzcase: "all primness and curtsies, all fastidiousness and prudery, all retreats and advances."

[7] Juego de palabras: *tercera* o *terciaria* designa un miembro de una orden religiosa; pero *tercera* significa también *alcahueta*. *Hábito* puede ser asimismo *vestido religioso* y *vestido seglar*.

[8] Juego de palabras entre *orden mercedaria*, que era una orden religiosa, y *mercedes* ("favors").

[9] Mismo.

[10] Alusión a las indias de piel oscura. Acanelado: "cinnamon colored."

Una por royal pregunta,
otra solicita velo,
y las más buscan encajes
de los babosos tenderos. . . .

5   El mercader se enternece,
tragando saliva presto.
Los ojos le lagrimean,
brotando llamas por ellos.

Preguntan después si hay me-
dias
10 (que ellas suelen ser los medios)
del principio de una quiebra
que necesita braguero.

El dice que sí, y sacando
va una de ellas escogiendo,
15 mientras que él escoge una
en su idea y pensamiento.

Toma las que más le gustan,
pero sin tratar de precio;

porque sólo se contenta
con ver si se las ha puesto.   20

Sólo uno llega a pagarlas,
pues no las paga en efecto,
ni el que es mercader portal[11]
ni otro algún almacenero.

Conque las viene a pagar   25
el comerciante europeo,
que al Perú mandó memoria
con tan poco entendimiento.

Y así en los libros de cuentas
solamente se ven ceros,   30
y otras cuentas de quebrados,
que jamás hacen enteros. . . .

Ya cansado te contemplo,
y pues de tanto romance
cese el descanso segundo,   35
que ya me paso al tercero. . . .

TESTAMENTO

*Otorgado estando enfermo el
autor de esta obra quince días
antes de su fallecimiento, y lo
inserta un curioso que lo pudo
recoger.*

Conociendo que este mundo
es todo una patarata,
que no suelen conformar
las obras con las palabras;

5   Que los barberos son muchos,
que se suben a las barbas,[12]
que sientan a los del pelo,
y a los pelados levantan;

Que el que parece perito,
comunicado es manzana,[13]   10
y el que es melón desde lejos,
es de cerca calabaza;

Que el que no adula no tiene,
que al ingenio le separan,
que el que menos corre vuela,   15
y el pícaro es el que alcanza;

Que al que tiene mujer linda
quien le proteja no falta,
y más si la señorita
tiene la sangre liviana;   20

[11] Mercader portal: "door-to-door salesman."
[12] Tradúzcase: "that they fly in one's face."
[13] Juego de palabras entre *perito* ("expert") y el diminutivo de *pero*, una clase de pera.

Que sólo las mozas gustan,
y que las viejas enfadan,
porque son las mozas uvas,
cuando las viejas son pasas;

5 Que al revés de una oficina
son las mujeres mundanas,
al que paga lo detienen,
y al que no da lo despachan;[14]

Que al que miran en la calle
10 le suelen dar una plaza,
y por doña Dulcinea
se hace rico Sancho Panza;

Que dan a un pobre trompeta
una Insula Barataria,[15]
15 porque logró la fortuna
de tener alguna hermana;

Que los maridos no sirven
cuando los cortejos mandan,
que aquéllos siempre se encogen
20 ínterin éstos se alargan;

Que hay algunos que se topan
unas fortunas extrañas,
y en un tomo recopilan
mujer, mesa, coche y casa. . . .

25 Que con cinco o seis comedias
y las novelas de Zayas[16]
quieren saber hablar muchos
que no saben lo que se hablan. . . .

Que a las recogidas llevan
a las pobres desdichadas,   30
siendo un gran delito en éstas
lo que en las ricas es gala;[17]

Que entre los ricos y pobres
hay varios que se emborrachan,
siendo en unos alegría   35
lo que en otros es infamia. . . .

Viendo trastornado al mundo,
al demonio con cizaña,
al pecado por los suelos,
y a la carne muy barata;   40

Enfadado de vivir
moriré de buena gana,
pues las pesadumbres hieren,
y los desengaños matan.

Morir es fuerza: la muerte   45
no me puede ser ingrata;
muera de una vez un pobre
que está muriendo de tantas.

Callando, mi testamento
otorgaré y así basta;   50
quien calla otorga, se dice,
y así un adagio relata.

El alma sólo de Dios;
se la doy con toda el alma,
pues le costó a Jesucristo   55
toda su sangre comprarla.

---

[14] Las mujeres se comportan de modo contrario a lo que ocurre en una oficina: en ésta, dejan ir al que paga y detienen al que no paga. Ellas, por el contrario, interesadas en el dinero, retienen al que se lo da y no se interesan por el que no lo tiene.

[15] Referencias a personajes y lugares muy conocidos del *Quijote*.

[16] María de Zayas y Sotomayor, popular novelista española, que vivió en el siglo XVII.

[17] A las muchachas pobres de mala vida se las interna en "las recógidas," especie de reformatorio de mujeres, en tanto que a las ricas se las celebra.

Creo cuanto cree y confiesa
la Santa Iglesia Romana,
y el que no lo hiciere así,
verá allá lo que le pasa.

5 Mando se ponga mi cuerpo
depositado en una arpa,
y callaré como un muerto,
aunque empiecen a tocarla.

Los músicos de la Iglesia
10 mando que mi entierro vayan
a tocar, con condición
que de mí no toquen nada.

Cuando me echaren la tierra
no me den muchas patadas,
15 ni me aprieten, que aun los
    muertos
en apretándoles saltan.

Mando que a mi entierro asis-
    tan
doce negros con sus hachas,
en cueros, y no vestidos,
20 pues con este luto basta.

Que no me llore ninguno,
ni me alaben ni de chanzas,
pues es locura llorar
cuando los clérigos cantan.

25 Aunque el tiempo esté muy
    frío,
pónganme nieve en la espalda,
porque muero bien quemado,
y así lo fresco me adapta.

Más sobre el caso dijera,
pero no estoy para chanzas.   30
Prosigo mi testamento,
Señor escribano, vaya.

Ponga usted mandas forzosas,
por ahora no dejo nada,
porque donde no hay dinero   35
no son forzosas las mandas.

Mando mi espadín, que es
    bueno,
a aquél que robó mi capa,
con condición que se dé
con él muchas estocadas.   40

Ítem mando mi colchón
a un amigo que está en Jauja,[18]
y pueden mis albaceas
incluirlo en una carta.

A mi enfermero le mando   45
una regular guitarra
sin cuerdas, pero con trastes
para que adorne su cuadra. . . .

Dejo una casaca negra
a un pobre, bien tratada;   50
no está vuelta, porque yo
nunca he vuelto casaca.[19]

Declaro no ser casado,
y por lo mismo se encarga
al que fuere mi albacea,   55
me entierre con mis dos palmas.[20]

---

[18] Jauja (Junín) es una ciudad al este de Lima.
[19] Volver la casaca: cambiar de opinión cuando conviene.
[20] Las palmas eran símbolo de santidad y se daba una por virgen y otra por mártir. Como dice que es soltero, pide la de virgen; y como dice que ha sufrido mucho, la de mártir. Es posible también que haya un juego de palabras: palmas de la mano.

Declaro que soy muy tonto,
que todo el mundo me engaña,
que muchos en esta vida
lo son y no lo declaran.

5   Dejo dos barajas nuevas,
sin que les falte una carta,
y son buenas para aquéllos
que juegan con dos barajas.[21]

Dejo todo cuanto dejo,
10 pues en esta vida humana
algunos dejan las cosas
porque no pueden llevarlas.

Dejo a todas las vecinas
de mi parroquia en sus casas,
15 y si he de decir verdad,
no siento poco dejarlas. . . .

Declaro que hice sonetos,
décimas y cosas varias,
y que valen las novenas
20 mucho más que las octavas.

Declaro no dejo versos,
pues aunque era faramalla,
los tengo ya destinados
a cosas más necesarias.

25   Después de muerto no pienso
hacer versos, y es la causa
que no he de buscar la vida
en coplas ni en pataratas.

Para lo que yo he de hacer
muerto ya, dos velas bastan,   30
y no es del caso que sean
de navío o de fragata.

Si junto algún cocinero
darme sepultura tratan,
temo que aún después de muerto   35
salga con una empanada.

Que me encomienden a Dios
los sujetos de la farsa,
que en la comedia del mundo
ésta es la última jornada.   40

Concluyo mi testamento
con todas sus zarandajas,
éste es en suma el abierto,
el cerrado es el que falta.

EPITAFIO

Bajo de esta losa fría,   45
caliente, tibia o templada,
yacen las cenizas muertas
de un pobre que murió en brasas.

Suplico a cuantos me vean
contemplen bien en mi cara,   50
que lo que hoy se mira en mí,
se verá en ellos mañana.

---

[21] Jugar con dos barajas: tener dos personalidades o una doble cara.

CUARTA PARTE
SIGLO XIX (COMIENZOS)

Lucha por la independencia

Durante el siglo XVIII hubo en Hispanoamérica varias revueltas contra España, que fueron sofocadas drásticamente. Unas veces, como en Buenos Aires y Caracas, protestaban los criollos, descontentos por los privilegios de los españoles; otras, eran los indios los sublevados, como el Inca Túpac Amaru, que reclamaba el poder de sus ilustres predecesores. Los primeros intentos firmes de liberar las colonias también fracasaron: tanto Francisco de Miranda, "el Precursor," levantado en Venezuela en 1806, como Miguel Hidalgo, que se rebeló en México en 1810, fueron derrotados por el gobierno de Madrid. Sólo en 1825, mucho más tarde que los Estados Unidos, Hispanoamérica conoció el día dichoso de su independencia, con excepción de Puerto Rico y Cuba.

Se han señalado varias causas de la guerra de independencia. Algunos historiadores la consideraron erróneamente el término feliz y natural de las ideas reformistas del siglo XVIII, llevadas a sus últimas consecuencias. De haber sido así, la independencia debería haber aparecido revestida de una honda preocupación social. Pero, por desgracia, no hay nada de esto: desde entonces hasta nuestros días, se ha perpetuado en Hispanoamérica el abuso de poder, la injusticia social, el analfabetismo, cosas todas ellas contra las que se dirigían aquellas reformas. Se alteró el poder político, pero no el régimen social.

Otros exageraron la influencia de la revolución francesa y de la independencia estadounidense. Aunque parezca absurdo, la lucha de Hispanoamérica por su libertad comenzó como un acto de adhesión a España, invadida por Napoleón. Al igual que en la Península, los concejos asumieron el poder frente a la autoridad oficial usurpadora. Las juntas civiles y militares de varias ciudades reclamaron la dimisión de los virreyes por considerarlos representantes de Napoleón, no del rey de España. Es sintomático que Hispanoamérica mandase delegados a las Cortes de Cádiz (1810–12) donde los patriotas españoles se habían congregado como legítimo gobierno frente a Bonaparte.

Más tarde, cuando Fernando VII recobró el trono en 1814 y se convirtió en un déspota cruel y sanguinario, las colonias, lo mismo que los sectores liberales españoles, se levantaron contra él. Este absurdo y antihistórico absolutismo es la causa más inmediata de la lucha por la independencia, que, tras 1814, entró en la fase más aguda de oposición militar. En 1817, José de San Martín cruzó los Andes, venciendo a los realistas en Maipú un año más tarde: Chile quedó libre. En 1819, tras la victoria de Simón Bolívar en Boyacá, se independizaron Venezuela y Nueva Granada. Bolívar, dueño único del mando después de la renuncia y voluntario destierro de San Martín en 1822, libertó a Bolivia con la batalla de Junín y al Perú con la de Ayacucho en 1824. México se había independizado en 1813 y Argentina en 1816.

La literatura de este período, que se sitúa entre 1780 y 1825, fue en su estilo plenamente neoclásica. Por fin, después de un siglo de mediocridad desde la muerte de Sor Juana Inés de la Cruz, volvieron a surgir grandes escritores, de la talla de Andrés Bello y José María Heredia. El neoclasicismo alcanzó con esta generación sus mejores representantes americanos; pero ya era un poco tarde y la expresión estaba cambiando su signo una vez más. No es extraño sorprender las primeras manifestaciones del romanticismo en detalles como el paisaje, el sentimiento de melancolía, el ansia de libertad. En cuanto al contenido, predominó lógicamente el tono patriótico: los temas de independencia política y cultural abundaron tanto como los gritos de muerte al usurpador y al tirano.

POESÍA

Imitando los versos del español Manuel José Quintana (1772–1857), que tronaba en la Península contra Napoleón, los hispanoamericanos cantaron sus propias victorias militares y la gloria de sus generales ilustres, denostando a su vez a los españoles. El valor de esta poesía es en su mayor parte nulo: fue recogida en antologías como *La lira argentina* (1824) y *Cantares del pueblo ecuatoriano* (1892). Sólo José Joaquín Olmedo consiguió un poema excepcional con estos asuntos: *La victoria de Junín*. No obstante, siquiera para documentar una moda, vale la pena recordar algunos otros nombres. Juan Crisóstomo Lafinur (1787–1824), argentino que imitó a Meléndez Valdés en versos amatorios, compuso odas y elegías patrióticas como *A la jornada de Maipú*. En México, Andrés Quintana Roo (1787–1851) cantó hermosamente *Al 16 de septiembre de 1821*.

A la independencia política acompañó un deseo de independencia cultural que Bello encarnó ejemplarmente. Este deseo se manifestó en formas diversas, de las cuales la más duradera fue la valoración y cultivo de lo nativo. En poesía se consiguieron, dentro de esta corriente, algunos frutos destacables. El peruano Mariano Melgar (1791–1814), fusilado por los españoles en la flor de sus años, expresó la tristeza de la raza india en sus "yaravíes" o composiciones de origen indígena que se cantan al son de la vihuela. El uruguayo Bartolomé Hidalgo (1788–1822) interpretó el sentir patriótico de los gauchos en sus "cielitos" y los problemas de la independencia en *Diálogos patrióticos*.

La sátira encontró abundantes cultores. Francisco Acuña de Figueroa (1790–1862), nacido en Montevideo, escribió un poema burlesco, *La Malambrunada,* que describe cómicamente una guerra entre viejas y jóvenes, simbolizando la lucha entre lo nuevo y lo antiguo. Dejó, además, multitud de letrillas y epigramas satíricos. En el Perú, Felipe Pardo Aliaga (1806–68) zahirió con violencia instituciones, costumbres y aun razas de su país, al ver que la independencia no había cambiado nada. José Batres y Montúfar (1809–44) legó en sus tres cuentos en verso, *Tradiciones de Guatemala,* una narración llena de ironía, humor y malicia.

LA NOVELA

Suele considerarse *El Periquillo Sarniento* (1816) la primera novela de Hispanoamérica. Tan tardía aparición del género en estas latitudes ha suscitado la curiosidad de los críticos, que establecen varias hipótesis para explicar el hecho. Unos lo atribuyen al costo casi prohibitivo del papel y la impresión. Otros lo achacan a las leyes españolas que obligaban a enviar el manuscrito a la Península para aprobación: ésta tardaba a veces años que nadie se sentía con ánimos de esperar. Se ha señalado la intervención de la Inquisición y la prohibición de dejar circular libros de entretenimiento. Se aducen, por fin, el carácter épico y cortesano de la sociedad así como el temperamento criollo incapaz de obras que requieren tiempo y paciencia. Quizá pudiera pensarse en una razón más sencilla y evidente: desde mediados del siglo XVII, tampoco España tuvo novela. ¿Cómo la iba a tener la colonia que vivía de imitación? Y antes de esa fecha, Hispanoamérica no estaba socialmente madura para el género.

Antes de 1816, no obstante, cabe espigar aquí y allí algunas muestras novelescas. Ya se ha dicho que la crónica, con sus concesiones a la fantasía y su ocasional descuido de lo histórico, semeja con frecuencia una novela. Analogías con la novela pastoril se hallan en varias obras: *El siglo de oro en las selvas de Erífile* de Bernardo de Balbuena; *Los sirgueros de la Virgen* (1621) del mexicano Francisco Bramón, y *El pastor de Nochebuena* (1644) de Juan Palafox y Mendoza.

Próximas a la picaresca y a las novelas bizantinas o de viajes y aventuras, hay asimismo unas cuantas producciones. Se recordarán, como ya mencionadas, los *Infortunios de Alonso Ramírez* de Sigüenza y Góngora, y *El lazarillo de ciegos caminantes,* de "Concolorcorvo." Pueden añadirse otras. En 1625, se publicó una fantástica autobiografía de Catalina de Erauso, "la monja alférez," que disfrazada de hombre salió de España para combatir contra los araucanos y viajó por toda Sudamérica antes de dirigirse a Roma para expiar sus pecados. *El cautiverio feliz y razón de las guerras dilatadas de Chile* (1650?) del criollo chileno Francisco Núñez de Pineda y Bascuñán versa sobre sus años de juventud que pasó prisionero de los indios. *El carnero,* escrito en Nueva Granada entre 1636 y 1638 por Juan Rodríguez Freile, es una sátira dirigida especialmente contra las mujeres a través de una colección de relatos de amor y crimen en Bogotá desde la época de su fundador Jiménez de Quesada.

ORATORIA

Entre los géneros literarios conoció un gran desarrollo la oratoria civil, muy apta desde luego para expresar los sentimientos de período tan tenso y agitado. Desde una perspectiva moderna resulta excesivamente retórica, pero no ha de olvidarse que cumplió una función necesaria en su tiempo.

Tribunos famosos fueron los argentinos Bernardo de Monteagudo (1785–1825), trágicamente asesinado, cuyo pensamiento político está expuesto en su *Ensayo sobre la necesidad de una Federación General entre los estados hispanoamericanos,* y el popular Gregorio Funes

(1749–1829), deán de la Catedral de Córdoba, autor de libros como *Examen crítico* e *Historia civil de las provincias unidas del Río de la Plata*. En México, se destacó Fray Servando Teresa de Mier (1765–1827), que ha dejado en la *Apología y relaciones de su vida* un apasionante relato de sus múltiples persecuciones, encarcelamientos, fugas y destierros.

TEATRO

Predominó un teatro neoclásico. Siguiendo los paradigmas del italiano Vittorio Alfieri, se dramatizó la lucha contra la tiranía moral y política, comunicando un nuevo sentido a viejos episodios de la historia clásica, ensalzando las gestas de la independencia o atacando instituciones oscurantistas como el Trono y la Inquisición. Fueron muy solicitados asimismo asuntos relacionados con los indios y su triste destino. Es necesario recalcar la aparición de sociedades para el fomento del espectáculo: en la Argentina, desarrolló magnífica labor, aunque por breve tiempo, la Sociedad del Buen Gusto del Teatro, fundada en 1817.

En Buenos Aires nació y vivió casi toda su vida Juan Cruz Varela (1794–1839). Poeta neoclásico, pasó sucesivamente por los temas eróticos, filosófico-sociales y patrióticos. Escribió para el teatro dos tragedias notables por su fuerza: *Dido,* que dramatiza el conocido episodio de *La Eneida,* y *Argía,* centrada en la actuación del tirano Creón. Colombia aportó dos autores: José Fernández Madrid (1789–1830), que exaltó los sentimientos indígenas en *Guatimocín* y *Atala,* y Luis Vargas de Tejada (1802–29), recordado por su deliciosa comedia *Las convulsiones,* más que por sus dramas neoclásicos. En el Perú, Manuel Ascensio Segura (1805–71) cultivó el sainete popular y la comedia de costumbres.

La figura culminante del teatro neoclásico es la de un discípulo de Moratín, el mexicano Manuel Eduardo de Gorostiza (1789–1851). Hoy aparece incorporado a la literatura española, porque en España estrenó la mayor parte de sus comedias. No obstante, después de 1824, regresó a México y sirvió a su país como diplomático y militar. Sus obras, leves y graciosas, encierran siempre una lección de moral práctica: el valor de la tolerancia, las funestas consecuencias del juego, el peligro del sentimentalismo. Sobresalen *Indulgencia para todos* (1818) y *Contigo, pan y cebolla* (1833).

José Joaquín Olmedo

(1780–1847)

Por su alcurnia aristocrática, su educación clásica, su prominencia
política y la entrega a su país, José Joaquín Olmedo es un poeta
típico de la independencia hispanoamericana. Nacido en Guayaquil,
se trasladó a Lima para estudiar en la Universidad de San Marcos.
Representó a su ciudad natal en las Cortes de Cádiz. Al regreso de
España, desempeñó un importante papel en la liberación del Ecuador
y del Perú. En 1823, esta nación lo envió a Bolívar en busca de ayuda
militar. Posteriormente, Bolívar lo mandó a Londres en misión
especial. Volvió al Ecuador en 1828 y tomó parte activa en la política
del país. Fue vicepresidente de la República, pero lo derrotaron en
las elecciones para la presidencia en 1845.

La producción poética de Olmedo es escasa: trabajaba las obras
con gran lentitud y, por otro lado, la dedicación a la política no
le dejaba ratos de ocio artístico. Sus *Poesías completas,* sólo publicadas en la totalidad en Quito (1945) y México (1947), no llegan al
centenar. Típicamente neoclásico, compuso piececillas de corte
anacreóntico a lo Meléndez Valdés, y amorosas con fondo autobiográfico. Cultivó asimismo el género laudatorio y el elegíaco, siendo
de notar su primera devoción por los reyes y virreyes españoles. Por
su tema nativo, a pesar de ser una transposición poética de un
pasaje de *Atala,* merece recordarse la "Canción indiana."

Los poemas sobresalientes de Olmedo son "La victoria de Junín:
canto a Bolívar" (1825) y "Al general Flores, vencedor de Miñarica"
(1835). En su versión definitiva, aquél consta de novecientos nueve
versos y le llevó a su autor medio año de trabajo. Entre las influencias que se la señalan, figuran el griego Píndaro y el español
Quintana. "La victoria de Junín" presenta una estructura firme y
rigurosa: tras una introducción con la obligada invocación a las
Musas y el anuncio del triunfo, se describe brillantemente la acción
bélica de Junín. Mediante el habilidoso recurso de la aparición de

Huayna Cápac, se enlaza con ella la otra gran batalla, Ayacucho. El poema termina con una visión optimista del futuro de América en el canto de las vírgenes del Sol.

El primer juez de la obra fue el mismo Bolívar, que escribió al poeta una carta llena de ironía y acierto. Se quejaba en ella de que el Inca era más importante que él. Señalaba también la desproporción entre la realidad y el canto, cierta rimbombancia y la excesiva locuacidad del indio. Muchos críticos posteriores han repetido estas palabras. No le faltó razón al Libertador, es cierto; pero es de justicia notar que, por la extensión y el brío continuado sin desmayo, "La victoria de Junín" es el mejor poema épico de las literaturas hispánicas de entonces. Sus principales valores son la espléndida visión de la naturaleza americana y la fusión de todos los elementos constitutivos de América, desde el paisaje a la política, desde el indio al blanco.

Decididamente, Olmedo era un poeta de vena épica: en su otra gran composición, "Al general Flores," se inspiró nuevamente en una batalla, la de Miñarica, una más en las muchas guerras civiles que siguieron a la independencia. Irónicamente, al correr del tiempo, cantor y vencedor terminarían enemistados. En la introducción del poema justifica Olmedo su silencio desde Junín: no había nada grande que cantar. Resume luego los asuntos celebrados por él: las guerras, el paisaje, los indios. Entra en materia con la descripción de la batalla ganada por Flores, destacando en el conjunto el pasaje en que capta la impaciencia del caballo antes de la pelea, cuyo antecedente se encuentra en la Biblia. Por fin, se acaba con una execración de las guerras civiles y una invocación para que se humillen los Andes al paso del General.

Olmedo mantuvo viva amistad con los personajes ilustres de su tiempo, Bolívar, Sucre, Bello. Se conserva la correspondencia cruzada con ellos, que muestra un hombre sincero, de grandes alientos morales. Algunas de sus cartas son muy importantes para el estudio de su ideología y de la gestación de sus obras poéticas.

LA VICTORIA DE JUNÍN:
CANTO A BOLÍVAR

(1825; 1826)

El trueno horrendo que en fragor revienta
Y sordo retumbando se dilata
Por la inflamada esfera,
Al Dios anuncia que en el cielo impera.

5 Y el rayo que en Junín rompe y ahuyenta
La hispana muchedumbre
Que más feroz que nunca amenazaba
A sangre y fuego eterna servidumbre
Y el canto de victoria
10 Que en ecos mil discurre ensordeciendo
El hondo valle y enriscada cumbre,
Proclaman a Bolívar en la tierra
Arbitro de la paz y de la guerra.

Las soberbias pirámides que al cielo
15 El arte humano osado levantaba
Para hablar a los siglos y naciones;
Templos, do esclavas manos
Deificaban en pompa a sus tiranos,
Ludibrio son del tiempo, que con su ala
20 Débil las toca y las derriba al suelo,
Después que en fácil juego el fugaz viento
Borró sus mentirosas inscripciones;
Y bajo los escombros confundido
Entre la sombra del eterno olvido,
25 ¡Oh de ambición y de miseria ejemplo!,
El sacerdote yace, el Dios y el templo;

Mas los sublimes montes, cuya frente
A la región etérea se levanta,
Que ven las tempestades a su planta
30 Brillar, rugir, romperse, disiparse;
Los Andes, las enormes, estupendas

Moles sentadas sobre bases de oro,[1]
La tierra con su peso equilibrando,[2]
Jamás se moverán. Ellos, burlando
De ajena envidia y del protervo tiempo
La furia y el poder, serán eternos   5
De Libertad y de Victoria heraldos,
Que con eco profundo
A la postrema edad dirán al mundo:
"Nosotros vimos de Junín el campo;
Vimos que, al desplegarse   10
Del Perú y de Colombia las banderas,
Se turban las legiones altaneras,
Huye el fiero español despavorido,
O pide paz rendido.
Venció Bolívar: el Perú fue libre;   15
Y en triunfal pompa Libertad sagrada
En el templo del Sol fue colocada."[3]

¿Quién me dará templar el voraz fuego
En que ardo todo yo? Trémula, incierta,
Torpe, la mano va sobre la lira   20
Dando discorde son. ¿Quién me liberta
Del Dios que me fatiga?
Siento unas veces la rebelde Musa,
Cual bacante en furor, vagar incierta
Por medio de las plazas bulliciosas,   25
O sola por las selvas silenciosas
O las risueñas playas
Que manso lame el cuadaloso Guayas.[4]
Otras el vuelo arrebatado tiende
Sobre los montes, y de allí desciende   30
Al campo de Junín, y ardiendo en ira
Los numerosos escuadrones mira

[1] Referencia a las minas de oro en los Andes.
[2] Intrigó mucho a los hombres del siglo XVIII el problema del equilibrio de la tierra: les extrañaba que se mantuviese a pesar de la diferencia entre las masas terrestres de los dos hemisferios. Olmedo ve la solución en el tremendo peso de los Andes que compensaba la mayor cantidad de tierra en el norte.
[3] El culto del sol está asociado con los Incas.
[4] El río Guayas corre cerca de Guayaquil, donde Olmedo compuso el poema.

Que el odiado pendón de España arbolan;
Y en crestado morrión y peto armada,
Cual amazona fiera,
Se mezcla entre las filas la primera
5   De todos los guerreros,
Y a combatir con ellos se adelanta,
Triunfa con ellos y sus triunfos canta. . . .

¿Quién es aquél que el paso lento mueve
Sobre el collado que a Junín domina?
10   ¿Que el campo desde allí mide y el sitio
Del combatir y del vencer designa?
¿Que la hueste contraria observa, cuenta,
Y en su mente la rompe y desordena,
Y a los más bravos a morir condena,
15   Cual águila caudal que se complace
Del alto cielo en divisar su presa
Que entre el rebaño mal segura pace?
¿Quién el que ya desciende
Pronto y apercibido a la pelea?
20   Preñada en tempestades le rodea
Nube tremenda; el brillo de su espada
Es el vivo reflejo de la gloria;
Su voz un trueno; su mirada un rayo.
¿Quién, aquél que al trabarse la batalla,
25   Ufano como nuncio de victoria,
Un corcel impetuoso fatigando
Discurre sin cesar por toda parte,
Quién, sino el hijo de Colombia y Marte?[5]

Sonó su voz: "Peruanos,
30   Mirad allí los duros opresores
De vuestra patria. Bravos Colombianos,
En cien crudas batallas vencedores,
Mirad allí los enemigos fieros
Que buscando venís desde Orinoco:[6]
35   Suya es la fuerza, y el valor es vuestro.

[5] Bolívar, nacido en Caracas, que entonces formaba parte de la Gran Colombia.
[6] El cuartel general de Bolívar, durante las campañas de liberación del Ecuador y Colombia, estuvo en el valle del Orinoco.

Vuestra será la gloria;
Pues lidiar con valor y por la patria
Es el mejor presagio de victoria.
Acometed; que siempre
De quien se atreve más el triunfo ha sido: 5
Quien no espera vencer, ya está vencido."

Dice, y al punto cual fugaces carros,[7]
Que, dada la señal, parten y en densos
De arena y polvo torbellinos ruedan;
Arden los ejes; se estremece el suelo;   10
Estrépito confuso asorda el cielo;
Y en medio del afán cada cual teme
Que los demás adelantarse puedan;
Así los ordenados escuadrones
Que reflejan del iris los colores   15
O la imagen del sol en sus pendones,[8]
Se avanzan a la lid. ¡Oh! ¡quién temiera,
Quién, que su ímpetu mismo los perdiera!

¡Perderse! no, jamás; que en la pelea
Los arrastra y anima e importuna   20
De Bolívar el genio y la fortuna.
Llama improviso al bravo Necochea;[9]
Y mostrándole el campo,
Partir, acometer, vencer le manda.
Y el guerrero esforzado,   25
Otra vez vencedor, y otra cantado,
Dentro en el corazón por Patria jura
Cumplir la orden fatal—y a la victoria
O a noble y cierta muerte se apresura.

Ya el formidable estruendo   30
Del atambor en uno y otro bando;
Y el son de las trompetas clamoroso,
Y el relinchar del alazán fogoso,

[7] Carros: "chariots."
[8] La bandera de Colombia lleva los colores principales del arco iris: azul, rojo y amarillo. A su vez la del Perú lleva un sol en el medio.
[9] Mariano Necochea (1791–1841) fue un general argentino en el ejército de Bolívar.

Que erguida la cerviz y el ojo ardiendo,
En bélico furor salta impaciente
Do más se encruelece la pelea;
Y el silbo de las balas, que rasgando
5   El aire, llevan por doquier la muerte;
Y el choque asaz horrendo
De selvas densas de ferradas picas;
Y el brillo y estridor de los aceros
Que al sol reflectan sanguinosos visos;
10   Y espadas, lanzas, miembros esparcidos
O en torrentes de sangre arrebatados,
Y el violento tropel de los guerreros
Que más feroces mientras más heridos,
Dando y volviendo el golpe redoblado,
15   Mueren, mas no se rinden; todo anuncia
Que el momento ha llegado,
En el gran libro del Destino escrito,
De la venganza al pueblo americano,
De mengua y de baldón al castellano. . . .

20   Ora mi lira resonar debía
Del nombre y las hazañas portentosas
De tantos capitanes que este día
La palma del valor se disputaron,
Digna de todos . . . Carbajal . . . y Silva . . .
25   Y Suárez . . . y otros mil[10] . . . Mas de improviso
La espada de Bolívar aparece,
Y a todos los guerreros,
Como el sol a los astros, obscurece. . . .

En torno de la lumbre,
30   El nombre de Bolívar repitiendo
Y las hazañas de tan claro día,
Los jefes y la alegre muchedumbre
Consumen en acordes libaciones
De Baco y Ceres los celestes dones.

---

[10] Aunque Olmedo tiene cuidado de cargar todo el mérito en la cuenta de Bolívar, alaba a otros generales y se lamenta de que no puede referirse a ellos por extenso.

"Victoria, paz, clamaban,
Paz para siempre. Furia de la guerra,
Húndete al hondo averno derrocada;
Ya cesa el mal y el llanto de la tierra.
Paz para siempre. La sanguínea espada,   5
O cubierta de orín ignominioso,
O en el útil arado trasformada,
Nueves leyes dará. Las varias gentes
Del mundo, que a despecho de los cielos
Y del ignoto ponto proceloso,   10
Abrió a Colón su audacia o su codicia,
Todas ya para siempre recobraron
En Junín libertad, gloria y reposo."

Gloria, mas no reposo: de repente
Clamó una voz de lo alto de los cielos.   15
Y a los ecos los ecos por tres veces
Gloria, mas no reposo, respondieron.
El suelo tiembla; y cual fulgentes faros
De los Andes las cúspides ardieron.
Y de la noche el pavoroso manto   20
Se trasparenta, y rásgase, y el éter
Allá lejos purísimo aparece,
Y en rósea luz bañado resplandece.

Cuando improviso, veneranda sombra
En faz serena y además augusto   25
Entre cándidas nubes se levanta.
Del hombro izquierdo nebuloso manto
Pende, y su diestra aéreo cetro rige.
Su mirar noble, pero no sañudo;
Y nieblas figuraban a su planta   30
Penacho, arco, carcax, flechas y escudo.
Una zona de estrellas
Glorificaba en derredor su frente
Y la borla imperial de ella pendiente.

Miró a Junín; y plácida sonrisa   35
Vagó sobre su faz. "Hijos, decía,
Generación del Sol afortunada,

Que con placer yo puedo llamar mía,
Yo soy Huaina Cápac: soy el postrero
Del vástago sagrado;
Dichoso rey, mas padre desgraciado.
5   De esta mansión de paz y luz he visto
Correr las tres centurias
De maldición, de sangre y servidumbre;
Y el Imperio regido por las Furias.

No hay punto en estos valles y estos cerros
10   Que no mande tristísimas memorias.
Torrentes mil de sangre se cruzaron
Aquí y allí; las tribus numerosas
Al ruido del cañón se disiparon;
Y los restos mortales de mi gente
15   Aun a las mismas rocas fecundaron.
Más allá un hijo expira entre los hierros[11]
De su sagrada majestad indignos.
Un insolente y vil aventuro
Y un iracundo sacerdote fueron[12]
20   De un poderoso rey los asesinos.
¡Tantos horrores y maldades tantas
Por el oro que hollaban nuestras plantas! . . .

"¡Guerra al usurpador! ¿Qué le debemos?
¿Luces, costumbres, religión o leyes?
25   ¡Si ellos fueron estúpidos, viciosos,
Feroces, y por fin supersticiosos!
¿Qué religión?, ¿la de Jesús?   ¡Blasfemos!
Sangre, plomo veloz, cadenas fueron
Los sacramentos santos que trajeron.
30   ¡Oh religión!, ¡oh fuente pura y santa
De amor y de consuelo para el hombre!
¡Cuántos males se hicieron en tu nombre!
¿Y qué lazos de amor? Por los oficios
De la hospitalidad más generosa
35   Hierros nos dan; por gratitud, suplicios.

---

[11] Atahualpa, que junto con su hermano Huascar, heredó el trono de los Incas de su padre Huayna Cápac. Fue hecho prisionero por Pizarro.
[12] Pizarro y Fray Valverde.

Todos, sí, todos, menos uno solo;
El mártir del amor americano;
De paz, de caridad apóstol santo;
Divino Casas,[13] de otra patria digno.
Nos amó hasta morir. Por tanto ahora   5
En el empíreo entre los Incas mora.

"En tanto la hora inevitable vino
Que con diamante señaló el Destino,
A la venganza y gloria de mi pueblo.
Y se alza el Vengador. Desde otros mares   10
Como sonante tempestad se acerca;
Y fulminó. Y del Inca en la Peana,[14]
Que el tiempo y un poder furial profana,
Cual de un Dios irritado en los altares
Las víctimas cayeron a millares.   15
¡Oh campos de Junín! ¡Oh predilecto
Hijo y Amigo y Vengador del Inca![15]
¡Oh Pueblos, que formáis un pueblo solo
Y una familia, y todos sois mis hijos!
Vivid, triunfad."   20

            El Inca esclarecido
Iba a seguir; mas de repente queda
En éxtasis profundo embebecido.
Atónito en el cielo
Ambos ojos inmóviles ponía,
Y en la improvisa inspiración absorto   25
La sombra de una estatua parecía.
Cobró la voz al fin. "Pueblos, decía,
La página fatal ante mis ojos
Desenvolvió el Destino, salpicada
Toda en purpúrea sangre; mas en torno   30
También en bello resplandor bañada.
Jefe de mi nación, nobles guerreros,
Oíd cuanto mi oráculo os previene,

[13] Bartolomé de las Casas.
[14] Según nota del propio Olmedo, "La peana del Inca era un edificio en el que solía descansar cuando atravesaba el gran camino de la Cordillera."
[15] Bolívar es visto como vengador de los incas por luchar contra los españoles.

Y requerid los ínclitos aceros,
Y en vez de cantos nueva alarma suene;
Que en otros campos de inmortal memoria
La Patria os pide, y el Destino os manda
5   Otro afán, nueva lid, mayor victoria."[16]

Las legiones atónitas oían.
Mas luego que se anuncia otro combate,
Se alzan, arman, y al orden de batalla
Ufanas y prestísimas corrieran;
10   Y ya de acometer la voz esperan.
Reina el silencio. Mas de su alta nube
El Inca exclama: "De ese ardor es digna
La ardua lid que os espera;
Ardua, terrible, pero al fin postrera.
15   Ese adalid vencido
Vuela en su fuga a mi sagrada Cuzco;
Y en su furia insensata
Gentes, armas, tesoros arrebata,
Y a nuevo azar entrega su fortuna.
20   Venganza, indignación, furor le inflaman,
Y allá en su pecho hierven como fuegos
Que de un volcán en las entrañas braman.

"Marcha; y el mismo campo donde ciegos
En sangrienta porfía
25   Los primeros tiranos disputaron
Cuál de ellos solo dominar debía,
Pues el poder y el oro dividido
Templar su ardiente fiebre no podía
En ese campo, que a discordia ajena
30   Debió su infausto nombre y la cadena
Que después arrastró todo el imperio;
Allí, no sin misterio
Venganza y gloria nos darán los Cielos.
¡Oh valle de Ayacucho bienhadado!,
35   ¡Campo serás de gloria y de venganza,

---

[16] Alude a la más importante batalla de Ayacucho, ganada por Antonio José de Sucre.

Mas no sin sangre. Yo me estremeciera,
Si mi ser inmortal no lo impidiera!

"Allí Bolívar, en su heroica mente
Mayores pensamientos revolviendo,
El nuevo triunfo trazará, y haciendo   5
De su genio y poder un nuevo ensayo,
Al joven Sucre prestará su rayo,
Al joven animoso,
A quien del Ecuador montes y ríos
Dos veces aclamaron victorioso.   10
Ya se verá en la frente del guerrero
Toda el alma del Héroe[17] reflejada,
Que él le quiso infundir de una mirada.

"Como torrentes desde la alta cumbre
Al valle en mil raudales despeñados,   15
Vendrán los hijos de la infanda Iberia,
Soberbios en su fiera muchedumbre,
Cuando a su encuentro volará impaciente
Tu juventud, Colombia belicosa,
Y la tuya, ¡oh Perú!, de fama ansiosa,   20
Y el caudillo impertérrito a su frente.

"¡Atroz, horrendo choque, de azar lleno!
Cual aturde y espanta en su estallido
De hórrida tempestad el postrer trueno,
Arder en fuego el aire,   25
En humo y polvo obscurecerse el cielo,
Y con la sangre en que rebosa el suelo,
Se verá el Apurímac[18] de repente
Embravecer su rápida corriente.

"Mientras por sierras y hondos precipicios   30
A la hueste enemiga
El impaciente Córdova[19] fatiga;
Córdova, a quien inflama

---

[17] El "Héroe" es naturalmente Bolívar.
[18] Río peruano.
[19] José María Córdova (Córdoba), famoso general colombiano y uno de los héroes de la batalla de Ayacucho.

Fuego de edad, y amor de patria y fama;
Córdova, en cuyas sienes con bello arte
Crecen y se entrelazan
Tu mirto, Venus, tus laureles, Marte.
5   Con su Miller los húsares recuerdan
El nombre de Junín; Vargas su nombre,
Y vencedor el suyo con su Lara[20]
En cien hazañas cada cual más clara.

"Allá por otra parte,
10 Sereno, pero siempre infatigable;
Terrible cual su nombre, batallando
Se presenta La Mar;[21] y se apresura
La tarda rota del protervo bando.
Era su antiguo voto, por la patria
15 Combatir y morir. Dios complacido
Combatir y vencer le ha concedido.
Mártir del pundonor, he aquí tu día.
Ya la calumnia impía
Bajo tu pie bramando confundida,
20 Te sonríe la Patria agradecida.
Y tu nombre glorioso,
Al armónico canto que resuena
En las floridas márgenes del Guayas,
Que por oírlo su corriente enfrena,
25 Se mezclará; y el pecho de tu amigo
Tus hazañas cantando y tu ventura
Palpitará de gozo y de ternura. . . .

"Tuya será, Bolívar, esta gloria:
Tuya romper el yugo de los reyes,
30 Y a su despecho entronizar las leyes;
Y la discordia en áspides crinada,[22]

---

[20] Guillermo Miller, nacido en Inglaterra en 1795, se distinguió con Neocochea en la batalla de Junín. José María Vargas, nacido en Caracas en 1786, fue uno de los promotores de la independencia de Venezuela. Juan Jacinto Lara (1778–1859) fue general venezolano.

[21] La Mar, natural de Guayaquil, vivió algún tiempo en España donde combatió contra las tropas de Napoleón. Más tarde, en América, fue falsamente acusado de conspirar con el ejército español.

[22] Imagen tomada de la mitología griega: las Gorgonas, tres horribles monstruos, tenían serpientes por cabellos.

Por tu brazo en cien nudos aherrojada,
Ante los Haces[23] santos confundidas
Harás temblar las armas parricidas.

"Ya las hondas entrañas de la tierra
En larga vena ofrecen el tesoro   5
Que en ellas guarda el sol, y nuestros montes
Los valles regarán con lava de oro.
Y el pueblo primogénito dichoso[24]
De libertad, que sobre todos tanto
Por su poder y gloria se enaltece,   10
Como entre sus estrellas
La estrella de Virginia resplandece,[25]
Nos da el ósculo santo
De amistad fraternal. Y las naciones
Del remoto hemisferio celebrado,   15
Al contemplar el vuelo arrebatado
De nuestras musas y artes,
Como iguales amigos nos saludan;
Con el tridente abriendo la carrera
La reina de los mares la primera.[26]   20

"Será perpetua, oh pueblos, esta gloria
Y vuestra libertad incontrastable
Contra el poder y liga detestable[27]
De todos los tiranos conjurados,
Si en lazo federal de polo a polo   25
En la guerra y la paz vivís unidos.
Vuestra fuerza es la unión. ¡Unión, oh pueblos,
Para ser libres y jamás vencidos!
Esta unión, este lazo poderoso

23 *Los haces* o *las fasces* fueron el símbolo romano del poder y la ley durante la época republicana.
24 Los Estados Unidos, primer pueblo americano en proclamar la independencia, se apresuró a ayudar y reconocer a los vecinos del sur.
25 La estrella de Virginia es George Washington.
26 Inglaterra, la reina de los mares, aparece simbolizada por el tridente de Neptuno, el dios del mar. Fue la primera nación europea que reconoció la independencia suramericana.
27 Alusión a la Santa Alianza formada por Francia, Rusia, Austria y España para preservar el trono y la tradición. Se temía su intervención para sofocar el movimiento de independencia en América del Sur.

La gran cadena de los Andes sea,
Que en fortísimo enlace se dilatan
Del uno al otro mar. Las tempestades
Del cielo ardiendo en fuego se arrebatan;
5   Erupciones volcánicas arrasan
Campos, pueblos, vastísimas regiones,
Y amenazan horrendas convulsiones
El globo destrozar desde el profundo:
Ellos,[28] empero, firmes y serenos
10   Ven el estrago funeral del mundo.

"Ésta es, Bolívar, aún mayor hazaña
Que destrozar el férreo cetro a España.
Y es digna de ti solo. En tanto triunfa,
Ya se alzan los magníficos trofeos.
15   Y tu nombre aclamado
Por las vecinas y remotas gentes
En lenguas, voces, metros diferentes,
Recorrerá la serie de los siglos
En las alas del canto arrebatado,
20   Y en medio del concento numeroso
La voz del Guayas crece[29]
Y a las más resonantes enmudece.
Tú la salud y honor de nuestro pueblo
Serás viviendo, y Ángel poderoso
25   Que lo proteja cuando
Tarde al empíreo el vuelo arrebatares,
Y entre los claros Incas
A la diestra de Manco[30] te sentares. . . .

[28] Los Andes.
[29] La voz del poeta Olmedo.
[30] Manco Cápac fue el primer emperador inca, una figura casi legendaria.

Andrés Bello

(1781–1865)

Andrés Bello es uno de los grandes hombres que, de vez en cuando, produce Iberoamérica. En la encrucijada crítica de la independencia, asumió la misión de maestro y orientador intelectual. Con los ojos en el pasado, defendió e incorporó a los jóvenes pueblos la tradición hispánica que era para él la base de toda unidad y destino común. Mirando al futuro, propuso un vasto programa de educación y de actuación netamente americanas. Quiso así enriquecer el legado de España con una aportación autóctona. Obligado por las circunstancias, ramificó su quehacer en múltiples direcciones para estimular a los demás en todos los campos del saber. Su vida ha sido dividida en tres etapas: 1781–1810, período de formación, en Caracas; 1810–29, período de madurez intelectual, en Londres; 1829–65, período de labor educativa, en Chile.

Bello nació en Caracas. Su educación se basó en el estudio del latín, la literatura española del Siglo de Oro, y la filosofía racionalista francesa. Se dedicó a le enseñanza privada teniendo entre sus discípulos a Simón Bólivar. Acompañó a Alexander von Humboldt en algunas de sus excursiones científicas. Fue enviado a Londres por la Junta de Caracas, que así deshizo ciertas acusaciones contra él de haber entregado al gobernador español secretos de los rebeldes. Se relacionó con intelectuales ingleses y con los liberales españoles desterrados. En la capital inglesa fundó la *Biblioteca Americana* (1823) y el *Repertorio Americano* (1826), revistas en que aparecieron muchas de sus obras.

En 1829 se estableció en Chile, nación de la que hizo su patria adoptiva. Ejerció una decisiva labor de educación desde el periódico, la cátedra y el libro. En 1842 el sabio polígrafo sostuvo con el impetuoso argentino Domingo Faustino Sarmiento una violenta polémica sobre el romanticismo, que fue uno de los pasos más importantes para el desarrollo de este movimiento. Fundó la Universidad de Chile, en 1843; su discurso inaugural permanece como ambicioso e inteligente programa de actuación. Su labor legislativa se tradujo en el *Código civil chileno* (1855), lleno de sabiduría y sentido práctico.

Su obra no estrictamente literaria es muy numerosa. Contribuyó a la ciencia jurídica con el mencionado *Código* y los *Principios de derecho internacional* (1855), manual preciso y claro, en que recoge las ideas del tiempo, añadiendo comentarios personales muy agudos. Durante su estancia en Inglaterra, adquirió una sólida formación filosófica, de la que es fruto su *Filosofía del entendimiento*. Siguiendo a David Hume, George Berkeley y John S. Mill, expone la doctrina de la percepción sensible, aportando datos originales en algunos aspectos, como los relacionados con la memoria.

Sus estudios lingüísticos conservan aún actualidad. En *Principios de ortología y métrica* (1835) sistematizó y modernizó la materia. La *Gramática de la lengua castellana* (1847) es todavía hoy libro de obligada consulta. Históricamente, tuvo como función preservar la unidad del español, al oponerse a los vulgarismos locales y al aconsejar la imitación de los grandes escritores. En esto, como en otras cosas, Bello fue la antítesis de Sarmiento, que propuso romper todo vínculo con la lengua de España. Teóricamente, hay en aquélla adivinaciones geniales de algunas teorías lingüísticas modernas y una casuística práctica, abundante y exacta.

Cultivó, por fin, la crítica literaria, centrándose en temas medievales, pues, en Londres, tuvo ocasión de consultar las riquísimas bibliotecas de literatura medieval. Mucho antes de que la crítica moderna lo admitiera y contra la opinión vigente, sostuvo que el romancero deriva de los cantares de gesta. En los *Estudios sobre el poema del Cid* dejó observaciones de gran valor.

En el plano rigurosamente literario, Bello es poeta. Se inició en Caracas, vertiendo al español e imitando a los latinos. Llegó también a componer poemas de índole patriótica como "A la victoria de Bailén." Más tarde, en Chile, escribió fábulas, poemas festivos y religiosos, epístolas. Fue también excelente traductor de clásicos y modernos: es curioso señalar cierta predilección por los románticos como Lord Byron y Victor Hugo. De este último, tradujo parcialmente "La prière pour tous," dándole una grave contención y serenidad, que ha hecho creer en una verdadera recreación, tal vez superior al modelo.

Pero las obras de valor permanente corresponden a su estancia en

Londres. Allí concibió la magna idea de componer un poema que se titularía *América* y daría expresión a la nueva realidad del continente. De hecho, publicó sólo dos fragmentos, "Alocución a la poesía" (1823) y "Silva a la agricultura de la zona tórrida" (1826) bajo el título general de *Silvas americanas*. Entre las dos forman una unidad programática: la primera propone una tarea literaria, descubrir y cantar el paisaje y la historia de Hispanoamérica; la segunda, una tarea social y política, cultivar el campo, olvidar la ciudad por un momento. Las dos constituyen la proclamación de la independencia cultural de las viejas colonias. Se destacan en ellas la detallada descripción de la flora tropical y las notaciones de perfumes y colores. Tal vez los viajes en que Bello acompañó a Humboldt le enseñaron a observar estas cosas de cerca.

La poesía de Bello es neoclásica, llena de serenidad y elegancia, vertida en una forma correcta y contenida. Pero adquirió matices románticos, debido a la larga vida del poeta y a su estancia en Inglaterra. El sentimiento del paisaje americano es una conquista suya que nadie le puede disputar. La polémica con Sarmiento, hombre apasionado que llevó las cosas a extremos injustos como pedir el destierro del venerable patriarca, falseó la imagen verdadera de Bello. Apareció antirromántico, cuando en realidad no lo fue: siempre admitió el romanticismo como una constante de la historia literaria y tradujo a algunos de sus más eximios representantes; pero condenó las exageraciones. Era un espíritu moderado, en busca del equilibrio y la serena belleza.

SILVA A LA AGRICULTURA
DE LA ZONA TÓRRIDA
(1826)

¡Salve, fecunda zona,
que al sol enamorado circunscribes
el vago curso, y cuanto ser se anima
en cada vario clima,
acariciada de su luz, concibes![1]   5

---

[1] Orden: fecunda zona que circumscribes el vago curso al sol enamorado, y, acariciada de su luz (del sol), concibes cuanto ser ("every living being that") se anima en cada vario clima. Bello dice que por la gran variedad de alturas en el trópico americano, hay gran variedad de plantas y animales.

Tú tejes al verano su guirnalda
de granadas espigas; tú la uva
das a la hirviente cuba;
no de purpúrea fruta, o roja, o gualda,
5   a tus florestas bellas
falta matiz alguno; y bebe en ellas
aromas mil el viento;
y greyes van sin cuento
paciendo tu verdura, desde el llano
10   que tiene por lindero el horizonte,
hasta el erguido monte,
de inaccesible nieve siempre cano.

Tú das la caña hermosa,
de do la miel se acendra,
15   por quien[2] desdeña el mundo los panales;
tú en urnas de coral cuajas la almendra
que en la espumante jícara rebosa;
bulle carmín viviente[3] en tus nopales,
que afrenta fuera al múrice de Tiro;
20   y de tu añil la tinta generosa
émula es de la lumbre del zafiro.
El vino es tuyo, que la herida agave
para los hijos vierte
del Anáhuac[4] feliz; y la hoja es tuya,
25   que, cuando de süave[5]
humo en espiras vagorosas huya,
solazará el fastidio al ocio inerte.
Tú vistes de jazmines
el arbusto sabeo,[6]
30   y el perfume le das, que en los festines

[2] Por la que. Se refiere a *miel*.

[3] Tinte rojo extraído de la cochinilla, insecto que vive en el cacto o nopal de México y la América Central. Bello lo considera superior al tinte clásico y famoso de Tiro que se extraía del múrice, especie de caracol marino.

[4] Nombre azteca del Valle de México.

[5] Otro ejemplo del uso de la diéresis sobre la "u" de un diptongo para agregar una sílaba al verso.

[6] El café. Como se sabe, esta planta proviene de Arabia; era particularmente famoso el de Sabá.

la fiebre insana templará a Lieo.[7]
Para tus hijos la procera palma[8]
su vario feudo cría,
y el ananás sazona su ambrosía;
su blanco pan la yuca;   5
sus rubias pomas la patata educa;
y el algodón despliega al aura leve
las rosas de oro[9] y el vellón de nieve.
Tendida para ti la fresca parcha
en enramadas de verdor lozano,   10
cuelga de sus sarmientos trepadores
nectáreos globos y franjadas flores;
y para ti el maíz, jefe altanero
de la espigada tribu, hincha su grano;
y para ti cl banano   15
desmaya al peso de su dulce carga;
el banano, primcro
de cuantos concedió bellos presentes[10]
providencia a las gentes
del ecuador feliz con mano larga.   20
No ya de humanas artes obligado
el premio rinde opimo;
no es a la podadera, no al arado
deudor de su racimo;
escasa industria bástale, cual puede   25
hurtar a sus fatigas mano esclava;
crece veloz, y cuando exhausto acaba,
adulta prole en torno le sucede.

    Mas, ¡oh!, ¡si cual no cede
el tuyo, fértil zona, a suelo alguno,   30
y como de natura esmero ha sido,
de tu indolente habitador lo fuera!
¡Oh!, ¡si al falaz rüido

---

7 Baco, dios del vino. Según Bello, el café templa el efecto del alcohol.
8 Bello explicó que "ninguna familia de vegetales puede competir con las palmas en la variedad de productos útiles al hombre."
9 La flor del algodón es amarilla.
10 Orden: de cuantos bellos presentes concedió.

la dicha al fin supiese verdadera
anteponer, que del umbral le llama
del labrador sencillo,
lejos del necio y vano
5   fasto, el mentido brillo,
el ocio pestilente ciudadano![11]
¿Por qué ilusión funesta
aquellos que fortuna hizo señores
de tan dichosa tierra y pingüe y varia,
10   al cuidado abandonan
y a la fe mercenaria
las patrias heredades,
y en el ciego tumulto se aprisionan
de míseras ciudades,
15   do la ambición proterva
sopla la llama de civiles bandos,
o al patriotismo la desidia enerva;
do el lujo las costumbres atosiga,
y combaten los vicios
20   la incauta edad en poderosa liga?
No allí con varoniles ejercicios
se endurece el mancebo a la fatiga;
mas la salud estraga en el abrazo
de pérfida hermosura,
25   que pone en almoneda los favores;
mas pasatiempo estima
prender aleve en casto seno el fuego
de ilícitos amores;
o embebecido le hallará la aurora
30   en mesa infame de ruinoso juego.
En tanto a la lisonja seductora
del asiduo amador fácil oído
da la consorte; crece
en la materna escuela
35   de la disipación y el galanteo

---

[11] Bello expone aquí una de sus ideas favoritas: la verdadera felicidad se halla en la paz del campo, no en el ruido ni el fasto de la ciudad. Critica de paso la pereza de los naturales que no cooperan con la fertilidad de la tierra en crear riqueza.

la tierna virgen, y al delito espuela
es antes el ejemplo que el deseo.[12]
¿Y será que se formen de ese modo
los ánimos heroicos denodados
que fundan y sustentan los estados?   5
¿De la algazara del festín beodo,
o de los coros de liviana danza,
la dura juventud saldrá, modesta,
orgullo de la patria, y esperanza?
¿Sabrá con firme pulso   10
de la severa ley regir el freno;
brillar en torno aceros homicidas
en la dudosa lid verá sereno;[13]
o animoso hará frente al genio altivo
del engreído mando en la tribuna,   15
aquél que ya en la cuna
durmió al arrullo del cantar lascivo,
que riza el pelo, y se unge, y se atavía
con femenil esmero,
y en indolente ociosidad el día,   20
o en criminal lujuria pasa entero?
No así trató la triunfadora Roma
las artes de la paz y de la guerra;
antes fio las riendas del estado
a la mano robusta   25
que tostó el sol y encalleció el arado;
y bajo el techo humoso campesino
los hijos educó, que el conjurado
mundo allanaron al valor latino.

¡Oh!, ¡los que, afortunados poseedores,   30
habéis nacido de la tierra hermosa,
en que reseña hacer[14] de sus favores,
como para ganaros y atraeros,
quiso Naturaleza bondadosa!,

---

[12] Tradúzcase: "and [bad] example, rather than desire, spurs her on to sin."
[13] Orden: verá sereno (serenamente) aceros (espadas) homicidas brillar en torno en la dudosa lid.
[14] Tradúzcase: "presents a pageant."

romped el duro encanto
que os tiene entre murallas prisioneros.
El vulgo de las artes laborioso,
el mercader que necesario al lujo
5   al lujo necesita,
los que anhelando van tras el señuelo
del alto cargo y del honor ruidoso,
la grey de aduladores parasita,
gustosos pueblen ese infecto caos;
10   el campo es vuestra herencia; en él gozaos.
¿Amáis la libertad? El campo habita,
no allá donde el magnate
entre armados satélites se mueve,
y de la moda, universal señora,
15   va la razón al triunfal carro atada,[15]
y a la fortuna la insensata plebe,
y el noble al aura popular adora.
¿O la virtud amáis? ¡Ah, que el retiro,
la solitaria calma
20   en que, juez de sí misma, pasa el alma
a las acciones muestra,[16]
es de la vida la mejor maestra!
¿Buscáis durables goces,
felicidad, cuanta es al hombre dada
25   y a su terreno asiento, en que vecina
está la risa al llanto, y siempre, ¡ah!, siempre
donde halaga la flor, punza la espina?
Id a gozar la suerte campesina;
la regalada paz, que ni rencores
30   al labrador, ni envidias acibaran;
la cama que mullida le preparan
el contento, el trabajo, el aire puro;
y el sabor de los fáciles manjares,
que dispendiosa gula no le aceda;[17]
35   y el asilo seguro

---

[15] Orden: y la razon va atada al triunfal carro de la moda, señora universal.
[16] Tradúzcase: "where the soul, as its own judge, reviews its deeds."
[17] El gusto no ha sido aún estropeado por la gula que busca sin cesar alimentos caros y variados.

de sus patrios hogares
que a la salud y al regocijo hospeda.
El aura respirad de la montaña,
que vuelve al cuerpo laso
el perdido vigor, que a la enojosa   5
vejez retarda el paso,
y el rostro a la beldad tiñe de rosa.
¿Es allí menos blanda por ventura
de amor la llama, que templó el recato?
¿O menos aficiona la hermosura   10
que de extranjero ornato
y afeites impostores no se cura?[18]
¿O el corazón escucha indiferente
el lenguaje inocente
que los afectos sin disfraz expresa,   15
y a la intención ajusta la promesa?
No del espejo al importuno ensayo
la risa se compone, el paso, el gesto;[19]
ni falta allí carmín al rostro honesto
que la modestia y la salud colora,   20
ni la mirada que lanzó al soslayo
tímido amor, la senda al alma ignora.
¿Esperaréis que forme
más venturosos lazos himeneo,
do el interés barata,   25
tirano del deseo,
ajena mano y fe por nombre o plata,
que do conforme gusto, edad conforme,
y elección libre, y mutuo ardor los ata?[20] ...

¡Buen Dios!, no en vano sude,   30
mas a merced y a compasión te mueva
la gente agricultora

---

[18] Curarse: "to pay attention."
[19] No ensaya en el espejo el gesto, la sonrisa ni el modo de andar.
[20] Orden: ¿Esperaréis que el himeneo forme lazos más venturosos do (donde) el interés, tirano del deseo, barata ajena mano y fe por nombre o plata, que do gusto conforme, edad conforme y elección libre y ardor mutuo los ata? Baratar: "to barter"; conforme: "similar." Quiere decir el matrimonio es más feliz si media el amor y no el interés, sea éste dinero o nobleza.

del ecuador, que del desmayo triste
con renovado aliento vuelve ahora,
y tras tanta zozobra, ansia, tumulto,
tantos años de fiera
5   devastación y militar insulto,[21]
aun más que tu clemencia antigua implora.
Su rústica piedad, pero sincera,
halle a tus ojos gracia; no el risueño
porvenir que las penas le aligera,
10   cual de dorado sueño
visión falaz, desvanecido llore;[22]
intempestiva lluvia no maltrate
el delicado embrión;[23] el diente impío
de insecto roedor no lo devore;
15   sañudo vendaval no lo arrebate,
ni agote al árbol el materno jugo
la calorosa sed de largo estío.[24]
Y pues al fin te plugo,
árbitro de la suerte soberano,
20   que, suelto el cuello de extranjero yugo,
erguiese al cielo el hombre americano,
bendecida de tí se arraigue y medre
su libertad; en el más hondo encierra
de los abismos la malvada guerra,
25   y el miedo de la espada asoladora
al suspicaz cultivador no arredre
del arte bienhechora,
que las familias nutre y los estados;
la azorada inquietud deje las almas,
30   deje la triste herrumbre los arados.
Asaz de nuestros padres malhadados
expiamos la bárbara conquista.
¿Cuántas doquier la vista

[21] Alusión a la guerra de la independencia en Suramérica.
[22] Orden: (Que la rústica piedad) no llore el risueño porvenir que le aligera las penas, desvanecido cual visión falaz de dorado sueño.
[23] Embrión: "seedling."
[24] En la América del sur, situada casi totalmente en el trópico, el estío o verano coincide con la estación seca. Recuérdese que las estaciones en ambos hemisferios son inversas.

no asombran erizadas soledades,[25]
do cultos campos fueron, do ciudades?
De muertes, proscripciones,
suplicios, orfandades,
¿quién contará la pavorosa suma?   5
Saciadas duermen ya de sangre ibera
las sombras de Atahualpa y Motezuma.[26] ...
   ¡Oh jóvenes naciones, que ceñida
alzáis sobre el atónito occidente
de tempranos laurales la cabeza!,[27]   10
honrad el campo, honrad la simple vida
del labrador, y su frugal llaneza.
Así tendrán en vos perpetuamente
la libertad morada,
y freno la ambición, y la ley templo.   15
Las gentes a la senda
de la inmortalidad, ardua y fragosa,
se animarán, citando vuestro ejemplo.
Lo emulará celosa
vuestra posteridad; y nuevos nombres   20
añadiendo la fama
a los que ahora aclama,
"Hijos son éstos, hijos,
(pregonará a los hombres)
de los que vencedores superaron   25
de los Andes la cima;
de los que en Boyacá, los que en la arena
de Maipó, y en Junín, y en la campaña
gloriosa de Apurima,
postrar supieron al león de España."[28]   30

---

[25] Orden: ¿Cuántas erizadas soledades no asombran la vista doquier?

[26] Emperadores respectivamente de los incas y aztecas. Atahualpa murió por orden de Pizarro; en cambio, Moctezuma fue víctima de una piedra lanzada contra él por su propio pueblo.

[27] Orden: la cabeza ceñida de tempranos laureles.

[28] Las tropas de Bolívar triunfaron en Boyacá (1819), Junín (1824) y Apurima (1824); San Martín ganó la batalla de Maipú (Maipó) en 1818 en Chile.

ALOCUCIÓN A LA POESÍA

(1823)

Divina Poesía,
tú de la soledad habitadora,
a consultar tus cantos enseñada
con el silencio de la selva umbría,
5   tú a quien la verde gruta fue morada,
y el eco de los montes compañía;
tiempo es que dejes ya la culta Europa,
que tu nativa rustiquez desama,
y dirijas el vuelo adonde te abre
10   el mundo de Colón su grande escena.
También propicio allí respeta el cielo
la siempre verde rama
con que al valor coronas;
también allí la florecida vega,
15   el bosque enmarañado, el sesgo río,
colores mil a tus pinceles brindan;
y Céfiro[29] revuela entre las rosas;
y fúlgidas estrellas
tachonan la carroza de la noche;
20   y el rey del cielo entre cortinas bellas
de nacaradas nubes se levanta;
y la avecilla en no aprendidos tonos
con dulce pico endechas de amor canta.

¿Qué a ti,[30] silvestre ninfa, con las pompas
25   de dorados alcázares reales?
¿A tributar también irás en ellos,
en medio de la turba cortesana,
el torpe incienso de servil lisonja?
No tal te vieron tus más bellos días,
30   cuando en la infancia de la gente humana,
maestra de los pueblos y los reyes,

---

[29] Viento suave del oeste, asociado con la primavera y el amor en la literatura.
[30] Se sobrentiende *interesa.*

cantaste al mundo las primeras leyes.
No te detenga, oh diosa,
esta región de luz y de miseria,
en donde tu ambiciosa
rival Filosofía,   5
que la virtud a cálculo somete,
de los mortales te ha usurpado el culto;
donde la coronada hidra[31] amenaza
traer de nuevo al pensamiento esclavo
la antigua noche de barbarie y crimen;   10
donde la libertad vano delirio,
fe la servilidad, grandeza el fasto,
la corrupción cultura se apellida.
Descuelga de la encina carcomida
tu dulce lira de oro, con que un tiempo   15
los prados y las flores, el susurro
de la floresta opaca, el apacible
murmurar del arroyo trasparente,
las gracias atractivas
de Natura inocente,   20
a los hombres cantaste embelesados;
y sobre el vasto Atlántico tendiendo
las vagorosas alas, a otro cielo,
a otro mundo, a otras gentes te encamina,
do viste aún su primitivo traje   25
la tierra, al hombre sometida apenas;
y las riquezas de los climas todos
América, del Sol joven esposa,
del antiguo Oceano hija postrera,
en su seno feraz cría y esmera.   30

     ¿Qué morada te aguarda? ¿Qué alta cumbre,
qué prado ameno, qué repuesto bosque
harás tu domicilio? ¿En qué felice
playa estampada tu sandalia de oro
será primero? ¿Donde el claro río   35

[31] En la mitología griega, la hidra era una serpiente de nueve cabezas. Si se le cortaba una, le brotaban dos nuevas. Simbolizaba las inextinguibles fuerzas del mal o la monarquía absolutista.

que de Albión[32] los héroes vio humillados,
los azules pendones reverbera
de Buenos Aires, y orgulloso arrastra
de cien potentes aguas los tributos
5   al atónito mar? . . .
¿O más te sonreirán, Musa, los valles
de Chile afortunado, que enriquecen
rubias cosechas, y süaves frutos;
do la inocencia y el candor ingenuo
10   y la hospitalidad del mundo antiguo
con el valor y el patriotismo habitan?
¿O la ciudad que al águila posada
sobre el nopal mostró al azteca errante,
y el suelo de inexhaustas venas rico,
15   que casi hartaron la avarienta Europa?[33]
Ya de la mar del Sur la bella reina,
a cuyas hijas dio la gracia en dote
Naturaleza, habitación te brinda
bajo su blando cielo, que no turban
20   lluvias jamás, ni embravecidos vientos.
¿O la elevada Quito
harás tu albergue, que entre canas cumbres
sentada, oye bramar las tempestades
bajo sus pies, y etéreas auras bebe
25   a tu celeste inspiración propicias?
Mas oye do tronando se abre paso
entre murallas de peinada roca,
y envuelto en blanca nube de vapores,
de vacilantes iris matizada,
30   los valles va a buscar del Magdalena[34]
con salto audaz el Bogotá espumoso.
Allí memorias de tempranos días
tu lira aguardan; cuando, en ocio dulce

---

[32] Inglaterra. Se refiere al intento inglés de invadir Buenos Aires en 1806.

[33] Según la leyenda, los aztecas fueron primero nómadas y recibieron instrucciones de su dios Huitzilopochtli de establecerse en el lugar donde vieran un águila devorando a una serpiente sobre un cacto. El lugar fue Tenochtitlán, hoy la ciudad de México.

[34] El río más importante de Colombia.

y nativa inocencia venturosos,
sustento fácil dio a sus moradores,
primera prole de su fértil seno,
Cundinamarca,[35] antes que el corvo arado
violase el suelo, ni extranjera nave   5
las apartadas costas visitara.
Aún no aguzado la ambición había
el hierro atroz; aún no degenerado
buscaba el hombre bajo oscuros techos
el albergue, que grutas y florestas   10
saludable le daban y seguro,
sin que señor la tierra conociese,
los campos valla, ni los pueblos muro.
La libertad sin leyes florecía,
todo era paz, contento y alegría. . . .   15

    Tiempo vendrá cuando de ti inspirado
algún Marón[36] americano ¡oh diosa!,
también las mieses, los rebaños cante,
el rico suelo al hombre avasallado,
y las dádivas mil con que la zona   20
de Febo[37] amada al labrador corona;
donde cándida miel llevan las cañas,
y animado carmín la tuna cría,
donde tremola el algodón su nieve,
y el ananás sazona su ambrosía;   25
de sus racimos la variada copia
rinde el palmar, da azucarados globos
el zapotillo, su manteca ofrece
la verde palta, da al añil su tinta,
bajo su dulce carga desfallece   30
el banano, el café el aroma acendra
de sus albos jazmines, y el cacao
cuaja en urnas de púrpura su almendra. . . .

---

35 Bogotá, la capital de Colombia, se encuentra en el Departamento de Cundinamarca.
36 Virgilio (Publius Virgilius Marón; 70–19 a. C.).
37 Apolo o el sol.

DISCURSO[38]

(1843)

La universidad no sería digna de ocupar un lugar en nuestras instituciones sociales, si (como murmuran algunos ecos oscuros de declamaciones antiguas) el cultivo de las ciencias y de las letras pudiese mirarse como peligroso bajo un punto de vista moral, o
5 bajo un punto de vista político. La moral (que yo no separo de la religión) es la vida misma de la sociedad; la libertad es el estímulo que da un vigor sano y una actividad fecunda a las instituciones sociales. Lo que enturbie la pureza de la moral, lo que trabe el arreglado, pero libre desarrollo de las facultades individuales y colec-
10 tivas de la humanidad—y digo más—lo que las ejercite infructuosa-mente, no debe un gobierno sabio incorporarlo en la organización del estado. Pero en este siglo, en Chile, en esta reunión, que yo miro como un homenaje solemne a la importancia de la cultura intelec-tual; en esta reunión, que, por una coincidencia significativa, es la
15 primera de las pompas que saludan al día glorioso de la patria, al aniversario de la libertad chilena, yo no me creo llamado a defender las ciencias y las letras contra los paralogismos del elocuente filósofo de Ginebra,[39] ni contra los recelos de espíritus asustadizos, que con los ojos fijos en los escollos que han hecho zozobrar al navegante
20 presuntuoso, no querrían que la razón desplegase jamás las velas, y de buena gana la condenarían a una inercia eterna, más perniciosa que el abuso de las luces a las causas mismas por que abogan. No para refutar lo que ha sido mil veces refutado, sino para manifestar la correspondencia que existe entre los sentimientos que acaba de
25 expresar el señor ministro de Instrucción Pública y los que animan a la universidad, se me permitirá que añada a las de su señoría al-gunas ideas generales sobre la influencia moral y política de las ciencias y de las letras, sobre el ministerio de los cuerpos literarios y sobre los trabajos especiales a que me parecen destinadas nuestras
30 facultades universitarias en el estado presente de la nación chilena.

[38] Discurso pronunciado con ocasión de la inauguración de la Universidad de Chile.
[39] Alusión al discurso reaccionario del ginebrino Jean-Jacques Rousseau, *Discours sur les sciences et les arts* (1750).

Lo sabéis, señores: todas las verdades se tocan, desde las que formulan el rumbo de los mundos en el piélago del espacio; desde las
que determinan las agencias maravillosas de que dependen el movimiento y la vida en el universo de la materia; desde las que resumen
le estructura del animal, de la planta, de la masa inorgánica que   5
pisamos; desde las que revelan los fenómenos íntimos del alma en el
teatro misterioso de la conciencia, hasta las que expresan las acciones
y reacciones de las fuerzas políticas; hasta las que sientan las bases
inconmovibles de la moral; hasta las que determinan las condiciones
precisas para el desenvolvimiento de los gérmenes industriales; hasta 10
las que dirigen y fecundan las artes. Los adelantamientos en todas
líneas se llaman unos a otros, se eslabonan, se empujan. Y cuando
digo los adelantamientos en todas líneas, comprendo sin duda los
más importantes a la dicha del género humano, los adelantamientos
en el orden moral y político. ¿A qué se debe este progreso de civiliza- 15
ción, esta ansia de mejoras sociales, esta sed de libertad? Si queremos
saberlo, comparemos a la Europa y a nuestra afortunada América,
con los sombríos imperios del Asia, en que el despotismo hace pesar
su cetro de hierro sobre los cuellos encorvados de antemano por la
ignorancia, o con las hordas africanas, en que el hombre, apenas 20
superior a los brutos, es, como ellos, un artículo de tráfico para sus
propios hermanos. ¿Quién prendió en la Europa esclavizada las
primeras centellas de libertad civil? ¿No fueron las letras? ¿No fue
la herencia intelectual de Grecia y Roma, reclamada, después de una
larga época de oscuridad, por el espíritu humano?[40] Allí, allí tuvo 25
principio este vasto movimiento político, que ha restituido sus
títulos de ingenuidad a tantas razas esclavas; este movimiento, que
se propaga en todos sentidos, acelerado continuamente por la prensa
y por las letras; cuyas ondulaciones, aquí rápidas, allá lentas, en
todas partes necesarias, fatales, allanarán por fin cuantas barreras se 30
les opongan, y cubrirán la superficie del globo. Todas las verdades
se tocan; y yo extiendo esta aserción al dogma religioso, a la verdad
teológica. Calumnian, no sé si diga a la religión o a las letras, los
que imaginan que pueda haber una antipatía secreta entre aquélla
y éstas. Yo creo, por el contrario, que existe, que no puede menos de 35
existir, una alianza estrecha, entre la revelación positiva y esa otra
revelación universal que habla a todos los hombres en el libro de la

---

[40] Se contrasta la oscuridad medieval con el Renacimiento.

naturaleza. Si entendimientos extraviados han abusado de sus conocimientos para impugnar el dogma, ¿qué prueba esto sino la condición de las cosas humanas? Si la razón humana es débil, si tropieza
y cae, tanto más necesario es suministrarle alimentos sustanciosos y
5 apoyos sólidos. Porque extinguir esta curiosidad, esta noble osadía
del entendimiento, que lo hace arrostrar los arcanos de naturaleza,
los enigmas del porvenir, no es posible, sin hacerlo, al mismo tiempo,
incapaz de todo lo grande, insensible a todo lo que es bello, generoso, sublime, santo; sin emponzoñar las fuentes de la moral; sin
10 afear y envilecer la religión misma. He dicho que todas las verdades
se tocan, y aun no creo haber dicho bastante. Todas las facultades
humanas forman un sistema, en que no puede haber regularidad y
armonía sin el concurso de cada una. No se puede paralizar una fibra
(permítaseme decirlo así), una sola fibra del alma, sin que todas las
15 otras enfermen.

Las ciencias y las letras, fuera de este valor social, fuera de esta
importancia que podemos llamar instrumental, fuera del barniz de
amenidad y elegancia que dan a las sociedades humanas, y que debemos contar también entre sus beneficios, tiene un mérito suyo, in-
20 trínseco, en cuanto aumentan los placeres y goces del individuo que
las cultiva y las ama; placeres exquisitos, a que no llega el delirio de
los sentidos; goces puros, en que el alma no se dice a sí misma:

Medio de fonte leporum surgit amari aliquid,
quod in ipsis floribus angit.

(LUCRECIO)[41]

25   De en medio de la fuente del deleite
un no sé qué de amargo se levanta,
que entre el halago de las flores punza.

Las ciencias y la literatura llevan en sí la recompensa de los trabajos y vigilias que se les consagran. No hablo de la gloria que ilustra
30 las grandes conquistas científicas; no hablo de la aureola de inmortalidad que corona las obras del genio. A pocos es permitido
esperarlas. Hablo de los placeres más o menos elevados, más o menos
intensos, que son comunes a todos los rangos en la república de las
letras. Para el entendimiento, como para las otras facultades hu-
35 manas, la actividad es en sí misma un placer; placer que, como dice

41 Lucrecio (n. 96 a. C.), poeta latino; se dio la muerte hacia el año 53.

un filósofo escocés—Tomás Brown—,[42] sacude de nosotros aquella inercia a que de otro modo nos entregaríamos en daño nuestro y de la sociedad. Cada senda que abren las ciencias al entendimiento cultivado, le muestra perspectivas encantadas; cada nueva faz que se le descubre en el tipo ideal de la belleza, hace estremecer deliciosamente el corazón humano, criado para admirarla y sentirla. El entendimiento cultivado oye en el retiro de la meditación las mil voces del coro de la naturaleza: mil visiones peregrinas revuelan en torno a la lámpara solitaria que alumbra sus vigilias. Para él solo se desenvuelve en una escala inmensa el orden de la naturaleza; para él solo se atavía la creación de toda su magnificencia, de todas sus galas. Pero las letras y las ciencias, al mismo tiempo que dan un ejercicio delicioso al entendimiento y a la imaginación, elevan el carácter moral. Ellas debilitan el poderío de las seducciones sensuales; ellas desarman de la mayor parte de sus terrores a las vicisitudes de la fortuna. Ellas son (después de la humilde y contenta resignación del alma religiosa) el mejor preparativo para la hora de la desgracia. Ellas llevan el consuelo al lecho del enfermo, al asilo del proscrito, al calabozo, al cadalso. Sócrates, en vísperas de beber la cicuta, ilumina su cárcel con las más sublimes especulaciones que nos ha dejado la antigüedad gentílica sobre el porvenir de los destinos humanos. Dante compone en el destierro su *Divina Comedia*. Lavoisier pide a sus verdugos un plazo breve para terminar una investigación importante. Chenier,[43] aguardando por instantes la muerte, escribe sus últimos versos, que deja incompletos para marchar al patíbulo:

Comme un dernier rayon, comme un dernier zéphire
anime la fin d'un beau jour,
au pied de l'échafaud j'essaie encore ma lyre.

Cual rayo postrero
cual aura que anima
el último instante
de un hermoso día,
al pie del cadalso
ensayo mi lira.

---

[42] Thomas Brown (1778–1828).
[43] Antoine Laurent Lavoisier (n. 1743), ilustre químico francés, y André de Chenier (n. 1762), poeta francés, fueron asesinados en 1794 durante la Revolución francesa.

Tales son las recompensas de las letras; tales son sus consuelos. Yo mismo, aun siguiendo de tan lejos a sus favorecidos adoradores, yo mismo he podido participar de sus beneficios, y saborearme con sus goces. Adornaron de celajes alegres la mañana de mi vida, y
5 conservan todavía algunos matices al alma, como la flor que hermosea la ruinas. Ellas han hecho aún más por mí; me alimentaron en mi larga peregrinación, y encaminaron mis pasos a este suelo de libertad y de paz, a esta patria adoptiva, que me ha dispensado una hospitalidad tan benévola.[44] . . .
10 La ley que ha restablecido la antigua universidad sobre nuevas bases, acomodadas al estado presente de la civilización y a las necesidades de Chile, apunta ya los grandes objetos a que debe dedicarse este cuerpo. El señor ministro vice-patrono ha manifestado también las miras que presidieron a la refundición de la universidad, los fines
15 que en ella se propone el legislador, y las esperanzas que es llamada a llenar; y ha desenvuelto de tal modo estas ideas, que, siguiéndole en ellas, apenas me sería posible hacer otra cosa que un ocioso comentario a su discurso. Añadiré con todo algunas breves observaciones que me parecen tener su importancia.
20 El fomento de las ciencias eclesiásticas, destinado a formar dignos ministros del culto, y en último resultado a proveer a los pueblos de la república de la competente educación religiosa y moral, es el primero de estos objetos y el de mayor trascendencia. Pero hay otro aspecto bajo el cual debemos mirar la consagración de la universidad
25 a la causa de la moral y de la religión. Si importa el cultivo de las ciencias eclesiásticas para el desempeño del ministerio sacerdotal, también importa generalizar entre la juventud estudiosa, entre toda la juventud que participa de la educación literaria y científica, conocimientos adecuados del dogma y de los anales de la fe cristiana.
30 No creo necesario probar que ésta debiera ser una parte integrante de la educación general, indispensable para toda profesión, y aun para todo hombre que quiera ocupar en la sociedad un lugar superior al ínfimo.

A la facultad de leyes y ciencias políticas se abre un campo, el más
35 vasto, el más susceptible de aplicaciones útiles. Lo habéis oído: la utilidad práctica, los resultados positivos, las mejoras sociales, es lo que principalmente espera de la universidad el gobierno; es lo que

---

[44] Alusión a Chile, patria adoptiva de Bello.

principalmente debe recomendar sus trabajos a la patria. Herederos de la legislación del pueblo rey,[45] tenemos que purgarla de las manchas que contrajo bajo el influjo maléfico del despotismo; tenemos que despejar las incoherencias que deslustran una obra a que han contribuido tantos siglos, tantos intereses alternativamente dominantes, tantas inspiraciones contradictorias. Tenemos que acomodarla, que restituirla a las instituciones republicanas. ¿Y qué objeto más importante o más grandioso que la formación, el perfeccionamiento de nuestras leyes orgánicas, la recta y pronta administración de justicia, la seguridad de nuestros derechos, la fe de las transacciones comerciales, la paz del hogar doméstico? La universidad, me atrevo a decirlo, no acogerá la preocupación que condena como inútil o pernicioso el estudio de las leyes romanas; creo, por el contrario, que le dará un nuevo estímulo y lo asentará sobre bases más amplias. La universidad será probablemente en ese estudio el mejor aprendizaje de la lógica jurídica y forense. . . .

La universidad estudiará también las especialidades de la sociedad chilena bajo el punto de vista económico, que no presenta problemas menos vastos, ni de menos arriesgada resolución. La universidad examinará los resultados de la estadística chilena, contribuirá a formarla, y leerá en sus guarismos la expresión de nuestros intereses materiales. Porque en éste como en los otros ramos, el programa de la universidad es enteramente chileno: si toma prestadas a la Europa las deducciones de la ciencia, es para aplicarlas a Chile. Todas las sendas en que se propone dirigir las investigaciones de sus miembros, el estudio de sus alumnos, convergen a un centro: la patria.

La medicina investigará, siguiendo el mismo plan, las modificaciones peculiares que dan al hombre chileno su clima, sus costumbres, sus alimentos; dictará las reglas de la higiene privada y pública; se desvelará por arrancar a las epidemias el secreto de su germinación y de su actividad devastadora; y hará, en cuanto es posible, que se difunda a los campos el conocimiento de los medios sencillos de conservar y reparar la salud. ¿Enumeraré ahora las utilidades positivas de las ciencias matemáticas y físicas, sus aplicaciones a una industria naciente, que apenas tiene en ejercicio unas pocas artes simples, groseras, sin procederes bien entendidos, sin máquinas, sin algunos aun de los más comunes utensilios; sus aplicaciones a una

---

[45] Roma, cuna del derecho.

tierra cruzada en todos sentidos de veneros metálicos, a un suelo
fértil de riquezas vegetales, de sustancias alimenticias; a un suelo,
sobre el que la ciencia ha echado apenas una ojeada rápida?

Pero, fomentando las aplicaciones prácticas, estoy muy distante de
5 creer que la universidad adopte por su divisa el mezquino *¿cui
bono?*[46] y que no aprecie en su justo valor el conocimiento de la
naturaleza en todos sus variados departamentos. Lo primero, porque,
para guiar acertadamente la práctica, es necesario que el entendimiento se eleve a los puntos culminantes de la ciencia, a la aprecia-
10 ción de sus fórmulas generales. La universidad no confundirá, sin
duda, las aplicaciones prácticas con las manipulaciones de un empirismo ciego. Y lo segundo, porque, como dije antes, el cultivo de la
inteligencia contemplativa que descorre el velo a los arcanos del
universo físico y moral, es en sí mismo un resultado positivo y de la
15 mayor importancia. . . .

Paso, señores, a aquel departamento literario que posee de un
modo peculiar y eminente la cualidad de pulir las costumbres; que
afina el lenguaje, haciéndolo un vehículo fiel, hermoso, diáfano, de
las ideas; que, por el estudio de otros idiomas vivos y muertos, nos
20 pone en comunicación con la antigüedad y con las naciones más
civilizadas, cultas y libres de nuestros días; que nos hace oír, no por
el imperfecto medio de las traducciones, siempre y necesariamente
infieles, sino vivos, sonoros, vibrantes, los acentos de la sabiduría y
la elocuencia extranjera; que, por la contemplación de la belleza
25 ideal y de sus reflejos en las obras del genio, purifica el gusto, y con-
cilia con los raptos audaces de la fantasía los derechos imprescripti-
bles de la razón; que, iniciando al mismo tiempo el alma en estudios
severos, auxiliares necesarios de la bella literatura, y preparativos
indispensables para todas las ciencias, para todas las carreras de la
30 vida, forma la primera disciplina del ser intelectual y moral, expone
las leyes eternas de la inteligencia a fin de dirigir y afirmar sus pasos,
y desenvuelve los pliegues profundos del corazón, para preservarlo
de extravíos funestos, para establecer sobre sólidas bases los derechos
y los deberes del hombre. Enumerar estos diferentes objetos es pre-
35 sentaros, según yo lo concibo, el programa de la universidad en la
sección de filosofía y humanidades. Entre ellos, el estudio de nuestra
lengua me parece de una alta importancia. Yo no abogaré jamás por

---

46 Tradúzcase: "who is benefited?"

el purismo exagerado que condena todo lo nuevo en materia de idioma; creo, por el contrario, que la multitud de ideas nuevas, que pasan diariamente del comercio literario a la circulación general, exige voces nuevas que las representen. ¿Hallaremos en el diccionario de Cervantes y de fray Luis de Granada—no quiero ir tan lejos—, hallaremos, en el diccionario de Iriarte y Moratín,[47] medios adecuados, signos lúcidos para expresar las nociones comunes que flotan hoy día sobre las inteligencias medianamente cultivadas, para expresar el pensamiento social? ¡Nuevas instituciones, nuevas leyes, nuevas costumbres; variadas por todas partes a nuestros ojos la materia y las formas; y viejas voces, vieja fraseología! Sobre ser desacordada esa pretensión, porque pugnaría con el primero de los objetos de la lengua, la fácil y clara transmisión del pensamiento sería del todo inasequible. Pero se puede ensanchar el lenguaje, se puede enriquecerlo, se puede acomodarlo a todas las exigencias de la sociedad, y aun a las de la moda, que ejerce su imperio incontestable sobre la literatura, sin adulterarlo, sin viciar sus construcciones, sin hacer violencia a su genio ¿Es acaso distinta de la de Pascal y Racine, la lengua de Chateaubriand y Villemin?[48] ¿Y no transparenta perfectamente la de estos dos escritores el pensamiento social de la Francia de nuestros días, tan diferente de la Francia de Luis XIV? Hay más: demos anchas a esta especie de culteranismo;[49] demos carta de nacionalidad a todos los caprichos de un extravagante neologismo; y nuestra América reproducirá dentro de poco la confusión de idiomas, dialectos y jerigonzas, el caos babilónico de la edad media; y diez pueblos perderán uno de sus vínculos más poderosos de fraternidad, uno de sus más preciados instrumentos de correspondencia y comercio.

[47] Diccionario: vocabulario. Fray Luis de Granada (1505–88) era dominico español, autor de dos celebrados libros, la *Guía de pecadores* (1556) y el *Símbolo de la fe* (1582). Sigue una referencia a figuras de la edad neoclásica: Tomás Iriarte (1750–91) era fabulista; Nicolás Fernández de Moratín (1737–80) y su hijo Leandro (1760–1828) eran dramaturgos.

[48] Compara la lengua de dos famosos escritores franceses del siglo XVII, Blaise Pascal (1623–62) y Jean Racine (1639–99), con la de dos del siglo XIX, el erudito François Villemain (1790–1870) y François René de Chateaubriand (1768–1848); éste escribió novelas románticas inspiradas por América, *Atala* (1801) y *René* (1802).

[49] Estilo literario caracterizado por la obscuridad de sentido, afición a los giros rebuscados y a las voces nuevas y peregrinas. Fue introducido en España por Luis de Góngora y Argote (1561–1627).

La universidad fomentará, no sólo el estudio de las lenguas, sino de las literaturas extranjeras. Pero no sé si me engaño. La opinión de aquellos que creen que debemos recibir los resultados sintéticos de la ilustración europea, dispensándonos del examen de sus títulos, 5 dispensándonos del proceder analítico, único medio de adquirir verdaderos conocimientos, no encontrará muchos sufragios en la universidad. Respetando como respeto las opiniones ajenas, y reservándome sólo el derecho de discutirlas, confieso que tan poco propio me parecería para alimentar el entendimiento, para educarle y 10 acostumbrarle a pensar por sí, el atenernos a las conclusiones morales y políticas de Herder,[50] por ejemplo, sin el estudio de la historia antigua y moderna, como el adoptar los teoremas de Euclides sin el previo trabajo intelectual de la demostración. Yo miro, señores, a Herder como uno de los escritores que han servido más útilmente a 15 la humanidad; él ha dado toda su dignidad a la historia, desenvolviendo en ella los designios de la Providencia, y los destinos a que es llamada la especie humana sobre la tierra. Pero el mismo Herder no se propuso suplantar el conocimiento de los hechos, sino ilustrarlos, explicarlos; ni se puede apreciar su doctrina, sino por medio de 20 previos estudios históricos. Sustituir a ellos deducciones y fórmulas, sería presentar a la juventud un esqueleto en vez de un traslado vivo del hombre social; sería darle una colección de aforismos en vez de poner a su vista el panorama móvil, instructivo, pintoresco, de las instituciones, de las costumbres, de las revoluciones de los grandes 25 pueblos y de los grandes hombres; sería quitar al moralista y al político las convicciones profundas, que sólo pueden nacer del conocimiento de los hechos; sería quitar a la experiencia del género humano el saludable poderío de sus avisos, en la edad, cabalmente, que es más susceptible de impresiones durables; sería quitar al poeta 30 una inagotable mina de imágenes y colores. Y lo que digo de la historia, me parece que debemos aplicarlo a todos los otros ramos del saber. Se impone de este modo al entendimiento la necesidad de largos, es verdad, pero agradables estudios. Porque nada hace más desabrida la enseñanza que las abstracciones, y nada la hace fácil y 35 amena, sino el proceder que, amoblando la memoria, ejercita al

---

[50] Johann von Herder (1744-1803), filósofo y escritor alemán muy admirado por los románticos por sus teorías sobre el poder creador del pueblo.

mismo tiempo el entendimiento y exalta la imaginación. El raciocinio debe engendrar al teorema; los ejemplos graban profundamente las lecciones.

¿Y pudiera yo, señores, dejar de aludir, aunque de paso, en esta rápida reseña, a la más hechicera de las vocaciones literarias, al aroma de la literatura, al capitel corintio, por decirlo así, de la sociedad culta? ¿Pudiera, sobre todo, dejar de aludir a la excitación instantánea, que ha hecho aparecer sobre nuestro horizonte esa constelación de jóvenes ingenios que cultivan con tanto ardor la poesía? Lo diré con ingenuidad: hay incorrección en sus versos; hay cosas que una razón castigada y severa condena. Pero la corrección es la obra del estudio y de los años; ¿quién pudo esperarla de los que, en un momento de exaltación, poética y patriótica a un tiempo, se lanzaron a esa nueva arena, resueltos a probar que en las almas chilenas arde también aquel fuego divino, de que, por una preocupación injusta, se las había creído privadas? Muestras brillantes, y no limitadas al sexo que entre nosotros ha cultivado hasta ahora casi exclusivamente las letras, la habían refutado ya. Ellos la han desmentido de nuevo. Yo no sé si una predisposición parcial hacia los ensayos de las inteligencias juveniles, extravía mi juicio. Digo lo que siento: hallo en esas obras destellos incontestables del verdadero talento, y aun con relación a algunas de ellas, pudiera decir, del verdadero genio poético. Hallo, en algunas de esas obras, una imaginación original y rica, expresiones felizmente atrevidas, y (lo que me parece que sólo pudo dar un largo ejercicio) una versificación armoniosa y flúida, que busca de propósito las dificultades para luchar con ellas y sale airosa de esta arriesgada prueba. La universidad, alentando a nuestros jóvenes poetas, les dirá tal vez: "Si queréis que vuestro nombre no quede encarcelado entre la cordillera de los Andes y la mar del Sur, recinto demasiado estrecho para las aspiraciones generosas del talento; si queréis que os lea la posteridad, haced buenos estudios, principiando por el de la lengua nativa. Haced más; tratad asuntos dignos de vuestra patria y de la posteridad. Dejad los tonos muelles de la lira de Anacreonte y de Safo:[51] la poesía del siglo XIX tiene una misión más alta. Que los grandes

[51] Anacreonte (c. 572–488 a. C.) y Safo (600 a. C.), poetas griegos muy imitados por los neoclásicos.

intereses de la humanidad os inspiren. Palpite en vuestras obras el sentimiento moral. Dígase cada uno de vosotros, al tomar la pluma: Sacerdote de las Musas, canto para las almas inocentes y puras:

... Musarum sacerdos,
5   virginibus puerisque canto.

(HORACIO)

¿Y cuántos temas grandiosos no os presenta ya vuestra joven república? Celebrad sus grandes días; tejed guirnaldas a sus héroes; consagrad la mortaja de los mártires de la patria. La universidad recordará al mismo tiempo a la juventud aquel consejo de un gran
10 maestro de nuestros días: "Es preciso, decía Goethe, que el arte sea la regla de la imaginación y la transforme en poesía."

¡El arte! Al oír esta palabra, aunque tomada de los labios mismos de Goethe, habrá algunos que me coloquen entre los partidarios de las reglas convencionales, que usurparon mucho tiempo ese nombre.
15 Protesto solemnemente contra semejante aserción; y no creo que mis antecedentes la justifiquen. Yo no encuentro el arte en los preceptos estériles de la escuela, en las inexorables unidades, en la muralla de bronce entre los diferentes estilos y géneros, en las cadenas con que se ha querido aprisionar al poeta a nombre de Aristóteles y Horacio,
20 y atribuyéndoles a veces lo que jamás pensaron. Pero creo que hay un arte fundado en las relaciones impalpables, etéreas, de la belleza ideal; relaciones delicadas, pero accesibles a la mirada de lince del genio competentemente preparado; creo que hay un arte que guía a la imaginación en sus más fogosos transportes; creo que sin ese arte
25 la fantasía, en vez de encarnar en sus obras el tipo de lo bello, aborta esfinges, creaciones enigmáticas y monstruosas. Esta es mi fe literaria. Libertad en todo; pero yo no veo libertad, sino embriaguez licenciosa, en las orgías de la imaginación.[52]

La libertad, como contrapuesta, por una parte, a la docilidad
30 servil que lo recibe todo sin examen, y por otra a la desarreglada licencia que se revela contra la autoridad de la razón y contra los más nobles y puros instintos del corazón humano, será sin duda el tema de la universidad en todas sus diferentes secciones.

---

[52] Crítica de un romanticismo desatado.

José María Heredia

(1803-39)

Aunque vivió en pleno florecimiento del neoclasicismo, José María Heredia es por muchas razones un verdadero romántico, tal vez el primero de Hispanoamérica. Ardiente patriota, se asoció a los movimientos liberales y revolucionarios de Cuba, escogiendo el destierro. Amante de la introspección, reveló en sus versos un corazón lleno de melancolía, sufrimiento y nostalgia. Trágico y fatalista, creyó en el "destino irresistible y ciego," communicó con la Naturaleza los sentimientos de su alma y no tuvo reparo en mostrar públicamente sus íntimos dolores.

Nació en Santiago de Cuba. Estudió en Venezuela de 1812 a 1817 y en México de 1818 a 1821. Al morir su padre, regresó a la patria para acabar la carrera de derecho. Avergonzado de ver a su país esclavo entre tantas repúblicas libres, se envolvió en actividades políticas contra España, como harían sus compatriotas "Plácido" y José Martí. De resultas, fue procesado.

En 1823, huyó a los Estados Unidos, donde se ganó el sustento enseñando español en una escuela particular de New York. Visitó varios lugares, entre ellos, Niagara Falls en junio de 1824. No hallándose contento, se trasladó a México en 1825 y allí ejerció varios cargos políticos. No obstante, a medida que pasaba el tiempo y contemplaba la anarquía política de la República azteca, se fue desilusionando de la causa de la independencia. Por esta razón, volvió a Cuba en 1836, dispuesto a quedarse definitivamente bajo la autoridad de España; pero recibido muy mal por el gobernador, tuvo que desterrarse de nuevo. Como tantos románticos, murió joven, a los treinta y seis años.

Heredia realizó una importante labor periodística. Escribió crónicas teatrales, impresiones de viajero y juicios sobre literatura, que revelan la solidez de formación y criterios. Sus cartas desde Estados Unidos aportan curiosos datos sobre Boston, Filadelfia y otros lugares. En sus crónicas teatrales comenta los estrenos y discute teóricamente algunos aspectos del drama. En sus juicios críticos, se ocupa de escritores contemporáneos como Washington Irving, Byron y Walter Scott y analiza los nuevos géneros. Su ensayo sobre la novela histórica es sumamente penetrante.

Pero, actualmente, Heredia es recordado, sobre todo, por sus versos. Estos se publicaron primero en New York en 1825, y luego en Toluca en 1832 con modificaciones dignas de nota. Fueron muy bien acogidos en todo el mundo. Los grandes críticos del momento, Bello, Alberto Lista, Quintana, los elogiaron grandemente.

Muchos de los poemas de Heredia son neoclásicos: canciones amorosas, sátiras, fábulas, meditaciones filosófico-morales. La estrofa preferida es la silva, típica también del neoclasicismo. Pero son ya románticos, como su temperamento y su vida, los grandes sentimientos del poeta cubano según se manifiestan preferentemente en sus cuatro composiciones más famosas: "En el teocalli de Cholula" (1820), "En una tempestad" (1821), "Niágara" (1824) e "Himno del desterrado" (1825). Expresa en ellos su amor a Cuba, vista a través del paisaje tropical, las palmeras, el mar, los atardeceres; la nostalgia del desterrado, que siente con intensidad el miedo a la muerte y busca sobrevivir en los versos; la lucha por la libertad política que cree próxima e inevitable.

"Niágara" se inspiró en la contemplación de las cataratas y en la lectura del epílogo de *Atala,* según confesión del propio Heredia. Se compone de una invocación; una descripción del paisaje que, por contraste, le transporta imaginativamente a su país, y le obliga a meditar en la grandeza de Dios; un epílogo sobre su muerte y la fama de sus versos. Afean el poema ciertos neologismos y versos de construcción defectuosa; pero el acierto de las descripciones y la efusión de los sentimientos íntimos del autor lo elevan a singular altura artística.

"En el teocalli de Cholula" constituye una meditación sobre las ruinas; estas meditaciones fueron muy frecuentes en el romanticismo. Desde la cúspide de la pirámide, el poeta contempla el hermosísimo paisaje, los campos sembrados de plantas americanas, las montañas a lo lejos. Cae la tarde. En el reposo de la hora, ve desfilar el desaparecido poderío de los aztecas, aniquilado a causa de sus supersticiones y brutalidades. Por el sentido del tiempo, por la concepción de la vanidad de las grandezas, por la visión vespertina admirablemente lograda y por la acertada graduación de colores del atardecer, éste es el mejor poema de Heredia. Hay que advertir, para no tergiversar el pensamiento del cubano, que si aquí condenó a los aztecas como cristiano, en "A los habitantes de Anáhuac" los exaltó como rebelde, frente a los españoles.

Heredia, Bello y Olmedo coinciden en su capacidad para captar y describir la naturaleza. Los tres han logrado magníficas visiones del paisaje de América. Pero la analogía entre los tres acaba aquí: cada uno tiene un temperamento y una actitud diferentes. Para Bello, educador, el paisaje posee un sentido práctico, inmediato; hay que cultivar tanta hermosura. Olmedo, épico, contrasta la grandeza del escenario con la del hombre y sus hazañas. Heredia, lírico, infunde sus sentimientos en lo que contempla o se deja anegar suavemente por las impresiones que le suscita.

EN EL TEOCALLI DE CHOLULA[1]

(1820)

¡Cuánto es bella la tierra que habitaban
Los aztecas valientes! En su seno,
En una estrecha zona concentrados,
Con asombro se ven todos los climas
Que hay desde el Polo al Ecuador.[2] Sus llanos   5
Cubren a par de las doradas mieses
Las cañas deliciosas. El naranjo
Y la piña y el plátano sonante,
Hijos del suelo equinoccial, se mezclan
A la frondosa vid, al pino agreste,   10
Y de Minerva el árbol majestoso.[3]
Nieve eterna corona las cabezas
De Iztaccíhual purísimo, Orizaba
Y Popocatépetl,[4] sin que el invierno

[1] El teocalli o pirámide de Cholula estaba consagrado a Quetzalcoatl, el dios pájaro tolteco. Cholula se halla cerca de la ciudad mexicana de Puebla.
[2] El imperio azteca incluía la cálida costa del Golfo y las montañas nevadas de la meseta central.
[3] El olivo.
[4] Iztaccíhual (o Iztaccíhuatl) y Popocatépetl (o Popocatepec) y la más alta, Orizaba, de 18,205 pies, son las tres grandes montañas mexicanas, siempre cubiertas de nieve.

Toque jamás con destructora mano
Los campos fertilísimos, do ledo
Los mira el indio en púrpura ligera
Y oro teñirse, reflejando el brillo
5   Del sol en occidente, que sereno
En hielo eterno y perennal verdura
A torrentes vertió su luz dorada,
Y vio a Naturaleza conmovida
Con su dulce calor hervir en vida.

10   Era la tarde; su ligera brisa
Las alas en silencio ya plegaba,
Y entre la hierba y árboles dormía,
Mientras el ancho sol su disco hundía
Detrás de Iztaccíhual. La nieve eterna,
15   Cual disuelta en mar de oro, semejaba
Temblar en torno de él; un arco inmenso,
Que del empíreo en el cenit finaba,
Como espléndido pórtico del cielo,
De luz vestido y centellante gloria,
20   De sus últimos rayos recibía
Los colores riquísimos. Su brillo
Desfalleciendo fue; la blanca luna
Y de Venus la estrella solitaria
En el cielo desierto se veían.
25   ¡Crepúsculo feliz! Hora más bella
Que la alba noche o el brillante día,
¡Cuánto es dulce tu paz al alma mía!

Hallábame sentado en la famosa
Cholulteca pirámide. Tendido
30   El llano inmenso que ante mí yacía,
Los ojos a espaciarse convidaba.
¡Qué silencio! ¡Qué paz! ¡Oh! ¿Quién diría
Que en estos bellos campos reina alzada
La bárbara opresión,[5] y que esta tierra

---

[5] Alusión al despotismo de Agustín de Iturbide (1783–1824), que luchó contra los españoles en la guerra de la independencia y se proclamó emperador de México en 1822. Depuesto al año siguiente, quiso ocupar otra vez el poder, pero, vencido, fue fusilado.

Brota mieses tan ricas, abonada
Con sangre de hombres, en que fue inundada
Por la superstición y por la guerra?

    Bajó la noche en tanto. De la esfera
El leve azul, oscuro y más oscuro   5
Se fue tornando; la movible sombra
De las nubes serenas, que volaban
Por el espacio en alas de la brisa,
Era visible en el tendido llano.
Iztaccíhual purísimo volvía   10
Del argentado rayo de la luna
En plácido fulgor, y en el oriente,
Bien como puntos de oro centellaban
Mil estrellas y mil... ¡Oh! ¡Yo os saludo,
Fuentes de luz, que de la noche umbría   15
Ilumináis el velo,
Y sois del firmamento poesía!

    Al paso que la luna declinaba,
Y al ocaso fulgente descendía,
Con lentitud la sombra se extendía   20
Del Popocatépetl, y semejaba
Fantasma colosal. El arco oscuro
A mí llegó, cubrióme, y su grandeza
Fue mayor y mayor, hasta que al cabo
En sombra universal veló la tierra.   25

    Volví los ojos al volcán sublime,
Que velado en vapores transparentes,
Sus inmensos contornos dibujaba
De occidente en el cielo.
¡Gigante del Anáhuac!, ¿cómo el vuelo   30
De las edades rápidas no imprime
Alguna huella en tu nevada frente?
Corre el tiempo veloz, arrebatando
Años y siglos, como el norte fiero
Precipita ante sí la muchedumbre   35
De las olas del mar. Pueblos y reyes

Viste hervir a tus pies, que combatían
Cual hora[6] combatimos, y llamaban
Eternas sus ciudades, y creían
Fatigar a la tierra con su gloria.
5   Fueron:[7] de ellos no resta ni memoria.
¿Y tú eterno serás? Tal vez un día
De tus profundas bases desquiciado
Caerás; abrumará tu gran ruina
Al yermo Anáhuac; alzaránse en ella
10   Nuevas generaciones, y orgullosas,
Que fuiste negarán. . .

               Todo perece
Por ley universal. Aun este mundo
Tan bello y tan brillante que habitamos,
Es el cadáver pálido y deforme
15   De otro mundo que fue. . .
En tal contemplación embebecido
Sorprendióme el sopor. Un largo sueño
De glorias engolfadas y perdidas
En la profunda noche de los tiempos,
20   Descendió sobre mí. La agreste pompa
De los reyes aztecas desplegóse
A mis ojos atónitos. Veía
Entre la muchedumbre silenciosa
De emplumados caudillos levantarse
25   El déspota salvaje en rico trono,
De oro, perlas y plumas recamado;
Y al son de caracoles belicosos
Ir lentamente caminando al templo
La vasta procesión, do la aguardaban
30   Sacerdotes horribles, salpicados
Con sangre humana rostros y vestidos.
Con profundo estupor el pueblo esclavo
Las bajas frentes en el polvo hundía,
Y ni mirar a su señor osaba,

---

[6] Como ahora.
[7] Tradúzcase: "They are no more."

De cuyos ojos férvidos brotaba
La saña del poder.

        Tales ya fueron
Tus monarcas, Anáhuac, y su orgullo,
Su vil superstición y tiranía
En el abismo del no ser[8] se hundieron.   5
Sí, que la muerte, universal señora,
Hiriendo a par al déspota y esclavo,
Escribe la igualdad sobre la tumba.
Con su manto benéfico el olvido
Tu insensatez oculta y tus furores   10
A la raza presente y la futura.
Esta inmensa estructura
Vio a la superstición más inhumana
En ella entronizarse. Oyó los gritos
De agonizantes víctimas, en tanto   15
Que el sacerdote, sin piedad ni espanto,
Les arrancaba el corazón sangriento;
Miró el vapor espeso de la sangre
Subir caliente al ofendido cielo,
Y tender en el sol fúnebre velo,   20
Y escuchó los horrendos alaridos
Con que los sacerdotes sofocaban
El grito del dolor.

        Muda y desierta
Ahora te ves, pirámide. ¡Más vale
Que semanas de siglos yazcas yerma,   25
Y la superstición a quien serviste
En el abismo del infierno duerma!
A nuestros nietos últimos, empero,
Sé lección saludable; y hoy al hombre
Que ciego en su saber fútil y vano   30
Al cielo, cual Titán,[9] truena orgulloso,
Sé ejemplo ignominioso
De la demencia y del furor humano.

---

[8] Del no ser: "annihilation."
[9] Según la mitología griega, los Titanes se rebelaron contra los dioses, pero fueron derrotados por ellos.

NIÁGARA

(1824; 1832)

Templad mi lira, dádmela, que siento
En mi alma estremecida y agitada
Arder la inspiración. ¡Oh! ¡cuánto tiempo
En tinieblas pasó, sin que mi frente
Brillase con su luz. . .! Niágara undoso,
Tu sublime terror sólo podría
Tornarme el don divino, que ensañada
Me robó del dolor la mano impía.

Torrente prodigioso, calma, calla
Tu trueno aterrador; disipa un tanto
Las tinieblas que en torno te circundan;
Déjame contemplar tu faz serena,
Y de entusiasmo ardiente mi alma llena.
Yo digno soy de contemplarte: siempre
Lo común y mezquino desdeñando,
Ansié por lo terrífico y sublime.
Al despeñarse el huracán furioso,
Al retumbar sobre mi frente el rayo,
Palpitando gocé: vi al Oceano,
Azotado por austro proceloso,
Combatir mi bajel, y ante mis plantas
Vórtice hirviente abrir, y amé el peligro.
Mas del mar la fiereza
En mi alma no produjo
La profunda impresión que tu grandeza.

Sereno corres, majestoso; y luego
En ásperos peñascos quebrantado,
Te abalanzas violento, arrebatado,
Como el destino irresistible y ciego.
¿Qué voz humana describir podría
De la sirte rugiente
La aterradora faz? El alma mía
En vago pensamiento se confunde
Al mirar esa férvida corriente,

Que en vano quiere la turbada vista
En su vuelo seguir al borde oscuro
Del precipicio altísimo: mil olas,
Cual pensamiento rápidas pasando,
Chocan, y se enfurecen,   5
Y otras mil y otras mil ya las alcanzan,
Y entre espuma y fragor desaparecen.

   ¡Ved!, ¡llegan, saltan! El abismo horrendo
Devora los torrentes despeñados:
Crúzanse en él mil iris, y asordados   10
Vuelven los bosques el fragor tremendo.
En las rígidas peñas
Rómpese el agua: vaporosa nube
Con elástica fuerza
Llena el abismo en torbellino, sube,   15
Gira en torno, y al éter
Luminosa pirámide levanta,
Y por sobre los montes que le cercan
Al solitario cazador espanta.

   Mas, ¿qué en ti busca mi anhelante vista   20
Con inútil afán? ¿Por qué no miro
Alrededor de tu caverna inmensa
Las palmas,[10] ¡ay!, las palmas deliciosas,
Que en las llanuras de mi ardiente patria
Nacen del sol a la sonrisa, y crecen,   25
Y al soplo de las brisas del Oceano,
Bajo un cielo purísimo se mecen?

   Este recuerdo a mi pesar me viene. . .
Nada, ¡oh Niágara!, falta a tu destino,
Ni otra corona que el agreste pino   30
A tu terrible majestad convíene.
La palma, y mirto, y delicada rosa,
Muelle placer inspiren y ocio blando
En frívolo jardín: a ti la suerte
Guardó más digno objeto, más sublime.   35

---

[10] Cuba es famosa por sus palmeras reales.

El alma libre, generosa, fuerte,
Viene, te ve, se asombra,
El mezquino deleite menosprecia,
Y aun se siente elevar cuando te nombra.

5   ¡Omnipotente Dios! En otros climas
Vi monstruos execrables,
Blasfemando tu nombre sacrosanto,
Sembrar error y fanatismo impío,
Los campos inundar en sangre y llanto,
10   De hermanos atizar la infanda guerra,
Y desolar frenéticos la tierra.[11]
Vílos, y el pecho se inflamó a su vista
En grave indignación. Por otra parte
Vi mentidos filósofos, que osaban
15   Escrutar tus misterios, ultrajarte,
Y de impiedad al lamentable abismo
A los míseros hombres arrastraban.
Por eso te buscó mi débil mente
En la sublime soledad: ahora
20   Entera se abre a ti; tu mano siente
En esta inmensidad que me circunda,
Y tu profunda voz hiere mi seno
De este raudal en el eterno trueno.

¡Asombroso torrente!
25   ¡Cómo tu vista el ánimo enajena,
Y de terror y admiración me llena!
¿Dó tu origen está? ¿Quién fertiliza
Por tantos siglos tu inexhausta fuente?
¿Qué poderosa mano
30   Hace que al recibirte
No rebose en la tierra el Oceano?

Abrió el Señor su mano omnipotente;
Cubrió tu faz de nubes agitadas,
Dio su voz a tus aguas despeñadas,

---

[11] Heredia alude seguramente en esta estrofa a los horrores de la Revolución Francesa, una de cuyas causas fue el pensamiento racionalista de los filósofos ateos.

Y ornó con su arco[12] tu terrible frente.
¡Ciego, profundo, infatigable corres,
Como el torrente oscuro de los siglos
En insondable eternidad . . . ! ¡Al hombre
Huyen así las ilusiones gratas,   5
Los florecientes días,
Y despierta al dolor! . . . ¡Ay!, agostada
Yace mi juventud; mi faz, marchita;
Y la profunda pena que me agita
Ruga mi frente, de dolor nublada.   10

   Nunca tanto sentí como este día
Mi soledad y mísero abandono
Y lamentable desamor. . . ¿Podría
En edad borrascosa
Sin amor ser feliz? ¡Oh! ¡si una hermosa   15
Mi cariño fijase,
Y de este abismo al borde turbulento
Mi vago pensamiento
Y ardiente admiración acompañase!
¡Cómo gozara, viéndola cubrirse   20
De leve palidez, y ser más bella
En su dulce terror, y sonreírse
Al sostenerla mis amantes brazos . . . !
¡Delirios de virtud . . . ! ¡Ay! ¡Desterrado,
Sin patria, sin amores,   25
Sólo miro ante mí llanto y dolores!

   ¡Niágara poderoso!
¡Adiós! ¡adiós! Dentro de pocos años
Ya devorado habrá la tumba fría
A tu débil cantor. ¡Duren mis versos   30
Cual tu gloria inmortal! ¡Pueda piadoso
Viéndote algún viajero,
Dar un suspiro a la memoria mía!
Y al abismarse Febo en occidente,
Feliz yo vuele do el Señor me llama,   35
Y al escuchar los ecos de mi fama,
Alce en las nubes la radiosa frente.

[12] El arco iris.

CARTA DE BOSTON

Boston, 4 de diciembre de 1823

Amadísimo amigo: no quise abrazarte en el momento de mi partida, porque temí que mi constancia no pudiese resistir a esta última prueba, y que me fuera imposible arrancarme de una tierra en que dejaba tantos objetos queridos . . .

5 Los tres primeros días tuvimos el tiempo más hermoso. Después hemos venido o con vientos furiosos por la proa, o con calmas y marejadas que nos rompían las velas; y el 27 del pasado a los 40° de latitud nos cayó una helada tan furiosa que el agua del mar se cuajaba al pasar la ola por la cubierta y formaba tales témpanos 10 que entorpecía la maniobra. A fuerza de fuerzas, llegamos a una isla que se llama Nantucket; tomamos allí un práctico; éste se emborrachó y no sé cómo aquella noche no nos hicimos pedazos en la costa. Al fin salimos del paso con atrasar como 15 leguas, y tener que estar fondeados dos días en otra islita donde todo estaba helado.

15 Hoy por la mañana llegamos a este puerto. . . . Bien decías tú que las pesetas hablan hasta caldeo. Me han señalado un precioso cuarto con una cama muy hermosa; y todo por cinco pesos a la semana. Me he constituido, pues, en casa de Mistress MacCondray . . . y después del té me he retirado al cuarto a escribirte y participarte 20 algunas de mis observaciones.

No he resuelto nada sobre el viaje a New York o Filadelfia. En estas ciudades hace el mismo frío que aquí con corta diferencia; y donde lo iba yo a aguantar con todo el cuerpo era en el camino. En Charleston es donde hay mudanza, pero de aquí a allá hay 500 25 leguas que no se andan en invierno tan fácilmente. Aún pienso quedarme; y si el frío aprieta mucho más, condenarme a reclusión junto a una chimenea, y ocuparme en embestir de frente con el inglés, o dar una mano a mis poesías . . .

Boston es una gran ciudad, y sumamente bella por su regu- 30 laridad y policía. Todas las casas son de tres a cuatro pisos, construidas de ladrillos o cantería, y cubiertas de tejamaní, con todas las ventanas guarnecidas de vidrieras. Las calles son anchas y perfectamente empedradas, con calzadas de ladrillo levantadas de un lado y otro para separar a los de a pie de los carruajes. Estos son 35 infinitos, y los caballos que los tiran me han parecido todos más grandes y fuertes que los de Cuba: no sé si será aprensión. Las calles están llenas de gente a todas horas y no por eso reina el bullicio de las de La Habana. Verdad es que aquí no hay negros carretilleros. Jamás he visto más muchachas bonitas que hoy.

¡Qué hermosa ciudad! Me ha admirado sobre todo el orden que 5 en ella reina. Todas las casas tienen en tarjetas grabados de cobre o de madera el nombre u ocupación de los que las habitan; lo que es excelente y facilita sobremanera el curso de los negocios.

Todos parecen ocupados, y aun no he visto un mendigo, ni aun uno que tenga sobre sí la librea de la miseria y desamparo. ¡Afortu- 10 nado país, favorecido, a pesar de la rudeza de su clima, con las miradas más benignas del cielo! . . .

No sé si entenderás los últimas párrafos porque la tinta está casi helada . . .

ENSAYO SOBRE LA NOVELA
(1832)

(FRAGMENTO)

Presentóse en Escocia un escritor más distinguido por su erudición que por su fuerza mental; versado profundamente en las antigüedades de su patria, Escocia; prosador correcto y poeta; dotado de prodigiosa memoria, y del talento de resucitar los recuerdos de los pasados; falto por otra parte de filosofía, y que no se embaraza en 5 someter a juicio la moralidad de los hechos ni de los hombres. Después de haber publicado poesías brillantes, aunque en ellas no se revelaba la profundidad o el vigor del genio poético, ocurrióle redactar en forma de narración los recuerdos de antigüedades que habían sido objeto de sus esfuerzos. Retrató las costumbres anteriores 10 de un país que aun hoy es salvaje, y los usos, el dialecto, los paisajes, las supersticiones de esos descendientes de los antiguos celtas, que conservan hasta su traje primitivo y asombraron por su rareza. Todos estaban hastiados de novelas sentimentales o licenciosas, y creyeron respirar aire puro de las montañas, y ver elevarse los agudos picos 15 del Ben Lomond[13] entre los vapores que cubrían los valles. La languidez de la civilización moderna encontró en aquellos cuadros

[13] Montaña en la parte centro sur de Escocia.

sencillos y salvajes un contraste interesante con su propia flaqueza. Las escenas de Walter Scott convenían con sus personajes; en vano hubiera querido hacerse verosímil en otro país que en Escocia la presencia de sus gitanas alojadas en cavernas basálticas, la rusticidad
5 caballeresca de los campesinos, y su lenguaje siempre poético en su sencillez. Al ver el inmenso aplauso que acogió las obras del novelista escocés, podía decirse que las costumbres modernas con su lujo, frivolidad y pequeñez ambiciosa, tributan homenaje involuntariamente a la majestad ingenua de las costumbres salvajes.

10 Walter Scott no sabe inventar figuras revestidas de celestial belleza, ni comunicarles una vida sobrehumana; en una palabra, le falta la facultad de crear, que han poseído los grandes poetas. Escribió lo que le dictaban sus recuerdos, y después de haber hojeado crónicas antiguas, copió de ellas lo que le pareció curioso y capaz de excitar
15 asombro y maravilla. Para dar alguna consistencia a sus narraciones inventó fechas, se apoyó ligeramente en la historia, y publicó volúmenes. Como su talento consiste en resucitar a nuestra vista los pormenores de lo pasado, no quiso tomarse el trabajo de formar un plan ni dar un héroe a sus obras; casi todas se reducen a pormenores
20 expresados con felicidad. El gusto y la exactitud de los pintores holandeses se hallan en sus cuadros, y éstos sólo tienen dos defectos notables, llamarse históricos y carecer de orden, regularidad y filosofía, de modo que en vez de presentar una composición perfecta, aparecen como una mezcolanza de objetos acumulados a la ventura,
25 aunque copiados con admirable fidelidad.

Sus novelas son de una nueva especie, y se ha creído definirlas bien con llamarlas históricas; definición falsa, como casi todas las voces nuevas con que se quiere suplir la pobreza de las lenguas. La novela es una ficción y toda ficción es mentira. ¿Llamaremos *mentiras*
30 *históricas* las obras de Walter Scott? Haríaseles una injuria que no merecen y sí nuestros elogios por más de un motivo; pero su autor no debe colocarse entre los Tácitos, Maquiavelo, Hume y Gibbon,[14] y el último compilador de anécdotas tiene más derecho al título de historiador. Empero, pocos han usado con más habilidad y éxito los
35 tesoros de una ciencia tan árida como la que producen los extractos de manuscritos carcomidos, y los descubrimientos de los anticuarios.

---

[14] Todos ellos grandes historiadores: el latino Cornelio Tácito (55–120 d. de C.); el florentino Niccoló Machiavelli (1469–1527); el escocés David Hume (1711–76); y el inglés Edward Gibbon (1734–94).

El movimiento, la gracia, la vida que presta Walter Scott a las escenas de los tiempos pasados; la rudeza y aun la inelegancia de sus narraciones, que parecen en perfecta armonía con las épocas bárbaras a que se refieren; la variedad de sus retratos singulares, que en su extrañeza misma tiene cierto aspecto de antigüedad salvaje, la rareza 5 del conjunto y la exactitud minuciosa de los pormenores, han hecho populares las novelas que nos ocupan. Produjeron emociones universales, a cuyo favor se han ocultado sus defectos. Estas obras, al transportar la imaginación lejos de la sociedad civilizada, tal cual hoy la conocemos, dieron el último golpe a la novela que Richard- 10 son[15] había concebido. Los cuadros de las costumbres civilizadas parecen faltos de color y de vida junto a los de los montañeses y las sibilas que resucita el narrador escocés, y ya no interesan las pinturas del amor en sus extravíos, caprichos, escrúpulos y vacilaciones. Así un hombre cuyos sentidos ha embotado el abuso de licores fuertes, 15 desprecia lo que antes apetecía, y rechaza con desdén el líquido puro y saludable que para satisfacer su sed le brinda la naturaleza.

[15] Samuel Richardson (1689–1761), novelista inglés caracterizado por su análisis psicológico y su tono altamente emotivo. Es el autor de *Pamela* y de *Clarissa Harlowe*.

Simón Bolívar

(1783–1830)

Hay muy pocas ciudades de la América del Sur que no hayan erigido un monumento a Simón Bolívar. El Libertador simboliza en Hispanoamérica la independencia, la libertad, la democracia y la justicia. Sin embargo, tan difíciles ideales no fueron conquista espontánea: la trayectoria humana del glorioso caudillo tuvo que ser un esfuerzo continuo de la voluntad contra la incomprensión de los otros, contra el fracaso y aun a veces contra sus mismas convicciones. Moriría, al fin, sin ver a su querida América unida y en paz.

Nacido en Caracas, de familia rica, tuvo por maestro a Simón Rodríguez, que lo educó en los principios democráticos, el amor a la naturaleza y la inclinación al bien. Completó su formación en España, donde vivió de 1799 a 1802 y allí se casó, aunque quedó viudo al año. Entre 1804 y 1807 residió en París y viajó por Europa, teniendo ocasión de admirar el esplendor y la fama de Napoleón, que lo deslumbraron: se dice que Bolívar tomó a éste por modelo de su actuación. En 1804, mientras contemplaba a Roma desde el Monte Aventino, juró solemnemente ante Simón Rodríguez no descansar hasta dar libertad a las colonias españolas.

De regreso a su tierra, intervino en las conspiraciones que culminaron en la formación de la Junta de Caracas, en 1810. Comisionado por ésta, se dirigió a Londres para solicitar ayuda económica: de allí se trajo, para hacerlo jefe de los ejércitos rebeldes, a Francisco de Miranda, el Precursor. Una serie de reveses militares obligaron a Bolívar a desterrarse. Recorrió varias islas, entre ellas, Jamaica y Haití. Tornó en 1817 para una lucha cuyo final fue el triunfo. Las batallas de Boyacá en 1819, Carabobo en 1821, Junín y Ayacucho en 1824, garantizaron sucesivamente la independencia de Colombia, Venezuela, Bolivia y Perú que entonces comprendía Ecuador. En 1820, Bolívar había sido oficialmente declarado "El Libertador."

A partir de 1825 comenzó su tarea más difícil: organizar las nacientes repúblicas. Nombrado presidente de la Gran Colombia, trabajó por un estado fuerte y unido; pero inmediatamente surgieron intrigas contra sus propósitos. El resto de su breve vida estuvo lleno de amargura. Un esfuerzo supremo para salvar la unidad fue el Congreso de Panamá, en 1826, primer intento de panamericanismo. En 1828 asumió poderes dictatoriales, cosa que siempre había tratado de evitar. Se llegó a atentar contra su vida. Perú y luego Venezuela se separaron de la unión. Al fin, entristecido, desilusionado y enfermo, renunció el poder y murió en 1830.

La obra literaria de Bolívar consta de discursos, mensajes, proclamas y cartas. Su estilo es vigoroso y claro. Maneja con habilidad los resortes de la oratoria, pero nunca es verboso: la riqueza de ideas le salva del juego retórico. En sus cartas, descubre su corazón con sinceridad, cuando se dirige a los íntimos; usa la ironía y el buen humor, si es necesario; y sabe ser hábil cuando las circunstancias lo reclaman. Todo ello le hacen acreedor a un puesto digno en la historia de la literatura.

Ideológicamente, Bolívar está inmerso en los principios del siglo XVIII. Sus palabras recuerdan con frecuencia las del despotismo ilustrado y los reformadores, si bien el caudillo sudamericano está ya más allá por su enérgica defensa de las libertades individuales. Recibió la influencia de pensadores y políticos ingleses, norteamericanos y franceses. Pero su sentido común y su capacidad extraordinaria para adaptarse a las circunstancias le incitaron a buscar el sesgo original de los pensamientos extranjeros y su aplicabilidad a los nuevos países. Para el conocimiento de su ideología política, los documentos más importantes son la llamada "Carta de Jamaica" y el "Discurso ante el Congreso de Angostura" (1819), en el cual sentó las bases de la Constitución de la Gran Colombia.

El problema fundamental de Bolívar fue conjugar los principios democráticos con gobiernos fuertes y estables. Veía en los sistemas democráticos excelentes posibilidades, pero percibía el peligro de anarquía inherente a los mismos, sobre todo, en países como los hispanoamericanos, con un pueblo ignorante y rudo, educado en el más severo absolutismo. No se hacía ilusiones sobre la condición de sus súbditos. Por eso, la primera de sus normas fue adaptar las leyes a los legislados. Odiaba las utopías. Por ejemplo, criticó la adopción del sistema federativo estadounidense en Venezuela: indudablemente era bueno en la América del Norte; pero perjudicial en Venezuela, porque aquí fomentaba la disgregación nacional.

Su objetivo fue un gobierno que garantizase el máximo de felicidad, de seguridad social y de estabilidad política. Propuso para ello el nombramiento de un presidente fuerte, la elección de un senado hereditario que se especializase en la difícil tarea de gobernar con justicia, y la constitución de un poder moral que alentase el amor a las leyes. La educación del pueblo haría el resto. Bolívar no fue escuchado en nada. La "Carta de Jamaica" es el documento más pesimista que un fundador de pueblos pudo dejar sobre el futuro de los mismos.

CARTA DE JAMAICA[1]
(1815)

Kingston, 6 de setiembre de 1815

Señor:

Me apresuro a contestar la carta de 29 del mes pasado que usted me hizo el honor de dirigirme y yo recibí con la mayor satisfacción.

Sensible, como debo, al interés que usted ha querido tomar por la
5 suerte de mi patria, afligiéndose con ella por los tormentos que padece desde su descubrimiento hasta estos últimos períodos, por parte de sus destructores los españoles, no siento menos el comprometimiento en que me ponen las solícitas demandas que usted me hace sobre los objetos más importantes de la política americana. Así, me
10 encuentro en un conflicto entre el deseo de corresponder a la confianza con que usted me favorece y el impedimento de satisfacerla, tanto por la falta de documentos y de libros cuanto por los limitados conocimientos que poseo de un país tan inmenso, variado y desconocido como el Nuevo Mundo.

15   En mi opinión es imposible responder a las preguntas con que usted me ha honrado. El mismo Barón de Humboldt, con su universalidad de conocimientos teóricos y prácticos, apenas lo haría con exactitud, porque aunque una parte de la estadística y revolución de América es conocida, me atrevo a asegurar que la mayor está

---

1 Probablemente dirigida al Duque de Manchester.

cubierta de tinieblas, y por consecuencia sólo se pueden ofrecer conjeturas más o menos aproximadas, sobre todo en lo relativo a la suerte futura y a los verdaderos proyectos de los americanos; pues de cuantas combinaciones suministra la historia de las naciones, de otras tantas es susceptible la nuestra por sus posiciones físicas, por 5 las vicisitudes de la guerra y por los cálculos de la política.

Como me conceptúo obligado a prestar atención a la apreciable carta de usted no menos que a sus filantrópicas miras, me animo a dirigir estas líneas, en las cuales ciertamente no hallará usted las ideas luminosas que desea, mas sí las ingenuas expresiones de mis 10 pensamientos.

"Tres siglos ha, dice usted, que empezaron las barbaridades que los españoles cometieron en el grande hemisferio de Colón." Barbaridades que la presente edad ha rechazado como fabulosas, porque parecen superiores a la perversidad humana; y jamás serían creídas 15 por los críticos modernos, si constantes y repetidos documentos no testificasen estas infaustas verdades. El filantrópico obispo de Chiapa, el apóstol de la América, Las Casas, ha dejado a la posteridad una breve relación de ellas, extractada de las sumarias que siguieron en Sevilla a los conquistadores, con el testimonio de cuantas personas 20 respetables había entonces en el Nuevo Mundo, y con los procesos mismos que los tiranos se hicieron entre sí, como consta por los más sublimes historiadores de aquel tiempo. Todos los imparciales han hecho justicia al celo, verdad y virtudes de aquel amigo de la humanidad, que con fervor y firmeza denunció ante su gobierno y 25 contemporáneos los actos más horrorosos de un frenesí sanguinario.

Con cuánta emoción de gratitud leo el pasaje de la carta de usted en que me dice: "que espera que los sucesos que siguieron entonces a las armas españolas acompañen ahora a las de sus contrarios, los muy oprimidos americanos meridionales." Yo tomo esta esperanza 30 como una predicción, si la justicia decide las contiendas de los hombres. El suceso coronará nuestros esfuerzos; porque el destino de la América se ha fijado irrevocablemente. El lazo que lo unía a la España está cortado; la opinión era toda su fuerza; por ella se estrechaban mutuamente las partes de aquella inmensa monarquía. 35 Lo que antes las enlazaba ya las divide: más grande es el odio que nos ha inspirado la península que el mar que nos separa de ella; menos difícil es unir los dos continentes que reconciliar los espíritus de ambos países. El hábito a la obediencia, un comercio de intereses,

de luces, de religión; una recíproca benevolencia; una tierna solicitud por la cuna y la gloria de nuestros padres; en fin, todo lo que formaba nuestra esperanza, nos venía de España. De aquí nacía un principio de adhesión que parecía eterno; no obstante que la in-
5 conducta de nuestros dominadores relajaba esta simpatía; o por mejor decir, este apego forzado por el imperio de la dominación. Al presente sucede lo contrario: la muerte, el deshonor, cuanto es nocivo, nos amenaza y tememos; todo lo sufrimos de esa desnaturalizada madrasta. El velo se ha rasgado, ya hemos visto la luz y se
10 nos quiere volver a las tinieblas; se han roto las cadenas; ya hemos sido libres, y nuestros enemigos pretenden de nuevo esclavizarnos. Por lo tanto, la América combate con despecho; y rara vez la desesperación no ha arrastrado tras sí la victoria.

Porque los sucesos hayan sido parciales y alternados, no debemos
15 desconfiar de la fortuna. En unas partes triunfan los independientes, mientras que los tiranos en lugares diferentes obtienen sus ventajas. ¿Y cuál es el resultado final? ¿No está el Nuevo Mundo entero conmovido y armado para su defensa? Echemos una ojeada y observaremos una lucha simultánea en la misma extensión de este hemis-
20 ferio.

El belicoso Estado de las Provincias del Río de la Plata ha purgado su territorio y conducido sus armas vencedoras al Alto Perú,[2] conmoviendo a Arequipa e inquietando a los realistas de Lima. Cerca de un millón de habitantes disfruta allí de su libertad.
25   El reino de Chile, poblado de 800.000 almas, está lidiando contra sus enemigos que pretenden dominarlo; pero en vano, porque los que antes pusieron un término a sus conquistas, los indómitos y libres araucanos, son sus vecinos y compatriotas; y su ejemplo sublime es suficiente para probarles que el pueblo que ama su inde-
30 pendencia por fin la logra.

El virreinato del Perú, cuya población asciende a millón y medio de habitantes, es sin duda el más sumiso y al que más sacrificios se le han arrancado para la causa del rey, y bien que sean vanas las relaciones concernientes a aquella porción de América, es indu-
35 bitable que ni está tranquila, ni es capaz de oponerse al torrente que amenaza a las más de sus provincias.

---

2 El Alto Perú está ahora en Bolivia.

La Nueva Granada, que es por decirlo así el corazón de la América y obedece a un gobierno general, exceptuando el reino de Quito que con la mayor dificultad contiene sus enemigos, por ser fuertemente adicto a la causa de su patria; y las provincias de Panamá y Santa Marta que sufren, no sin dolor la tiranía de sus señores. 5 Dos millones y medio de habitantes están esparcidos en aquel terri torio que actualmente defienden contra el ejército español bajo el general Morillo,[3] que es verosímil sucumba delante de la inexpugnable plaza de Cartagena. Mas si la tomare, será a costa de grandes pérdidas, y desde luego carecerá de fuerzas bastantes para subyugar 10 a los morigerados y bravos moradores del interior.

En cuanto a la heroica y desdichada Venezuela, sus acontecimientos han sido tan rápidos y sus devastaciones tales, que casi la han reducido a una absoluta indigencia y a una soledad espantosa, no obstante que era uno de los países más bellos de cuantos hacían el 15 orgullo de la América. Sus tiranos gobiernan un desierto, y sólo oprimen a tristes restos que, escapados de la muerte, alimentan una precaria existencia: algunas mujeres, niños y ancianos son los que quedan. Los más de los hombres han perecido por no ser esclavos, y los que viven combaten con furor en los campos y en los pueblos 20 internos, hasta expirar o arrojar al mar a los que, insaciables de sangre y de crímenes, rivalizan con los primeros monstruos que hicieron desaparecer de la América a su raza primitiva. Cerca de un millón de habitantes se contaban en Venezuela; y sin exageración se puede asegurar que una cuarta parte ha sido sacrificada por la tierra, 25 la espada, el hambre, la peste, las peregrinaciones, excepto el terremoto, todos resultados de la guerra.

En Nueva España había en 1808, según nos refiere el Barón de Humboldt, 7.800.000 almas, con inclusión de Guatemala. Desde aquella época, la insurrección que ha agitado a casi todas sus pro- 30 vincias, ha hecho disminuir sensiblemente aquel cómputo que parece exacto; pues más de un millón de hombres ha perecido. . . .

Allí la lucha se mantiene a fuerza de sacrificios humanos y de todas especies, pues nada ahorran los españoles con tal que logren someter a los que han tenido la desgracia de nacer en este suelo, que 35

3 El general Pablo Morillo (1777–1838) se distinguió en la guerra contra Napoleón y fue encargado por Fernando VII de sofocar la rebelión de Nueva Granada. Se rindió a Bolívar en Boyacá.

parece destinado a empaparse con la sangre de sus hijos. A pesar de todo, los mexicanos serán libres, porque han abrazado el partido de la patria, con la resignación de vengar a sus pasados o seguirlos al sepulcro. Ya ellos dicen con Raynal:[4] llegó el tiempo, en fin, de pagar
5 a los españoles suplicios con suplicios y de ahogar a esa raza de exterminadores en su sangre o en el mar.

Las islas de Puerto Rico y Cuba, que entre ambas pueden formar una población de 700 a 800.000 almas, son las que más tranquilamente poseen los españoles, porque están fuera del contacto de los
10 independientes. Mas, ¿no son americanos estos insulares? ¿No son vejados? ¿No desearán su bienestar?

Este cuadro representa una escala militar de 2.000 leguas de longitud y 900 de latitud en su mayor extensión en que 16.000.000 de americanos defienden sus derechos o están oprimidos por la nación
15 española que, aunque fue en algún tiempo el más vasto imperio del mundo, sus restos son ahora impotentes para dominar el nuevo hemisferio y hasta mantenerse en el antiguo. ¿Y la Europa civilizada, comerciante y amante de la libertad, permite que una vieja serpiente, por sólo satisfacer su saña envenenada, devore la más bella parte de
20 nuestro globo? ¡Qué! ¿Está la Europa sorda al clamor de su propio interés? ¿No tiene ya ojos para ver la justicia? ¿Tanto se ha endurecido para ser de este modo insensible? Estas cuestiones cuanto más las medito, más me confunden: llego a pensar que se aspira a que desaparezca la América; pero es imposible, porque toda la Europa
25 no es España. ¡Qué demencia la de nuestra enemiga, pretender reconquistar la América, sin marina, sin tesoro y casi sin soldados! Pues los que tiene, apenas son bastantes para retener a su propio pueblo en una violenta obediencia y defenderse de sus vecinos. Por otra parte, ¿podrá esta nación hacer el comercio exclusivo de la mitad
30 del mundo sin manufacturas, sin producciones territoriales, sin artes, sin ciencias, sin política? Lograda que fuese esta loca empresa, y suponiendo más, aun lograda la pacificación, los hijos de los actuales americanos, unidos con los de los europeos reconquistadores, ¿no volverían a formar dentro de veinte años los mismos patrióticos
35 designios que ahora se están combatiendo?

---

[4] El abad francés Guillaume Raynal (1713–96) atacó la colonización española en su libro *Histoire des établissements des Européens dans les deux Indes*. Tal historia es una buena prueba del prejuicio antiespañol, pues Raynal ni siquiera consultó fuentes de primera mano.

La Europa haría un bien a la España en disuadirla de su obstinada temeridad, porque a lo menos le ahorrará los gastos que expende y la sangre que derrama; a fin de que fijando su atención en sus propios recintos fundase su prosperidad y poder sobre bases más sólidas que las de inciertas conquistas, un comercio precario y exacciones vio- 5 lentas en pueblos remotos, enemigos y poderosos. La Europa misma por miras de sana política debería haber preparado y ejecutado el proyecto de la independencia americana, no sólo porque el equilibrio del mundo así lo exige, sino porque éste es el medio legítimo y seguro de adquirirse establecimientos ultramarinos de comercio. La 10 Europa que no se halla agitada por las violentas pasiones de la venganza, ambición y codicia, como la España, parece que estaba autorizada por todas las leyes de la equidad a ilustrarla sobre sus bien entendidos intereses.

Cuantos escritores han tratado la materia se acordaban en esta 15 parte. En consecuencia, nosotros esperábamos con razón que todas las naciones cultas se apresurarían a auxiliarnos, para que adquirié- semos un bien cuyas ventajas son recíprocas a entrambos hemisferios. Sin embargo, ¡cuán frustradas esperanzas! No sólo los europeos, pero hasta nuestros hermanos del Norte se han mantenido inmóviles 20 espectadores en esta contienda, que por su esencia es la más justa y por sus resultados la más bella e importante de cuantas se han suscitado en los siglos antiguos y modernos. Porque, ¿hasta dónde se puede calcular la trascendencia de la libertad del hemisferio de Colón? . . . 25

Todavía es más difícil presentir la suerte futura del Nuevo Mundo, establecer principios sobre su política, y casi profetizar la naturaleza del gobierno que llegará a adoptar. Toda idea relativa al porvenir de este país me parece aventurada. ¿Se pudo prever, cuando el género humano se hallaba en su infancia rodeado de tanta incerti- 30 dumbre, ignorancia y error, cuál sería el régimen que abrazaría para su conservación? ¿Quién se habría atrevido a decir, tal nación será república o monarquía, ésta será pequeña, aquélla grande? En mi concepto, ésta es la imagen de nuestra situación. Nosotros somos un pequeño género humano; poseemos un mundo aparte, cercado por 35 dilatados mares; nuevos en casi todas las artes y ciencias, aunque en cierto modo viejos en los usos de la sociedad civil.[5] Yo considero el

[5] Viejos por haber heredado un viejo sistema social.

estado actual de la América como cuando, desplomado el imperio romano, cada desmembración formó un sistema político, conforme a sus intereses y situación o siguiendo la ambición particular de algunos jefes, familias o corporaciones; con esta notable diferencia, que aquellos miembros dispersos volvían a restablecer sus antiguas naciones con las alteraciones que exigían las cosas o los sucesos; mas nosotros, que apenas conservamos vestigios de lo que en otro tiempo fue, y que por otra parte no somos indios ni europeos, sino una especie media entre los legítimos propietarios del país y los usurpadores españoles; en suma, siendo nosotros americanos por nacimiento y nuestros derechos los de Europa, tenemos que disputar éstos a los del país, y que mantenernos en él contra la invasión de los invasores; así nos hallamos en el caso extraordinario y complicado. No obstante que es una especie de adivinación indicar cuál será el resultado de la línea de política que la América siga, me atrevo a aventurar algunas conjeturas que desde luego caracterizo de arbitrarias, dictadas por un deseo racional y no por un raciocinio probable.

La posición de los moradores del hemisferio americano ha sido por siglos puramente pasiva: su existencia política era nula. Nosotros estábamos en un grado todavía más abajo de la servidumbre, y por lo mismo con más dificultades para elevarnos al goce de la libertad. Permítame usted estas consideraciones para elevar la cuestión. Los Estados son esclavos por la naturaleza de su constitución o por el abuso de ella; luego un pueblo es esclavo cuando el gobierno por su esencia o por sus vicios huella y usurpa los derechos del ciudadano o súbdito. Aplicando estos principios, hallaremos que la América no solamente estaba privada de su libertad, sino también de la tiranía activa y dominante. Me explicaré. En las administraciones absolutas no se reconocen límites en el ejercicio de las facultades gubernativas: la voluntad del gran sultán Kan Bey[6] y demás soberanos despóticos, es la ley suprema, y ésta es casi arbitrariamente ejecutada por los bajaes, kanes y sátrapas subalternos de la Turquía y Persia, que tienen organizada una opresión de que participan los súbditos en razón de la autoridad que se les confía. A ellos está encargada la administración civil, militar, política, de rentas y la religión. Pero al fin son persas los jefes de Ispahan, son turcos los visires del gran señor, son tártaros los sultanes de la Tartaria. La China no envía a

_____

6 Kan o can: príncipe o jefe tártaro.

buscar mandatarios militares y letrados al país de Gengis Kan que la conquistó, a pesar de que los actuales chinos son descendientes directos de los subyugados por los ascendientes de los presentes tártaros.

Cuán diferente era entre nosotros. Se nos vejaba con una conducta que, además de privarnos de los derechos que nos correspondían, nos dejaba en una especie de infancia permanente con respecto a las transacciones públicas. Si hubiésemos siguiera manejado nuestros asuntos domésticos, en nuestra administración interior, conoceríamos el curso de los negocios públicos y su mecanismo. Gozaríamos también de la consideración personal que impone a los hijos del pueblo cierto respeto maquinal, que es tan necesario conservar en las revoluciones. He aquí por qué he dicho que estábamos privados hasta de la tiranía activa, pues que no nos está permitido ejercer sus funciones.

Los americanos en el sistema español que está en vigor, y quizá con mayor fuerza que nunca, no ocupan otro lugar en la sociedad que el de siervos propios para el trabajo, y cuando más el de simples consumidores; y aun esta parte coartada con restricciones chocantes: tales son las prohibiciones del cultivo de frutos de Europa, el estanco de las producciones que el rey monopoliza, el impedimento de las fábricas que la misma península no posee, los privilegios exclusivos del comercio hasta de los objetos de primera necesidad, las trabas entre provincia y provincia americanas para que no se traten, entiendan, ni negocien; en fin, ¿quiere usted saber cuál era nuestro destino? Los campos para cultivar el añil, la grana, el café, la caña, el cacao y el algodón; las llanuras solitarias para criar ganados; los desiertos para cazar las bestias feroces; las entrañas de la tierra para excavar el oro que no puede saciar a esa nación avarienta.

Tan negativo era nuestro estado que no encuentro semejante en ninguna otra asociación civilizada, por más que recorro la serie de las edades y la política de todas las naciones. Pretender que un país tan felizmente constituido, extenso, rico y populoso, sea meramente pasivo, ¿no es un ultraje y una violación de los derechos de la humanidad?

Estábamos, como acabo de exponer, abstraídos, y, digámoslo así, ausentes del Universo en cuanto es relativo a la ciencia del gobierno y administración del Estado. Jamás éramos virreyes ni gobernadores sino por causas muy extraordinarias; arzobispos y obispos, pocas veces; diplomáticos, nunca; militares, sólo en calidad de subalternos; nobles, sin privilegios reales; no éramos, en fin, ni magistrados ni financistas, y casi ni aun comerciantes: todo en contraversión directa de nuestras instituciones.

5 El emperador Carlos V formó un pacto con los descubridores, conquistadores y pobladores de América, que . . . es nuestro contrato social. Los reyes de España convinieron solemnemente con ellos que lo ejecutasen por su cuenta y riesgo, prohibiéndoles hacerlo a costa de la Real Hacienda, y por esta razón se les concedía que fuesen 10 señores de la tierra, que organizasen la administración y ejerciesen la judicatura en apelación, con otras muchas excepciones y privilegios que sería prolijo detallar.[7] El rey se comprometió a no enajenar jamás las provincias americanas, como que a él no tocaba otra jurisdicción que la del alto dominio, siendo una especie de propiedad 15 feudal la que allí tenían los conquistadores para sí y sus descendientes. Al mismo tiempo existen leyes expresas que favorecen casi exclusivamente a los naturales del país originarios de España, en cuanto a los empleos civiles, eclesiásticos y de rentas. Por manera que con una violación manifiesta de las leyes y de los pactos subsistentes, 20 se han visto despojar aquellos naturales de la autoridad constitucional que les daba su código.

De cuanto he referido, será fácil colegir que la América no estaba preparada para desprenderse de la metrópoli, como súbitamente sucedió por el efecto de las ilegítimas cesiones de Bayona;[8] y por la 25 inicua guerra que la Regencia nos declaró sin derecho alguno para ello, no sólo por la falta de justicia, sino también de legitimidad. Sobre la naturaleza de los gobiernos españoles, sus decretos conminatorios y hostiles, y el curso entero de su desesperada conducta, hay escritos del mayor mérito en el periódico *El Español,* cuyo autor 30 es el señor Blanco;[9] y estando allí esta parte de nuestra historia muy bien tratada, me limito a indicarlo.

---

[7] La conquista fue financiada en su mayor parte por los mismos conquistadores, no por la Corona. Como resultado, la Corona tuvo que otorgarles numerosos privilegios.

[8] En la ciudad francesa de Bayonne, Napoleón obligó a Carlos IV y su hijo Fernando a abdicar la corona española, que inmediatamente entregó a su hermano, José. Ocurrió el hecho en 1808.

[9] José María Blanco White (1774–1841), canónigo sevillano exilado en Inglaterra, se relacionó en Londres con Andrés Bello y otros americanos. Fue figura prominente entre los liberales españoles desterrados y contribuyó decisivamente al desarrollo del romanticismo español.

Los americanos han subido de repente, sin los conocimientos previos y lo que es más sensible sin la práctica de los negocios públicos, a representar en la escena del mundo las eminentes dignidades de legisladores, magistrados, administradores del erario, diplomáticos, generales, y cuantas autoridades supremas y sub- 5 alternas forman la jerarquía de un Estado organizado con regularidad.

Cuando las águilas francesas sólo respetaron los muros de la ciudad de Cádiz,[10] y con su vuelo arrollaron a los frágiles gobiernos de la Península, entonces quedamos en la orfandad. Ya antes había- 10 mos sido entregados a la merced de un usurpador extranjero. Después, lisonjeados con la justicia que se nos debía con esperanzas halagüeñas siempre burladas; por último, inciertos sobre nuestro destino futuro, y amenazados por la anarquía, a causa de la falta de un gobierno legítimo, justo y liberal, nos precipitamos en el caos de 15 la revolución. En el primer momento sólo se cuidó de proveer a la seguridad interior, contra los enemigos que encerraba nuestro seno. Luego se extendió a la seguridad exterior: se establecieron autoridades que sustituimos a las que acabábamos de deponer encargadas de dirigir el curso de nuestra revolución y de aprovechar la coyuntura 20 feliz en que nos fuese posible fundar un gobierno constitucional digno del presente siglo y adecuado a nuestra situación. . . .

Todos los nuevos gobiernos marcaron sus primeros pasos con el establecimiento de juntas populares. Estas formaron en seguida reglamentos para la convocación de congresos que produjeron altera- 25 ciones importantes. Venezuela erigió un gobierno democrático y federal, declarando previamente los derechos del hombre, manteniendo el equilibrio de los poderes y estatuyendo leyes generales en favor de la libertad civil, la imprenta y otras; finalmente se constituyó un gobierno independiente. La Nueva Granada siguió con 30 uniformidad los establecimientos políticos y cuantas reformas hizo Venezuela, poniendo por base fundamental de su constitución el sistema federal más exagerado que jamás existió: recientemente se ha mejorado con respecto al Poder Ejecutivo general, que ha obtenido cuantas atribuciones le corresponden. Según entiendo, 35 Buenos Aires y Chile han seguido esta misma línea de operaciones; pero como nos hallamos a tanta distancia, los documentos son tan

---

[10] Cuando Napoleón invadió la Península Ibérica en 1808, sólo Cádiz pudo resistir. En aquella ciudad se reunieron las Cortes españolas que redactaron la Constitución de 1812.

raros, y las noticias tan inexactas, no me animaré ni aun a bosquejar el cuadro de sus transacciones.

Los sucesos de México han sido demasiado varios, complicados, rápidos y desgraciados para que se puedan seguir en el curso de su
5 revolución. Carecemos, además, de documentos bastante instructivos, que nos hagan capaces de juzgarlos. Los independientes de México por lo que sabemos, dieron principio a su insurrección en setiembre de 1810, y un año después ya tenían centralizado su gobierno en Zitácuaro, instalando allí una junta nacional bajo los auspicios de
10 Fernando VII, en cuyo nombre se ejercían las funciones gubernativas. Por los acontecimientos de la guerra, esta junta se trasladó a diferentes lugares, y es verosímil que se haya conservado hasta estos últimos momentos, con las modificaciones que los sucesos hayan exigido. Se dice que ha creado un generalísimo o dictador que lo es
15 el ilustre general Morelos;[11] otros hablan del célebre general Rayón,[12] lo cierto es que uno de estos dos grandes hombres o ambos separadamente ejercen la autoridad suprema en aquel país; y recientemente ha aparecido una constitución para el régimen del Estado.

Yo deseo más que otro alguno ver formar en América la más grande
20 nación del mundo, menos por su extensión y riquezas que por su libertad y gloria. Aunque aspiro a la perfección del gobierno de mi patria, no puedo persuadirme que el Nuevo Mundo sea por el momento regido por una gran república; como es imposible, no me atrevo a desearlo; y menos deseo una monarquía universal de
25 América, porque este proyecto sin ser útil, es también imposible. Los abusos que actualmente existen no se reformarían y nuestra regeneración sería infructuosa. Los Estados americanos han menester de los cuidados de gobiernos paternales que curen las llagas y las heridas del despotismo y la guerra. La metrópoli, por ejemplo, sería
30 México, que es la única que puede serlo, por su poder intrínseco, sin el cual no hay metrópoli, Supongamos que fuese el istmo de Panamá punto céntrico para todos los extremos de este vasto continente; ¿no continuarían éstos en la languidez y aun el desorden actual? Para que un solo gobierno dé vida, anime, ponga en acción
35 todos los resortes de la prosperidad pública, corrija, ilustre y per-

---

11 A la muerte de Hidalgo, dirigió la rebelión contra España el cura José María Morelos (1780–1815), que al fin fue cogido prisionero por Iturbide y ejecutado.

12 Ignacio Rayón, general mexicano, luchó a las órdenes de Hidalgo; venció a los españoles en Zitácuaro y fue nombrado presidente de la Junta allí reunida.

feccione el Nuevo Mundo, sería necesario que tuviese las facultades de un Dios, y cuando menos las luces y virtudes de todos los hombres.

El espíritu de partido que al presente agita a nuestros Estados se encendería entonces con mayor encono, hallándose ausente la fuente del poder que únicamente puede reprimirlo. Además, los magnates 5 de las capitales no sufrirán la preponderancia de los metropolitanos, a quienes considerarían como a otros tantos tiranos: sus celos llegarían hasta el punto de comparar a éstos con los odiosos españoles. En fin, una monarquía semejante sería un coloso deforme, que su propio peso desplomaría a la menor convulsión. . . . 10

Voy a arriesgar el resultado de mis cavilaciones sobre la suerte futura de la América: no la mejor, sino la que sea más asequible.

Por naturaleza de las localidades, riquezas, poblaciones y carácter de los mexicanos, imagino que intentarán al principio establecer una república representativa, en la cual tenga grandes atribuciones 15 el poder ejecutivo, concentrándolo en un individuo que, si desempeña sus funciones con acierto y justicia, casi naturalmente vendrá a conservar una autoridad vitalicia. Si su incapacidad o violenta administración excita una conmoción popular que triunfe, este mismo poder ejecutivo quizás se difundirá en una asamblea. . . . 20

Los Estados del istmo de Panamá hasta Guatemala formarán quizás una asociación. Esta magnífica posición entre los dos grandes mares podrá ser con el tiempo el emporio del universo. Sus canales acortarán las distancias del mundo: estrecharán los lazos comerciales de Europa, América y Asia, traerán a tan feliz región los tributos de 25 las cuatro partes del globo. ¡Acaso sólo allí podrá fijarse algún día la capital de la tierra! Como pretendió Constantino que fuese Bizancio la del antiguo hemisferio.[13]

La Nueva Granada se unirá con Venezuela, si llegan a convenir en formar una república central, cuya capital sea Maracaibo o una 30 nueva ciudad que con el nombre de Las Casas (en honor de este héroe de la filantropía) se funde entre los confines de ambos países, en el soberbio puerto de Bahiahonda. Esta posición, aunque desconocida, es muy ventajosa por todos respectos. Su acceso es fácil y su situación tan fuerte, que pueden hacerse inexpugnables. Posee 35 un clima puro y saludable, un territorio tan propio para la agricultura como para la cría de ganados, y una grande abundancia de maderas de construcción. Los salvajes que la habitan serían civili-

---

[13] Bizancio fue la capital del Imperio Romano del Este.

zados, y nuestras posesiones se aumentarían con la adquisición de la Goajira.[14] Esta nación se llamaría Colombia como un tributo de gratitud y justicia al creador de nuestro hemisferio. . . .

Poco sabemos de las opiniones que prevalecen en Buenos Aires,
5 Chile y el Perú: juzgando por lo que se trasluce y por las apariencias, en Buenos Aires habrá un gobierno central en que los militares se lleven la primacía por consecuencia de sus divisiones intestinas y guerras externas. Esta constitución degenerará necesariamente en una oligarquía o una monocracia, con más o menos restricciones, y
10 cuya denominación nadie puede adivinar. Sería doloroso que tal cosa sucediera, porque aquellos habitantes son acreedores a la más espléndida gloria.

El reino de Chile está llamado por la naturaleza de su situación, por las costumbres inocentes y virtuosas de sus moradores, por el
15 ejemplo de sus vecinos, los fieros republicanos del Arauco, a gozar de las bendiciones que derraman las justas y dulces leyes de una república. Si alguna permanece largo tiempo en América, me inclino a pensar que será la chilena. Jamás se ha extinguido allí el espíritu de libertad: los vicios de la Europa y del Asia llegarán tarde o nunca
20 a corromper las costumbres de aquel extremo del universo. Su territorio es limitado: estará siempre fuera del contacto inficionado del resto de los hombres; no alterará sus leyes, usos y prácticas; preservará su uniformidad en opiniones políticas y religiosas; en una palabra, Chile puede ser libre.

25 El Perú, por el contrario, encierra dos elementos enemigos de todo régimen justo y liberal: oro y esclavos. El primero lo corrompe todo; el segundo está corrompido por sí mismo. El alma de un siervo rara vez alcanza a apreciar la sana libertad; se enfurece en los tumultos o se humilla en las cadenas. Aunque estas reglas serían
30 aplicables a toda la América, creo que con más justas razones las merece Lima por los conceptos que he expuesto y por la cooperación que ha prestado a sus señores contra sus propios hermanos los ilustres hijos de Quito, Chile y Buenos Aires. Es constante que el que aspira a obtener la libertad, a lo menos lo intente. Supongo que en Lima no
35 tolerarán los ricos la democracia, ni los esclavos y pardos libertos la

---

14 Bolívar menciona varios lugares de Nueva Granada, Virreinato establecido en 1718 y del que surgieron Colombia, Venezuela y el Ecuador, Maracaibo es un puerto venezolano. Santa Marta se halla en la provincia colombiana de Magdalena, al sur de la Guajira.

aristocracia: los primeros preferirán la tiranía de uno solo, por no padecer las persecuciones tumultuarias y por establecer un orden siquiera pacífico. Mucho hará si consigue recobrar su independencia.

De todo lo expuesto, podemos deducir estas consecuencias: las provincias americanas se hallan lidiando por emanciparse, al fin 5 obtendrán el suceso; algunas se constituirán de un modo regular en repúblicas federales y centrales; se fundarán monarquías casi inevitablemente en las grandes secciones; y algunas serán tan infelices que devorarán sus elementos, ya en la actual, ya en las futuras revoluciones. Una gran monarquía no será fácil de consolidar: una gran 10 república imposible.

Es una idea grandiosa pretender formar de todo el mundo nuevo una sola nación, con un solo vínculo que ligue sus partes entre sí y con el todo. Ya que tiene un origen, una lengua, unas costumbres y una religión, debería por consiguiente tener un solo 15 gobierno que confederase los diferentes Estados que hayan de formarse; mas no es posible, porque climas remotos, situaciones diversas, intereses opuestos, caracteres desemejantes dividen a la América. ¡Qué bello sería que el istmo de Panamá fuese para nosotros lo que el de Corinto para los griegos![15] Ojalá que algún día tengamos la 20 fortuna de instalar allí un augusto congreso de los representantes de las repúblicas, reinos e imperios a tratar y discutir sobre los altos intereses de la paz y de la guerra, con las naciones de las otras tres partes del mundo. Esta especie de corporación podrá tener lugar en alguna época dichosa de nuestra regeneración; otra esperanza es 25 infundada, semejante a la del abate St. Pierre[16] que concibió el laudable delirio de reunir un congreso europeo, para discutir de la suerte y de los intereses de aquellas naciones. . . .

Tales son, señor, las observaciones y pensamientos que tengo el honor de someter a usted para que los rectifique o deseche según su 30 mérito; suplicándole se persuada que me he atrevido a exponerlos, más por no ser descortés, que porque me crea capaz de ilustrar a usted en la materia.[17]

---

[15] Corinto, ciudad griega, situada en el golfo, en el extremo sur del istmo de su nombre.

[16] Charles Saint-Pierre (1658–1743), abad y economista francés, autor del libro *Projet de paix perpétuelle*.

[17] Se dice que Bolívar sufrió un atentado mientras escribía esta carta en su destierro de Jamaica.

José Joaquín Fernández de Lizardi

(1776–1827)

José Joaquín Fernández de Lizardi nació en México, de familia criolla de la alta clase media. Asistió a la escuela hasta 1789, fecha en que problemas financieros ocasionados por la muerte de su padre le obligaron a abandonar la enseñanza oficial. Continuó estudiando por su cuenta, especializándose en la obra de los filósofos franceses. Se casó en 1805 y se mezcló luego en los movimientos políticos liberales que trataban de libertar a México del gobierno colonial.

En 1812 Lizardi se entregó de lleno al periodismo, fundando *El Pensador Mexicano*, nombre que adoptó para firmar sus escritos. Tuvo roces con las autoridades por un editorial satírico contra el virrey Vanegas, aparecido en el número nueve. Fue encarcelado, pero continuó publicando el periódico desde la prisión. Este fue suprimido en 1814, cuando el régimen absolutista de Fernando VII estableció la censura de prensa. Desde entonces hasta 1820, Lizardi se dedicó a la novela, género al que no alcanzaba el control del gobierno. En 1820, al restablecerse la libertad, volvió a sus queridos panfletos y fundó otros periódicos. Nunca más dio a luz novelas. Parece, pues, que, a no haber sido por el forzado silencio periodístico, Hispanoamérica no habría encontrado en el mexicano su primer novelista. ¡Ironías de la censura!

Lizardi apoyó al criollo Agustín de Iturbide, que se declaró a sí mismo emperador de México, cuando el país conquistó la independencia definitivamente, en 1821. Pronto se desilusionó de Iturbide, quien no llevaba a cabo las prometidas reformas. Lo atacó en la prensa y se alistó en otro partido que consideraba más liberal. En 1822 fue excomulgado por su folleto *Defensa de los francmasones*, pero la excomunión fue rescindida más tarde. Continuó los ataques contra la injusticia social hasta su muerte por tuberculosis.

Las tres primeras partes de su más conocida novela, *El Periquillo Sarniento*, se publicaron en 1816; apareció completa póstumamente en 1830, con cuatro partes. La razón del nombre la cuenta el protagonista: es una deformación de su nombre, Pedro Sarmiento, cuyos compañeros de escuela lo llamaron Periquillo porque llevaba un traje de vistosos colores, y Sarniento porque contrajo la sarna. La historia de Periquillo recuerda a veces la del propio Lizardi. De familia acomodada, se matricula en la universidad; pero es muy perezoso y busca una profesión más ligera. Cuando su padre le amenaza con un oficio manual, huye al convento de donde sale para malgastar la herencia. Va a la cárcel. Pasa por varios empleos. Ejerce la medicina entre los indios. Hace de sacristán. Viaja hasta Filipinas. Tras un naufragio, regresa a México, se casa y hace falsa penitencia para adquirir fama de santo.

La sátira de Lizardi contra el México de la revolución es violenta. México, colonia de España todavía, aperece en manos de administradores poco escrupulosos. El alcalde robaba para pagar lo que, a su vez, le había costado el cargo. Jueces, abogados, recaudadores de impuestos, carceleros que maltrataban a los prisioneros si no se les daba dinero, todos eran ladrones. Nadie debía enmendar nada: si alguno lo intentaba, se le castigaba. A los comerciantes se les multaba si no tenían gatos para matar a los ratones, pero no si falsificaban el peso. Abundaba el juego y los vicios que lo acompañan.

Lizardi atacó no sólo los abusos del estado, sino también los de la iglesia y los sistemas escolares. Dentro de la tradición picaresca, no perdonó nada. Blanco favorito fueron profesores y médicos que compraban el diploma, farmacéuticos que cobraban precios absurdos por medicinas inútiles, y hospitales en condiciones terribles. Criticó asimismo las injusticias domésticas y las supersticiones, como la costumbre de liar los brazos de los niños y emplear niñeras y amas de cría sifilíticas. Quizá el enemigo en quien más se ensañó fue el criollo perezoso, que se negaba al trabajo manual.

El Periquillo es, pues, una novela picaresca en toda su extensión. Por haber aparecido tan tardíamente, combina todas las posibilidades del género: es satírica como *Lazarillo de Tormes;* tiene intención moral como *Guzmán de Alfarache;* se funden en ella las memorias personales del autor con las aventuras del protagonista como en la *Vida de Estebanillo González.* Pero, naturalmente, el espíritu es diferente. Lizardi, hombre de fines del siglo XVIII, no podía concebir el mundo igual que sus ilustres predecesores.

Piensa que todos los males que critica son corregibles mediante la educación: por eso, concede a ésta un lugar destacado en su panorama de la sociedad.

Lizardi escribió otras tres novelas. *Noches tristes* (1818), basada en las *Noches lúgubres* (1790) de José Cadalso y considerada un paso hacia el romanticismo hispanoamericano, tiene como fondo las penalidades del autor durante el proceso de la independencia mexicana. *La Quijotita y su prima* (1818) no es, en realidad, una novela, pues apenas contiene elementos narrativos o descriptivos. Inspirada en los ideales educativos de Rousseau, satiriza la educación que recibían las mujeres y aduce reflexiones y consejos. *Don Catrín de la Fachenda* (1832), publicada póstumamente, es la mejor novela de Lizardi: la construcción ha sido muy cuidada, no hay digresiones inoportunas, el estilo está bien trabajado, el interés no decae. Es una sátira del caballero orgulloso y mentecato, que no quiere trabajar por respeto a su alto origen y, poco a poco, se ve obligado a desempeñar los oficios más viles, en justo castigo de su soberbia.

Lizardi es, además, autor de numerosos artículos y folletos. Escribió poesía satírica y unas *Fábulas* (1817) muy leídas en su tiempo. Se dedicó al teatro, cultivando el religioso en *Auto mariano* sobre la aparición de la Virgen de Guadalupe, y el humanitario en *El negro sensible* (1825), mala continuación de la obra de un mediocre autor español, Luciano Comella.

Fernández de Lizardi es más importante desde un punto de vista histórico que creador. Con él apareció la novela hispanoamericana, que hasta entonces sólo había tenido muy débiles y dudosas manifestaciones. Y él encauzó la dirección de la misma dentro del realismo social. Pero, en sí, fue un novelista frustrado: él mismo reconoce que escribía de prisa y mal, que no corregía, que no tenía tiempo de hacer arte. Empeñado en la noble lucha de los ideales de la Ilustración y la independencia, fue de todo: periodista, escritor, hombre de acción. Por eso, no pudo trabajar una sola cosa con constancia y seriedad.

EL PERIQUILLO SARNIENTO
(1816)

TOMO I

CAPÍTULO I

Comienza Periquillo escribiendo el motivo que tuvo para dejar a sus hijos estos cuadernos, y da razón de sus padres, patria, nacimiento y demás ocurrencias de su infancia.

Postrado en una cama muchos meses hace, batallando con los médicos y enfermedades, y esperando con resignación el día en que, cumplido el orden de la divina Providencia, hayáis de cerrar mis ojos, queridos hijos míos, he pensado dejaros escritos los nada raros sucesos de mi vida, para que os sepáis guardar y precaver de muchos 5 de los peligros que amenazan y aun lastiman al hombre en el discurso de sus días.

Deseo que en esta lectura aprendáis a desechar muchos errores que notaréis admitidos por mí y por otros, y que prevenidos con mis lecciones, no os expongáis a sufrir los malos tratamientos que yo he 10 sufrido por mi culpa; satisfechos de que mejor es aprovechar el desengaño en las cabezas ajenas que en la propia.

Os suplico encarecidamente que no os escandalicéis con los extravíos de mi mocedad, que os contaré sin rebozo y con bastante confusión; pues mi deseo es instruiros y alejaros de los escollos donde 15 tantas veces se estrelló mi juventud y a cuyo mismo peligro quedáis expuestos.

No creáis que la lectura de mi vida os será demasiado fastidiosa, pues como yo sé bien que la variedad deleita el entendimiento, procuraré evitar aquella monotonía o igualdad de estilo, que regu- 20 larmente enfada a los lectores. Así es, que unas veces me advertiréis tan serio y sentencioso como un Catón,[1] y otras tan trivial y bufón como un Bertoldo.[2] Ya leeréis en mis discursos retazos de erudición

[1] Marco Porcio Catón (234-149 a. C.), patriota y escritor latino, llamado "El Censor."
[2] Bufón de la literatura popular italiana, símbolo de la sabiduría casera y práctica.

y rasgos de elocuencia; y ya veréis seguido un estilo popular mezclado con los refranes y paparruchadas del vulgo.

También os prometo, que todo esto será sin afectación ni pedantismo; sino según me ocurra a la memoria, de donde pasará luego
5 al papel, cuyo método me parece el más análogo con nuestra natural veleidad.

Últimamente, os mando y encargo, que estos cuadernos no salgan de vuestras manos, porque no se hagan el objeto de la maledicencia de los necios o de los inmorales; pero si tenéis la debilidad de
10 prestarlos alguna vez, os suplico no los prestéis a esos señores, ni a las viejas hipócritas, ni a los curas interesables y que saben hacer negocio con sus feligreses vivos y muertos, ni a los médicos y abogados chapuceros, ni a los escribanos, agentes, relatores y procuradores ladrones, ni a los comerciantes usureros, ni a los albaceas
15 herederos, ni a los padres y madres indolentes en la educación de su familia, ni a las beatas necias y supersticiosas, ni a los jueces venales, ni a los corchetes pícaros, ni a los alcaides tiranos, ni a los poetas y escritores remendones como yo, ni a los oficiales de la guerra y soldados fanfarrones hazañeros, ni a los ricos avaros, necios, soberbios
20 y tiranos de los hombres, ni a los pobres que lo son por flojera, inutilidad o mala conducta, ni a los mendigos fingidos; ni los prestéis tampoco a las muchachas que se alquilan, ni a las mozas que se corren, ni a las viejas que se afeitan, ni . . . pero va larga esta lista. . . .

25 Por tanto, o leed para vosotros solos mis cuadernos, o en caso de prestarlos sea únicamente a los verdaderos hombres de bien, pues éstos, aunque como frágiles yerren o hayan errado, conocerán el peso de la verdad sin darse por agraviados, advirtiendo que no hablo con ninguno determinadamente,[3] sino con todos los que traspasan los
30 límites de la justicia; mas a los primeros (si al fin leyeren mi obra) cuando se incomoden o se burlen de ella, podréis decirles, con satisfacción de que quedarán corridos: "¿De qué te alteras? ¿Qué mofas, si con distinto nombre de ti habla la vida de este hombre desarreglado?"

35 Hijos míos: después de mi muerte leeréis por primera vez estos escritos. Dirigid entonces vuestros votos por mí al trono de las misericordias; escarmentad en mis locuras: no os dejéis seducir por

---

[3] En particular. En el prólogo se había afirmado que se atacaría al vicio, no a las personas.

las falsedades de los hombres; aprended las máximas que os enseño, acordándoos que las aprendí a costa de muy dolorosas experiencias; jamás alabéis mi obra, pues ha tenido más parte en ella el deseo de aprovecharos; y empapados en estas consideraciones, comenzad a leer.

Mi patria, padres, nacimiento y primera educación

Nací en México, capital de la América Septentrional, en la Nueva 5 España. Ningunos elogios serían bastantes en mi boca para dedicarlos a mi cara patria; pero, por serlo, ningunos más sospechosos. Los que la habitan y los extranjeros que la han visto pueden hacer su panegírico más creíble, pues no tienen el estorbo de la parcialidad, cuyo lente de aumento puede a veces disfrazar los defectos, o poner 10 en grande las ventajas de la patria, aun a los mismos naturales; y así, dejando la descripción de México para los curiosos imparciales, digo: que nací en esta rica y populosa ciudad por los años de 1771 a 73, de unos padres no opulentos, pero no constituidos en la miseria: al mismo tiempo que eran de una limpia sangre, la hacían lucir y 15 conocer por su virtud. ¡Oh, si siempre los hijos siguieran constantemente los buenos ejemplos de sus padres!

Luego que nací, después de las lavadas y demás diligencias de aquella hora, mis tías, mis abuelas y otras viejas del antiguo cuño querían amarrarme las manos, y fajarme o liarme como un cohete, 20 alegando que si me las dejaban sueltas, estaba yo propenso a espantarme, a ser muy manilargo[4] de grande, y por último, y como la razón de más peso y el argumento más incontrastable, decían que éste era el modo con que a ellas las habían criado, y que por tanto era el mejor y el que se debía seguir como más seguro, sin meterse a 25 disputar para nada del asunto, porque los viejos eran en todo más sabios que los del día, y pues ellos amarraban las manos a sus hijos, se debía seguir su ejemplo a ojos cerrados.

A seguida sacaron de un canastito una cincha de listón que llamaban faja de dijes, guarnecida con manitas de azabache, el 30 ojo del venado, colmillo de caimán y otras baratijas de esta clase,[5] dizque para engalanarme con estas reliquias del supersticioso paganismo el mismo día que se había señalado para que en boca de mis padrinos fuera yo a profesar la fe y santa religión de Jesucristo.

---

4 Manilargo: "ready-fisted [quick to fight with fisticuffs]."
5 Tradúzcase: "Then they took out of a little basket a piece of ribbon called a charm belt, decorated with tiny hands made of jet, decr's eye, alligator teeth, and other such trinkets."

¡Válgame Dios, cuánto tuvo mi padre que batallar con las preocupaciones de las benditas viejas! ¡Cuánta saliva no gastó para
hacerles ver que era una quimera y un absurdo pernicioso el liar y
atar las manos a las criaturas! ¡Y qué trabajo no le costó persuadir
5 a estas ancianas inocentes a que el azabache, el hueso, la piedra, ni
otros amuletos de esta ni ninguna clase, no tienen virtud alguna
contra el aire, rabia, mal de ojos, y semejantes faramallas!

Así me lo contó su merced muchas veces, como también el triunfo
que logró de todas ellas, que a fuerza o de grado accedieron a no
10 aprisionarme, y a no adornarme sino con un rosario, la santa cruz,
un relicario y los cuatro evangelios,[6] y luego se trató de bautizarme.

Mis padres ya habían citado los padrinos, y no pobres, sencillamente persuadidos a que en el caso de orfandad me servirían de
apoyo.

15 Tenían los pobres viejos menos conocimiento de mundo que el
que yo he adquirido, pues tengo muy profunda experiencia de que
los más de los padrinos no saben las obligaciones que contraen
respecto a los ahijados, y así creen que hacen mucho con darles
medio real cuando los ven, y si sus padres mueren, se acuerdan de
20 ellos como si nunca los hubieran visto. Bien es verdad que hay
algunos padrinos que cumplen con su obligación exactamente, y aun
se anticipan a sus propios padres en proteger y educar a sus ahijados.
¡Gloria eterna a semejantes padrinos!

En efecto, los míos, ricos, me sirvieron tanto como si jamás me
25 hubieran visto; bastante motivo para que no me vuelva a acordar
de ellos. Ciertamente que fueron tan mezquinos, indolentes y men-
tecatos, que por lo que toca a lo poco o nada que les debí ni de
chico ni de grande, parece que mis padres los fueron a escoger de
los más miserables del hospicio de pobres. Reniego de semejantes
30 padrinos, y más reniego de los padres que haciendo comercio del
Sacramento del Bautismo no solicitan padrinos virtuosos y hon-
rados, sino que posponen éstos a los compadres ricos o de rango. . . .

Bautizáronme, por fin, y pusiéronme por nombre *Pedro,* llevando
después, como es uso, el apellido de mi padre, que era *Sarmiento.*
35 Mi madre era bonita, y mi padre la amaba con extremo; con esto
y con la persuasión de mis discretas tías, se determinó *nemine dis-
crepante,*[7] a darme nodriza, chichigua como acá decimos.

---

[6] Se solía colocar al cuello de los niños el libro de los evangelios con reliquias.
[7] Tradúzcase: "unanimously [without any dissent]."

¡Ay, hijos! Si os casareis algún día y tuviereis sucesión, no la encomendéis a los cuidados mercenarios de esta clase de gentes: lo uno, porque regularmente son abandonadas, y al menor descuido son causas de que se enfermen los niños, pues como no los aman y sólo los alimentan por su mercenario interés, no se guardan de hacer 5 cóleras, de comer mil cosas que dañan su salud, y de consiguiente la de las criaturas que se les confían, ni de cometer otros excesos perjudiciales, que no digo por no ofender vuestra modestia; y lo otro, porque es una cosa que escandaliza a la Naturaleza que una madre racional haga lo que no hace una burra, una gata, una perra, ni 10 ninguna hembra puramente animal y destituida de razón. . . .

Quedé, pues, encomendado al cuidado o descuido de mi chichigua, quien seguramente carecía de buen natural, esto es, de un espíritu bien formado; porque si es cierto que los primeros alimentos que nos nutren, nos hacen adquirir alguna propiedad de quien nos los mi- 15 nistra, de suerte que el niño a quien ha criado una cabra no será mucho que salga demasiado travieso y saltador, como se ha visto; si es cierto esto, digo, que mi primera nodriza era de un genio maldito, según que yo salí de mal intencionado, y mucho más cuando no fue una sola la que me dio sus pechos, sino hoy una, mañana otra, pasado 20 mañana otra y todas, o las más, a cual peores, porque la que no era borracha, era golosa; la que no era golosa, estaba gálica; la que no tenía este mal, tenía otro; y la que estaba sana, de repente resultaba encinta, y esto era por lo que toca a las enfermedades del cuerpo, que por lo que toca a las del espíritu, rara sería la que estaría aliviada. 25 Si las madres advirtieran, a lo menos, estas resultas de su abandono, quizá no fueran tan indolentes con sus hijos.

No sólo consiguieron mis padres hacerme un mal genio con su abandono, sino también enfermizo con su cuidado. Mis nodrizas comenzaron a debilitar mi salud, y hacerme resabido, soberbio e 30 impertinente con sus desarreglos y descuidos, y mis padres la acabaron de destruir con su prolijo y mal entendido cuidado y cariño; porque luego que me quitaron el pecho, que no costó poco trabajo, se trató de criarme demasiado regalón y delicado, pero siempre sin dirección ni tino. 35

Es menester que sepáis, hijos, (por si no os lo he dicho) que mi padre era de mucho juicio, nada vulgar, y por lo mismo se oponía a todas las candideces de mi madre; pero algunas veces, por no decir las más, flaqueaba en cuanto la veía afligirse o incomodarse demasiado, y ésta fue la causa porque yo me crié entre bien y mal, no sólo 40 con perjuicio de mi educación moral, sino también de mi constitución física.

Bastaba que yo manifestara deseo de alguna cosa, para que mi madre hiciera por ponérmela en las manos, aunque fuera injusta5 mente. Supongamos: quería yo su rosario, el dedal con que cosía, un dulcecito que otro niño de casa tuviera en la mano, o cosa semejante, se me había de dar en el instante, y cuenta como se me negaba, porque aturdía yo el barrio a gritos; y como me enseñaron a darme cuanto gusto quería, porque no llorara, yo lloraba por cuanto se me 10 antojaba para que se me diera pronto. . . .

Otra candidez tuvo la pobrecita de mi madre, y fue llenarme la fantasía de cocos, viejos y macacos,[8] con cuyos extravagantes nombres me intimidaba cuando estaba enojada y yo no quería callar, dormir o cosa semejante. Esta corruptela me formó un espíritu 15 mimado, de manera que aun ya de ocho o diez años, yo no podía oir un ruidito a medianoche sin espantarme, ni ver un bulto que no distinguiera, ni un entierro, ni entrar en un cuarto oscuro, porque todo me llenaba de pavor; y aunque no creía entonces en el coco, pero sí estaba persuadido de que los muertos se aparecían a 20 los vivos cada rato, que los diablos salían a rasguñarnos y apretarnos el pescuezo con la cola cada vez que estaban para ello,[9] que había bultos que se nos echaban encima, que andaban las ánimas en penas mendigando nuestros sufragios, y creía otras majaderías de esta clase, más que los artículos de la fe. . . .

CAPÍTULO II

En el que Periquillo da razón de su ingreso a la escuela, los progresos que hizo en ella, y otras particularidades que sabrá el que las leyere, las oyere leer o las preguntare.

Hizo sus mohinas mi padre, sus pucheritos mi madre, y yo un montón de alharacas y berrinches revueltos con mil lágrimas y gritos; pero nada valió para que mi padre revocara su decreto. Me encajaron en la escuela mal de mi grado.

5 El maestro era muy hombre de bien, pero no tenía los requisitos necesarios para el caso. En primer lugar era un pobre, y emprendió

8 Cocos, viejos y macacos: "bogeymen, bugbears, and goblins."
9 Tradúzcase: "whenever they were in the mood for it."

este ejercicio por mera necesidad, y sin consultar su inclinación y habilidad; no era mucho que estuviera disgustado como estaba y aun avergonzado en el destino.

Los hombres creen (no sé por qué) que los muchachos, por serlo, no se entretienen en escuchar sus conversaciones ni las comprenden; y fiados en este error, no se cuidan de hablar delante de ellos muchas cosas que alguna vez les salen a la cara, y entonces conocen que los niños son muy curiosos, fisgones y observativos.

Yo era uno de tantos, y cumplía con mis deberes exactamente. Me sentaba mi maestro junto a sí, ya por especial recomendación de mi padre, o ya porque era yo el más bien tratadito de ropa¹⁰ que había entre sus alumnos. No sé qué tiene un buen exterior que se respeta hasta en los muchachos.

Con esta inmediación a su persona no perdía yo palabra de cuantas profería con sus amigos. Una vez le oí decir platicando con uno de ellos: "Sólo la maldita pobreza me puede haber metido a escuelero; ya no tengo vida con tanto muchacho condenado; ¡qué traviesos que son y qué tontos! Por más que hago, no puedo ver uno aprovechado. ¡Ah, fucha en el oficio tan maldito! ¡Sobre que ser maestro de escuela es la última droga que nos pueda hacer el diablo!" Así se producía mi buen maestro, y por sus palabras conoceréis el candor de su corazón, su poco talento y el concepto tan vil que tenía formado de un ejercicio tan noble y recomendable por sí mismo, pues el enseñar y dirigir la juventud es un cargo de muy alta dignidad, y por eso los reyes y los gobiernos han colmado de honores y privilegios a los sabios profesores; pero mi pobre maestro ignoraba todo esto, y así no era mucho que formara tan vil concepto de una tan honorable profesión.

En segundo lugar carecía, como dije, de disposición para ella, o de lo que se dice genio. Tenía un corazón muy sensible, le era repugnante el afligir a nadie, y este suave carácter lo hacía ser demasiado indulgente con sus discípulos. Rara vez les reñía con aspereza, y más rara los castigaba. La palmeta y disciplina tenían poco que hacer por su dictamen; con esto los muchachos estaban en sus glorias, y yo entre ellos, porque hacíamos lo que se nos antojaba impunemente. . . .

Por otra parte, mi maestro carecía de toda la habilidad que se requiere para desempeñar este título. Sabía leer y escribir, cuando

---

¹⁰ Tradúzcase: "the best dressed."

más, para entender y darse a entender, pero no para enseñar. No todos los que leen saben leer. Hay muchos modos de leer, según los estilos de las escrituras. No se han de leer las oraciones de Cicerón como los anales de Tácito, ni el panegírico de Plinio como las
5 comedias de Moreto.[11] Quiero decir, que el que lee debe saber distinguir los estilos en que se escribe, para animar con su tono la lectura, y entonces manifestará que entiende lo que lee, y que sabe leer.

Muchos creen que leer bien consiste en leer aprisa, y con tal
10 método hablan mil disparates. Otros piensan (y son los más) que en leyendo conforme a la ortografía con que se escribe, quedan perfectamente. Otros leen así, pero escuchándose y con tal pausa, que molestan a los que los atienden. Otros, por fin, leen todo género de escritos con mucha afectación, pero con cierta monotonía o igual-
15 dad de tono que fastidia. Estos son los modos más comunes de leer, y vosotros iréis experimentando mi verdad, y veréis que no son los buenos lectores tan comunes como parece. . . .

Y si esto era por lo tocante a leer, por lo que respecta a escribir, ¿qué tal sería? Tantito peor, y no podía ser de otra suerte; porque
20 sobre cimientos falsos no se levantan jamás fábricas firmes.

Es verdad que tenía su tintura en aquella parte de la escritura que se llama caligrafía . . . pintaba muy bonitas letras; pero en esto de ortografía no sabía nada. El adornaba sus escritos con puntos, comas, interrogaciones y demás señales de éstas; mas sin orden,
25 método, ni instrucción; con esto salían algunas cosas suyas tan ridículas, que mejor le hubiera sido no haberlas puesto ni una coma. El que se mete a hacer lo que no entiende, acertará una vez, como el burro que tocó la flauta por casualidad;[12] pero las más ocasiones echará a perder todo lo que haga, como le sucedía a mi maestro en
30 ese particular, que donde había de poner dos puntos, ponía coma; en donde ésta tenía lugar, la omitía; y donde debía poner dos puntos, solía poner punto final: razón clara para conocer desde luego que erraba cuanto escribía; y no hubiera sido lo peor que sólo hubieran resultado disparates ridículos de su maldita puntuación; pero al-
35 gunas veces salían unas blasfemias escandalosas.

Tenía una hermosa imagen de la Concepción, y le puso al pie una redondilla que desde luego debía decir así:

[11] Agustín Moreto y Cabaña (1618–69), dramaturgo español.
[12] Alusión a "El burro flautista," fábula de Tomás de Iriarte que se halla en su colección *Fábulas literarias* (1782).

Pues del Padre celestial
Fue María la Hija querida,
¿No había de ser concebida
Sin pecado original?

Pero el infeliz hombre erró de medio a medio la colocación de los 5
caracteres ortográficos, según que lo tenía de costumbre, y escribió
un desatino endemoniado y digno de una mordaza, si lo hubiera
hecho con la más leve advertencia, porque puso:

¿Pues del Padre celestial
Fue María la Hija querida?   10
No, había de ser concebida
Sin pecado original. . . .

Entre tantos padrinos no me podía yo de quedar sin mi pronombre. Tenía cuando fui a la escuela una chupita verde y calzón amarillo. Estos colores, y el llamarme mi maestro algunas veces por 15
cariño *Pedrillo,* facilitaron a mis amigos mi mal nombre,[13] que fue
Periquillo; pero me faltaba un adjetivo que me distinguiera de otro
Perico que había entre nosotros, y este adjetivo o apellido no tardé
en lograrlo. Contraje una enfermedad de sarna, y apenas lo advir-
tieron, cuando acordándose de mi legítimo apellido me encajaron 20
el retumbante título de *Sarniento,* y héme aquí ya conocido no sólo
en la escuela ni de muchacho, sino ya hombre y en todas partes, por
Periquillo Sarniento. . . .

TOMO II

CAPÍTULO V

*En el que refiere Periquillo cómo se acomodó con el doctor purgante,
lo que aprendió a su lado, el robo que le hizo, su fuga y las aventuras que le pasaron en Tula, donde se fingió médico.*

Ninguno diga quién es, que sus obras lo dirán. Este proloquio es
tan antiguo como cierto; todo el mundo está convencido de su infalibilidad; y así, ¿qué tengo yo que ponderar mis malos procederes
cuando con referirlos se ponderan? Lo que apeteciera, hijos míos,
sería que no leyerais mi vida como quien lee una novela, sino que 5

---

[13] Mal nombre: "nickname."

pararais la consideración más allá de la cáscara de los hechos, advirtiendo los tristes resultados de la holgazanería, inutilidad, inconstancia y demás vicios que me afectaron; haciendo análisis de los extraviados sucesos de mi vida, indagando sus causas, temiendo sus
5 consecuencias y desechando los errores vulgares que veis adoptados por mí y por otros, empapándoos en las sólidas máximas de la sana y cristiana moral que os presentan a la vista mis reflexiones, y, en una palabra, desearía que penetrarais en todas sus partes la sustancia de la obra, que os divirtierais con lo ridículo, que conocierais el error
10 y el abuso para no imitar el uno ni abrazar el otro, y que donde hallarais algún hecho virtuoso, os enamorarais de su dulce fuerza y procurarais imitarlo. Esto es deciros, hijos míos, que deseara que de la lectura de mi vida sacarais tres frutos, dos principales y uno accesorio. Amor a la virtud, aborrecimiento al vicio y diversión. Éste
15 es mi deseo, y por esto, más que por otra cosa, me tomo la molestia de escribiros mis más escondidos crímenes y defectos; si no lo consiguiere, moriré al menos con el consuelo de que mis intenciones son laudables. Basta de digresiones que está el papel caro.

Quedamos en que fui a ver al doctor Purgante, y en efecto, lo
20 hallé una tarde después de siesta en su estudio, sentado en una silla poltrona con un libro delante y la caja de polvos[14] a un lado. Era este sujeto alto, flaco de cara y piernas, y abultado de panza, trigueño y muy cejudo, ojos verdes, nariz de caballete,[15] boca grande y despoblada de dientes, calvo, por cuya razón usaba en la calle peluquín
25 con bucles. Su vestido, cuando lo fui a ver, era una bata hasta los pies, de aquellas que llaman de quimones, llena de flores y ramaje, y un gran birrete muy tieso de almidón y relumbroso de la plancha.

Luego que entré me conoció y me dijo:

—¡Oh, Periquillo, hijo! ¿Por qué extraños horizontes has venido
30 a visitar este tugurio?

No me hizo fuerza su estilo, porque ya sabía yo que era muy pedante, y así le iba a relatar mi aventura con intención de mentir en lo que me pareciera; pero el doctor me interrumpió diciéndome:

—Ya, ya sé la turbulenta catástrofe que te pasó con tu amo el
35 farmacéutico. En efecto, Perico, tú ibas a despachar en un instante al pacato paciente del lecho al féretro improvisadamente, con el true-

---

[14] Caja de polvos: "snuff-box."
[15] Nariz de caballete: "nose like a beak."

que del arsénico por la magnesia. Es cierto que tu mano trémula y atolondrada tuvo mucha parte de la culpa, mas no la tiene menos tu preceptor el *fármaco*,[16] y todo fue por seguir su capricho. Yo le documenté que todas estas drogas nocivas y *venenáticas*[17] las encubriera bajo una llave bien segura que sólo tuviera el oficial más diestro, y 5 con esta asidua diligencia se evitarían estos equívocos mortales; pero a pesar de mis insinuaciones, no me respondía más sino que eso era particularizarse, e ir contra la secuela de los *fármacos*, sin advertir "que es propio del sabio mudar de parecer," *sapientis est mutare consilium*, y que "la costumbre es otra naturaleza," *consuetudo* 10 *est altera natura*. Allá se lo haya.[18] Pero, dime, ¿qué te has hecho tanto tiempo? Porque si no han fallado las noticias que en alas de la fama han penetrado mis *aurículas*,[19] ya días hace que te lanzaste a la calle de la oficina de Esculapio.[20]

—Es verdad, señor—le dije—, pero no había venido de vergüenza, 15 y me ha pesado, porque en estos días he vendido, para comer, mi capote, chupa y pañuelo.

—¡Qué *estullicia!*— exclamó el doctor—; la *verecundia*[21] "es muy buena," *optime bona*, cuando la origina crimen de *cogitato*,[22] mas no cuando se comete *involuntarie*, pues si en aquel *hic et nunc*, 20 esto es (en aquel acto), supiera el individuo que hacía mal, *absque dubio*, (sin duda) se abstendría de cometerlo. En fin, hijo carísimo, ¿tú quieres quedarte en mi servicio y ser mi *consodal*[23] *in perpetuum* (para siempre)?

—Sí, señor—le respondí. 25

—Pues bien. En esta *domo* (casa) tendrás *in primis* (desde luego o en primer lugar), el *panem nostrum quotidianum*, (el pan de cada día) *aliunde* (a más de esto), lo potable necesario; *tertio*, la cama *sic vel sic*, (según se proporcione); *quarto*, los tegumentos exteriores heterogéneos de tu materia física,[24] *quinto*, asegurada la parte de la 30 higiene que apetecer puedes, pues aquí se tiene mucho cuidado con

---

16 Farmacéutico. Un ejemplo más del ridículo y pedante léxico del doctor.
17 Venenático: "poisonous."
18 Tradúzcase: "Well, that's his affair."
19 Latinismo por *orejas*.
20 Esculapio, dios griego de la medicina, hijo de Apolo.
21 Estulticia: tontería; verecundia: vergüenza.
22 Premeditado.
23 Criado.
24 Las ropas de tu cuerpo.

la dieta y con la observancia de las seis cosas naturales, y de las seis no naturales prescritas por los hombres más luminosos de la facultad médica; *sexto*, beberás la ciencia de Apolo, *ex ore meo, ex visu tuo* y *ex bibliotheca nostra,* (de mi boca, de tu vista y de esta libre-
5 ría); *postremo*, (por último), contarás cada mes para tus *surrupios* o para *quodcumque vellis,* (esto es, para tus cigarros o lo que se antoje), quinientos cuarenta y cuatro maravedís limpios de polvo y paja, siendo tu obligación solamente hacer los mandamientos de la señora mi hermana, observar *modo naturalistarum,* (al modo de los
10 naturalistas), cuando estén las aves gallináceas para *oviparar* y recoger los albos huevos, o por mejor decir, los pollos "por ser," o *in fieri,*[25] servir las viandas a la mesa, y finalmente, y lo que más te encargo cuidar de la refacción ordinaria y *puridad*[26] de mi mula, a quien deberás atender y servir con más prolijidad que a mi persona.
15   —He aquí, ¡oh caro Perico!, todas tus obligaciones y comodidades en *sinopsim* (o compendio). . . .

Yo, aunque muchos terminotes no entendí, conocí que me quería para criado entre de escalera abajo y de arriba,[27] advertí que mi trabajo no era demasiado, que la conveniencia no podía ser mejor, y
20 que yo estaba en el caso de admitir cosa menos,[28] pero no podía comprender a cuánto llegaba mi salario, por lo que le pregunté, que por fin cuánto ganaba cada mes. A lo que el doctorete,[29] como enfadándose, me respondió:

—¿Ya no te dije, *claris verbis,* (con claridad), que disfrutarías
25 quinientos cuarenta y cuatro maravedís?

—Pero, señor—insté yo—, ¿cuánto montan en dinero efectivo, quinientos cuarenta y cuatro maravedís? Porque a mí me parece que no merece mi trabajo tanto dinero.

—Sí merece, *stultisime famule,* (mozo atontadísimo), pues no
30 importan esos centenares más que dos pesos.

—Pues bien, señor doctor—le dije—, no es menester incomodarse: ya sé que tengo dos pesos de salario, y me doy por muy contento sólo por estar en compañia de un caballero tan *sapiente* como usted, de

---

25 Oviparar: poner huevos; albo: blanco; in fieri: formándose.
26 Puridad: "cleanliness."
27 Para toda clase de trabajo.
28 Tradúzcase: "to accept even a poorer job."
29 Doctorete: "quack doctor."

quien sacaré más provecho con sus lecciones que con los polvos y mantecas de don Nicolás.[30] . . .

Quedamos corrientes desde este instante, y comencé a cuidar de lisonjearlo, igualmente que a su señora hermana, que era una vieja, beata Rosa, tan ridícula como mi amo, y aunque yo quisiera lison- 5 jear a Manuelita, que era una muchachilla de catorce años, sobrina de los dos y bonita como una plata, no podía, porque la vieja condenada la cuidaba más que si fuera de oro, y muy bien hecho.

Siete u ocho meses permanecí con mi viejo, cumpliendo con mis obligaciones perfectamente, esto es, sirviendo la mesa, mirando 10 cuándo ponían las gallinas, cuidando la mula y haciendo los mandados. La vieja y el hermano me tenían por un santo, porque en las horas que no tenía quehacer me estaba en el estudio, según las sólitas concedidas,[31] mirando las estampas anatómicas del Porras, del Willis[32] y otras, y entreteniéndome de cuando en cuando con 15 leer los aforismos de Hipócrates, algo de Boerhave y de Van Swieten; el Etmulero, el Tissot, el Buchan, el *Tratado de tabardillos* por Amar, el *Compendio anatómico* de Juan de Dios López, la *Cirugía* de La Faye, el Lázaro Riverio y otros libros antiguos y modernos, según me venía la gana de sacarlos de los estantes. 20

Esto, las observaciones que yo hacía de los remedios que mi amo recetaba a los enfermos pobres que iban a verlo a su casa, que siempre eran a poco más o menos,[33] pues llevaba como regla el trillado refrán de "como te pagan vas,"[34] y las lecciones verbales que me daba, me hicieron creer que yo ya sabía medicina, y un día que 25 me riñó ásperamente y aun me quiso dar de palos porque se me olvidó darle de cenar a la mula, prometí vengarme de él y mudar de fortuna de una vez.

Con esta resolución esa misma noche le di a la doña mula ración doble de maíz y cebada, y cuando estaba toda la casa en lo más 30 pesado de su sueño, la ensillé con todos sus arneses, sin olvidarme de la gualdrapa; hice un lío en el que escondí catorce libros, unos

---

30 El farmacéutico con el que Periquillo había trabajado antes.
31 Tradúzcase: "according to the permission granted."
32 Se entiende: de las obras de Porras, Willis, etc. Periquillo se refiere a médicos y tratadistas de los siglos diecisiete y dieciocho, con excepción del griego Hipócrates.
33 A poco más o menos: "of little importance."
34 Tradúzcase: "give them only what they pay for."

truncos, otros en latín y otros en castellano, porque yo pensaba que
a los médicos y a los abogados los suelen acreditar los muchos libros,
aunque no sirvan o no los entiendan. Guardé en el dicho maletón la
capa de golilla y la golilla misma de mi amo, juntamente con una
5 peluca vieja de pita, un formulario de recetas, y lo más importante,
sus títulos de bachiller en medicina y la carta de examen, cuyos
documentos los hice míos a favor de una navajita y un poquito de
limón con lo que raspé y borré lo bastante para mudar los nombres
y las fechas.

10   No se me olvidó habilitarme de monedas, pues aunque en todo el
tiempo que estuve en la casa no me habían pagado nada de salario,
yo sabía en dónde tenía la señora hermana una alcancía en la que
rehundía todo lo que cercenaba del gasto; y acordándome de aquello
de que quien roba al ladrón,[35] etc., le robé la alcancía diestramente;
15 la abrí y vi con la mayor complacencia que tenía muy cerca de
cuarenta duros, aunque para hacerlos caber por la estrecha rendija
de la alcancía los puso blandos.[36]

Con este viático tan competente emprendí mi salida de la casa
a las cuatro y media de la mañana, cerrando el zaguán y dejándoles
20 la llave por debajo de la puerta.

A las cinco o seis del día me entré en un mesón, diciendo que en
el que estaba había tenido una mohina la noche anterior y quería
mudar de posada.

Como pagaba bien, se me atendía puntualmente. Hice traer café,
25 y que se pusiera la mula en caballeriza para que almorzara harto.

En todo el día no salí del cuarto, pensando a qué pueblo dirigiría
mi marcha y con quién, pues ni yo sabía caminos ni pueblos, ni era
decente aparecerse un médico sin equipaje ni mozo.

En estas dudas dio la una del día, hora en que me subieron de
30 comer, y en esta diligencia estaba, cuando se acercó a la puerta un
muchacho a pedir por Dios un bocadito.

Al punto que lo vi y lo oí, conocí que era Andrés, el aprendiz de
casa de don Agustín,[37] muchacho, no sé si lo he dicho, como de
catorce años, pero de estatura de dieciocho. Luego luego[38] lo hice

---

35 El refrán dice: "Quien roba a un ladrón, tiene cien años de perdón."
36 Esto es, los apretó tanto que casi los machacó.
37 Barbero cirujano con el que Periquillo había vivido.
38 Luego luego: inmediatamente.

entrar, y a pocas vueltas de la conversación me conoció, y le conté cómo era médico, y trataba de irme a algún pueblecillo a buscar fortuna, porque en México había más médicos que enfermos, pero que me detenía carecer de un mozo fiel que me acompañara y que supiera de algún pueblo donde no hubiera médico.   5

El pobre muchacho se me ofreció y aun me rogó que lo llevara en mi compañía: que él había ido a Tepeji del Río, en donde no había médico y no era pueblo corto, y que si nos iba mal allí, nos iríamos a Tula, que era pueblo más grande.³⁹

Me agradó mucho el desembarazo de Andrés, y habiéndole man- 10 dado subir qué comer, comió el pobre con bastante apetencia, y me contó cómo se estuvo escondido en un zaguán, y me vio salir corriendo de la barbería y a la vieja tras de mí con el cuchillo: que yo pasé por el mismo zaguán donde estaba, y a poco de que la vieja se metió a su casa, corrió a alcanzarme; pero que no le fue posible: 15 y no lo dudo, ¡tal corría yo cuando me espoleaba el miedo!⁴⁰ . . .

Acabó Andrés de contarme todo esto mientras comió, y yo le disfracé mis aventuras haciéndole creer que me había acabado de examinar en medicina; que ya le había insinuado que quería salir de esta ciudad; y así que me lo llevaría de buena gana, dándole de 20 comer y haciéndolo pasar por barbero en caso de que no lo hubiera en el pueblo de nuestra ubicación.

—Pues, señor,—decía Andrés—, todo está muy bien; pero si yo apenas sé afeitar un perro, ¿cómo me arriesgaré a meterme a lo que no entiendo?   25

—Cállate—le dije—, no seas cobarde: sábete que *audaces fortuna juvat, timidosque repellit.* . .

—¿Qué dice usted, señor, que no lo entiendo?

—Que a los atrevidos—le respondí—favorece la fortuna y a los cobardes los desecha; y así no hay que desmayar: tú serás tan bar- 30 bero en un mes que estés en mi compañía, como yo fui médico en el poco tiempo que estuve con mi maestro, a quien no sé bien cuánto le debo a esta hora.⁴¹ . . .

³⁹ Ciudades al norte de la Ciudad de México.
⁴⁰ Otra alusión al barbero Agustín y las experiencias de Periquillo con él.
⁴¹ En Tula, Periquillo, el médico, y Andrés, el barbero, tuvieron mucho éxito. Más tarde, después de la muerte de una paciente importante, Periquillo huyó a la capital.

Vocabulario

Se han suprimido en este vocabulario las palabras familiares a cualquier estudiante con un conocimiento básico de español. No constan tampoco los siguientes tipos de palabras: (1) palabras con forma y significado semejante en español e inglés; (2) las formas verbales excepto el infinitivo; (3) adverbios en *-mente* cuando aparece el adjetivo correspondiente; (4) ciertos diminutivos, aumentativos y superlativos en *-isimo;* (5) nombres propios muy conocidos; (6) palabras que aparecen una sola vez y han sido explicadas en nota.

Las abreviaturas usadas son: *m.* para el género masculino; *f.* para el femenino; *n.* para nombre; *pl.* para plural. No se indica género en los masculinos terminados en *-e, -in, -o, -ón, -r,* ni en los femeninos terminados en *-a, -dad, -ez, -ión, -tad, -tud, -umbre.* La repetición de una palabra se señala mediante —.

A

abad *m.* abbot, clergyman
abajo below, underneath; down
abalanzar to balance; to hurl; to rush
abandonado abandoned; shiftless; slovenly
abandonar to abandon
abandono abandonment
abarcar to include
abarrotado packed, crowded
abastar to supply, provide
abastecer to supply, provide
abasto supply, provisioning; abundance
abatido abject, contemptible, low; dejected, discouraged
abatir to bring *or* knock down; to discourage
abeja bee
abertura opening
abierto open; public
abismar to sink

abismo abyss
abogado lawyer, solicitor
abogar to advocate, back
abominar to abominate
abonar to fertilize
aborrecer to abhor, hate
aborrecimiento abhorrence, hatred
abortar to abort
aborto abortion; monstrosity
abrasar to burn
abrazar to embrace
abrazo embrace
abreviar to condense; to summarize
abreviatura abbreviation
abrigo shelter, cover; overcoat
abrir to open
abrumar to crush, overwhelm
absoluto absolute; en — absolutely
abstener to abstain, refrain
abstraído withdrawn; in seclusion
absurdo absurd; *n.* absurdity
abuelo grandfather
abultado bulky, massive

abundar to abound
abusar to abuse, make bad use of
abuso abuse; bad practice, action, or custom
acá here
acabar to end, finish; — de to have just
acaecimiento happening
acaecer to happen, occur
acantilado rocky, steep
acariciar to caress
acaso in case; perhaps; al — at random
acatamiento reverence, awe; appearance
acato respect, reverence
acceder to accede, agree, consent
acceso access, approach
accidentado agitated, troubled, stormy
accidente accident; misfortune; spell; Eucharist, consecrated bread and wine
acción action
acedar to sour; to displease
aceite oil
acelerar to accelerate, hasten, advance
acendrar to refine, purify
acento accent; tone; word
acentuar to accent, emphasize
acerbo bitter; harsh
acercamiento approach; rapprochement
acercar to approach
acero steel; sword
acertado straight; right, correct; well-aimed
acertar to hit (the mark); to guess or do correctly; to succeed in
acertijo riddle, conundrum
acíbar sorrow; bitterness; annoyance
acibarar to embitter
acierto skill; accuracy, good aim
aclamar to acclaim, applaud
aclarar to brighten, clear

acobardar to intimidate, cow
acoger to welcome, receive, accept; to take refuge from
acogida welcome, reception
acogimiento welcome
acometer to attack; to undertake
acomodado well-to-do
acomodar to accomodate; to arrange, adapt; —se to comply with, settle down to
acompañar to accompany
aconsejar to advise, warn
acontecer to happen
acontecimiento happening, event
acordar to agree; to tune; —se to remember
acorde in accord; harmonious; corresponding
acortar to cut, shorten, reduce
acosar to harass
acostar to lay down, lie down; —se to go to bed
acostumbrado customary
acostumbrar to accustom, to be accustomed
acreditar to credit; to give a reputation to
acreedor deserving
acriminar to incriminate; to accuse
acróstico acrostic
actitud attitude
actuación action, activity; behavior
actual present, present-day
actualidad timeliness, present time
actualizar to bring up-to-date
actuar to act, take action; to perform
acudir to come (to the rescue of); to resort to
acuerdo accord, agreement; de — con in accord with
acumular to accumulate, gather
acusador accusing, attacking
acusar to accuse; to question; to acknowledge
achacar to impute, attribute

achaque pretext, excuse; weakness; fault; sickness

adagio adage

adalid *m.* chief, commander, leader

adaptar to adapt, suit

adarga oval or heart-shaped shield

adecuado adequate, suitable, fitting

adelantado governor of a province

adelantamiento advancement, improvement; progress

adelantar to advance, move forward; to get ahead of

adelante ahead, forward

adelanto advance; progress

ademán *m.* gesture; attitude

además moreover; besides, in addition to

adentro inside, within

aderezar to prepare; to repair; to embellish; to cook, season

aderezo seasoning, condiment

adicto dedicated, supporting

adive jackal

adivinación prophecy; guessing

adivinanza riddle

adivinar to guess; to divine

administrar to administrate, govern

admiración admiration, acclaim

admirar to admire; to wonder at; to surprise

admitir to admit; to accept; to permit

adoptivo adoptive, adopted

adorar to adore; to worship

adormecido sleepy; asleep

adormir to put *or* go to sleep

adornar to adorn, decorate

adorno adornment

adquirir to acquire

adquisición acquisition

aducir to adduce, bring forward

adular to flatter, fawn on

adulterar to adulterate

adulto adult, fully formed

advenedizo foreign, strange; *n.* upstart

advertencia warning; knowledge; remark, observation; foreward

advertido clever; capable

advertir to notice, observe; to point out; to warn

aéreo aerial; elevated

afable affable, friendly

afamado famed, noted

afán *m.* anxiety, worry; eagerness; task

afear to make ugly, deface

afectación affectation, artificiality

afectado affected, artificial

afectar to affect; to afflict

afecto affection, love; emotion

afeitar to shave; to paint (the face with cosmetics)

afeite cosmetics, make-up

afianzar to grasp, hold on to; to fasten; to prop; to make fast; to guarantee

afición fondness, liking; ardor

aficionado fond; *n.* amateur, follower, fan

aficionar to cause *or* inspire affection; to become fond of

afilar to sharpen; to make thin

afinar to refine, polish, perfect

afirmación affirmation, statement

afirmar to affirm, assert; to strengthen, make firm

aflicción affliction, sorrow

afligir to afflict, grieve

aflojar to loosen, slacken; to waver

aforismo aphorism, maxim

afortunado fortunate, happy

afrenta affront

afrentoso insulting, ignominious

agarrochar to goad *or* prick with a spear

agave agave, sisal, century plant, maguey

agente agent; counselor

ágil agile

agitar to agitate; to stir, shake

agonía agony; death struggle; yearning

agonizante dying
agonizar to die, be close to dying
agostar to parch, wither, burn
agotar to exhaust, become exhausted, use up
agraciado graceful, charming, pretty
agradable agreeable, pleasant
agradar to please
agradecer to thank, be grateful for
agradecimiento gratefulness, gratitude
agrado pleasure; affability
agraviado offended
agravio offense, insult
agregar to add
agreste rough, rustic, wild
agridulce bittersweet
agrio sour; steep
agrupar to group, cluster
agua water; — dulce fresh water; —s vivas spring tide
aguacero heavy shower
aguada source of water; water supply
aguamanil m. wash basin
aguamanos m. pl. wash basin; water for washing hands
aguantar to endure, tolerate
aguardar to wait, await
aguardiente spirituous liquor; brandy; rum
agudeza acuteness, sharpness
agudo sharp, pointed
agüero augury, omen, sign
aguijar to hasten; to urge on, incite; to goad
águila eagle; — caudal golden eagle
aguja needle
agujeta needle; string
aguzar to sharpen
aherrojar to fetter, shackle
ahijado godchild
ahincar to urge
ahogar to drown, suffocate
ahondar to sink; to dig

ahorrar to save, spare; to free
ahumada smoke signal
ahuyentar to put to flight, drive away
airado angry, irate
aire air, draft; al — libre in the fresh air, outdoors
airoso successful
aislado isolated
ajeno foreign, different; another's
ajustar to adjust, fit
ala wing
alabanza praise
alabar to praise
alado winged
alambicado precious, overrefined, oversubtle
alarde boasting; hacer — to boast
alargar to increase; to pay out; to go away
alarido shout, yell
alarife master builder
alarma alarm
alazán m. sorrel horse
alba dawn
albacea m. executor (of an estate); first-born
albañil m. mason
albarrada entrenchment, defensive earthwork
albedrío free will; caprice, fancy
alberca pond, pool; tank
albergue shelter, refuge; lodging
albo white
alborotar to agitate, excite; to make noise
alboroto disturbance, noise
alcahueta procuress, go-between
alcaide warden, jailor
alcalde mayor; justice of the peace; local official
alcance pursuit
alcancía child's bank; money box
alcanzar to reach, catch up
alcázar castle, palace
alcorza sugar frosting
alcurnia ancestry, lineage

aldea village
alderredor around, about
alegar to allege; to cite
alegoría allegory
alegorizar to allegorize
alegría joy
alejar to move away
alentar to encourage, inspire
alerto alert, vigilant
aleve treacherous, perfidious
alférez m. ensign
alfiler pin
algazara uproar, tumult
algo somewhat; something
algodón cotton
alguacil m. bailiff
alhaja jewel
alharaca fuss, ado
alianza alliance
aliento breath; vigor; spirit; encouragement
aligerar to lighten, ease
alimaña animal; varmint
alimentar to feed, nourish; sustain, maintain
alimenticio nourishing
alimento food, nourishment
alistar to enlist; to enroll; to arrange
aliviar to relieve, soothe; to improve (in health)
alivio relief
aljaba quiver (of arrows)
alma soul (heart); human being; sounding-post (of a violin)
almacenero storekeeper
almastiga mastic, resin
almendra almond; kernel
almíbar syrup
almidón starch
almirante admiral
almohada pillow
almoneda auction
almorzar to lunch; to eat (a light meal)
almuerzo lunch; light meal

alocución allocution, hortatory address
alojar to lodge
alpargate hemp sandal
alquilar to rent
alrededor around
altanero proud, haughty
alteración alteration, change; agitation; annoyance
alterar to alter, change; to disturb, upset
alternar to alternate, vary
alteza apex; height; Highness
altivez pride, haughtiness
altivo proud, haughty
alto high, tall; en — up high; de lo — from above; hacer — to stop
altor height
altura height, altitude
aludir to allude
alumbrar to light, illuminate
alusivo allusive
alzar to raise, rise, elevate
allanar to flatten; to subdue, overcome
allegar to approach
allende beyond; — de besides, in addition to
ama housekeeper; lady of the house; (wet) nurse; — de cría wet nurse
amado beloved
amador lover
amaestrar to train, teach
amago empty promise; sigh; symptom
amalgamación amalgamation, merging
amanecer to dawn; to awaken; to begin to appear; n. dawn
amante loving; m. f. lover
amargo bitter; grievous
amargura bitterness
amarillo yellow
amarrar to tie
amasar to knead; to prepare

amatorio amatory
amazona amazon, Amazon
ámbar amber; amber beads; perfume
ambicioso ambitious, greedy
ambiente atmosphere; milieu
ambiguo ambiguous; uncertain
ámbito contour; scope, extension
ambos both
amedrentar to frighten, scare
amenaza threat, menace
amenazar to threaten
amenidad amenity, pleasantness
ameno pleasant, charming
amistad friendship
amistoso friendly
amo master, boss
amoblar to furnish, fit out
amonestación admonition
amonestar to admonish
amontonar to accumulate, pile up
amor love; *pl.* love affairs
amoroso loving, affectionate, amorous
amparar to protect, defend
amparo protection, shelter
ampliar to amplify, enlarge
amplio ample, full
amplitud amplitude, roominess
amuleto amulet
anacreóntico Anacreontic, pertaining to light, amatory poetry in the style of Anacreon
anales *m. pl.* annals
analfabetismo illiteracy
analfabeto illiterate
análisis *m. f.* analysis
analizar to analyze
analogía analogy
análogo analogous
ananás *m.* pineapple
anarquía anarchy
anatómico anatomical
anca haunch, buttock
anciano old; *n.* old man
ancila subordinate; servant

ancho wide
anchura width, breadth
andable passable, able to be crossed
andamio scaffold
andanza travel; fate; happening
andar to walk, go about; to travel
andas *f. pl.* litter, stretcher
andén *m.* footpath
anécdota anecdote
anegar to sink, drown, flood
angosto narrow
ángulo angle; corner
angustia anguish
angustiar to afflict
anhelante yearning
anhelar to long for, yearn for, covet
anhelo yearning, longing
anillo ring
ánima soul (in purgatory)
animado lively
animar to animate, cheer; to strengthen; to give power to; — a to feel encouraged
ánimo soul, spirit; intention
animoso brave, courageous
aniquilar to annihilate, destroy
anónimo anonymous, unknown
anotación annotation, note; record
ansia anxiety, longing
ansiar to long, yearn for
ansioso anxious, longing
antecedente preceding; *n.* antecedent
anteceder to precede
antemano de — beforehand, in advance
antepasado before last; *pl.* ancestors
anteponer to place before, put first
anterior previous, earlier
antes before; rather
anticipar to anticipate; to advance; to hasten; —se a to get ahead of
anticipo anticipation
anticuado antiquated, obsolete

anticuario antiquarian
antigualla old custom *or* story
antigüedad antiquity
antiguo ancient, old
antipatía antipathy, dislike
antítesis *f.* antithesis
antojadizo whimsical, fickle
antojar to take a fancy to
antojo whim, fancy, caprice
antología anthology
antorcha torch
antropólogo anthropologist
anular to nullify, revoke
anuncio announcement
añadir to add
añil *m.* anil (plant, color, dye); indigo
añudar to knot, tie
apacible peaceful, gentle, mild
apagar to put out; to go out
aparecer to appear
aparejado ready, fixed
aparejo arrangement, preparation
aparente apparent
aparición apparition; appearance
apariencia appearance, sign; probability
apartado distant, remote
apartamiento apartment; room
apartar to separate, withdraw, keep away, push aside
aparte aside
apasionado passionate, impassioned
apear to dismount
apedrear to stone
apego attachment, fondness
apelación appeal
apellidar to call, name
apellido name, surname, last name
apenar to grieve
apenas scarcely, hardly
apercibir to warn, prepare; to provide
apetecer to hunger for, long for, crave

apetecible appetizing, tempting, desirable
apetencia hunger
apiadar to take pity on
apiñado crowded, congested
aplacar to placate, appease
aplaudir to applaud
aplauso applause
aplicabilidad applicability
aplicar to apply; to classify
apoderar to seize, take possession of
apologético apologetic, written in defense of
apólogo apologue, fable
aportación addition, contribution
aportar to provide, contribute
aposentamiento lodging
aposentar to lodge
aposento lodging, room, chamber
apostar to bet, wager
apóstol *m.* apostle
apostolado apostolate, office or mission of an apostle
apoteósico glorifying
apoyar to depend on; to base on; to support
apoyo support, aid
apreciable appreciable, esteemed
apreciación appreciation; appraisal
apreciar to appreciate; to esteem
aprendiz *m.* apprentice, beginner
aprendizaje learning, apprenticeship
aprensión apprehension; fear; distrust; suspicion; strange notion
apresar to capture
aprestar to prepare
apresurar to hurry, hasten
apretar to squeeze; harass, distress
apriesa fast, quickly
aprisa fast, quickly
aprisco sheepfold
aprisionar to imprison; to shackle

aprobación approbation, approval
aprobar to approve
aprovechar to make use of, take advantage of; to benefit
aproximar to approximate; to approach
apto apt, suitable
apuesta bet, wager; competition
apuntar to point to, note
aquejar to grieve; to afflict; —se to complain
aquese, –a, –o that
aqueste, –a, –o this
aquí here; de — hence
ara altar
arado plow
aragonés Aragonese
araña spider
arañar to scratch
araño scratching
arar to plow
araucana Araucaniad
araucano Araucan; Araucanian
arbitrario arbitrary
árbitro arbiter; arbitrator
árbol m. tree
arboleda grove
arbolar to hoist, raise
arbusto shrub, bush
arcabuz m. harquebus
arcaísmo archaism
arcano secret; n. arcanum; mystery
arco arch, arc; hoop; stem (of pipe); bow; horizon; — iris rainbow
archivo archives, file
arder to burn
ardiente ardent, burning
arduo arduous, hard
arena sand; arena
arenal m. desert
Areópago Areopagus
argentado silvered, silvery
argüir to argue, dispute
argumento argument; plot
árido arid, dry

arma arm, weapon; tocar al — to sound the call to arms
armada armada, fleet; navy
armadura armor
armar to arm; to build; to establish
armonía harmony
armonioso harmonious
arnés m. harness
arpa harp
arqueólogo archaeologist
arraigar to take root, establish; to strengthen
arraigo rootage; solidity
arrancar to root or pull out; to snatch
arrasar to raze, demolish; to smooth
arrastrar to drag
arrebatado reckless; charming
arrebatar to carry off or away; to snatch; to move, stir
arrebato rapture, ecstasy
arrebolado red
arredrar to frighten
arreglar to arrange, settle, adjust
arremeter to attack, assail
arrendamiento rent
arrendar to rent
arreos m. pl. trappings
arrepentir to repent; to back down
arrestado bold
arrestar to arrest
arriba above, up
arribar to arrive
arriero muleteer, driver of pack animals
arriesgado risky; bold
arriesgar to risk, venture
arrimar to bring or come or draw close to
arroba weight of 25 lbs. and variable liquid measure
arrodillar to kneel
arrojar to throw
arrollar to roll; to route, sweep away

arrostrar to face; to overcome
arroyo stream, brook
arrugar to wrinkle
arruinar to ruin, destroy
arrullo lullaby
arsénico arsenic
arte *m. f.* art; craft
ártico arctic
articular to articulate, voice
artículo article
artífice *m. f.* craftsman
artificio device; craft; trickery
artificioso artful, cunning; artificial
artillería artillery
artillero artilleryman
arzobispo archbishop
asalariar to establish a salary for
asaltar to assault, assail
asalto assault, attack
asamblea assembly, assemblage
asar to roast, cook
asaz enough, considerable
ascender to ascend, promote; — a to amount to
ascendiente ancestor
ascenso ascent; promotion
ascua ember
asegurar to assure, insure; to fasten, secure
asemejar to resemble
asentadero seat
asentar to seat, sit; to place, arrange; to fix, establish
aseo cleanliness, neatness
asequible accessible, obtainable
aserción assertion
aserrar to saw
aserto assertion
asesinar to assassinate
asesino assassin, murderer
asestar to fire, shoot
así thus, so, in this way; — . . . como as well as
asiduo assiduous, persistent
asiento site; seat; settling; bottom; hacer — to settle

asilo asylum; shelter; refuge
asimismo likewise, in like manner
asir to seize, take hold of, grasp; to support
asistencia attendance, presence; assistance; reward
asistir to attend, be present; to assist, help
asociar to associate
asolador destroying
asolar to raze, devastate, destroy; to burn
asomar to appear, show, let show; to begin
asombrar to frighten; to astonish, amaze
asombro astonishment; darkness
asombroso astonishing
asonante assonant (rhyme)
asordar to deafen
aspereza roughness
áspero rough, harsh
áspid(e) *m.* asp
aspirar to aspire (after)
asqueroso loathsome, disgusting
astro heavenly body, star
astrónomo astronomer
astucia trick
astuto astute, clever
asumir to assume, take on
asunto matter; business; subject
asustadizo shy, scary
asustar to frighten, scare
atabal *m.* kettledrum
atacar to attack; to contradict
atajar to stop; to interrupt
atambor drum, timbrel
atañer to concern
ataque attack
atar to tie, fasten
atardecer late afternoon, twilight
ataviar to dress
atavío dress; adornment
atemorizar to frighten, scare
Atenas *f.* Athens
atender to attend to; to pay attention to

atener to abide by; to depend *or* rely on

Ateniense Athenian

atentado crime; attempt (to kill a person)

atentar to attempt (to kill a person)

atento attentive; kind; polite

ateo atheist

aterrador frightful, dreadful

aterrar to terrify

atizar to rouse; to poke, stir up

atmósfera atmosphere

atolondrado bewildered; scatter-brained

atolladero mud hole; dead end

átomo atom

atónito astonished, overwhelmed

atontar to confuse; to become stupid

atormentar to torment

atosigar to poison; to harass

atractivo attractive; *n.* attraction

atraer to attract, lure

atrapar to trap, catch

atrás behind; before; back; past

atrasado back; behind the times

atrasar to slow down, hold back, delay

atravesar to cross

atrever to dare

atrevimiento boldness, daring; impudence

atribución power

atribuir to attribute, assign

atribular to grieve, afflict

atrocidad atrocity

atropellar to push through, knock down; to disregard

atroz atrocious

aturdir to stun, amaze, daze

audacia audacity

audaz audacious, bold

augusto august; magnificent

aullar to howl

aullido howl

aumentar to augment, increase

aumento increase

aura dawn; breeze; popularity

áureo aureate

aureola aureole, halo

aurora aurora, dawn

ausencia absence

ausentar to be absent, get away

ausente absent

auspicio auspice

austriaco Austrian

austro south; south wind

auténtico authentic, real

auto short Biblical *or* miracle play

autóctono autochthonous, native

autodominio self-control

autopsia autopsy

autorizado authoritative; responsible

autorizar to authorize

auxiliar to help, aid; *m. f.* auxiliary, aid

avance advance

avanzar to advance

avaricia avarice, greed

avariento avaricious

avaro miserly, greedy; *n.* miser

avasallar to subject, make a vassal

ave *f.* bird; — acuática water bird

avecinar to approach

avecindar to take up residence

avellana hazelnut

aventura adventure; a la — blindly

aventurado venturesome, hazardous

aventurar to venture, hazard

avergonzar to shame, embarrass

averiguar to find out

averno Avernus, hell

avestruz *m.* ostrich, rhea

aviar to lend, provide

avisar to advise, inform

aviso information, notice; warning, precaution; sobre — on the lookout *or* watch

ayuda help, aid, assistance; — de costa financial aid

ayudar   to help, aid
ayuntamiento   town council; sexual
   intercourse
ayuntar   to gather (together), collect
azabache   jet
azadón   hoe; mattock
azar   chance, fate, destiny; hazard;
   al — at random
azorado   restless, disturbed; terrified
azotar   to whip, scourge
azotea   roof top, flat roof
azúcar   sugar
azucarado   sugared, sugary

B

babilónico   Babylonian
baboso   slobbering
bacanal   f. bacchanalia, orgy
bacante   f. woman follower of Bacchus
Baco   Bacchus (god of wine)
bachiller   bachelor (holder of degree)
bachillerato   baccalaureate; bachelor's degree
bahía   bay
bailador   dancer
bajá   m. pasha
bajar   to lower, go down
bajel   m. boat
bajío   shoal, sand bank; lowland
bajo   low, short; under; common;
   downcast
bala   bullet
balada   ballad
balandra   sloop
balbuciente   stammering, babbling
balde   pail; de — free, for nothing;
   en — in vain
baldón   affront; disgrace
baluarte   bulwark
ballesta   crossbow
ballestero   crossbowman
banano   banana tree
banco   bench, seat; bank

banda   edge, border, band; bank
bandera   flag; infantry
bando   edict, proclamation; faction,
   party, side
baño   bath
baqueano   cunning, wise; n. guide,
   scout
baraja   deck of playing cards
baratija   trinket, trifle
barato   cheap, inexpensive
barba   chin; beard; whiskers
barbarie   f. barbarism, barbarity
bárbaro   barbarous, uncivilized; n.
   barbarian, savage
barbería   barbershop
barbero   barber
barbiquejo   kerchief covering head
   and tied under chin
barca   small boat
barniz   m. varnish, gloss, polish
barquero   boatman
barra   bar (of metal)
barraca   cabin, hut
barranca   ravine, gorge
barrenar   to drill
barreno   drill, auger
barrera   barrier, barricade
barriga   belly
barrilete   keg
barrio   suburb;   neighborhood;
   ward, quarters
barro   clay; mud
barroco   baroque
basáltico   basaltic
basca   nausea
base   f. base, basis; a — de on the
   basis of
bastante   enough;   considerable;
   fairly
bastar   to be enough
bastimento   supplies, provisions
basto   coarse, rough
bastón   cane, club
basurero   trash can; rubbish dump
bata   smock, dressing gown
batalla   battle
batallar   to battle, fight

batel *m.* skiff
batir to fight
bautismo baptism
bautizar to baptize, christen
beata charity worker; pious woman; lay sister
bebida drink; potion, medicine
beldad beauty
bélico bellicose; warlike; pertaining to war
belicoso bellicose
belleza beauty
bendecir to bless
bendición blessing
bendito blessed; saintly
beneficiado beneficiary
beneficio benefit, profit
benéfico benevolent; beneficent; beneficial
benevolencia benevolence
benévolo benevolent, kind
benignidad benignity
benigno kind, mild
beodo drunk, drunken
bermejo vermillion, red
berrinche tantrum, rage
besamanos *m. pl.* levee, morning reception; court day
besar to kiss
bestia beast
betlemita *m. f.* Bethlehemite (religious order)
bíblico Biblical
biblioteca library
bien well, all right; *m.* good; welfare; honor; dearest, darling; si — although; — que although; o — or else; tener a — to deem wise; *pl.* property, possessions
bienaventurado blessed; happy; fortunate
bienestar well-being; welfare
bienhadado fortunate, lucky
bienhechor beneficent; *n.* benefactor
bienvenido welcome; *f.* welcome, safe arrival

birlar to kill with one shot
birrete bonnet, cap
Bizancio Byzantium
bizantino Byzantine
bizarría gallantry; magnanimity
bizarro gallant; lofty; splendid; generous
blanca old copper coin
blanco white; *n.* target
blando soft
blandir to brandish
blasfemar to blaspheme, curse
blasfemia blasphemy
blasfemo blasphemous; *n.* blasphemer
blasonar to boast, brag
bobería foolishness; trifle
bobo simple, stupid; *n.* clown
boca mouth; sharp edge
bocado bite, morsel; mouthful
bocina horn, trumpet
boda wedding
bofetada slap in the face
bola ball; *pl.* bolas (gaucho weapon)
bolazo blow with a ball
bolsillo pocket; pocketbook; money
bollo bun, muffin; loaf
bonanza bonanza; fair weather
bondad kindness, goodness
bonete bonnet, hat, cap
boqueada gasp of breath
boquear to breathe one's last
Borbón Bourbon (dynasty)
bordar to embroider
borde edge, border
bordo board; a — on board
bordear to skirt, stay on the edge
borla tassel
borracho drunk
borrar to erase
borrasca storm
borrascoso stormy
borrón ink blot; rough draft
bosque woods; forest; grove
bosquejar to outline, sketch
bote small boat

botella bottle
botellería storing of bottles *or* liquids
botica drug store, pharmacy
botín booty, spoils
braguero truss
bramar to roar, bellow, storm
bramura roar, bellow
brasa live coal, hot charcoal
brasero brazier; hearth
bravo brave; fine; wild, rough
braza fathom (measurement of about six feet)
brazo arm; *pl.* laborers, hands
brecha breach, opening
breña rough and brambly ground
breñal *m.* rough and brambly region
breve brief, short; concise
brillar to shine
brillo brilliance, shine
brindar to offer; to offer to buy; to drink (a toast)
brío spirit, determination
brisa breeze
bronce bronze
broquel *m.* shield, buckler
brotar to sprout, shoot forth
brusco brusk, rough
brutal brutal; terrific
bruto stupid, ignorant; wild, rough; *n.* beast, brute
bucle curl, ringlet
buey *m.* ox, bullock, steer
bufón funny, comic, clownish
bula papal bull
bulto bulk, body; shadow
bullicio bustle, agitation; sedition; noise
bullicioso restless; riotous; noisy
bullir to boil, bubble
burla joke; ridicule; de —s in fun, as a joke
burlar to ridicule, scoff, make fun of; to deceive
burlesco funny, comic

burlón joking, mocking
burra female donkey
busca search; pursuit

C

cabal exact, complete; right
cabalgata cavalcade, parade
cabalgar to ride horseback; to gallop
caballeresco knightly, chivalric
caballería chivalry
caballeriza stable
caballero gentleman; — andante knight errant
caballo horse; a — horseback
cabe near
cabecera headboard (of a bed)
cabello hair
caber to fit, hold, have room; to be pertinent *or* fitting; — en suerte to be one's luck
cabestro halter
cabida space, room; dar — to make room for
cabo end, point; cape; al — finally; al — de at the end of; llevar a — to carry out, accomplish
cabra goat
cacahuetero, –a vendor or preparer of peanuts
cacao cacao (seed, pod, tree); chocolate
cacica female Indian chief
cacicazgo position of Indian chief
cacique Indian chief
cacto cactus
cadalso scaffold
cadáver cadaver, corpse
cadena chain
caduco worn out, feeble, decrepit
caer to fall
café *m.* coffee; café, coffee shop, tavern
caída fall
caja box, chest; vault; drum
cal *f.* lime

cala test; suppository
calabaza pumpkin; squash
calabozo calaboose, jail
calamidad calamity
cálculo calculation; conjecture; gallstone; kidneystone
caldeo Chaldean (language)
calderoniano pertaining to Pedro Calderón de la Barca
calentar to warm, heat
calentura fever
calidad quality
cálido warm, hot
calificar to characterize, class
caligrafía calligraphy, penmanship
calilla small suppository
cáliz m. chalice
calma smooth sea
caloroso warm, hot; enthusiastic
calumnia calumny, slander
calumniar to slander
calvo bald
calzada causeway; street; sidewalk
calzado calced, shod, wearing shoes; n. footwear
calzar to wear or put on shoes
calzón trousers, shorts, pants
callar to be silent, still
calle f. street; abrir — to open a path
camarón shrimp
cambiar to change, exchange
cambio change; en — on the other hand
caminante traveling; n. traveler
caminar to walk, go; to travel
camino road; path; passage
camisa shirt
camorra quarrel, row
campaña campaign; countryside
campero in the open; open air
campesino country; n. peasant
campestre country
campiña countryside
campo country, countryside, field; camp

candela candle light; fire
candidez candor, innocence; silly remark
cándido candid; white, snowy
canela cinnamon
cangrejo crab
caníbal m. f. cannibal
cano gray, gray-haired
canoa canoe
canónigo canon, churchman
cansado tired, worn out; tiresome
cansancio fatigue, tiredness
cansar to tire
cántabro Cantabrian, from Cantabria
cantar to sing; n. song; — de gesta, old Spanish legendary romance
cántaro jug
cantera quarry, stone pit
cantería stonework; masonry; stonecutting
cantero stonecutter
cantidad quantity
canto song; canto; back of knife; stone
cantor singing; n. singer
caña (sugar) cane; reed spear
cañón cannon; canyon
cañuto tube, pipe
caos m. chaos
capa cape, cloak; gown; mask
capacete casque, helmet
caparazón shell, armature
capaz capable
capellán m. chaplain
capitel m. capital; — corintio Corinthian capital
capítulo chapter
capote cloak
capricho caprice, whim, fancy
captar to capture, win
cara face
carabela caravel, small sailing vessel
caracol m. sea shell; horn made of shells; snail

carácter character; letter

caracú m. bone containing marrow

carancho South American bird of prey

carcax m. quiver (of arrows)

cárcel f. jail, prison

carcelero jailor

carcomido worm eaten

cardenal m. black and blue mark, welt

carecer to lack, need, want

carencia lack

carga load, burden

cargar to load; to credit; to charge; to attack; to punish; to walk away with; — con to bear the blame of

cargo position, job; burden; a — de in charge of, in the hands of; hacerse — de to consider, understand

caricia caress; endearment, endearing word

caridad charity

cariño love; fondness, affection; attention

carmelita m. f. Carmelite (religious order)

carmenado unraveled

carmín carmine (dye, color)

carnaza flesh

carne f. meat; flesh

carnero sheep; charnel house

carnicería carnage

carnicero bloodthirsty; n. butcher; carnivore, flesh-eating animal

caro expensive; dear, beloved

carpintería carpentry

carpintero carpenter

carrera race; course; career; avenue

carretillero wheelbarrow or pushcart man

carro cart; wagon; carriage; chariot

carroza coach, carriage

carruaje carriage

carta letter; playing card; chart; — de marear ocean (sea) chart

cartaginés Carthaginian

cartucho cartridge

casa house; — de campo country house; — fuerte fort, fortress

casaca dress coat

casamiento marriage, matrimony

cascabel m. bell; rattle

cáscara shell; bark

casco casque, helmet

casero domestic; homemade; familiar; n. huckster

caso case; hacer — de to pay attention to

Castálidas f. pl. the muses

castellano Castilian, Spanish; n. Castilian, Spaniard; old Spanish coin

castidad chastity

castigar to punish, chastise; to correct

castigo punishment

castillo castle

casto chaste, pure

casualidad chance; accident

casuística casuistry

casuístico casuistic, sophistical, pertaining to reasoning concerning right and wrong

catarata cataract, waterfall

Catay m. Cathay

catecismo catechism

cátedra (professor's) chair; class; subject

catedrático professor

caterva throng, swarm

cauce channel

caudal m. wealth; volume; abundance

caudaloso copious, abundant; of great volume

caudillo caudillo, chief, leader

causa cause; case; reason; a — de because of

cautela cunning; caution

cauteloso cunning

cautiverio captivity

cautivo captive

cauto cautious, prudent
caverna cavern
cavilación thought
cayo key; islet
cayuco small boat; dinghy
caza hunting, hunt; game
cazador hunter
cazar to hunt
cebada barley
cebar to feed (fire, furnace); to stuff; to penetrate
cebolla onion
ceder to yield, give up; to be inferior to
cegar to blind; to block, wall up
ceja brow, eyebrow
cejudo beetle-browed
celaje clouds, cloud effect
celda cell
celebrar to celebrate; to welcome
célebre celebrated, famous
celeste celestial, heavenly
celo piety; zeal; *pl.* jealousy
celoso jealous; zealous
celta *m. f.* Celt
cementerio cemetery
cena supper
cenador gallery around courtyard; summerhouse
cenar to eat, dine
cenceño thin, slender, lean
cenit *m.* zenith
ceniza ash
censura censorship; censure
centauro centaur
centella spark; flash
centellante sparkling, flashing
centenar hundred
centésimo hundredth
centón cento, patchwork poem
centrar to center
centuria century
ceñir to encircle (the brow)
cera wax
cerca near; — de near, nearly, about; de — at close range; *n.* fence, wall

cercanía nearness, proximity
cercar to surround, encircle; to fence in
cercenar to trip, clip; cut down, lop off
cerco wall, fence, enclosure; circumference, edge
cerebro brain
Ceres *f.* Ceres (goddess of vegetation)
cermeña small pear
cero zero
cerrado closed, secret; dark (night)
cerro hill
certámen *m.* literary contest
certero certain, accurate
certeza certainty
certificar to certify, register; to be certain
cerviz *f.* cervix; neck
cesar to cease, stop
cesión cession, ceding
cetrería falconry
cetro scepter
cicuta hemlock
ciego blind; *n.* blind person
cielito short poem; tune; dance
cielo sky; heaven
ciencia science
cierre closing
cierto certain, sure, true
cifra cipher, figure, number; device
cifrar to depend on; to summarize
cima top, summit
cimiento foundation
cinta belt, waist
cintura waist
circular to circulate
circundante surrounding
circundar to surround
circunscribir to circumscribe
circunstancia circumstance
circunstante present, onlooking; *n.* onlooker
cirugía surgery
cirujano surgeon

cita quotation; appointment
citar to cite, quote; to summon; to appoint
ciudadano urban, (of the) city; *n.* citizen
civil civil; courteous, polite
cizaña discord; vice
clamar to clamor, cry out
clamoroso clamorous, noisy
clandestino clandestine, secret
clara white of egg
claridad clarity, brightness; glory
clarín clarion; cambric (kind of fabric)
claro clear, evident; illustrious
clásico classic
clemencia clemency, mercy
clérigo clergy, clergyman
clima *m.* clime; climate
coartar to restrict, limit
cobarde cowardly; timid
cobijar to cover, protect
cobrar to recover; to collect; to charge
cobre copper
cocer to cook, boil
cocina kitchen
cocinero cook
coco bogeyman
coche carriage, coach
codeo elbowing; sponging
códice codex, old manuscript
codicia greed, cupidity
codicioso greedy, covetous
codificar to codify
código code, law
coger to catch; to gather, collect; to take up, occupy
cogollo heart of palm
cohete firecracker; skyrocket
cola tail
colchar to quilt
colchón mattress
colegir to infer; to conclude; to gather, collect
cólera anger; cholera; bile

colgar to hang
colmar to fill to the brim; to overwhelm; to shower with
colmena beehive
colocación placing, location
colocar to place, put, locate
colonia colony
colonizador colonizing
colono colonist; settler; farmer
coloquial colloquial
coloquio colloquy, talk
color color; pretext, pretense
colorado red; colored
colorar to color, dye
colorido colored; painted; *n.* coloring
coloso colossus, something of gigantic size
columpiar to swing
collado hill; height; pass
collar necklace
coma comma
comarca region; province
comarcano neighboring, bordering
combatir to combat; to battle
comedero edible
comedia comedy, play; theater; — de capa y espada cloak and dagger play
comedor eater; dining room
comentario commentary
comento comment
comerciante dealer, tradesman, merchant
comerciar to deal, trade
comercio commerce, trade, business; shop; intercourse
cometa *m.* comet
cometer to commit
comida dinner, meal; food
comienzo beginning
comisionado commissioner
comitiva retinue, followers; group
comodidad comfort; advantage
cómodo comfortable
compadecer to take pity on

compadre godfather

compañía company; society; **Compañía de Jesús** Jesuits

comparecer to compare; to appear

compartir to share

compendio compendius; summary; **en —** in brief

competencia competence; competition

competente competent; adequate

competir to compete

compilador compiler

compilar to compile

complacencia complacency; satisfaction

complacer to please, humor; to be pleased, take pleasure in

complejidad complexity

complejo complex, complicated

complexión complexion; constitution

complot *m.* plot, conspiracy

componer to compose, constitute

comportamiento deportment, behavior

comportar to behave

comprender to understand; to comprise, include

comprensión comprehension, understanding

comprometer to agree, promise

comprometimiento predicament; embarrassment

cómputo computation

común common

comunicado known

comunidad community, society; people living close together

conato attempt

concebir to conceive, design

conceder to concede, grant

concejo civic body; municipal council

concento harmonious singing

concentrar to concentrate, center

conceptismo conceptism, baroque

style of writing involving complicated and obscure thought and expression

conceptista conceptist; *m. f.* one who writes in a conceptist style

concepto concept; opinion, judgment; conceit; witticism

conceptuar to deem, judge

concerniente relative to; **—a** concerning

concertar to arrange by agreement; to agree; to close (a deal)

concierto agreement; good order *or* arrangement

conciliar to conciliate, reconcile

concitar to incite, agitate, stir up

concluir to conclude, end

concordancia concordance, harmony

concurso concourse, crowd; cooperation; contest; exhibition (with prizes)

concurrir to concur; to come together; to contribute

concha shell

conde count; earl

condenación condemnation, damnation

condenar to condemn, damn; to close up

condición condition; function

condiscípulo classmate, fellow student

cóndor condor

conducción transportation; conveyance

conducir to guide, drive; to behave; to convey, transport

conducta conduct, behavior

conejo rabbit

conexión connection

confederar to confederate, form a confederacy

confesionario confessional

confesor confessor

confiado trusting, confident

confianza confidence, trust
confiar to confide; to entrust
confín confine, boundary
confinar to confine, border
conformar to conform, adjust
conforme agreeing, conforming
confundir to confound, confuse; to place in disorder
confusión confusion; shame
confuso confused
congoja anguish, grief
conjetura conjecture
conjugar to conjugate; to join, fuse
conjunción conjunction, combination
conjunto whole, entirety; system; en — as a whole
conjurado conspiring; n. conspirator
conjurar to conspire, plot
conminatorio denunciatory; threatening
conmoción commotion, disturbance
conmovedor moving, touching, stirring
conmover to touch, stir, effect
conocimiento knowledge, understanding; acquaintance
conque so, so then
conquista conquest
conquistar to conquer
consagración consecration
consagrar to consecrate, dedicate; to devote
consecuencia consequence; por — consequently
conseguido successful
conseguir to get, obtain; to succeed in
consejero adviser, counselor; councilor
consejo advice, counsel; council
consentimiento consent
consentir to consent; to allow, permit

concertado standardized; in agreement
conserva conserve, preserves
conservación conservation; maintenance, upkeep
conservar to conserve, preserve; to maintain, keep
consiguiente consequent; por — consequently, therefore; n. consequence, result
consistencia consistency
consolar to console
consolidar to consolidate, put together
consorte m. f. consort, mate, husband, wife
conspirar to conspire
constancia constancy, steadiness
constante constant; clear; certain
constar to be clear, certain; to be shown; to state, reveal; — de to consist of
constituir to constitute; to establish
constitutivo constituent
construir to construct, build
consuelo consolation; comfort
consulta consultation
consultar to consult; to deliberate about, think over
consultor consulting; n. consultant
consumidor consuming; n. consumer, customer
consumir to consume; to remove
contagio contagion
contaminar to contaminate, corrupt
contar to count; to relate, tell; to take into account; — con to count on, rely or depend on; to reckon with
contemporáneo contemporary
contención intensity
contener to contain, restrain, curb
contenido restrained; n. content
contentar to content, please; to endorse; —se con to be satisfied with

contento glad, contented; *n.* contentment, happiness; satisfaction; endorsement

contienda contest; fight, dispute

contingencia contingency, emergency; **por —** by chance

continua a la — continuously

continuar to continue

continuo continuous, constant

contorno outline; environs; **en —** around

contra against; *m.* opposite opinion

contrabando contraband; smuggling

contradecir to contradict; to oppose

contradicción contradiction; opposition

contraer to contract

contrapeso counterbalance

contraponer to contrast; to oppose

contrario contrary, opposite, different; **por el (al) —** on the contrary; *n.* opponent

contraseña countersign, signal

contrastar to contrast; to resist

contrato contract

contraversión contradiction

contribuir to contribute

convencer to convince

convencimiento conviction; act of convincing

convenible convenient

conveniencia convenience; advantage; comfort

conveniente convenient; proper, fitting

convenir to be suitable; to agree; **conviene a saber** namely, to wit, that is

convento convent, monastery

convergir to converge

convertir to convert, change

convicción conviction

convidar to invite

convite invitation

convivencia living together

convocar to convoke

conyuntura yoking together

copa wine glass; goblet; bowl

copado tufted; abundant in foliage

copia copy; abundance

copiar to copy, imitate; to copy down

copioso copious, abundant

copla couplet, popular verse and song

coposo bushy; high-topped

corcel *m.* steed, charger

corcovado hunchbacked, humpbacked

corchete constable

corcho cork

cordero lamb

cordillera mountain range *or* chain

cordobés Cordovan, from Cordova

cordura wisdom, prudence

Corinto Corinth

coro chorus, choir

corona crown, garland, wreath

coronar to crown

correa leather strap; thong

corredor corridor; porch; gallery

corregible corrigible

corregir to correct; to punish

correndío loose

correo mail; postman, courier; post office

correr to run, race; to go forth; to gad about; to pass

corresponder to correspond; to belong to; to return

corrida race; bullfight; **de —** fast

corrido abashed; confused

corriente current, common; in agreement; *f.* current, stream

corrimiento shyness; catarrh, cold

corromper to corrupt

corrupción corruption, vice

corruptela corruption; abuse

corsante corsair, pirate

corte cut, fit, tailoring; *f.* court; *pl.* parliament

cortejo beau, lover, paramour; courting
cortesana courtesan
cortesano courtly, pertaining to the court; *n.* courtier
corteza bark
cortina curtain; sustaining wall
corto short; small, scant
corvo curved; arched
cosa thing; — de a matter of; — de contar something worth mentioning
cosecha harvest, crop
coser to sew
cosmógrafo cosmographer
costa coast; cost, price; a — de at the expense of
costar to cost
costear to pay the cost of
costilla rib
costumbre *f.* custom, habit
costumbrista pertaining to everyday life and prevailing customs; *m. f.* genre writer, one who writes about local customs
costura sewing, needlework
cotejar to compare, collate
cotidiano daily
coyuntura occasion; opportunity
coz *f.* kick
creador creator
crear to create
crecer to grow, increase
crecido increased; large
creciente growing
crédito credit; faith; assent, acquiescence
credo credo, creed; en un — in a jiffy
credulidad credulity, readiness to believe with slight evidence
creencia belief, credence
creíble credible, believable
crepúsculo twilight
crestado crested
cría raising, breeding
criado servant

criador creator
crianza raising, rearing
criar to create; to raise, breed, bring up
criatura creature; baby; being
crimen *m.* crime, felony; mortal sin
crinado long-haired
criollo Creole
crisol *m.* crucible
cristalino crystalline, clear
cristiandad Christianity
cristiano Christian
criterio criterion, judgment
crítica criticism, critique
criticar to criticize
crítico critical; *n.* critic
crónica chronicle, account
cronista *m. f.* chronicler
cronológico chronological
crudo raw, crude; unripe; hard
crueldad cruelty
cruento cruel; inhuman; bloody
cruz *f.* cross
cruzar to cross; to pass
cuaderno notebook, writing book
cuadra stable; hospital ward; city block; square; en — square, the distance of one-fourth mile traveling against the wind
cuadrado perfectly square; pleasing
cuadrar to square, form into a square
cuadrilla group, gang
cuadro square; picture; table
cuajar to thicken, curdle
cual which; like, as; such as
cuál which; some; how; — ... — some ... some
cualidad quality; characteristic
cualquier(a) whichever, whoever
cuán how
cuando when; de — en — from time to time; — mucho at most *or* best
cuanto every; en — as soon as, insofar, while; en — a with regard

to; — más ... más the more that ... the more; everything

cuartel *m.* quarter; remission of life granted; barracks; — general general headquarters

cuarto quarter, fourth; room

cuba (wine) press, cask, vat

cubano Cuban

cubierta deck

cubo bucket; water tank

cubrir to cover

cuchara spoon

cuchilla blade, knife

cuchillada slash with a knife

cuchillo knife

cuello neck; collar

cuenta count; importance; account; bill; bead; dar — a to give an account to; darse — de to realize; hacer — to figure, reckon; tener en — to take into account

cuento story, short story; fable, tale; count; million; traer a — to bring into the conversation

cuerda string; rope

cuerdo sane, wise

cuerno horn

cuero pelt; leather; en —s naked

cuerpo body

cuervo crow, raven

cuesta hill; slope; a —s on one's back

cueva cave

cuidado care, concern; custody; fear, apprehension; tener — to be careful

cuidar to care for; to watch over; to be careful to

culebra snake

culminar to culminate, top

culpa blame, fault, guilt

culpable guilty

culpado guilty; *n.* culprit

culpar to blame, accuse; to censure

culteranismo cultism, euphuism; affected and artificial style of writing

culterano cultist, euphuistic; *n.* writer of cultism

cultivador cultivator; farmer

cultivar to cultivate, grow

cultivo cultivation

culto cultivated, cultured; *n.* cult, worship

cultor cultivator

cultura culture; cultivation

cumbre crowning, greatest; *f.* summit

cumplido full, complete; plentiful, ample; perfect; courteous

cumplimiento fulfillment; correctness

cumplir to fulfill, carry out; to keep (a promise); to obey

cuna cradle

cuña wedge

cuño stamp; squad; school

cupil *m.* huipil (Indian headdress consisting of a rectangle of cotton with an opening for the head)

cura *m.* priest

curandero healer; quack doctor

curar to cure, heal; to pay attention to; to take care of

curioso curious; inquisitive; *n.* busybody; interested person

currutaco dude, fop, dandy

cursar to attend, frequent; to study

curso course; progress; diarrhea

cúspide *f.* peak

CH

chacra small farm

chachalaca chachalaca (gallinaceous bird)

chal *m.* shawl

chaleco vest, waistcoat

chamuscar to singe, scorch

chanza joke; de — jokingly, in fun

chapucero bungling; cheating

charada charade

charco pool, puddle

charlar to chat, talk

chico   small, little; *n.* little boy
chimenea   chimney; fireplace
chiste   joke; witty saying
chocante   shocking; tiresome
chocar   to shock, collide, clash
chocarrero   vulgar; *n.* one who makes coarse jokes
chocolatero   chocolate pot
choque   shock; collision
chorizo   sausage
choza   hut, cabin
chupa   jacket
chupar   to suck
chusco   funny, droll

D

dádiva   gift, present
dado   dice
dama   lady, dame, mistress; — de honor lady in waiting
danza   dance, war dance; row; entangled affair
danzador   dancer
dañar   to harm, damage, hurt
dañino   harmful, wicked
daño   harm, damage, hurt
dañoso   harmful, injurious
dar   to give; to hit, strike; — a to face, overlook; — anchas to give free rein; — en to begin, run into; —se to find, occur; —se a entender to make oneself understood; —se con to run into, find; —se por to be considered
dardo   dart
dátil   *m.* date (fruit)
dato   datum, fact
deán   *m.* dean (church)
debajo   below, underneath; — de under, below
debatir   to debate; to struggle
debelar   to conquer
deber   to owe, to be due; should, must, ought to; *n.* duty, debt
debido   just, reasonable, proper; — a due to
débil   weak

debilidad   weakness
debilitar   to debilitate, weaken
década   decade
decaer   to decline; to fade; to fail
decapitar   to decapitate, behead
decenio   decade
decente   decent, proper; dignified
decidido   decided, determined
décima   verse form of stanzas of ten octasyllabic verses with consonantal rhyme
decir   to tell, say; to call, name
declarar   to declare, proclaim
declinar   to decline
decrecer   to decrease, diminish
decreto   decree
dedal   *m.* thimble
dedicar   to dedicate
dedo   finger; finger's breadth
deducción   deduction
deducir   to deduce
defecto   defect; lack
defectuoso   defective, faulty
defender   to defend; to forbid
defensor   defender
definir   to define; to complete
deformar   to deform
deforme   deformed
deformidad   deformity
degenerar   to degenerate
degollar   to behead; to cut in the throat
deidad   deity
deificar   to deify
dejar   to leave; — de to stop, cease; — por alto to disregard, forget
dejo   end; flavor; aftertaste
delantera   front; front part *or* row
delegado   delegate
deleitable   delectable, enjoyable
deleitar   to delight; to entertain
deleite   delight
deleitoso   delightful, delicious
delgadeza   ingenuity
delicia   delight
delimitar   to delimit, fix the limits of

delinear   to delineate
delirio   delirium; rapture; nonsense
delito   crime, transgression; sin
demanda   demand, claim; petition; question
demandar   to demand; to wish
demás   the rest; other; — de besides, in addition to; — de que aside from which; por lo — furthermore
demasía   excess; audacity; en — too much
demencia   dementia, insanity
demonio   demon, devil
demora   delay
demostración   demonstration, proof
demostrar   to demonstrate, show, prove
dende   since; within
denegar   to deny, refuse
denodado   brave, daring, wild
denominación   denomination; category
denostar   to insult, abuse
denso   dense, thick
denuedo   bravery, daring
denuncia   denunciation
denunciar   to denounce
depoblar (despoblar)   to depopulate
deponer   to depose, remove from office
depósito   deposit; arsenal
deprender   to learn
derecha   right; a —s right
derecho   straight, upright; right; n. law; right, privilege
derivar   to derive
derramar   to pour, spill, shed
derredor   circumference; en — around
derribar   to bring or knock or tumble down
derrocar   to knock or tear or throw down; to demolish; to overthrow
derroche   profusion; waste

derrota   defeat
derrotar   to defeat
derrumbar   to fall headlong
desabrido   tasteless, insipid; bitter
desacato   disrespect, irreverence
desacordado   discordant, inharmonious, out of tune
desafecto   dislike
desafición   dislike
desafío   challenge
desahogado   roomy, comfortable
desahuciar   to give up hope for
desaliento   discouragement
desamar   to dislike; to hate
desamor   coldness, indifference
desamparar   to abandon, leave, forsake
desamparo   abandonment; helplessness
desánimo   discouragement
desaparecer   to disappear, cause to disappear
desarmar   to disarm, take away; to dissipate
desarreglado   disorderly; intemperate
desarreglo   disorder, confusion
desarrollar   to develop
desarrollo   development
desastre   disaster
desatar   to untie; to give a loose rein to; to break or pour out
desatento   inattentive; heedless; discourteous
desatiento   confusion, perplexity
desatino   folly, foolishness
desayunar   to breakfast
desazonar   to embitter; to make tasteless; to displease
desbaratar   to rout; to throw into confusion
desbarrigar   to slash or rip open the belly
descabellado   rash, wild; preposterous
descalabrado   wounded in the head; worsted

descalzo discalced, barefoot
descansar to rest
descanso rest, relief, ease; peace; ballad
descargar to discharge, unload
descarnar to remove the flesh from
descendiente descendant, offspring
descenso descent, decline
descolgar to come *or* take down
descollar to stand out, excel
descomponer to decompose; to alienate; to upset
desconcertar to put out of order
desconfiar to distrust, have no confidence in
desconocer to be ignorant of, know not
desconocido unknown, strange; ungrateful
desconsolado disconsolate, grief-stricken
desconsuelo grief
descontento discontented, displeased; *n.* discontent
descorrer to draw (curtain)
descortés discourteous, impolite
describir to describe
descubridor discoverer
descubrimiento discovery
descubrir to discover; to uncover, expose to view
descuento discount, deduction
descuidado off guard, unaware; careless, negligent
descuidar to overlook, neglect
descuido carelessness, neglect
desde from, since; — **luego** at once, of course; — **que** when, since
desdecir to disagree, differ; to retract; to be unworthy
desdén *m.* disdain, scorn
desdeñable contemptible, to be scorned
desdeñar to disdain, scorn
desdicha misfortune
desdichado unfortunate; unhappy

desechar to reject, cast aside, exclude
desembarazar to clear, empty
desembarazo freedom from impediments; naturalness, ease
desembarcar to disembark; to unload
desemejante dissimilar, unlike
desempeñar to accomplish, carry out; to play (a role)
desempeño fulfillment; performance; discharge
desenfadado carefree; clear
desenfrenado unbridled; wanton
desengañar to disillusion, free from error
desengaño disillusion, disappointment
desentender to take no part in, pay no attention to
desenterrar to dig up *or* out, unearth
desentonado out of tune
desenvolver to unfold, develop
desenvolvimiento unfolding, development
desenvuelto bold, daring; free, easy
desesperación desperation, despair, desperate act
desesperado desperate; raving mad
desfallecer to weaken, grow faint
desfigurar to disfigure, change
desfilar to file *or* march by
desgajar to tear off (branches)
desgracia misfortune; **por** — unfortunately
desgraciado unfortunate
deshacer to undo; to destroy
deshonesto immodest, indecent
desidia laziness, indolence
desidioso lazy, indolent
desierto deserted; *n.* desert
designar to select; to plan
designio plan, design, purpose
desigual unequal, uneven; extreme, excessive

desilusionar to disillusion, disappoint; to become disillusioned

desistir to desist, give up

deslinde determination of boundaries; defining

deslumbrar to dazzle

deslustrar to tarnish, discredit

desmán *m.* excess

desmayar to faint, swoon; to dishearten, droop

desmayo faint; depression; faltering

desmedido excessive

desmembración dismemberment; division

desmentir to belie, put the lie to

desmenuzado shredded

desmerecer to become unworthy, lose value

desnaturalizar to denaturalize, pervert

desnudar to undress

desnudo nude, naked

desocupar to clear, vacate, leave unoccupied

desolar to desolate, lay waste

desollar to skin

desorden *m.* disorder

desordenar to throw into disorder, put out of order

despabilar to finish off quickly

despacio slowly

despachar to dispatch, dismiss, send away

despacho dispatch; official communication

despartir to part, separate

despavorido terrified, frightened

despechar to drive to despair

despecho despair; spite; a — de despite, in spite of

despedazar to break *or* tear *or* fall into pieces

despedir to dismiss; to throw, hurl, send forth; —se de to take leave of

despego harshness; indifference

despejar to clear, free

despensa pantry, larder, place for storing foods; stewardship

despeñar to hurl over a cliff; to plunge down

desperdiciar to waste; to fail to take advantage of

desperdicio waste, squandering

despertar to awaken

despicar to satisfy

despistar to throw off the scent *or* track

desplegar to unfold, spread

desplomar to collapse, topple

despoblar to depopulate

despojar to despoil, divest

despojo spoils, booty

déspota *m.* despot

despreciar to scorn

desprecio scorn, contempt

desprender to separate; to loosen; to break away

desproporcionado disproportionate; unsuitable; unbecoming

desquiciar to collapse, turn upside down, upset, unhinge

destacable outstanding

destacar to stand out, be distinguished

destello sparkle, flash

destemplado intemperate

desterrar to exile, banish

destierro exile

destilar to distill; to filter; to drop

destinar to destine (for)

destreza skill, dexterity

destrozar to destroy; to break to pieces

destructor destructive

destruición (destrucción) destruction

destruir to destroy

desvalido destitute, helpless

desvanecer to vanish, disappear; to cause to vanish

desvelar to stay awake; to be vigilant; —**se por** to be anxious for
desvelo vigilance, concern
desventura misfortune
desvergonzar to be impudent *or* insolent
desvergüenza shame, shamelessness; effrontery
desviado spaced
detallar to detail, tell in detail
detalle detail
detener to stop, detain, delay
determinado determined, resolute; definite; particular
determinante determinant
detestar to detest; to curse
deuda relative; debt; fault
deudo relative; duty
deudor indebted; *n.* debtor; nonsense; madness
devaneo madness; nonsense; flirtation; love affair
devastador devastating
devastar to devastate
devolver to return
devorar to devour
devoto devout, devoted; *n.* devotee, worshiper; religious image
día *m.* day; **(al) otro —** (on) the following day
diáfano diaphanous
dialecto dialect; way of speaking
diario daily
dibujar to sketch, outline
dibujo sketch; design
dicción diction; word
dictado dictation; dictate; title of honor
dictamen *m.* dictum; judgment
dictar to dictate; to deliver
dicha happiness
dicho aforementioned, aforesaid; *n.* hearsay
dichoso happy, fortunate
didáctica didactics
didáctico didactic, moralizing

diente tooth
diestra right hand
diestro skillful, wise
dieta diet
diferenciar to differentiate
diferir to defer, postpone
difundir to diffuse, spread
difunto dead; *n.* corpse, deceased
difuso diffuse; broad
dignidad dignity; high office *or* position
digno worthy, deserving
digresión digression
dilatado vast, extended; numerous
dilatar to spread; to postpone
diligencia diligence, care; task, affair; business
diligente diligent; prompt
dimisión resignation
dimitir to resign; to release, to dismiss
dinastía dynasty
dinero money; **— efectivo** cash
diosa goddess
diplomático diplomatic; *n.* diplomat
diptongo dipthong
diputar to delegate; to designate
dirección direction; address
directriz *f.* guidance
dirigente ruling
dirigir to direct; to turn; —**se** to head toward, address
disciplina discipline; instruction; education in the arts and sciences; whip
discípulo student
disco disk
discorde discordant
discordia discord
discreción discretion; judgment; wisdom; liberty
discreto discreet, prudent; witty; wise
disculpa excuse, apology
disculpar to excuse, apologize

discurrir to think; to infer; to conjecture; to roam; to flow; to invent, contrive

discurso discourse, speech; course (of time)

discusión discussion; argument

discutir to discuss; to argue

disforme deformed; huge; monstrous

disfraz *m.* disguise; mask

disfrazar to disguise

disfrutar to enjoy; to benefit from

disfrute enjoyment; benefit; use

disgregación disintegration; separation

disgusto quarrel; sorrow, grief

disimular to hide, dissimulate, disguise

disipar to dissipate; to scatter; to drive away

disminuir to diminish, decrease

disolución dissoluteness, dissipation

disolver to dissolve

disparar to fire, shoot; to run away

disparate foolish remark *or* idea; blunder, mistake

dispendioso expensive

dispensar to dispense, distribute; to dispense with; to pardon; excuse

disponer to dispose, arrange; to direct; to decree

dispuesto disposed; mal — sick

disputar to dispute, argue, fight over; to question; to debate

disquisición disquisition, formal discussion

distar to be distant

distinguir to distinguish

distinto distinct, different

distraer to distract, amuse, entertain

disuadir to dissuade

disuasión dissuasion

diversidad diversity

diversión diversion, amusement, entertainment; distraction

diverso diverse, different

divertir to entertain, amuse, divert; —se to have a good time

divisa emblem, badge; motto; goal

divisar to descry *or* detect at a distance

divulgar to divulge; to publish abroad

dizque probably, supposedly; it is said

do where

doblado deceitful

doble double; thick

doblez duplicity

dócil docile

docilidad docility

docto enlightened, learned

doctorado doctorate (degree)

doctrina doctrine; Gospel

doctrinar to indoctrinate, teach

documentar to document; to prove

doler to grieve; to hurt; to be concerned

dolor pain, grief, sorrow

doloroso painful

domicilio domicile, dwelling

dominador dominator, ruler

dominar to dominate, domineer; to subdue

dominico Dominican (religious order)

dominio dominion, domain

don *m.* gift, talent; present

donaire witticism; cleverness

doncella maiden; virgin

doquier(a) wherever, everywhere

dorado golden, gilt

dormida lodging place

dormido asleep

dormir to sleep

dormitorio sleeping place

dotar to endow

dote *m. f.* dowry; *f.* talent, gift

dramatizar to dramatize

dramaturgo dramatist, playwright
drástico drastic
droga drug, medicine; trick
ducado ducat; dukedom
duda doubt
dudar to doubt
dudoso doubtful, dubious
duelo duel
dueña duenna, chaperon
dueño owner
dulce sweet; *n.* candy
dulzura sweetness
duradero lasting
durar to last, continue, remain
durazno peach
duro hard; difficult; indifferent; drunk; *n.* coin worth 5 pesetas

E

eco echo; rumbling; repetition of words
ecuador equator
echar to throw; to pour; to give forth; to stretch out; **— a perder** to spoil, ruin; **— de ver** to notice
edad age; **— Media** Middle Ages
edición edition; **— princeps** first edition
edificar to build, construct, erect
educar to educate; to rear, bring up
efecto effect, purpose; **en (con) —** in fact; *pl.* property, merchandise
efectuar to carry out
eficacia efficacy, effectiveness
efusión effusion, warmth
égida aegis, protection
égloga eclogue
egregio eminent, distinguished
eje axis; axle; shaft
ejecutar to execute, perform, do
ejemplar exemplary; *n.* copy (of a book, *etc.*)
ejemplo example
ejercer to exert, exercise; to practice

ejercicio exercise, drill; practice; employment
ejercitar to exercise; to practice, drill; to put into practice
elección election; choice, selection
elegía elegy
elegíaco elegiac, mournful
elegir to select, choose; elect
elevar to elevate, raise, rise
elogiar to eulogize, praise
elogio eulogy, praise
embajador ambassador
embarazar to embarrass; to hold up, obstruct
embarazo impediment; trouble, perplexity
embarcar to embark, ship
embargar to impede, restrain; to paralyze; to seize
embargo embargo; **sin —** however, nevertheless
embebecido entertained; amazed, astonished
embelesar to charm, fascinate; to be enraptured
embellecer to embellish, beautify
embestir to attack
emborrachar to get drunk
embotar to dull, weaken
embozar to cover the face, muffle
embravecer to enrage, infuriate; to swell
embriaguez intoxication, drunkenness
embuste lie, fraud, trick
emotivo emotional
empalmar to join, splice
empanada meat pastry
empañar to blur, dull
empapar to soak, saturate
emparejar to pair, match
emparentar to be related
empedrar to pave
empellón push; **a —es** violently
empeñar to pledge; to force, compel

empeño pledge; obligation; determination, earnest desire

emperador emperor

empero but, however

empezar to begin

empíreo empyrean; *n.* highest heavens, firmament

empirismo empiricism

emplasto poultice

emplear to employ, use

empleo employment, position, office

emplumar to wear feathers, to put feathers on

emponzoñar to poison; to corrupt

emporio emporium; center of culture

emprender to undertake; to accost

empreñar to make *or* become pregnant

empresa undertaking

empujar to push, impel; to replace

emular to emulate

émulo rival

enajenar to alienate; to dispose of; to ravish

enaltecer to exalt, extol

enamorar to fall in love; to make love to

encajar to fit (together); to put in

encaje lace

encalador whitewasher

encalar to whitewash, treat with lime

encallecer to give calluses to

encaminar to set out, be on the way to; to direct

encantamiento spell, enchantment

encantar to enchant, delight, charm

encanto spell, enchantment

encarar to face, confront

encarcelamiento incarceration, imprisonment

encarcelar to incarcerate, imprison, jail; to confine

encarecer to extol

encarecidamente eagerly, earnestly

encargar to request; to entrust

encarnado incarnated; in effect *or* force

encarnar to incarnate, embody

encauzar to channel, guide, direct

encender to light, burn

encendido inflamed

encerrar to confine, lock up, imprison; to seclude; to contain

encima above

encina species of oak

encinta pregnant

encoclar to brood, sit on eggs

encoger to shrink; to be bashful; to shrug

encogido shy, timid; withered

encomendar to entrust, commend, commit

encomienda reward; encomienda (land in America with Indian laborers)

encono rancor, ill will

enconoso rancorous, malevolent

encontrado opposing, opposite, contrary

encorvar to curve, bend

encrucijada crossroads, intersection

encruelecer to become cruel *or* furious

encubrir to cover up, hide

encuentro meeting; **salir al — de** to go to meet

endecasílabo hendecasyllabic, of eleven syllables; *n.* hendecasyllable

endecha dirge; verse form of quatrains of lines of seven syllables in assonance

endemoniado devilish

enderezar to straighten, stand up

endurecer to harden

enemigo hostile; *n.* enemy

enemistad enmity

enemistar to estrange, become enemies

enérgico energetic

enervar to enervate, weaken
enfadar to anger, annoy
enfado anger; annoyance, irritation
énfasis *m. f.* emphasis
enfermar to get sick
enfermero nurse
enfermizo sickly, unhealthy
enfermo sick, sickly; *n.* invalid, sick person
enfrenar to check; to restrain; to bridle
enfrentar to confront
enfriar to cool (off)
enfurecer to infuriate
engalanar to adorn, bedeck
engañar to deceive
engaño deceit; trickery; misunderstanding
engarce linking, intertwining
engastar to enchase, incase
engendrar to engender, create, bear; to generate, produce
engolfar to be deeply engaged *or* absorbed; to be lost in thought
engreído vain, conceited
enhorabuena well and good; all right; happily
enigma *m.* enigma; type of poem *or* riddle
enjalma packsaddle
enjuto dried
enlace linking, connection; relationship
enlazar to link, connect; to lasso
enmarañar to tangle; to darken
enmendar to emend, correct; to amend
enmudecer to silence, make silent
enojar to anger; to annoy
enojo anger; annoyance
enojoso troublesome, annoying
enorme enormous
enramada arbor, bower
enramar to entwine; to decorate with *or* spread branches
enredar to entangle, involve

enredo entanglement; trick
enrejado lacing, openwork
enriquecer to enrich; to get rich
enriscado craggy, full of cliffs
enrollar to roll up, coil
ensalada salad
ensalzar to exalt, extol
ensanchar to widen, enlarge, extend
ensañar to anger, enrage
ensayar to try (out), test, practice
ensayo essay; test; practice
ensenada cove, inlet
enseñanza teaching; education; — media high school
enseñar to teach, train; to show
ensillar to saddle
ensordecer to deafen
entallador carver; engraver
entender to understand; — en to be in charge of, deal with, attend to
entendido learned, knowledgeable
entendimiento understanding; intellect, mind; knowledge
enterar to inform; —se de to find out about
enternecer to touch, move to pity
entero whole, entire; honest
enterrar to bury; to hide
entierro burial
entorno surroundings
entorpecer to obstruct, slow up
entrada entrance
entrado advanced
entrambos both
entraña entrail; *pl.* entrails, bowels, innermost recess
entrañable deep-felt; intimate
entrar to enter; — a to begin
entrega surrender; devotion
entregar to deliver, hand over; to surrender
entrelazar to interlace, entwine
entremés *m.* short scene *or* play presented between acts
entrenzar to braid

entresuelo mezzanine
entretener to entertain, amuse; to while away (the time)
entretenimiento entertainment, amusement
entrevista interview
entrevistar to interview, have an interview
entristecer to sadden, become sad
entronizar to enthrone
enturbiar to stir up; to muddy; to confuse
entusiasta enthusiastic; *m. f.* enthusiast
enumerar to enumerate
envejecer to age, grow old
envenenar to poison
envidia envy; desire
envidioso envious; greedy
envilecer to vilify, debase
enviudar to become widowed
envolver to wrap; to surround; to involve
épica epic poem
épico epic
epidemia epidemic
epílogo epilogue
episodio episode, incident
epístola epistle
epitafio epitaph
época epoch, period
equidad equity, reasonableness
equilibrar to balance
equilibrio equilibrium, balance
equinoccial equinoctial; *f.* equinoctial line
equipaje equipment; baggage
equívoco equivocal; mistaken; *n.* mistake; pun
erario government treasury
erigir to erect, establish
erizado covered with bristles; beset with difficulties; standing on end
erguir to straighten up, stand erect; to raise
errado mistaken; unwise

errante wandering; nomadic
errar to wander; to err, be mistaken; to miss (a blow)
erróneo erroneous
erudito erudite, learned; *n.* scholar
erupción eruption; outburst
escabel *m.* bench; stepping stone
escala scale, ladder; a — vista openly
escalera stairs, stairway; ladder
escalón step, tread; grade
escampar to stop raining
escandalizar to scandalize
escandaloso scandalous
escapar to escape; to preserve
escarmentar to learn by experience; to punish
escarmiento punishment
escasear to be scarce
escasez scarcity; want, need
escaso scant, small, little
escatimar to examine closely; to reduce; to withhold
escena stage; scene
escenario stage, setting; background
esclarecido illustrious, noble
esclavitud slavery
esclavizar to enslave
esclavo enslaved, in bondage; *n.* slave
Escocia Scotland
escocés Scotch; *m.* Scot, Scotchman
escoger to choose, pick out
escolar scholastic, pertaining to school
escolasticismo scholasticism
escollo pitfall; reef
escombros *m. pl.* shambles, debris
esconder to hide, conceal
escopeta rifle, gun
escopetero musketeer; soldier armed with shotgun
escribano scribe; notary; clerk
escrito written; *n.* writing
escritura writing; Scripture
escrúpulo scruple

escrutar to scrutinize
escuadra carpenter's square
escuadrón squadron
escudero shield-bearer; page
escudilla bowl
escudo shield
escuela school; academy; experience
escuelero schoolteacher
Esculapio Aesculapius
escultor sculptor
esfera sphere, sky
esfinge f. sphinx
esforzado vigorous, courageous
esforzar to strengthen, to encourage; —se to strive
esfuerzo effort, strength
eslabón steel for striking fire from flint
eslabonar to link, join
esmaltar to enamel; to embellish, adorn
esmeralda emerald
esmerar to polish; to take great care
esmero polish; care
espaciar to spread, diffuse; to dilate
espacio space, distance; slowness
espacioso spacious, wide
espada sword
espadín rapier
espalda back; pl. shoulders; rear guard
espantable frightful, terrible
espantar to frighten; to marvel
espanto fright; consternation; spook, ghost
espantoso frightful; astounding
Española Hispaniola
esparcir to spread, scatter
especia spice
especie f. species, kind, sort; matter; news
especiería spicery; spice shop
espectador spectator
especular to speculate, meditate about; to behold
espejo mirror

espera wait, waiting
esperanza hope
esperar to hope; to expect; to wait
espeso thick, heavy
espía m. f. spy
espiar to spy (on)
espiga tassel (of corn)
espigado seeded; grassy; with ears (said of cereals)
espigar to glean
espina thorn
espira turn; spiral line
espíritu m. spirit; soul
esplendor splendor
espolear to spur (on)
esponja sponge
espontáneo spontaneous
esposa wife, spouse
esposo husband, spouse
espuela spur
espuma foam
espumante foaming, frothing
espumoso foamy, frothy
esqueleto skeleton; sketch
esquema m. scheme, plan
esquina corner
esquivo shy; aloof; elusive
estabilidad stability
estable stable
establecer to establish
establecimiento establishment; place of business
estaca stake; pole
estación season; station
estadística statistics
estado state; government; country; condition; rank; measure of length (about 2 yards)
estadounidense pertaining to the United States
estallido crash, explosion
estampa print, engraving
estampar to print; to stamp; to sink (one's foot)
estancia room; dwelling; ranch; stay
estanciero farmer, rancher; owner of an *estancia*

estanco government monopoly; government store
estanque reservoir; pond; basin
estante shelf; bookcase
estatua statue
estatuir to establish
estatura stature, build
estera mat, matting
estéril sterile, barren; futile
esterilizar to sterilize
estético aesthetic
estiércol *m.* dung, manure
estilístico stylistic
estilo style; custom
estimar to esteem; to believe, think
estimular to stimulate
estímulo stimulous
estío summer
estirpe *f.* race; family; lineage
esto this; **en —** at this point, thereupon
estocada stab; deathblow
estómago stomach
estorbar to hinder, prevent, to disturb; to annoy
estorbo hindrance, obstacle; annoyance
estrado dais, platform
estragar to currupt, deprave
estrago havoc, ruin, destruction
estrechar to narrow, tighten; to bring together
estrecho narrow; close; scant; *n.* strait
estrella star
estrellar to shatter, dash to pieces
estremecer to shake, shiver, quiver
estrenar to perform for the first time; to open
estreno première, first performance, debut
estreñir to constipate
estrépito noise, racket
estribar to be based on; to rest; to lean
estricto strict, severe
estridor stridence, noise

estrofa stanza, strophe
estropear to ruin, spoil
estructura structure
estruendo uproar; crash
estudio study; study room
estudioso studious, scholarly
estulticia foolishness
estupendo stupendous, wonderful
estúpido stupid
estupor stupor; amazement
etapa stage; step (in development)
éter ether, upper regions of space
etéreo ethereal
eterno eternal
ética ethics
ético ethical
etnógrafo ethnographer
etnología ethnography, ethnology
Eucaristía Eucharist
evangélico evangelical
evangelio Evangelist; Gospel
evitar to avoid
evocar to evoke
exacción exaction; levy
exactitud exactness, accuracy
exagerar to exaggerate
exaltación exaltation; elevation
exaltado exalted; extreme; hotheaded
exaltar to exalt
examen *m.* examination
excavación excavation, digging
excavar to excavate, dig; to mine
exceder to exceed
excelencia **por —** par excellence
exceptuar to except
exceso excess
excitación excitation, excitement
excitar to excite, stir up
excomulgar to excommunicate
excomunión excommunication
excusar to excuse, pardon; to exempt from; to avoid
execrable execrable, detestable
execración execration, cursing of
exento exempt; deprived; open; clear
exhausto exhausted, weary

exhortar to exhort, admonish
exigencia exigency, demand, requirement
exigir to demand, require
exilar to exile, banish
exiliar to exile, banish
eximio select, distinguished
éxito success
expender to expend, spend
experimentar to experiment; to experience
expiar to expiate
expirar to expire, die
exponer to expose; to expound; to show
expresión expression; statement, declaration
expreso express; for a specific purpose
exprimir to squeeze, press out
expulsar to expel
exquisito exquisite; delicate
éxtasis *m.* ecstasy
extender to extend; to spread
extensible extendible, stretchable
extenso extended, vast; **por —** in detail
externo external
extincto extinct, dead
extirpar to extirpate, eradicate
extracto extract; abstract
extraer to extract
extranjero foreign; *n.* foreigner
extrañar to find strange; to surprise
extrañeza strangeness
extraño foreign, strange; wondrous; *n.* stranger
extravagancia extravagance; nonsense; wildness
extravagante extravagant; wild; foolish; nonsensical
extraviar to lead astray, mislead; to get lost; to be wrong
extravío error; wrong; misconduct; aberration
extremo extreme; *n.* extremity, end; **en —** extremely

F

fábrica manufacture; building; factory
fabricar to manufacture; to invent, make up
fábula fable
fabulista *m. f.* fabulist, writer of fables
fabuloso fabulous; like a fable; fictitious
facción feature; face; surface
fácil easy, simple; easily seduced
facilitar to facilitate, make easy, expedite
factor agent; commissioner
facultad faculty; power
faisán *m.* pheasant
fajar to wrap; to swaddle
falaz deceitful, false
falda skirt; slope, incline
faldellín underskirt; short skirt
falsear to falsify, misrepresent
falsedad falsehood, falsity
falsificar to falsify; to forge
falta lack, need; **a — de** for want of
faltar to lack; to fail
falto lacking, wanting
fallar to miss; to be deficient
fallecer to die
fallecimiento death
fama fame; reputation; rumor
familiar familiar, pertaining to the family; *n.* family member
familiarizar to familiarize; to become familiar (with)
fanatismo fanaticism
fanega measure of about $1\frac{1}{2}$ bushels
fanfarrón bragging; *n.* braggart
fantasía fantasy; imagination
fantasma *m.* phantom, ghost
fantástico fantastic; conceited
faramalla claptrap; rubbish; fake
Faraón Pharoah
farmacéutico pharmacist, druggist
faro beacon; light; lantern

farsa farce
fasces *f. pl.* fasces
fase *f.* phase
fastidiar to bore; to annoy
fastidio boredom, annoyance
fastidioso boring, annoying, tedious
fasto pomp
fastuoso vain, pompous
fatalidad fatality; fate; misfortune
fatiga fatigue; hardship
fatigable fatiguing, tiring
fatigar to fatigue, tire; to harass
favor favor; *pl.* favors (of a woman)
favorecer to favor, help, abet
faz *f.* face; aspect
fe *f.* faith; **dar — de** to certify, testify
febeo Phoebean, belonging to Apollo
Febo Phoebus, Apollo, sun
fecundar to fecundate, fertilize
fecundidad fecundity, fertility, fruitfulness
fecundo fecund, fertile, fruitful
fecha date
fechar to date
felice happy
felicidad fecility, happiness
feligrés *m.* parishioner
femenil feminine
femenino feminine
fementido treacherous, false
fénix *m.* phoenix
fenómeno phenomenon
feraz fertile
féretro coffin
feroz ferocious, fierce
ferrada mace, iron-knobbed club
ferrar to trim *or* cover with iron
férreo ferrous, iron; strong
férvido fervid, burning
festín feast, banquet
festivo festive; humorous
feudo fief; tax, fee; feudal estate
fiado trusting, confident
fiar to entrust; to confide
fibra fiber

ficción fiction; deceit
fidelidad fidelity, loyalty
fidelísimo extremely faithful
fiebre *f.* fever
fiel faithful; honest
fiera wild animal, beast
fiereza fierceness, ferocity
fiero fierce, terrible
figura figure; character
figurar to figure; to appear
fijar to fix, fasten; to establish, settle
fijo fixed (upon)
fila file, rank, row
filantrópico philanthropic
filo edge
filosofar to philosophize
filósofo philosopher
fin *m.* end; purpose; **por (al) —** finally; **en —** in short; **a —cs de** at the end of
final final; *m.* end
financiar to finance
financiero financial
financista *m. f.* financier, capitalist
finar to die
fineza finesse, nicety; fineness; courtesy
fingimiento faking; pretense
fingir to fake; to pretend; to imagine; to invent
fino fine; pure
firmar to sign
firme firm; steady
firmeza firmness, steadiness; constancy
fisgón inquisitive
física physics
físico physical; *n.* physician
flaco thin; weak
flamenco flamingo
flaquear to weaken, give away
flaqueza thinness; weakness
flautista *m. f.* flutist
flecha arrow
flechar to wound *or* kill with an arrow; to infatuate
flechero archer, bowman

flojera   laziness, weakness
flojo   weak; lax; lazy; cowardly
florecer   to flower, bloom; to flourish
floreciente   flowering; flourishing
florecimiento   flowering
florentino   Florentine
florero   florist
floresta   woods, grove; rural scene
florido   flowering, flowery
flota   fleet
flotar   to float
flúido   fluid; fluent
foco   focus, center, core
fogoso   impetuous, spirited, fiery
follaje   foliage
folleto   pamphlet, tract
fomentador   fomenter, promoter
fomentar   to foment, promote, encourage
fomento   fomentation, promotion, encouragement
fondear   to cast anchor
fondo   bottom; background
forastero   outsider, stranger
forense   forensic, legal
forma   form; en — in proper form
formal   formal; serious; definite
formidable   formidable, ominous
formulario   formulary, pharmacist's book of formulas
forrar   to cover (a book, *etc.*)
fortaleza   fortress; vigor, strength
fortísimo   very strong
fortuna   fortune; good luck
forzado   ser — to be necessary
forzar   to force; to ravish
forzoso   compulsory, obligatory, necessary
fracasar   to fail
fracaso   failure; calamity, ruin
fragante   fragrant
fragata   frigate
frágil   fragile, weak; brittle
fragmento   fragment
fragor   crash, din
fragosidad   roughness; density

fragoso   rough, uneven
fraile   friar, priest
francés   French; *m.* Frenchman
francmasón   Freemason
franco   frank; free; open
franjado   fringed
franquear   to open, clear; to cross
frase   *f.* phrase; sentence
fraseología   phraseology; verbosity
frecuencia   frequency; con — frequently
freír   to fry
frenar   to check, restrain, brake
frenesí   *m.* frenzy
frenético   frantic; mad
freno   check, restraint; brake
frente   front; — a face to face with, in front of; de — forward, facing; hacer — a to face; *f.* forehead, brow, face, head
fresco   fresh, cool; al — outside, in the open air; *n.* cool drink
frescura   freshness; greenness
frialdad   coldness; nonsense
frivolidad   frivolity; nonsense
frívolo   frivolous
frondoso   leafy
frontero   opposite, facing
fructificar   to fructify, to make fruitful
frustrar   to frustrate, thwart
fruto   result; product; fruit
fucha   damn!; pew!
fuego   fire; sacar — to strike a fire
fuente   *f.* fountain; source
fuera   out, outside; aside from; in addition to; — de medida unreasonable
fuero   law; power; jurisdiction
fuerte   strong; *n.* fort
fuerza   strength, force; es — it is necessary; a (por) — by force, necessarily; a — de by dint of; hacer — to convince, have an effect on; *pl.* corps; armed forces
fuga   flight
fugacidad   fugacity, evanescence

fugaz fleeting, transitory
fugitivo brief; unsteady; *n*. fugitive, runaway
fulgente resplendent, brilliant
fúlgido bright
fulgor splendor, brilliance
fulminar to fulminate; to thunder; to hurl forth
fumosidad smokiness, smoke
fundamento foundation; basis
fundar to found, base (an opinion)
fundir to found; to fuse, mix, blend
fúnebre funeral, funereal; gloomy
funesto fated, ill-fated
furia fury; *pl.* Furies (of Hell)
furial furious
furibundo furious, enraged
furor fury, rage
fusilar to execute, shoot
fusta lighter, boat for unloading; vedette
fustigar to censure; to lash
fútil futile; trifling

G

gabela tax
gaceta gazette, newspaper
gacetero newspaper vendor; gazetteer
gajo prong
gala festive dress; pomp, splendor; *pl.* finery
galán *m.* handsome *or* gallant man *or* lover
galanteo courting, wooing; flirting
galardón reward, prize
gálico syphilitic
gallardía gallantry; elegance
gallardo gallant, brave; elegant; graceful
gallina hen; — **ciega** blindman's buff
gallináceo gallinaceous, pertaining to poultry
gallo rooster, cock

gana desire; **de buena** — willingly; **de mala** — unwillingly
ganado cattle, livestock
ganancia profit; advantage
ganar to earn, win; to take over
garantizar to guarantee
garbo bearing; grace
garganta throat
garrucha pulley
gastar to spend; to waste
gasto cost, expense
gata female cat; **a —s** on all fours
gauderio gaucho, cowboy
gavia topsail
gavilán *m.* sparrow hawk
gemido moan, groan
gemir to moan, groan
generación generation; offspring; descendants; lineage; gender
género kind, genus; genre; *pl.* goods, merchandise
generoso generous; rich; superb; highborn
genial genial, cheerful; inspired, brilliant
genio genius; temperament
gentil graceful, elegant, exquisite; *m. f.* heathen, pagan
gentileza beauty, elegance
gentílico heathen, pagan
gentilidad heathendom
germen *m.* germ; source
gesta deed, exploit
gestación gestation, birth
gesto gesture; look
gigante giant
gigote hash, stew; **hacer** — to chop into small pieces
Ginebra Geneva
ginebrino Genevan
girar to gyrate, rotate, turn
giro rotation; turn (of phrase)
gitano gypsy
globo globe, balloon; sphere; earth
gloria glory; **estar en sus —s** to be in one's glory
gloriar to glory in

glorificar to glorify, ennoble
glotón glutton
gobernación government, governing
gobernador governor
gobernar to govern
goce enjoyment
golfo gulf; sea
golilla ruff; collar
golosina appetite; tidbit, delicacy
goloso gluttonous
golpe blow; crowd, throng; a — within reach (of a blow)
golpear to hit, beat, strike
gongorista (gongorino) pertaining to Luis de Góngora y Argote
gordo fat; greasy
Gorgona Gorgon
gorra sponging, bumming; de — at the expense of others
gota drop
gozar to enjoy
gozo joy, rejoicing
gozoso joyful
grabar to engrave; to record
gracejo charm; wit
gracia grace, charm; joke, witticism; de — gratis, free
gracioso graceful, attractive; gracious; free, gratis; comic; strange
grado degree; grade; rank; level; de — willingly; mal de — unwillingly
graduar to graduate; to grade, classify
gramática grammar; Latin; art of reading and writing
grana cochineal (for dye); scarlet color
granada pomegranate
granado ripe, mature; choice, select
granate garnet
grande big, large; great; de — grown up
grandeza bigness; greatness; splendor; grandeur
grandiosidad grandeur

grandor size
granizar to hail; to pour down
granjear to earn, gain
grano grain
grato pleasing; grateful
grave grave, serious; difficult; heavy
gravedad gravity, seriousness
Grecia Greece
grecorromano Greco-Roman
grey f. flock, herd
griego Greek
grillo cricket; pl. fetters, shackles, irons
grima horror; disgust
gris grey
grita clamor; shouting
gritar to shout, cry out
grito shout, shouting, cry
grosero rough, crude
grúa crane, derrick
grueso thick; heavy; big
gruta grotto
gualdo yellow, golden
gualdrapa trappings; horse blanket
guarango acacia tree
guarda m. f. guard; en — on guard
guardar to guard, keep, preserve
guarismo cipher, figure, number
guarnecer to trim; to equip; to provide
guatemalteco pertaining to Guatemala; n. Guatemalan
gubernativo governmental
guerra war; dar — to harass
guerrero warrior
guía guide; guidebook; directory; m. guide
guiar to guide
guijarro pebble
guirnalda garland, wreath
guisado stew, ragout; dish
guisar to cook
gula gluttony
gusano worm; — de seda silkworm
gusto pleasure; taste
gustoso glad; tasty, appetizing; willing

H

ha ago

haber to have; —se to behave; — de to be to, must

haberes *m. pl.* property, posses-- sions; wealth

hábil skillful, capable

habilidad skill, ability

habilidoso skillful

habilitar to enable; to provide

habitador dweller, inhabitant

habitante *m. f.* inhabitant

habitar to occupy, live in

hábito habit; custom; dress; condi- tion

habla speech, communication

hacedor maker; God

hacendado rancher; property owner

hacer to do, make; to build; to withdraw; to provide; — de to act as; —se to become, pretend, ac- quire

hacienda hacienda; treasury; for- tune; possessions; *pl.* chores

hacha axe; torch

hacho wood for torches

hado fate, destiny

halagar to gratify; to flatter

halago gratification; flattery

halagüeño charming; bright; promising; attractive

hallar to find

hallazgo discovery, finding

hamaca hammock

hambriento hungry

harpa harp

hartar to satiate; to overwhelm

harto satiated; very much, many; enough

hasta to, until; even

hastiar to sicken; to bore; to surfeit

haya beech tree

haz *m.* bunch, bundle, fagot; *f.* face, surface; *pl.* **(haces)** fasces

hazaña feat, exploit, (heroic) deed

hazañero affected; prudish

hebdómada hebdomad, week, the number seven

hebilla buckle

hebreo Hebrew

hechicero magic, bewitching, en- chanting

hechizo charmer; charm, spell

hecho act, deed; fact; de — in fact, actually

hechura shape; build

helada frost, hoarfrost

helar to freeze

hembra female

henequén *m.* henequen (plant and fiber)

henchir to fill, stuff

heraldo herald, harbinger

heredad country property *or* estate

heredar to inherit

heredero heir, inheritor

herencia inheritance

herida wound

herir to wound

hermosear to beautify, embellish

hermoso beautiful; handsome

hermosura beauty

herrumbre *f.* rust; taste of iron

hervir to boil

hidalgo noble

hidalguía nobility

hidra hydra, symbol of evil

hidropesía dropsy

hidrópico afflicted with dropsy *or* swelling; very thirsty

hiedra ivy

hiel *f.* gall, bile

hielo ice; frost; cold

hierba grass; herb; *pl.* pasture

hierro iron; pointed weapon; *pl.* irons, chains, fetters

hilada row, course

hilado thread, yarn

hilar to spin

hilas *f. pl.* lint, cotton matter

hilo thread, string; edge

himeneo marriage

hincapié *m.* **hacer — en** to emphasize
hincar to sink, drive, thrust
hinchar to swell
hinchazón *f.* swelling
hipocondría hypochondria
hipócrita hypocritical; *m. f.* hypocrite
hipótesis *f.* hypothesis
hirviente boiling
hispano Hispanic
historia history; story; account
historiador historian
historial historical
historicismo pertaining to history
hogar home; hearth
hoguera bonfire
hoja leaf; sheet (of paper)
hojear to leaf through
holandés Dutch; *m.* Dutchman, Hollander
holgar to rest; to be glad, take pleasure
holgazán lazy
holgazanería laziness
hollar to tread, trample
hombro shoulder
homenaje homage, testimonial
homicida homicidal; cruel
honda sling, slingshot
hondo deep, low
hondura depth, profundity
honestidad honesty; decency; modesty; decorum; chastity
honesto honest; decent; proper; pure
honra honor; dignity
honrado honest; honorable
honrar to honor
honroso honorable
horadar to drill, pierce
horca gallows
horda horde
horizonte horizon
horqueta fork (made of two branches); pitchfork
horroroso horrible, hideous

horrura filth; dross
hortelano gardener
hospedar to lodge; to harbor
hospicio poorhouse
hostilidad hostility; *pl.* warfare
hoy *m.* today; **— día** nowadays
hoyo hole; grave
hoz *f.* sickle
huella mark, trace
huérfano orphan
huerta garden
hueso bone
huésped *m. f.* guest
hueste *f.* host; army; followers
huir to flee
humedad humidity
húmedo humid, moist, wet
humilde humble
humillar to humiliate, humble; to bow
humo smoke
humor humor; disposition; temper; moisture, vapor
humoso smoky
hundir to sink
huracán *m.* hurricane
hurtar to steal, rob; to withdraw
hurto robbery, theft
húsar hussar

I

ibero Iberian
ida departure
idea idea; mind
idear to plan, devise, think up
identidad identity
idioma *m.* language
idiota idiotic; *m. f.* idiot
idólatra *m. f.* idolater
idolatría idolatry
ídolo idol
ignominia ignominy, infamy; disgrace
ignominioso ignominious
ignorar to be ignorant of, not to know
ignoto unknown

igual equal, uniform; similar; even; **al — que** as; *m.* equality

igualar to equal, make equal, match

igualdad equality; sameness

ilustración enlightenment, learning

ilustrar to enlighten; to make famous; to shed glory on; to illustrate

ilustre illustrious

imagen *f.* image; picture; statue

imaginativa imagination; understanding

imán *m.* magnet

imborrable ineffaceable, indelible

impedimento impediment, hindrance

impedir to impede, hinder, prevent

imperar to rule, reign

impericia unskillfulness, inexpertness

imperio empire; dominion; sway

impertérrito dauntless, intrepid

impertinencia impertinence; nonsense, folly

impertinente impertinent; not pertinent

impetrar to obtain; to beg

ímpetu *m.* impetus; violence

impetuoso impetuous; violent

impiedad impiety; pitilessness

impío impious; pitiless

implorar to implore, beg

imponente imposing

imponer to impose

importar to be important *or* worth

importunar to importune, press on, urge

importuno inopportune; urgent

impostor cheating, false; *n.* impostor

imprecisión imprecision, inaccuracy

imprenta printing; press; publication

imprescindible indispensable, essential

imprescriptible imprescriptible, inalienable

impresión impression; printing

impresionar to impress; to affect, influence

impreso printed, published

imprimir to print; to stamp

impropiedad impropriety, unfitness

improviso unexpected(ly), sudden(ly)

impuesto tax

impugnar to impugn; to oppose

impulso impulse

impunemente with impunity; without punishment

inagotable inexhaustible

inasequible inaccessible, unattainable

inaudito unheard of; astounding, extraordinary

incapacidad inability

incapaz unable, incapable

incauto unwary, heedless

incendiar to set on fire

incendio fire, conflagration

incertidumbre uncertainty

incienso incense

incierto uncertain; unknown; soft

incitar to incite, urge

inclemencia inclemency

inclinar to incline; to bow; to yield

ínclito illustrious, distinguished

incluir to include

incluso including

incomodar to inconvenience; to annoy

incomodidad discomfort, annoyance

incomprensión lack of comprehension *or* understanding

inconducta bad conduct

incongruo incongruous

inconmovible firm, lasting, unyielding

inconsecuente inconsequential; inconsistent

inconstancia inconstancy, fickleness
incontestable unanswerable; unquestionable
incontrastable invincible; inconvincible
incrédulo incredulous, unbelieving
incremento increment, increase
incruento bloodless
inculto uncivilized
incurrir to incur
indagar to investigate
indebido undue; unlawful; improper
independizar to free, make independent
indiano Spanish American; West Indian; person who returns rich from America to Europe
Indias *f. pl.* Indies
índice index finger
indicio sign, token
indígena indigenous; *m. f.* native
indigencia indigence, destitution
indignar to make indignant, anger, irritate
indigno unworthy; low
indio Indian
indispuesto indisposed; sick
indocto ignorant, untaught
índole *f.* kind, class
indolente indolent, lax
indomable indomitable
indómito indomitable, untamable
indubitable undoubted, certain
inducir to induce
industria industry; work
inédito unpublished
inercia inertia
inerte inert, inactive; slow
inexhausto unexhausted
inexpugnable impregnable
infalibilidad infallibility
infame infamous
infamia infamy
infando frightful; unmentionable
infatigable indefatigible, untiring
infausto unlucky; accursed; fatal

infecto infected; foul; corrupt
infelicidad unhappiness; misfortune
infeliz unhappy
inferir to infer, imply
inficionar to infect; to corrupt
infiel unfaithful; inaccurate; *m. f.* infidel
infierno hell
ínfimo lowest; most humble; meanest
inflamar to inflame, set on fire
influir to influence
influjo influence
informe information; report
infortunio misfortune, mishap
infrahumano beneath *or* lower than the human
infructuoso unfruitful, fruitless
infundir to instill, infuse
ingeniar to contrive; to manage to
ingeniero engineer
ingenio talent, skill; talented person; mind; machine, apparatus; engine of war
ingenioso ingenious, clever
ingénito innate
ingente enormous
ingenuidad ingenuousness, frankness; noble; freeborn
ingenuo ingenuous, naive, candid
ingestión ingestion, introduction into the stomach
ingrato ungrateful, unappreciated; cruel
ingresar to enter; to become a member
ingreso entrance; admission; *pl.* income
inhabilidad inability
iniciar to initiate, start, begin
inicuo iniquitous
injuria offense, insult; wrong
inmaterial incorporeal
inmediación immediacy; nearness
inmediato immediate; close to; comparable to

inmerso immersed
inmoral immoral; dishonest
inmóvil immovable
inmundicia filth; impurity
innato innate, inborn
innovación innovation; new matter
inocuo innocuous
inopinado unexpected
inoportuno inopportune, untimely
inquietar to disturb, harass, worry
inquieto worried; restless
inquietud inquietude, uneasiness, concern, anxiety
inquirir to inquire
inquisición inquisition; Inquisition
insaciable insatiable
insano insane, mad
inscribir to inscribe, record
insensatez folly
insensato insensate, foolish; blind
insensible insensible; insensitive; hardheaded
insigne famous, renown
insinación insinuation; suggestion
insinuar to insinuate, hint; to suggest
insondable unfathomable
instalar to install; to establish
instancia entreaty, request
instante urgent, pressing; *n.* instant, moment; **por —s** at any time
instar to urge, insist
instrucción instruction; knowledge
instruir to instruct, educate
insular islander
insulto insult; attack
integrante integral
integrar to form, make up
íntegro integral, whole, complete
intelectiva understanding
intelectivo rational
inteligencia inteligence; understanding
intempestivo unseasonable, untimely

intentar to intend; to attempt; to try out
intento intent, purpose
intercalar to intercalate, interpolate
interesable avaricious, mercenary
ínterin while, meanwhile; *m.* interim
internar to intern; to send inland
interno internal, interior
interpolar to interpolate; to mix
interpretar to interpret
intérprete *m. f.* interpreter
interrogación interrogation, question; question mark
interrumpir to interrupt
intervención intervention; mediation
intervenir to intervene; to enter
intestino internal; *n.* intestine
intimar to intimate, hint; to suggest
intimidar to intimidate, frighten
íntimo intimate; innermost, inner
intitular to entitle
intricado intricate, complex
intriga intrigue; entanglement
intrigar to intrigue, arouse interest *or* curiosity in
intrínseco intrinsic
introducir to introduce, present; to insert
inundación flood
inundar to inundate, flood
inútil useless
inutilidad uselessness
invasor invader
invención invention; device; fantasy
inverso inverse; reverse
invertir to invest
investigación investigation; research
investir to invest, confer upon
invocar to invoke
ira ire, wrath
iracundo angry, wrathful

iris *m.* iris; rainbow
ironía irony
irradiación irradiation; influence
irrestricto unrestricted, unlimited
irreverente irreverent
irritar to irritate, annoy
isla island
isleño islander
istmo isthmus
ítem in addition; *m.* item
izquierdo left

J

jabalí *m.* wild boar
jabón soap
jactancioso boastful
jactar to boast, brag
jactura detriment, damage
jarra jug; pitcher
jarro pitcher
jayán *m.* burly or brutish fellow
jazmín jasmine
jefe chief, leader, head, boss
jeme measurement of distance between thumb and forefinger
jerarquía hierarchy
jerigonza slang, jargon; gibberish
jeringa syringe; enema
jerónimo Hieronymite
jesuita Jesuitic; crafty; *m.* Jesuit
jícara cup
jineta short lance
jinete horseman, rider
jornada journey; expedition; day; act (of play)
joya jewel, gem
judicatura judicature; judgeship
judío Jewish; *n.* Jew
juego game, playing; gambling; — de palabras play on words
juez *m.* judge
jugar to play (a game)
jugo juice
juguete toy, plaything
juicio judgment; opinion
jumento ass, donkey

junta junta, council, governing board
juntar to join, unite, gather together
junto near; together, united; all at once
juntura joint, juncture, coupling
juramento oath
jurar to swear, take an oath
jurídico juridical, legal
justa joust
justicia justice; hacer — a to do justice to
justiciero just, fair; righteous
justificar to justify; to free from sin
justo just, right; correct
juventud youth
juzgar to judge

L

laberinto labyrinth, maze
labio lip; mouth
labor *f.* labor, work; needlework, embroidery
laborioso laborious; industrious
labrador farmer; peasant
labrandera seamstress, embroiderer
labranza farming, cultivation; work
labrar to plow; to work; to build; to fashion; to embroider
lacayo lackey, groom
lacónico laconic, brief, terse
lado side; al — de beside
ladrillado paved with bricks
ladrillo brick
ladrón thieving; *n.* thief
lago lake
lágrima tear
lagrimear to weep
laguna lake
lamentar to lament, mourn
lamer to lick, lap
lámina sheet, plate; picture
lámpara lamp, light

lana wool
languidez languor
lanza lance, spear; — **jineta** ancient type of short lance
lanzar to cast, hurl; to launch
lapidario lapidary, stone cutter and polisher
larga a la — in the long run; in the end
largo long; generous; lavish; **a lo** — **de** in the course of, along, throughout; **de** — in length; pasar **de** — to pass by, on; *n.* length
lascivo lascivious
laso tired, weary
lástima pity, compassion; tale of woe
lastimar to hurt, injure; to bruise
lastimero pitiful, doleful
lastre ballast; food
laudatorio laudatory, full of praise
laurel *m.* laurel; laurels (of fame or victory)
lavada washing
lavar to wash
lavatorio lavatory; basin for washing feet
lazarillo blindman's guide
lazo lasso, rope; knot, bond
lealtad loyalty, devotion
lebrel *m.* greyhound
lección lesson; example
lector reader
lectura reading
lechada grout
lecho bed
ledo cheerful, glad
legado legacy
legar to bequeath
legendario legendary
legislar to legislate
legitimidad legitimacy; justice
legítimo legitimate; legal; fair
legua league (measurement of distance varying for different times and countries from 2.4 to 4.6 miles)

legumbre *f.* vegetable
lejano distant
lejas distant; **de** — **tierras** from distant lands
lejos distant, far; **a lo** — at a distance; **de** — from a distance
lengua tongue; language; interpreter
lente *m. f.* lens; magnifying glass; — **de aumento** magnifying glass
lentitud slowness
lento slow
leña firewood
leño log; wood
león lion
leonés from or pertaining to Leon; *m.* Leonese
letrado lettered, learned; *n.* counselor; scholar
letra letter; **a la** — to the letter, word for word, literally; *pl.* letters, literature; **bellas** — belles lettres
letrilla rondelet; poem of very short verses
levantamiento uprising; rise; insurrection
levantar to raise; —**se** to get up
levante east
levar to weigh anchor
leve light, slight
léxico lexicon, dictionary, vocabulary
ley *f.* law
leyenda legend
liar to tie, bind
libación libation, drink
liberto freedman
libra pound (measure); Libra
librar to free, save
libre free
librea livery, uniform; outward appearance
librejo poor *or* worthless book
librería bookstore; library
licencia license; permission; licentiousness

licenciado university student; holder of a master's degree; lawyer

licencioso licentious, dissolute

lícito licit, right

licor liquor

lid *f.* fight, battle

lidiar to fight, battle; to resist

liebre *f.* hare

lienzo linen; canvas

liga league, band

ligar to tie, bind

ligera a la — quickly

ligereza speed; lightness

ligero light; agile; fast

limeño from or pertaining to Lima; *n.* Limean, inhabitant of Lima

límite limit

limón lemon; lime

limosna alms

limpio clean; pure

linaje lineage; class; kind

lináloe aloe (plant producing a drug)

lince keen, shrewd, discerning; *n.* lynx, very keen person

linde *f.* boundary

lindero limit, edge; boundary

lindo pretty; nice; wonderful

línea line

lío bundle, package

liquidámbar liquidambar (tree, liquid); gum

lira lyre; lyric poem; verse form of five-line stanzas of seven and eleven syllables in consonantal rhyme

lírica lyric poetry

lírico lyric; *n.* lyric poet

lisonja flattery

lisonjear to flatter; to please

lisonjero flattering; *n.* flatterer

litera litter; berth

literato literary; literary person, writer

liviandad lightness; levity; lewdness

liviano light; fickle; lewd

loa a short play presented separately or as a prelude to a full-length play

loable laudable, praiseworthy

loar to praise

lóbrego dark, gloomy

lobo wolf

locuacidad loquacity, talkativeness

locución locution, expression

locura madness, insanity

lógica logic

lógico logical

lograr to obtain, attain; to manage to, succeed in

longura length

lonja slice

losa slab, grave

lozanía vigor; pride

lozano luxuriant, verdant; proud

lucero bright star; Venus; — del alba morning star

lucido splendid; enlightened

lucir to shine; to illuminate; to display

lucha fight; struggle

luchar to fight; to struggle

ludibrio mockery, scorn

luego then; later; — que as soon as

luengo long

lugar place; a place for oneself; dignity; village; en — de in place of; tener — to take place

lujo luxury; elegance

lujuria luxury; lust, lechery

lumbre *f.* light; sparks

luminoso luminous, bright

lunarejo animal with spotted hide

lusitano Lusitanian, Portuguese

lustre luster, gloss; fame

lustro lustrum, period of five years

luto mourning, crape

luz *f.* light, splendor; ver la — to see the light (of day); dar a — to give birth to; *pl.* (**luces**) enlightenment

LL

llaga score; cause of pain
llama flame
llamarada flare
llaneza simplicity
llano simple; clear, evident; smooth; *n.* plain
llanto weeping, sobbing
llanura plain
llave *f.* key
llegar to arrive; — **a** to arrive at (in), to come to
llenar to fill
lleno filled, full; **de** — fully, completely
llevar to carry; to take (away); to wear; to charge; —**se bien** to get along with
llorar to weep
llovediza rain (water)
lluvia rain
lluvioso rainy

M

macana macana (Indian wood sabre edged with flint)
macizo massive, solid
macha female
machacar to mash, crush
macho male
madera wood
madero log
madrastra stepmother; callous mother
madrugar to get up early
madurez maturity; ripeness
maduro mature; ripe
maestro master; teacher; — **de la mar** master seaman
magisterio mastery; leadership
magistrado magistrate
magnanimidad magnanimity
magnate magnate, prominent person
magno great, grand
mago magician, wizard

maíz *m.* maize, corn
majadería folly, foolishness
majadero dolt, simpleton
majestuoso majestic
mal bad(ly); *m.* evil; harm; sickness; — **de ojo** evil eye
maldad evil, wickedness
maldición malediction, curse
maldito wicked; damned, accursed
maledicencia slander, calumny
maléfico maleficent, malevolent
maletón large satchel; bundle
malévolo malevolent
malgastar to waste, squander
malhadado ill-starred, unfortunate
malherir to wound badly
malicia malice; evil
maligno malignant; evil
malo bad, evil; sick
malograr to fail; to come to an untimely end; to spoil
malogro failure; untimely death; miscarriage
malsonante offensive
maltratar to mistreat; abuse; to damage, harm
malvado evil, wicked
mamar to suck; — **en la leche** to take in *or* absorb as a child
mampostería rubblework
mancebo youth, young man
mancilla spot, blemish
manco handless; one-handed; armless; maimed
mancha stain, spot; blemish
manchego from La Mancha
manda legacy, bequest
mandado order, command
mandamiento order, command
mandar to order, command; to send
mandatario mandatory; *n.* chief executive
mandato mandate
mando command, power
manejar to manage
manejo management, handling

manera manner, way; kind; **de (por) — de (que)** so, so that
manglar mangrove swamp
manía mania
manifestar to manifest; to prove
manifiesto manifest, overt, obvious; *n.* manifest, manifesto
maniobra maneuver; handling; operation
manjar food, dish
mano *f.* hand; handle; **— de obra** labor
mansedumbre gentleness
mansión dwelling; stay; **hacer —** to stop over
manso gentle, mild; tame
manta blanket; shawl; cloth
manteca lard; butter; pomade
mantel *m.* tablecloth; cloth
mantener to maintain, sustain, keep
mantenimiento maintenance; sustenance
manto mantle, cloak
manual manual, hand; *m.* manual, handbook
manufactura manufacture; manufactured articles
manuscrito in manuscript form; *n.* manuscript
manzana apple; city block, square; doorknob
maña skill, dexterity
mapa *m.* map
máquina machine, engine; trick; fantasy
maquinal mechanical
maquinar to machinate, scheme
mar *m. f.* sea
maravedí *m.* maravedi (smallest coin used in the Spanish colonies)
maravilla marvel, wonder; **a —** wonderful(ly), extremely
maravillar to astonish, amaze
marcar to mark
marcial martial
marco frame; model

marcha march; course
marchar to march; to go, leave
marchito withered
marear to navigate, sail; to get seasick
marejada current; swelling
marfil *m.* ivory
margarita pearl; daisy
margen *m. f.* margin, border; edge; note; occasion
mariano Marian (pertaining to the Virgin Mary)
marido husband
marina navy; marine; shore, sea coast
marinero marine, sea; *n.* sailor, seaman
marino sea
marisco shellfish; *pl.* seafood
mármol *m.* marble
maroma hemp rope
Marte Mars
martillar to hammer
mártir *m. f.* martyr
martirizar to torment
mas but
más more, most; **a — de** besides, in addition to; **cuando —** at the most; **por — que** no matter how much
masa mass
masonería masonry; stone relief work
matachín grotesquely costumed dancer of a clownish dance
matador killer
matalón skinny; full of sores; *n.* skinny old nag
matalote skinny; full of sores; *n.* skinny old nag
matambre flesh of cattle between ribs and hide
matante killing
matar to kill; to harass
matasanos *m.* quack doctor
mate maté (tea, leaves, plant); maté gourd

materia matter, material; subject; **en — de** in the matter of, as regards; **entrar en —** to go into the matter

materno maternal

matiz *m.* hue, shade

matizar to shade, blend; to match

matrícula matriculation, registration

matricular to matriculate, register, enroll

matrimonio matrimony, marriage; married couple

máximo maximum

máxima maxim; principle

mayor greater, greatest; older, oldest; main, chief; **por —** summarily

mayoral *m.* chief, boss

mayordomo steward

mayoría majority

maza mace

mazapán *m.* marzipan, marchpane, almond candy

mecanismo mechanism

mecenas *m.* Maecenas; patron of the arts

mecer to rock; to stir; to swing

media stocking, hose

mediado half-full; middle; **a —s de** about the middle of

mediano medium, average; fair; mediocre

medianoche *f.* midnight

mediante by means of, through

mediar to mediate; to intervene

medida measurement; **a — de (que)** in proportion to (as)

medio half; *n.* middle part; means; environment; **de — a —** completely; **en — de** in the middle of; **por — de** by means of, through

mediodía *m.* midday, noon; south

medir to measure; to compare; to judge

meditar to meditate, contemplate

medrar to thrive, prosper, grow

medroso timid; terrible

mejora improvement

mejoramiento improvement

mejorar to improve

mejoría improvement

mejunje brew, fake medicine

melindroso prudish

mella dent; harm; **hacer —** to injure, harm

membrillo quince

membrudo burly, husky

memoria memory, remembrance, recollection; record; bill; **de —** by heart

memorial *m.* memorial; petition

mendigar to beg

mendigo beggar

menear to manage, direct; to wiggle

meneo wiggling

menester want, lack, need; chore; **ser —** to be necessary

menestra vegetable soup

mengua discredit; decline

menguado timid, cowardly; foolish; fatal

menguar to lessen, diminish

menor less, least; young, youngest; minor

menos less, least; **a lo (al) —** at least

menospreciar to scorn, despise

mensaje message

mensajero messenger

mente *f.* mind

mentecato foolish

mentido false

mentir to lie

mentira lie; **parece —** it seems impossible

mentiroso lying

menudencia small matter, trifle

menudo small, slight, minute; vulgar; petty; worthless; *n.* change (coins); **a —** often

mercader merchant; **— trajinante** traveling salesman

mercadería commodity; *pl.* goods

merced *f.* mercy; favor
mercenario mercenary
mercurio mercury
Mercurio Mercury
merecer to merit, deserve; to obtain
meridional southern
merienda lunch, light meal
mérito merit, value
meritorio meritorious
mermar to decrease, reduce
mero mere
meseta plateau
mesón inn
mesquita (**mezquita**) mosque, temple
mestizo mestizo (offspring of white and Indian)
mesura politeness; reverence
mesurado grave, dignified, restrained
metáfora metaphor, image
metafórico metaphorical
metal *m.* metal; tone; quality
metálico metallic, made of metal
meter to put, place, insert; —**se a** to take upon oneself
métrico metric, metrical
metro meter; guide
metrópoli *f.* metropolis; mother country
metropolitano metropolitan; a person from the *metrópoli*
mezcla mixture; mortar
mezclar to mix
mezcolanza mixture, hodgepodge, jumble
mezquino mean, stingy; wretched
miedo fear
miel *f.* honey; molasses
miembro member; limb
mies *f.* grain, cereal; *pl.* grain fields
migas *f. pl.* fried bread crumbs
milagro miracle
milagroso miraculous
militar to fight; to go to war
milord *m.* milord, English nobleman

millar thousand; *pl.* a great number
mimar to spoil, pamper
mímica pantomime
mina mine; storehouse
mínimo minimum; tiny
ministerio ministry
ministrar to administer; to supply
ministro minister
minucioso meticulous; detailed
mira object, aim, purpose
mirada look, glance; **echar una —** a to take a look (glance) at
mirador mirador; closed porch; watch tower
mirar to look at; to notice; to esteem, have regard for; — **a** to aim to; — **en** to consider, think over carefully
mirto myrtle
misa Mass
miserando pitiful
miseria misery, wretchedness; poverty
misericordia mercy, compassion
mísero miserable, wretched
misionero missionary
mismo same; self; own, very; **lo —** the same thing
misterio mystery
místico mystic
mitad half; middle; **a — de** in the middle of
mito myth
mitología mythology
mitológico mythological
mixto mixed
mixturera flower *or* fruit vendor
mocedad youth
mocho butt end of gun
moda mode, fashion
modelo model, pattern
moderado moderate; conservative; modest
moderar to moderate
modernismo Modernism (literary movement in Spanish America from about 1888 to 1910 or 1916)

modestia modesty
modificar to modify
modismo idiom
modo way, manner; **de este —** in this way; **de otro —** otherwise
mofar to scoff, jeer
mohina displeasure, annoyance; quarrel; grimace
Moisés *m.* Moses
mojar to wet, drench, soak
molde mold; print; **de —** in print
mole *f.* mass, bulk
moler to grind
molestar to bother, annoy
molestia bother, annoyance
molesto bothersome, annoying
momentáneo momentary
monarquía monarchy
mondongo intestines; tripe
moneda money; coin
monja nun
monocracia monocracy, government by one autocrat
monotonía monotony
monótono monotonous
monstrudo monstrous
monstruo monster
monstruoso monstrous
montaña mountain; forested region
montañés mountainous; highland; *m.* mountaineer, highlander
montar to amount; to mount, ride
monte mountain; wild country; woods, forested region; bank; pawnshop
montés wild
montón pile; abundance
morada adobe, dwelling
morador dweller, resident
moral moral; *f.* morals, morality, ethics
morar to live, dwell
morcilla blood pudding
mordaz burning
mordaza gag; muzzle
morder to bite
moreno dark; brown; brunette

moribundo moribund, dying
morigerado moderate, temperate; of good habits
morir to die; to kill
morrión helmet
morro bulwark; bluff
mortaja shroud
mortificación mortification, self-inflicted hardship; humiliation
mortificar to mortify; to subdue
mosca fly
moscón large fly
mosquete musket
mosquetero musketeer
mostrar to show, demonstrate; to establish
mote nickname
motivar to motivate, cause
motivo motive, cause; motif
movible movable; changeable
móvil moving, changing; *m.* cause, motive
movimiento movement
mozo young; *n.* fellow, lad; man-servant
moza girl; maid
muchedumbre crowd, multitude, mob
mudamiento change
mudanza change
mudar to change; to move
mudo mute, silent; dumb
mueble furniture
muelle soft; easy
muerte *f.* death; **de —** hopelessly
muerto dead; killed
muestra sign; display; bearing; sample; **pasar —** to review
mula mule
mulato mulatto
multa fine (money)
multar to fine
mullido soft; fluffy
mundano mundane, worldly
mundo world; **todo el —** everybody
munición munition, ammunition
muñeca wrist; doll

muralla wall; rampart
murmurar to murmur; to whisper; to gossip
muro wall; rampart
musa muse
música music
músico musician
muslo thigh
mustio sad; withered
mutación mutation; change
mutuo mutual

N

nacarado (of) mother-of-pearl
nacer to be born
naciente rising, growing; recent
nacimiento birth
nadar to swim
nado a — swimming
naranja orange (fruit)
naranjo orange tree
narciso Narcissus
nariz *f.* nose; nostril
narrador narrator
narrar to narrate
nata cream; elite; best part
natal natal, native
natural natural; native; *m. f.* native; character; temperament
naturaleza nature; country
naufragar to be shipwrecked
naufragio shipwreck
náufrago shipwrecked person
navaja knife; razor
nave *f.* ship, vessel
navegante navigator
navegar to navigate, sail
navidad Nativity; Christmas
navío ship, vessel
neblí *m.* stone falcon
nebuloso nebulous, cloudy, misty
necedad foolishness; stupidity
necesidad necessity
necio foolish; stupid; *n.* fool
nectáreo nectareous, full of nectar
nefando infamous; abominable

nefario nefarious; heinous
nefasto ominous; tragic
negación negation, refusal; disinclination
negar to deny
negligente negligent, careless
negociar to negotiate, do business
negocio business
negro black; Negro
neoclasicismo neoclassicism
neoclásico neoclassic
neologismo neologism, new word *or* expression
nervoso sinewy
neto pure, neat
nevado snowy, snow covered
nido nest
niebla fog, mist
nieto grandchild
nieve *f.* snow
ninfa nymph
niñera nursemaid
niñez childhood, infancy
nivel *m.* level
nobleza nobility
nocimiento harmful matter
noción notion; rudiment
nocivo noxious, harmful
nocturno nocturnal, night
nodriza wet nurse
nómada *m. f.* nomad
nombramiento appointment
nombrar to name, appoint
nombre name; noun
nopal *m.* prickly pear, cactus
noria draw well
norma norm, standard, rule
norte north; north wind
nota note; fame
notación note, annotation
notar to note, notice
noticia news, information; knowledge
notorio notorious
novedad news; newness; novelty
novela novel
novelesco novelistic

novena novena, nine days' devotion

novicio novice

novillo young bull; steer

nube *f.* cloud; shade

nublado cloudy, clouded

nudo knot

nueva news

nuevamente again

nuevo new; another; different; de — again

nuez nut; walnut

nulo null, void; worthless

numen *m.* inspiration

nuncio messenger, harbinger

nutrir to nourish, feed

Ñ

ñudo knot

ñudoso knotty, knotted; gnarled

O

obedecer to obey; to yield

obediencia obedience

obispado bishopric

obispo bishop

objeción objection

objeto object; subject matter

oblea wafer, thin cake

obligado obliged; proper, due; *n.* supplier of provisions to a city

obligar to obligate; to compel; to bind

obra work; deed

obrar to work, make, build; to act; to perform

obrero workman

obscurecer to darken, dim, cloud

obscuridad obscurity; darkness

obscuro obscure; dark; gloomy

obsequiar to give a gift; to flatter

observativo observing

observatorio observing; *n.* observatory

obstante standing in the way; no — however, nevertheless, in spite of

obstinado obstinate

obtener to obtain

ocasión occasion; opportunity, chance

ocasionar to occasion, cause

ocaso west; sunset

occidental occidental, western

occidente occident, west

ocio idleness; leisure

ociosidad idleness

ocioso idle; useless

octava octave; — real verse form of stanzas of eight hendecasyllabic lines with consonantal ryhme

ocultar to hide

ocupar to occupy; to employ, give work to

ochava eighth part (of a *vara*, etc.)

oda ode

ofender to offend; to wound, hurt

ofensión injury

oficio occupation, trade; function, role

ojeada glance, hasty look

ojo eye

ola wave

oler to smell; to discover

olivo olive tree

olmo elm tree

olor odor, scent; aguas de — perfume

oloroso fragrant

olvido oblivion; forgetfulness

omisión omission; neglect; carelessness

onda wave

ondulación undulation; wave

onza ounce

opaco opaque; gloomy; sad

opimo rich, abundant; fruitful

opinar to opine, judge

opinión opinion; judgment; prejudice

oponer to oppose, resist; to put up

oprimir to oppress
opuesto opposite, contrary
opulencia opulence, wealth
ora now
oración oration, speech; prayer
oráculo oracle
orador orator; preacher
oratoria oratory
oratorio oratory; chapel
orbe orb, sphere; the earth
orden *m.* order, arrangement; religious order; **en — a** with regard to; *f.* command; religious order
ordenanza ordinance, law
ordenar to order, arrange; to command; to ordain
ordinario ordinary, command; daily; **de —** ordinarily
oreja ear
orfandad orphanage; orphanhood
orgía orgy
orgullo pride
orgulloso proud, haughty
orientador one who orients *or* directs others
oriente orient, east
orificio orifice, hole
origen *m.* origin
originario originating; native; original
orilla edge; bank, shore
orín rust
oriundo native
ornar to adorn, garnish
ornato adornment
ortiga nettle; thistle
ortigar to prick with a nettle *or* thistle
ortografía orthography; punctuation; spelling; grammar
ortográfico orthographic, pertaining to spelling
ortología orthoepy, pronunciation
osadía daring, boldness
osar to dare
oscilatorio oscillatory, swinging
ósculo osculation, kiss

oscurantista *m. f.* obscurantist; reactionary
oscurecer to darken, dim, cloud
oscuridad obscurity; darkness
oscuro obscure; dark; gloomy
oso bear
ostentar to display, show off; to boast
otorgar to grant; to admit; to execute (a will)
ova sea lettuce
oveja sheep
oyente *m. f.* listener, auditor

P

pabellón pavilion; building; flag
pábulo pabulum, nourishment; fuel
pacato mild, gentle
pacer to pasture, graze; to gnaw, eat away
paciente patient; *n.* sick person
pacífico pacific, peaceful
pacto pact
padecer to suffer, endure
padrastro stepfather
padre father; priest; *pl.* parents
padrino godfather
paga pay, payment
pagano pagan
pagar to pay; to return (a favor)
página page
pago payment; district, region
paisaje landscape
paja straw; trash, rubbish
pájaro bird
paje page; cabin boy
palabra word
paladar palate; gourmet
palidez pallor
pálido pallid, pale
palma palm (hand; tree)
palmar palm grove
palmera palm tree
palmeta blow with a ruler *or* ferule

palmito   palmetto
palo   stick, pole; dar de —s to beat
paloma   dove; pigeon
palpable   palpable, touchable; tangible
palpitar   to palpitate, throb
palta   avocado
pampa   pampa, plain
panadero   baker
panal   m. honeycomb
panegírico   panegyrical; n. eulogy
panfleto   pamphlet
panza   paunch, belly
pañizuelo   small cloth
paño   cloth
pañuelo   handkerchief; shawl
papagayo   parrot
paparruchada   triviality
papel   m. paper; role
par   like, similar; n. equal, pair; a — de equally, at the same time; a la (al) — at the same time; a la — de on a par with; de — en — wide (open)
parabién   m. congratulation
paradigma   m. paradigm, pattern
paradoja   paradox
paraje   place
paralogismo   paralogism (faulty formula of logic)
parar   to stop; to put
parasito (parásito)   parasitic; n. parasite
parcela   portion; particle
parcial   partial; partisan
parcialidad   partiality; prejudice
parcialista   prejudiced, biased
parcha   passion flower
pardo   brown; n. mulatto
pareado   paired, matched
parecer   to seem, appear; —se a to look like, resemble; n. opinion, appearance; al — apparently
pared   f. wall
parentesco   relationship
parida   woman recently delivered (of child)

pariente   relative
parir   to bear, give birth
parlamento   parley; speech
parnaso   Parnassus (collection of poems; Mount Parnassus)
paródico   parodical, burlesque
párrafo   paragraph
parricida   parricidal, patricidal
parrilla   grill, gridiron
parroquia   parish
parte   f. part; cause; side; de — de on the part (behalf) of, in favor of; de (su) — on (his) part; por otra — on the other hand, furthermore
participar   to participate; to inform; — en to partake or participate in
particularizar   to particularize; to be distinguished or conspicuous
particularmente   particularly; privately
partida   departure; certificate
partidario   partisan; supporter
partido   (political) party decision; advantage; handicap; t mar — to join
partir   to depart, leave; — de to reckon from; a — de beginning with
parto   childbirth, delivery; product
pasaje   passage
pasajero   passenger; passing traveler
pasar   to pass; to spend; to happen; — por alto to overlook, disregard
pasas   f. pl. dried fruit (raisins, prunes, etc.)
pasatiempo   pastime
paseadero   walk; avenue
paseo   walk, stroll; promenade
pasión   passion; feeling
pasivo   passive
pasmar   to astound; to numb
paso   step; pace; passing; skit (short play); abrir — to make

one's way; al — que while; de — in passing; salir del — to get out of difficulty

pastilla   lozenge, candy drop

pasto   pasture; grazing

pastor   pastor; shepherd

pastoril   pastoral

pata   paw *or* leg (of animal)

patada   kick; stamp

patarata   foolishness

patata   potato

patente   patent, obvious, clear

patíbulo   scaffold

pato   duck

patria   native land; mother country

patrimonio   patrimony, heritage

patrio   native; paternal

patriota   *m. f.* patriot

patrocinar   to patronize, sponsor

patrón   patron, sponsor; master, boss

patrono   patron, sponsor

paulatino   slow, gradual

paupérrimo   very poor

pausa   pause; slowness

pava   turkey hen; chachalaca (gallinaceous bird)

pavés   *m.* pavis, large shield covering the whole body

pavor   fear, terror

pavoroso   frightful, terrible

pebete   incense

pecado   sin; devil

pecador   sinning; *n.* sinner

pecar   to sin; — de to be too

pecho   breast, bosom, chest

pedante   pedantic

pedantismo   pedantry

pedazo   piece; hacer —s to break into pieces

pedernal   *m.* flint

pedrada   stoning

pedrería   precious stones

pegajoso   sticky

pegar   to stick; to hit; — fuego to set fire

pegote   sticking plaster

peinado   combed; eaten away

pelado   bald, bare (of hair); plucked

pelaje   fur; coat

pelar   to pluck (off)

pelea   fight

pelear   to fight

pelechar   to shed; to get new hair *or* feathers

peligro   danger

peligroso   dangerous

pelo   hair; fiber; venir a — to suit

peluca   wig

peluquín   wig

pellejo   skin; hide

pellizco   pinch

pena   penalty; punishment; hardship; sorrow, grief; *pl.* ghosts; en — in purgatory

penacho   crest; plume

penalidad   trouble, hardship

penar   to grieve, mourn; to suffer

pendencia   dispute, fight

pender   to hang

pendiente   hanging

pendón   banner, standard

penetrante   penetrating

penetrar   to penetrate; to grasp

penoso   arduous, difficult; painful; distressing; afflicted; shy

pensador   thinker

pensamiento   thought; ni por — not even in thought

pensión   pension; burden; disadvantage

peña   rock; cliff; rocky highland

peñasco   cliff; crag

peón   peasant; foot soldier

peor   worse, worst

pequeñez   smallness; trifle

pequeño   small, little; humble

pera   pear

percibir   to perceive

perdición   perdition; unbridled passion; outrage

pérdida   loss

perdiz   *f.* partridge

perdón   pardon
perdonar   to pardon, excuse
perduración   survival; durability
perdurar   to survive; to last a long time
perecer   to perish
peregrinación   peregrination; pilgrimage; course of this life
peregrino   wandering; traveling; foreign; rare, strange
perenne   perennial
pereza   laziness
perezoso   lazy; slow; dull
pérfido   perfidious
periódico   periodical, newspaper
periodismo   journalism
periodista   m. f. journalist
periodística   pertaining to journalism
peripecia   peripetcia, sudden change in circumstances
periquillo   little parrot, parakeet
perito   skilled, expert
perjudicial   harmful
perjuicio   injury, damage, harm
perla   pearl
permanecer   to stay, remain
permutar   to barter
pernicioso   pernicious, harmful
perpetrar   to perpetrate
perpetuar   to perpetuate
perpetuo   perpetual, everlasting, constant
perra   female dog
perrenal   perennial
persa   Persian
perseguir   to persecute; to pursue
perseverar   to persevere, persist
personaje   personage; character
perspectiva   perspective, prospect
persuadir   to persuade; to convince
pertenecer   to belong
pertrechar   to supply, equip
perturbar   to disturb
peruano   Peruvian
pervivencia   continued existence
pesado   heavy

pesadumbre   sorrow, grief
pesar   to weigh; to grieve; to cause sorrow; n. grief, sorrow; a — de in spite of
pescado   fish
pescar   to fish
pescuezo   neck
pésimo   very bad, worst
peso   weight; monetary unit; importance
peste   f. pest, plague
pestilente   pestilent, poisonous
peto   breastplate
pez   m. fish
piadoso   merciful
pica   pike
picada   bite
picadura   nick, cut; puncture
picana   haunch, rump
picante   biting; racy
picaresco   picaresque, roguish, knavish; crooked
pícaro   roguish, crafty, sly; n, rogue, rascal
picaza   magpie
pico   bill, beak; pickaxe, peak
pie   foot; — de imprenta printer's mark; en — standing
picdad   pity, mercy
piedra   stone
piel   f. skin, hide; fur; leather
piélago   sea; countless number
pierna   leg
pieza   piece; play (drama); room
piloto   pilot
pinar   pine grove
pincel   m. brush
pingüe   rich; abundant; fertile
pino   pine
pintar   to paint, draw, picture, depict
pintor   painter
pintoresco   picturesque
pintura   painting
piña   pineapple
pío   pious; merciful
pipa   pipe; wine cask

piquete picket, sharp stick; sharp jab
pirámide f. pyramid
pirata m. pirate
pisar to step (on)
piso floor; story
pita sisal; string
pláceme congratulations
placer to please; n. pleasure
plácido placid, calm
plan m. plan
plancha plate, sheet; iron, flatiron
plano plan; plane; **de —** openly, flatly
planta plant; sole of foot; foot
plantar to plant; to establish, set up
plantear to pose; to expound; to outline
plasmar to mold, shape
plástico plastic
plata silver; silver coin or plate; **— sellada** coined money
plátano plantain; banana tree
platero silversmith
plática talk, chat, conversation
platicar to talk, chat, converse
plato dish; plate; course
playa beach, shore
plaza plaza, square; city; fortified town; employment
plazo an extension (of time); postponement; time; (dueling) ground
plebe f. common people
plegar to fold
pleiteante pleader; litigator
pleitear to plead; to litigate
pleito trial; litigation; dispute
pleno full, complete
pliego sheet (of paper)
pliegue fold, crease
plomo lead
pluma pen; feather
plumaje plumage, plume
población population; village, town, city
poblado town, village; settlement

poblador settler, founder
poblar to populate; to inhabit
poblazo large village
pobreza poverty
poco few; little; **a — de** shortly after; **— a —** little by little, gradually
podadera pruning knife
poder to be able; to have power or influence; n. power
poderío power; jurisdiction
poderoso powerful
poema m. poem; **— de encargo** poem written for a special occasion
poesía poem; poetry
poeta m. poet
poetisa poetess
poetización versification; turning into poetry
polaina legging
polémica polemics; controversy
policía police; good breeding; order; cleanliness, neatness; m. policeman
polígrafo polygraph; author
política politics; policy
político political; politic; pertaining to good government; n. politician
polo pole
poltrona easy chair
polvo dust; powder
pólvora powder, gunpowder
pollo chicken
poma pome, apple; fruit
pomo pommel (of hilt of sword)
pompa pomp; pageant; ceremony
poncho poncho (blanket with a slit in the middle for the head)
ponderación pondering, deliberation; exaggeration
ponderado considerable
ponderar to ponder
poner to put, place; to explain; to lay (eggs, etc.); **ponerse** to put on; **ponerse a** to begin

poniente west
ponto sea
ponzoña poison
populoso populated
porfía stubbornness, obstinacy; persistence; a — in competition
porfiar to argue stubbornly; to persist
pormenor detail
porquería filth; trifle; junk
porra bore, nuisance
portada title page
portal m. portal, doorway; vestibule
portar to behave, conduct oneself
portátil portable
portento portent; wonder; prodigy
portentoso portentous; prodigious; extraordinary
pórtico portico; porch
portillo gap, breach, opening
porvenir future
pos en — de after, behind
posada inn
posar to alight; to perch
poseedor possessor, owner
poseer to possess, own, have; to control
pósito public granary
posponer to postpone; to subordinate; to think less of
posta post house or office; post horse; relay
posterior posterior, later
postrar to prostrate; to weaken; to overthrow
postre dessert
postremo last
postrero last
postular to postulate; to demand, claim
póstumo posthumous
potable potable, drinkable
potencia power; strong nation
potente potent, powerful; big
potestad power
pozo well; pool

práctica practice; skill
practicar to practice; to perform
práctico practical; n. harbor pilot
prado meadow; pasture
precario precarious
precaver to save; to protect; to be on one's guard
precedente preceding; n. precedent
preceder to precede, go ahead
precepto precept, order, rule
preceptor preceptor, teacher
preciado valued, valuable; esteemed
preciar to appraise; —se (de) to boast of, be proud of
precio price
precioso precious; pretty; beautiful
precipicio precipice
precipitar to rush, hurl
precisar to determine, fix, specify; to be necessary
precisión precision, accuracy
preciso precise, exact, accurate; necessary
precolombino pre-Columbian
predicar to preach
predilecto preferred, favorite
preferente preferential; preferable
pregón public announcement
pregonar to proclaim, announce
prejuicio prejudice
prelada prelatess; abbess; mother superior
prelado prelate
premio reward, prize
prenda gift, talent; garment
prender to light (a fire); to imprison
prensa press; newspapers
preñado pregnant; bulging
preñar to make pregnant
preocupación preoccupation, worry; prejudice; notion
preocupar to preoccupy, worry; to prejudice
preparativo preparative, preparation

preponderancia preponderance; sway

presa prey

presagiar to presage, forebode

presagio omen; token

prescribir to prescribe

presenciar to witness

presentación presentation, performance

presentar to present; to appear

presente present; n. present, gift; **al —** at present

presentir to have a presentiment of, forebode; to predict

presidio garrison; fortress; prison

presidir to preside; to dominate

preso imprisoned; arrested

prestado lent, loaned; **tomar —** to borrow

prestar to lend, loan; to pay (attention)

presteza quickness, speed

presto ready; quick(ly)

presumido conceited, vain

presumir to presume, be conceited; to boast

presunción presumption; conceit

presunto supposed

presuntuoso conceited, vain

presuroso quick, hasty

pretender to try; to court; to seek; to aspire to

pretensión pretention; presumption; effort

pretensor pretender, claimant

pretexto pretext

pretil m. battlement, parapet

prevalecer to prevail

prevención prevention; supply; provisions

prevenir to prepare, get ready; to warn

prever to foresee

previo previous

priesa hurry, haste; urgency

prieto compact, tight; dark; blackish

primacía primacy; top place

primicia first fruits

primitivismo primitiveness

primo prime, excellent; skillful; n. cousin

primogénito first born

primor beauty, elegance; skill; care

primoroso graceful; fine; skillful

principal principal, main, chief; m. head, chief

príncipe prince

principiar to begin

principio beginning; principle; entrée; **al —** at first

prisa hurry, haste; urgency

prisión prison; capture; pl. chains, shackles

privar to prohibit, forbid; to deprive

privilegiar to privilege, favor

privilegio privilege

proa prow, bow

probar to prove; to try (out), test

problematizar to theorize

proceder to proceed; to behave; n. procedure, action, management

procedimiento procedure

proceloso stormy, tempestuous

procero high, lofty

procesar to sue; to indict

proceso process; lawsuit

proclama proclamation; manifesto

proclamar to proclaim

procurador solicitor, attorney

procurar to try, to strive for

prodigalidad prodigality, waste

prodigio prodigy; marvel

prodigioso prodigious; marvelous

producir to produce, yield; **—se** to express oneself

proeza prowess, feat

profanar to profane

profanidad profanity; indecency

profano profane; lay, non-sacred

profecía prophecy

proferir to utter

profeta m. prophet

profetizar to prophesy

profundidad profundity; depth

profundo profound; deep

programático programmatic, pertaining to a program

prole *f.* progeny, offspring

proliferar to be prolific

prolijidad prolixity; fussiness; attention

prolijo prolix, too detailed; tedious

prólogo prologue

prolongar to prolong, extend

proloquio maxim

promesa promise

prometedor promising

prometer to promise; to expect

promover to promote, advance, further

promulgación promulgation, declaration

pronombre pronoun; nickname

pronosticar to prognosticate, foretell

pronóstico prognostic, prediction; omen; almanac

prontitud promptness

pronto quick; soon; prepared

pronunciar to pronounce; to declare

propagar to propagate, spread

propenso inclined, disposed

propicio propitious, favorable

propiedad property; propriety; fitness

propietario proprietor

propio proper, suitable; own; same

proponer to propose

proporción proportion; opportunity

proporcionado proportionate, proportional; proportioned; suitable, fit

proporcionar to provide, supply

proposición proposition, proposal

propósito purpose, aim; belief; **a** — fitting, apropos; **de** — on purpose, deliberately

propuesta proposition, proposal

propugnar to defend

propulsar to propel, drive

propulsor propellent; booster

prorrumpir to burst out

prosa prose

prosador prose writer

prosaico prosaic

prosaísmo prosaism; prosaic *or* dull quality

proscripción exile

proscrito exile

proseguir to continue

prosperar to prosper, thrive

prosperidad prosperity; success

próspero prosperous; favorable

protagonista *m. f.* protagonist; hero; heroine

proteger to protect

protervia perversity

protervo perverse

protesta protest, protestation

protestar to protest; to profess; to assent

provecho advantage, benefit

provechoso advantageous, beneficial

proveedor supplier; steward

proveer to provide, supply, furnish

proveniente coming, originating

provenir to originate; to arise

providencia providence; act of providing

provinciano provincial

provisionar to provide, supply

provocar to provoke, incite

próximo near, close; next

proyecto project

prudencia prudence, care

prueba proof, test; *pl.* manuscript proof

pseudónimo pseudonym, pen name

psicología psychology

púa thorn, barb, prick

publicar to publish; to proclaim; to reveal

público public; of general knowledge

pucherito pouting, crying

puchero bread; food; kettle; **hacer** —**s** to pout

pudrir to rot
pueblo village; town; nation; people
puente *m. f.* bridge
puerco hog; boar
puerilidad puerility, childishness
puerta door, gate; gateway
puerto port
pues for; then; since; well
puesto put, placed, arranged; *n.* stand; place; — **que** since, although
pugnar to fight
pulido polished; neat, clean
pulir to polish
pulsar to pulsate, throb
pulso pulse
pulla indecent remark
puma puma; cougar; panther
pundonor honor, dignity
punir to punish
punta point; headland; *pl.* a kind of lace
puntería markmanship; (good) aim
punto point; main idea; period; — **final** period; **a** — ready; **a** — **de** on the point of; **al** — instantly, at the moment; **dos** —**s** colon
puntual punctual; suitable
puntualizar to establish, fix
punzante sharp
punzar to stick; to sting
puñada fisticuff
puñal *m.* poniard, dagger
pureza purity
purga purge, purgative
purgante purgative, laxative
purgar to purge; to purify
purificar to purity
púrpura purple
purpúreo purple; royal
pusilánime pusillanimous, cowardly

Q

quebrado bankrupt
quebrantar to break
quebrar to break

quechua Quechua (language of the Incas)
quedar to be, remain
quehacer task, chore, work
queja complaint
quejar to complain
quema burning
quemar to burn
querella complaint; quarrel
querellar to complain
querelloso querulous; quarrelsome
querer to want; to love; — **decir** to mean
querido beloved, loved one; lover
queso cheese
quiebra bankruptcy; rupture
quier whatever
quietud quiet, calm
quimera chimera, fancy, illusion
químico chemist
quimón (quimono) kimono
quintilla verse form of stanzas of five lines in consonantal rhyme
quitar to remove, take away *or* off
quizá(s) perhaps

R

rabadilla rump, croup
rabia rage, anger; rabies
rabioso rabid, mad
racimo bunch, cluster
raciocinio ratiocination, reason; argument
racional rational; intelligent; sensible
racionalista *m. f.* rationalist
radioso radiant
raer to extirpate, wipe out
raíz *f.* root
ralea kind; quality; breed
ralo sparse, thin
rama branch, bough
ramada covering; shed
ramaje foliage, branches
ramificar to ramify
ramo branch, limb; line (of business)

rancho ranch; thatched hut; food, provisions

rango rank, class; high social standing

rapar to shave, crop off

rapto rapture

rareza rareness, strangeness

raro rare; strange

rasgar to tear, rip

rasgo characteristic; deed, feat; *pl.* features

rasguñar to scratch

raspar to scrape, scratch

rastrero base, low

rato while, short time

ratón rat; mouse

raudal *m.* stream; torrent; abundance

rayar to scratch, groove; to come forth

rayo ray; lightning; thunderbolt

raza race

razón *f.* reason; account, information; excuse, explanation; argument; **dar —** to give information; **en — de** with regard to; **ser — to** be fitting; **tener — to** be right

razonar to reason

real real; royal; *m.* real (coin)

realista realistic; royalist; *m. f.* realist, royalist

realizar to fulfill, carry out, accomplish

realzar to enhance, heighten

rebanar to slice

rebaño flock

rebatir to rebut, refute

rebato surprise attack

rebelar to rebel, revolt

rebelde rebellious

rebosar to overflow

rebozo muffling; secrecy; **sin —** openly, frankly

rebuscado affected, unnatural

rebuscar to search

recabar to succeed in getting

recado message; errand

recalcar to stress; to list

recamar to embroider (in relief)

recatar to act modestly *or* cautiously; to be resigned

recato modesty; decency

recaudador collector

recaudo care, precaution; security; guard; supplies; message

recelo fear; distrust

receloso fearful; distrustful

receptividad receptivity; susceptibility

receptor receiver

receta prescription; recipe

recetar to prescribe

recién (reciente) recent

recinto place, area

recio strong; harsh; bitter; loud

récipe prescription

recipiente recipient; container

recíproco reciprocal

reclamar to reclaim; to demand

recluir to seclude, shut in

reclusión reclusion, seclusion

recobrar to recover

recoger to gather, collect, pick up; to take refuge *or* shelter

recogimiento confinement; protection; seclusion

recomendar to recommend

recompensa recompense, reward

recompensar to recompense; to reward

recomponer to recompose

reconciliar to reconcile

reconocer to recognize; to acknowledge

reconvención reproach

recopilar to compile

recordar to remember, recall

recorrer to go *or* look over *or* through

recostar to recline, sit back, lean

recrear to take recreation, amuse oneself; to re-create

recrecer to increase

rectitud rectitude, correctness

recto straight; just

recuerdo remembrance, memory

recuperar to recuperate, recover
recurrir to resort to, have recourse to
recurso recourse; *pl.* resources, means; device
rechazar to reject, refuse
red *f.* net, netting
redactar to write up; to edit
redactor writer; editor
redentor redeemer, Redeemer
redil *m.* sheepfold
redimir to redeem
redoblar to redouble
redondilla verse form of quatrains of lines of eight syllables with consonantal rhyme
redonda a la — around
redondo round
reducción settlement (of converted Indians)
reducir to reduce; to subject; to settle; —se a to amount to, accrue
redundar to redound, overflow
refacción refreshment; nourishment
referir to refer; to tell, narrate; to have relation to
refleja reflection
reflejar to reflect
reflejo reflection
reforma reform
reformador reformer
reformista *m. f.* reformist
refrán *m.* proverb, saying
refrescante refreshing
refresco refreshment; cold drink; lunch
refrigerar to refresh; to cool
refrigerio relief; comfort
refugiado refugee
refugiar to take refuge
refugio refuge
refundición revision; recasting; reconstruction
refutar to refute
regalado pleasing; delicious
regalar to give as a present

regalo gift; pleasure; luxury; comfort; **por gran —** as a great luxury
regalón comfort-loving, spoiled, pampered
regar to sprinkle, water; to spread, strew
regateador haggling, bargaining
regencia regency
regidor alderman, local official
régimen *m.* regime, system
regimiento organized society; settlement with government; rule, government
regio royal, regal
regir to rule; to control; to manage; to guide
regla ruler; rule; law
reglamentar to regulate by law; to establish laws
reglamento regulation
regocijo joy, rejoicing
regresar to return
regreso return
regular regular, ordinary, standard
regularidad regularity; strict observance
rehén *m.* hostage
rehundir to sink; to hoard
rehusar to refuse
reimpreso reprinted
reina queen
reinado reign
reinar to reign
reino kingdom, country
reír to laugh
relación account, report
relacionar to relate; to connect; to be related to; to become acquainted with
relajar to relax; to lessen
relámpago lightning flash; quick person *or* action
relatar to relate, report
relato report, story
relator relator, narrator; attorney
relevar to stand out
relicario reliquary

relieve relief *or* raised work; *pl.* remnants, scraps (of food); **poner de —** to emphasize

religioso religious; *n.* member of a religious order

relinchar to neigh, snort

reliquia relic; relics of saints

reloj *m.* clock; watch

relumbroso shining

rematar to finish, end

remedar to imitate, copy

remediar to remedy; to prevent

remedio remedy, help; medicine; alternative; **sin —** inevitable, unavoidable

remedo imitation, copy

remendar to patch, mend, repair

remendón bungling; *n.* mending, patchwork

remitir to remit, refer

remo oar

remontar to go up (a river)

remordimiento remorse

remoto remote

remudar to replace, change

renacentista pertaining to the Renaissance

renacimiento rebirth; Renaissance

rencilla feud, quarrel

rencor rancor

rendija crack; slot

rendimiento surrender, submission

rendir to surrender; to conquer, subdue; to give, render; to become exhausted

renegar to deny; to disown; to blaspheme; to abhor

renglón line (of writing or print)

renombre renown

renovación renovation, renewal

renovar to renovate, renew, restore

renta rent; income; government tax

renuncia renunciation

reñir to scold; to fight; to quarrel

reo guilty; *n.* criminal

reparar to repair, mend; to restore; to notice, observe, pay attention to; to stop

reparo repair; notice; bashfulness

repartimiento distribution

repartir to distribute

repente start; **de —** suddenly

repentino sudden, unexpected

repetir to repeat

réplica to reply, answer, retort; argument

replicar to reply, answer, retort; to argue

reposar to rest, nap

reposo repose, rest

reprehender to reprehend, reprimand, scold

reprensión scolding

represalia reprisal

representable representable, performable

representación representation, performance

representante representative

representar to represent, present; to act; to appear

reprimir to repress

reprochar to reproach

repuesto secluded

repugnancia repugnancy

reputación reputation, repute

requerir to require; to request; to urge; to summon

requisito requisite, requirement

res *f.* head of cattle

resabido devoted to bad habits *or* vices

resaltar to project, put forth; to be evident

rescindir to rescind

rescoldo embers

resentido resentful

resentimiento resentment

reseña review; outline

resguardar to protect

resguardo protection, guard

residir to reside, live

resignación resignation, submission
resistir to resist, withstand; to endure
resolución resolution; solution
resolver to resolve; to solve; to decide on, determine
resonante resonant, resounding
resonar to resound
resorte spring; means; resource
respecto respect; reference
respetar to respect
respeto respect; consideration
respirar to breathe
resplandecer to shine, flash; to stand out
resplandor radiance, brilliance
resquicio crack, crevice
restablecer to reestablish; to restore
restar to remain, be left
restaurar to restore
restituir to restore
resto rest, remainder; *pl.* (mortal) remains
resucitar to resuscitate, revive, resurrect
resulta result; **de —s** as a result
resultado result
resultar to result, turn out; to be advantageous
resumir to summarize; to repeat
retardar to retard, slow down
retazo piece, scrap, fragment
retener to retain, keep, preserve
retirar to retire, withdraw
retiro retirement; retreat
retorcer to twist, to misconstrue
retoricismo pertaining to rhetoric
retórica rhetoric; *pl.* subtleties, sophistries
retórico rhetorical; expressive
retozar to twist
retractar to retract, take back
retraer to withdraw; to take refuge
retratar to portray
retrato portrayal; portrait
retrete private room; toilet room
retroceder to back away *or* down

retrógado retrogade; in backward direction; *n.* reactionary
retumbante resounding; high-flown
retumbar to resound, rumble
reunión reunion; conference; gathering; meeting
revelar to reveal
reventar to explode, blow up
reverberar to reverberate
reverencia reverence; bow
reverenciar to revere; to bow
reverdecer to turn *or* make green
reverso reverse
revés *m.* reverse, reversal; **al —** in the opposite way, backwards
revestir to cover; to adorn; to invest
revocar to revoke
revolar to flutter; to fly (again)
revolver to revolve; to return; to mix, scramble, stir; to go down
revuelta revolt, uprising
rezaga rear guard
rezar to pray
ribera shore, bank
ridiculizar to ridicule
rienda rein
riesgo risk, danger; **de —** dangerously
rígido rigid, stiff, inflexible
rigor rigor, sternness, severity; **— de la muerte** rigor mortis; **en —** as a matter of fact
riguroso rigorous, severe
rijoso lustful; quarrelsome
rima rhyme
rimbombancia showiness; bombast
riñón kidney
riqueza wealth, riches; resources
risa laugh, laughter
risueño smiling
ritmo rhythm
rito rite, ritual
rivalizar to compete; **— con** to rival
rizar to curl
robar to rob, steal

roble oak
robo robbery, theft
robusto robust, strong
roca rock
roce friction; brushing
rodar to roll, revolve; to tumble; — sobre to concern
rodear to surround; to round up; to turn, twist
rodela buckler, small shield
roedor gnawing; consuming; stinging; biting
roer to gnaw
rogar to beg, plead
rollizo plump; round; stocky
romance Romance; n. ballad (meter); romance of chivalry
romancero (collection of) old Spanish ballads
romano Roman
romper to break; to tear; to break through
ronco hoarse
rondar to prowl
rosado rose-colored, rosy
rosario rosary
róseo rose-colored, rosy
rostro face
rota rout, defeat
roto broken
royal m. a kind of cloth made in France
rozado worn, frayed
rozar to rub; to graze; to clear (land)
rubio blond, fair; golden
rubricar to sign; to add one's flourish
rudeza roughness; stupidity
rudimentario rudimentary; primitive
rudo rough; stupid; dull; n. dolt
rueda wheel; circle, ring; turn; time
ruego plea, entreaty; request
rugar to wrinkle
rugiento roaring, bellowing

rugir to roar, bellow, rumble
ruibarbo rhubarb
ruido noise; shouting; **querer** — to look for a fight
ruidoso noisy; sensational
ruin base; mean, stingy
ruina ruins
ruinoso ruinous; worthless
ruiseñor nightingale
rumbo course, direction; — **a** bound for
rumor rumor; noise, rumble
rusticidad rusticity
rustiquez rusticity
rutilante shining

S

Sabá Saba, Sheba
sabandija bug, insect, worm, vermin
saber to know; to find out; to taste (like); n. knowledge, learning
sabiduría wisdom
sabio wise, learned; n. wise man, scholar
sabor taste, flavor
saborear to taste, flavor; to enjoy; —se con to savor
sabroso delicious
saca removal; transportation
sacar to take out; to get; to copy
sacerdote priest
saciar to satiate
sacramento sacrament
sacrificar to sacrifice
sacristán m. sacristan; sexton
sacro sacred, holy
sacrosanto sacrosanct
sacudir to shake; to throw off
sagaz wise
sagrado sacred, holy
sainete one-act farce; tidbit, delicacy
sal f. salt
sala room, drawing-room; hall
salado salty; witty

salario salary; wages
salida exit; departure; **dar la —** to give the cue to
salir to leave, go out; to enter, appear; to result; to throw
salmo psalm
salobre salty, brackish
salón salon, room
salpicar to splash, sprinkle, bespatter
salsa sauce, dressing
saltador jumping; bent; resentful, irritable; *n.* entertainer
saltar to jump, leap; to come out; to stamp hoofs
salto jump, leap
salud *f.* health
saludable healthful, wholesome
saludar to greet, hail; to salute
salvaje savage, wild; *n.* savage
salvajina wild animal
salvar to save; to avoid; to make allowances for *or* an exception of
salve hail!
salvo safe; **a —** out of danger; **— (que)** except, unless
sanar to cure, heal
sandalia sandal
sandía watermelon
sangría bloodletting, bleeding
sangriento bloody, bleeding
sanguinario sanguinary, bloodthirsty
sanguíneo red; blood-colored
sanguinoso sanguinary, bloody
sano sane; healthy; safe, secure
santo holy; *n.* saint
santoral *m.* choir book
santulón sanctimonious *or* hypocritical person
saña fury, rage
sañudo furious, enraged
sapiente wise
sapo toad
sarado soirée, evening party
sarmiento vine
sarna itch, mange

satélite satellite
sátira satire
satírico satiric; *n.* satirist
satisfacer to satisfy; to answer
sátrapa *m.* satrap, a governor of ancient Persia
saya skirt, petticoat
sazón season; time; **a la —** at that time
sazonar to ripen, mature
sebo fat; tallow
secar to dry
seco dry
secta sect; religion
secuela result; school
seda silk
sediento thirsty; anxious
seductor seductive; *n.* seducer
seglar secular; *n.* layman
seguido continued; successive
seguir to continue; to follow
segundo second; **sin —** unequaled
seguridad security, safety; certainty
segur *f.* sickle
seguro secure, safe; certain, sure; *n.* assurance; safety; **mal —** uneasily
selva jungle; forest
sellar to seal; to close
sello seal; signet; stamp; mark
semblante face; appearance
sembrar to sow, seed
semejante similar, like; such; *n.* fellow creature
semejanza similarity; resemblance
semejar to be alike, resemble
sementera sown land; seeding
semilla seed
seminario seminary; school
senado senate
sencillez simplicity
sencillo simple, easy; plain
senda path
seno bosom, breast; refuge; gulf, bay
sensible sensible; sensitive; perceiving, perceptible; deplorable

sentador seat

sentar to seat; to settle; —se to sit down

sentencia sentence; maxim, axiom

sentenciar to sentence; to decide

sentencioso sententious

sentido sense, meaning; understanding; consciousness; en todos —s in every direction or way

sentimiento sentiment, feeling; emotion

sentir to feel; to hear; to regret; n. feeling, opinion

seña sign, indication

señal f. sign, mark; token; landmark; en — de in proof or token of

señalado noted, distinguished

señalar to mark, point out, designate

señero solitary, unique

señor Mr.; lord; master

señora Mrs.; lady; wife; mistress

señorear to rule

señoría signory; lordship

señorío dominion; majesty

señuelo lure, bait, enticement

septentrión north

septentrional northern

sepulcro sepulcher, tomb, grave

sepultar to bury

sepultura burial; grave; dar — to bury

séquito retinue, entourage

ser to be; —para to be fit for; n. being

serenar to calm, pacify

serenidad serenity

sereno serene, calm; clear

serie f. series

seriedad seriousness; sternness, severity

serio serious; stern; en — seriously

serpiente f. serpent, snake

servicial accommodating; m. servant

servicio service; de — serviceable

servidor (humble) servant

servidumbre servitude; serfdom

servil servile; subservient

servir to serve; — de to act as

sesgo slanting; calm, placed; n. slant, turn

seso brain(s)

sevillano Sevillian, from or pertaining to Seville

sexo sex

sibila sibyl

siempre always, forever; surely; — que whenever

sien f. temple (side of forehead)

sierpe f. serpent, snake

sierra jagged mountain range

siervo slave; servant

sifilítico syphilitic

siglo century; world; — de oro Golden Age

significación meaning

significado meaning; importance

significar to mean

significativo significant

signo sign; mark; fate, destiny

siguiente following, next

sílaba syllable

silbar to whistle; to hiss

silbo whistle; hiss

silogismo syllogism

silva verse form of lines of seven and eleven syllables, with occasional consonantal rhyme

silvestre wild

silla saddle; chair; seat; ecclesiastic see

simbolizar to symbolize

símbolo symbol

simiente f. seed

simpatía sympathy; liking

simple simple; n. simpleton

simultáneo simultaneous

singular singular; en — in particular, each

sino but

sinsabor displeasure; worry; trouble

síntesis *f*. synthesis
sintético synthetic
sintomático symptomatic, characteristic
siquiera even, at least
sirena siren, mermaid
sirguero linnet (songbird)
sirte *f*. rocky shoal
sistema *m*. system
sitio site, place; room
situar to situate, locate, place
soberano sovereign
soberbia pride, arrogance; magnificence
soberbio proud, arrogant, haughty; magnificent
sobornar to bribe
sobra excess, surplus; **de —** more than enough
sobrar to be more than enough, have left over
sobre on; above; besides, in addition to
sobredicho aforementioned
sobremanera exceedingly
sobrenombre nickname
sobrentender to be understood; to go without saying
sobrepujar to exceed, surpass
sobresaliente outstanding, distinguished
sobresalir to stand out, excel
sobresaltar to frighten; to assail
sobresalto fright; **de —** suddenly, unexpectedly
sobrevenir to supervene; to happen; to come upon; to follow
sobrevivencia survival
sobrevivir to survive
sobrina niece
sobrino nephew
sobrio sober; moderate
socaliña swindle; trickery
socarrón sly, cunning
socorrer to succor, aid, help
sodomía sodomy

sofocar to suffocate, choke, stifle
soga rope
sojuzgar to subjugate, subdue
sol *m*. sun; sunstroke
solas **a —** alone, by oneself
solazar to solace, console; to divert
soldado soldier; **— raso** *or* **de a pie** footsoldier, infantryman
soledad solitude, loneliness; lonely place; mournful song and dance
solemnizar to solemnize, celebrate with pomp
soler to be accustomed to, used to
solercia skill, zeal
solicitar to solicit, ask for
solícito solicitous; fond; careful
solicitud solicitude; request; diligence
solidez soundness (of judgment)
sólido solid, firm
solitario solitary, lonely
solo alone; solitary; only
sólo solely, only
soltar to let loose of; to release; to come loose *or* out
soltero single, unmarried; *n*. bachelor
sombra shade, shadow; darkness; ghost
sombría shady place
sombrío somber; gloomy
somero slight; superficial
someter to subject, subdue
son *m*. sound; **al — de** to the accompaniment of
sonaja tamborine
sonante sonorous; rustling
sonar to sound (like), make a sound
sondear to sound, probe depth
soneto sonnet
sonido sound
sonoro sonorous, pleasant sounding
sonreír to smile
sonriente smiling
sonrisa smile

soñar to dream
soplar to blow, fan (flames)
soplo blowing, gust of wind
sopor stupor; sleepiness
sor *f.* sister (nun)
sordo deaf; muffled
sorprender to surprise; to discover
sosegar to calm, quiet
sosiego, calm, serenity
soslayo slanting; al — askance
sospecha suspicion
sospechar to suspect
sospechoso suspicious
sostener to sustain; to support; to maintain
suave smooth, gentle, mild
suavidad smoothness; grace
subalternar to subject, subdue
subalterno subalternate, subordinate
súbdito subject
subida ascent
subir to climb; to bring up; to enter
súbito sudden
subjetivismo subjectivism, subjectivity
sublevación revolt, uprising
sublevar to revolt
sublimar to make sublime; to exalt; to sublimate
subrayar to underline; to emphasize
subsecuente subsequent, next
subsiguiente subsequent, next, following
subsistente subsisting, existing
subsistir to subsist, exist
substancial substantial; nourishing
substancioso substantial; nourishing; tasty
substantividad substantiveness; independent importance
subyacente underlying
subyugar to subjugate
suceder to happen; to follow

sucesión succession; offspring
suceso happening, event; success
sucio dirty; low
sucumbir to succumb; to lose
sudadero saddle blanket
sudar to sweat, perspire
sudor sweat
suegra mother-in-law
suegro father-in-law
suelo soil, ground, land; floor; bottom; por los —s at a cheap price
suelto loose
sueño dream; sleep
suerte *f.* luck, chance, fortune; kind, sort; de — que so that, with the result that
sueste southeast; *n.* wind from the south
sufragio suffrage; vote; favor; support
sufrimiento suffering; tolerance
sufrir to suffer; to tolerate, endure
sugerencia suggestion
sugeridor suggesting
sugerir to suggest
sugestivo suggestive; stimulating
sujeción subjection; control; surrender; fastening
sujetar to subdue; to fasten; to tighten; to bow
sujeto subjected, conquered; *n.* subject
suma sum, addition; summary; **en** — in short
sumar to add
sumaria indictment
sumario summary
sumergir to submerge, submerse
suministrar to supply, provide
sumir to sink
sumiso submissive
sumo high, great, supreme; **a lo** — to the extreme
superar to overcome, conquer
superficie *f.* surface

superponer to superpose
suplantar to supplant; to alter
súplica plea, request
suplicar to plea, request, implore, beg
suplicio torture; punishment; execution
suplir to supply; to supplement
suponer to suppose
suprimir to suppress, eliminate, omit
supuesto supposed; — **que** since; *n.* supposition, assumption, hypothesis
surgidero port, place to anchor
surgir to rise; to appear, come forth
susceptible susceptible; sensitive
suscitar to stir up; to provoke
susodicho aforementioned
suspenso baffled, bewildered
suspicaz suspicious, distrustful
suspirar to sigh; to long for
suspiro sigh
sustancia substance; meat stock
sustancioso substantial; nourishing; tasty
sustentador sustainer; support
sustentar to sustain, maintain; to feed
sustento sustenance; support; food
sustituir to substitute
susto fright, scare, shock
susurro whisper, rustle, murmur
sutil subtle; slender; keen
sutileza subtlety, delicacy; cunning; artifice
sutilizar to subtilize; to refine; to polish

T

tabardillo sunstroke
tabla table; board, plank; *pl.* stage
tablado scaffold
tachonar to adorn; to stud; to spangle
tahur gambling; *n.* gambler

tajar to cut (off)
tal such; **con** — **(de) que** provided that; — **cual** such as
tálamo bridal bed
talla stature, size
tamal *m.* tamale
tamaño size
tampoco neither, not . . . either
tanto so much *or* many; — **más** all the more; — . . . **cuanto** as much . . . as; **algún** — a little; **en** — in the meantime; **en** — **que** while; **entre** — while; **otro** — other, such; **por (lo)** — therefore
tapada woman who hides her face with a kerchief
tardar to delay, be late
tarde late; *f.* afternoon; **de** — **en** — from time to time
tardío late, slow, delayed
tardo slow, late
tarea task, job, work
tarjeta card; tablet
tartamudear to stutter, stammer
Tartaria Tartary, Tatary
tártaro Tartar
tasajo jerked beef; strip of meat
tea torch
teatral theatrical
técnico technical
techo roof; ceiling
tejamaní *m.* roof shingle
tejedor weaver
tejer to weave
telón stage curtain; — **de fondo** backdrop
tema *m.* theme; subject
temblar to tremble
temer to fear
temerario rash, reckless
temeridad temerity, rashness
temeroso fearful; timid
temor fear
témpano floe (of ice)
tempestad storm
templado moderate; in love
templanza temperance

templar to temper, ease, moderate, soften; to tune

templo temple

temporal temporary; worldly, earthly

temprano early; premature

tender to spread, stretch out; to offer; — **a** to tend to

tendero storekeeper

tenebroso dark; shady; gloomy

tener to have; — **por** to consider

tentación temptation (especially toward the sinful)

tentar to tempt; to try (out); to touch

tentativa attempt; experiment

teñir to dye, stain, color

teología theology

teólogo theologian

teorema *m.* theorem

teórico theoretic; *n.* theorist

teorizar to theorize

terceto tercet, stanza of three verses

terciar to carry arms; to offer an opportunity

tercio third

tergiversar to twist (fact, statement)

término term; end; boundary; district; condition; manner, behavior

ternero bull calf

terneza tenderness

ternura tenderness

terrado terrace; roof

terremoto earthquake

terreno land, ground, field

terso smooth, polished

tertulia party, social gathering

tesorero treasurer

tesoro treasury; treasure

testáceo testacean, pertaining to animals having a shell

testamento (last) will

testificar to testify

testigo witness

teta teat; breast

tetilla nipple

tez complexion

tibio tepid, lukewarm

tiempo time; weather; season; **a un** — at the same time

tienda shop, store

tienta probe

tierno tender; affectionate

tierra earth, land; — **firme** terra firma

tieso stiff

tigre tiger; jaguar

tijera scissors

tinaja large earthen jar

tinieblas *f. pl.* darkness

tino wisdom, insight

tinta ink; tint, hue; dyeing

tinte dye, coloring

tintura smattering

tipo type

tiradera long Indian arrow

tiranía tyranny

tiranizar to tyrannize

tirano tyrannic; *n.* tyrant

tirar to throw; to pull; to stretch; to shoot; to print

tiro throw; gun; shot; team (of horses); sharpshooter; **a** — within range; **a** — **de ballesta** shot of a crossbow, at a glance, from a distance; — **de arco** shot of an arrow

Tiro *f.* Tyre

titubear to hesitate; to stagger

titular to entitle; to be called

título title; claim; privilege, right; degree; diploma

tizón firebrand, partly burned wood

toalla towel

tocante touching; concerning

tocar to touch; to play (music); to blow (trumpet); to fall to the lot of; to touch upon; **por lo que toca a** with regard to

tocino bacon

todo all, every; everything; **con** — still, however; **del** — completely

tomo tome, volume

tono tone; pitch

tontería foolishness, nonsense

tonto foolish; stupid; *n.* fool

topar to run into, encounter

torbellino whirlwind

torcer to twist

tordo thrust

tormenta storm

tormento torment, torture; anguish

tornar to turn; to return; to . . . again

torneo tourney

torno turn; en — de (a) around

toro bull

torpe slow, awkward, dull, stupid

torpeza dullness, stupidity

torre *f.* tower

torreado fortified with towers and turrets

torrente torrent; avalanche

tórrido torrid

tortilla tortilla, corn meal cake

tórtola turtledove

tortuga tortoise, turtle

tosco rough, coarse

tostada piece of toast

tostar to toast, parch; to roast; to tan

traba obstacle; hobble; tie, bond

trabajado labored; polished

trabajo work; trouble; study; costar — to be difficult

trabajoso hard; laborious; arduous

trabar to entangle; to confuse; to disturb; to join; to begin; to strike up; — batalla to enter into battle

trabazón *f.* union, connection

traducción translation

traducir to translate; to express

traductor translator

traer to bring; to carry; to wear

traficar to deal, trade

tráfico traffic; trade

tragar to swallow

trágico tragic

trago drink; swallow, swig

traición treason, treachery

traicionar to betray

traje suit; dress; apparel

trampa trick; trap, snare

tramposo trickster; cheater

trance crisis; critical moment; en — de at the point of, in the act of

tranquilo tranquil, peaceful, calm

transcendental transcendental, far-reaching, important

transcurrir to pass; to elapse

transitar to travel

tránsito transit; stopping place, place along the way

transmitir to transmit

transparentar to be transparent, show through

transporte transportation; rapture, ecstasy

transposición transposition, transposal

trapaza fraud, cheating

trapo rag

tras after; behind

trascendencia transcendence, importance; keenness; penetration

trasdós *m.* extrados, exterior curve of an arch

trasladar to transfer, move

traslado transfer; copy

traslucir to infer, guess; to be evident

trasparentar to be transparent, show through

traspasar to go beyond; to transgress

trasponer to transplant; to move

traste fret (of guitar)

trastornado upset; upside down

trastornar to upset, capsize

trata trade

tratadista *m. f.* writer, author

tratado treatise

tratamiento treatment

tratar to try; to treat; to deal with, handle; —se de to be a question (matter) of

trato treatment; manner, way of acting; kind; business

través *m.* reverse; **a — de** through

travesía passage; crossing; voyage

travesura mischief

traviesa crossing

travieso mischievous, naughty

trayectoria trajectory

traza plan, design; scheme; manner; kind; outline; appearance; **dar —s** to find a way

trazar to plan, design; to outline; to trace

trecho space, distance, lapse; **a —s** at intervals

tregua truce

tremolar to wave; to display

trémulo tremulous, trembling

trepador climbing

tribu *f.* tribe

tribulación tribulation, trial

tribuna tribune; parliament

tribunal tribunal; court

tribuno tribune; orator

tributar to pay *or* render tribute *or* homage

tributo tribute; tax

tridente trident, three-pronged spear

trigo wheat

trigueño darkish; olive-skinned

trillado trite, commonplace

trincar to tie, bind

Trinidad Trinity

trinquete foresail, foremast

tripa gut, intestine; belly

trisca uproar; merriment

tristeza sadness

triunfador triumphant

triunfal triumphal

triunfante triumphant

triunfar to triumph

triunfo triumph

trocar to change, exchange; to confuse

trofeo trophy; victory

troje *f.* granary

trompa horn

trompeta trumpet; *m.* trumpeter; worthless person

trompetero trumpeter; worthless person

trompo spinning top

tronar to thunder; to collapse

tronco trunk, log

trono throne

tropa troop; herd; drove; fleet of wagons

tropel *m.* bustle, rush

tropezar to stumble, slip; to run into, encounter

tropo trope, figure of speech

trotar to trot; to hurry

troyano Trojan

trozo piece, fragment; passage

truco trick; *pl.* game of pool

trueno thunder

trueque exchange

truhán *m.* clown, buffoon; rascal

trunco mutilated; incomplete

tuerto twisted; poorly aimed; *n.* one-eyed person

tuétano marrow

tugurio poor hut

tumba tomb, grave

tumbo roll; rise and fall of sea

tumultuario tumultuous

tuna prickly pear; worthless person, rascal

tunante rascal, bum

turba crowd, mob

turbación disturbance, confusion

turbar to disturb, confuse, upset

turbio turbid, cloudy; troubled

turbonada windstorm, thunderstorm

turco Turkish; *n.* Turk

turgencia turgidity; swelling; ostentation

Turquía Turkey

U

ubicación location, situation

ufano proud; boastful

último   last, latest
ultrajar   to outrage, insult
ultraje   outrage, insult, offense
ultramarino   ultramarine, overseas
ultraterreno   ultraterrestrial
umbral   *m.* threshold
umbrío   shady; dark
undoso   wavy
ungir   to anoint
ungüento   ointment, salve
único   unique, only, sole
unidad   unity, unit
unir   to unite, join; to solidify
universo   universal; *n.* universe
untar   to anoint
unto   ointment, salve
uña   nail, fingernail
urbanidad   urbanity, good man-
   ners; civility
urgir   to be urgent
urqueta   freighter
urna   urn
usado   used; customary
usanza   usage, custom
usar   to use; to wear
uso   use; custom
usurero   usurious; *n.* usurer
usurpador   usurping; *n.* usurper
usurpar   to usurp
útil   useful
utilidad   utility, usefulness
uva   grape

V

vaciadizo   cast, molded
vacilación   vacillation, hesitation
vacilante   vacillating, hesitant
vacilar   to vacillate, hesitate
vacío   empty
vacuidad   vacuity, emptiness
vado   ford
vagabundo   vagabond; tramp
vagar   to wander, roam
vagaroso   wandering
vago   vague; wandering

vaguear   to wander, roam; to be
   idle
vainilla   vanilla
valentía   valor, bravery
valer   to be worth; to protect; —se
   de to make use of; válgame Dios
   so help me God!
valeroso   valorous, brave
valía   value, worth
valiente   valiant, brave
valioso   valuable
valor   valor, courage; value
valoración   valuation; appraisal
valla   fence, barricade
vanadio   vanadium
vandálico   vandal
vanidad   vanity; nonsense
vano   vain; empty; unsubstantial;
   en — in vain
vapor   vapor, steam, mist
vaporoso   vaporous, misty
vaqueta   leather
vara   measurement of 2.8′; pole,
   rod
variar   to vary
vario   various, several; varied
varón   man, male; man of standing
varonil   virile, manly
vasallaje   vassalage
vasallo   vassal
vasco   Basque
vasija   vessel, container
vástago   offspring, descendant
vasto   vast
vecino   near, neighboring; *n.* neigh-
   bor, resident, native
vedar   to forbid, prohibit
veedor   supervisor, overseer; assessor
vega   plain
vegetativo   vegetative
vehemencia   vehemence; force
vehemente   vehement; forceful
vehículo   vehicle
vejación   vexation; oppression
vejar   to persecute; to annoy; to
   oppress
vejez   old age

vela candle; sail; sailboat; vigil; guard; **estar entre dos —s** to be drunk

velacho fore topsail

velar to watch (over), guard; to stay awake; to veil

veleidad inconstancy, fickleness; caprice

velo veil, veiling

velocidad velocity, speed

veloz swift, quick

vello down (on body or fruit)

vellón fleece

vena vein; lode

venado deer, stag

venal mercenary

vencedor conquering; *n.* conqueror

vencer to conquer; to surpass, outdo

Venecia Venice

venda bandage

vendaval *m.* strong wind

vendedor vendor, seller

vendimiar to kill, murder; to gather

veneno poison

venenoso poisonous

venerando venerable

venerar to venerate, worship, revere

venéreo venereal; *n.* venereal disease

venero lode; spring; source

vengador avenger

venganza vengeance, revenge

vengar to avenge, take revenge

venia pardon; permission

venida coming, arrival

venidero coming, next; future

venta inn

ventaja advantage

ventajoso advantageous

ventosa sucker; parasite

ventoso windy

ventura luck, chance; happiness; **a la —** at random; **por —** perhaps, perchance

venturoso lucky, fortunate

ver to see; **—se** to find oneself, to be; **—se con** to see, talk with

veracidad veracity, truth

veras *f. pl.* truth; earnestness, fervor; **de —** in truth *or* earnest

verbigracia for example

verbosidad verbosity

verboso verbose

verdadero true, real

verdor verdure

verdugo executioner, hangman

verdura verdure, greenness

vereda path; way

verga pole

vergel *m.* fruit and flower garden

vergonzoso shameful

vergüenza shame; embarrassment; *pl.* privates, genitals

verificar to verify; to confirm, prove true

verosímil likely, probable

versar to be versed; **— sobre** to deal with, treat of

verso verse; poetry

verter to pour; to translate; to cast

vespertino vespertime, evening

vestido dress; clothing

vestidura clothing

vestigio vestige

vestuario apparel, clothing

vez time; **a la —** at the same time; **de una —** at one time, once and for all; **en — de** instead of; **por** *or* **a (su) —** in (his) turn; **rara —** seldom; **tal —** perhaps; **a veces** at times

vía route; way; **en —s de** to be engaged in; **por — de** by means *or* way of

viajero traveler

vianda viand, food

viático viaticum, traveling money and supplies

víbora viper, snake

viborezno young viper

vibrante vibrant
vibrar to vibrate; to brandish; to hurl
viciar to falsify; to adulterate; to warp
vicio vice
vicioso vicious; licentious
vicisitud vicissitude; change
víctima victim
vid *f.* grapevine
vidriera glass window
vidrio glass
viento wind
vientre belly; bowels
viga beam, rafter
vigencia force; vogue
vigente effective; in force
vigilante vigilant; *n.* guard
vigilar to watch (over)
vigilia vigil; study
vigor vigor, strength; **en —** in effect
vihuela guitar
vikingo Viking
vil vile, base
vilipendio scorn; vilification
villa town
vínculo tie, bond
vindicar to vindicate; to defend
violar to violate; to rape
violentar to do violence; to force oneself
violento violent
vira dart
virar to turn
virreina wife of a viceroy
virreinal viceregal
virreinato viceroyalty
virrey *m.* viceroy
virtud virtue; **en — de** by virtue of
virtuoso virtuous
visigodo Visigoth
visir vizier (Turkish or Mohammedan minister)
viso appearance; veneer; gleam; height

víspera eve; day before; **en —s de** on the eve of
vista view; sight; appearance
visto apparent; **— que** inasmuch as
vistoso showy, bright, beautiful
vitalicio lifetime (in duration)
vitualla victuals, food; provisions
vituperar to vituperate, speak strongly against
viuda widow
viudo widower
vivaz vivacious, lively; keen, perceptive
viveza liveliness; ardor
vivienda dwelling
viviente living
vivificar to vivify, endue with life
vivo alive, living; alert, lively
vocablo word; term
volador flying; swift
volante flying
volar to fly
volatería birds
volatín acrobat; acrobatic feat
volcán *m.* volcano
volcar to upset; dump
volubilidad volubility; rotation; fickleness
volumen *m.* volume, tome
voluntad will
volver to return; to turn; **— a** to ... again
vomitar to vomit; to let out
voraz voracious, fierce
vórtice vortex, whirlpool
voto vote; vow; votive offering
voz *f.* voice; word; *pl.* (**voces**) outcry; **a —** shouting; **dar —** to shout
vuelo flight
vuelto reversed; returned; *n.* change (money), turning, becoming
vuelta return; turn, rotation, revolution
vulgo common people

Y

ya now; already; soon, later; — ...
  — now ... then, either (whether)
  ... or; — **no** no longer; — **que**
  since, although
yacer to lie, lie buried; to rest
yedra ivy
yegua mare
yelmo helmet
yema yolk (of egg)
yerba grass; herb; *pl.* pasture
yermo deserted; *n.* desert, wilder-
  ness
yerro error, mistake
yesca tinder
yuca yucca
yugo yoke
yunque anvil
yunta yoke

Z

zafiro sapphire
zaguán *m.* vestibule, entrance
zaherir to reproach
zambo zambo, sambo (offspring of
  Negro and Indian)
zambullir to dive, plunge; to duck
  under
zanca leg (of bird)
zapote sapodilla, sapota (tropical
  fruit and tree)
zarandajas *f. pl.* trifles
zarcillo earring
zarpar to sail
zorro fox
zozobra worry, anxiety
zozobrar to worry; to sink, capsize;
  to wreck
zupia slop, foul drink

Índice

372 ÍNDICE